彩图典藏版

图解

经典读本 生活必备

精编精解 图文并茂

幽默与口才

瞬间赢得他人好感的说话艺术和魅力口才

陆路◎编

中国华侨出版社
北京

图书在版编目（CIP）数据

图解幽默与口才 / 陆路编 .—北京：中国华侨出版社，2018.3

ISBN 978-7-5113-7484-4

Ⅰ . ①图… Ⅱ . ①陆… Ⅲ . ①幽默（美学）－口才学－通俗读物 Ⅳ . ① H019-49

中国版本图书馆 CIP 数据核字（2018）第 023300 号

图解幽默与口才

编　　者：陆　路

责任编辑：福　荣

封面设计：中英智业

文字编辑：铭　轩

美术编辑：刘　佳

经　　销：新华书店

开　　本：720 毫米 ×1040 毫米　1/16　　印张：26　　字数：580 千字

印　　刷：三河市万龙印装有限公司

版　　次：2018 年 6 月第 1 版　2018 年 6 月第 1 次印刷

书　　号：ISBN 978-7-5113-7484-4

定　　价：68.00 元

中国华侨出版社　北京市朝阳区静安里 26 号通成达大厦 3 层　邮编：100028

法律顾问：陈鹰律师事务所

发 行 部：（010）88866079　传　真：（010）88877396

网　　址：www.oveaschin.com

E-mail ：oveaschin@sina.com

如发现印装质量问题，影响阅读，请与印刷厂联系调换。

前　言

　　幽默，是外来词，由英文音译而来。而英文中的这个词则来源于拉丁文，幽默有广义与狭义之分，在西文用法中，常包括一切使人发笑的文字，连鄙俗的笑话在内……在狭义上，幽默是与讥讽、挪揄区别的。幽默一词的广泛运用，要归功于英国人文主义戏剧家琼生，而最初将"幽默"一词移入中国的要首推林语堂了。口才，在《现代汉语》里面的解释为：说话的才能。《孔子家语·七十二弟子解》："宰予字子我，鲁人，有口才，以言语著名。"口才发展到现代，已经不仅仅是"口"上的能力，还包含了身体语言、观察能力和思维能力。幽默对于口才来说，不仅可以锦上添花，而且还能雪中送炭。幽默能打开初识之际的陌生局面，破解无话可说的尴尬气氛，让人们在激烈的论辩当中巧言获胜，在雅量的谐谑中赢得爱人的芳心，在幽默的氛围中换得和睦、幸福的家庭生活，在通往成功的拼搏之路上能事半功倍……

　　幽默是语言的最高境界。在短短的话语中能否运用幽默、运用多少幽默，则是衡量一个人语言高下的重要标准。幽默是人际交往的润滑剂、缓冲剂，就像一座桥梁拉近了人与人之间的距离，使心灵变得更亲近。正如美国一位心理学家说的："幽默是一种最有趣、最有感染力、最具有普遍意义的传递艺术。"幽默不仅能体现出一个人深厚的文化素养和丰富的文化内涵，还能折射出一个人的美好心灵。一个具有魅力的人能不赢得别人的喜欢吗？事实证明，幽默具有使人愉悦的神奇功效，在任何场合，拥有幽默的人总会赢得他人的好感，获得众多的支持和理解。

　　口才，就是说话的才能。一个人说话的才能是他综合素质中的一个重要方面。每个人都生活在社会中，都需要与人交往、与人沟通，这就需要说话，而说话的本领有高低之分。口才好的人，能说会道，能言善辩，这是一种优点；而口才不好，往往是一种遗憾。口才好的人，讲起话来幽默生动，妙趣横生，使人听得津津有味，如同艺术享受；反之，则使人昏昏欲睡，好似身受折磨。对同样的问题，口才好的人去劝说别人，就能说服；去谈判，就能成功；去辩护，就能胜利。相反，则往往失败。所以，不同的口才，会收到不同的效果。

　　幽默不仅仅是社交的法宝，更是一门生活的艺术。它不等同于滑稽与搞笑的做作，表现的是一种纯粹的生活态度。幽默可以让你戴着快乐的眼镜去看整个世界的发展与变化，在平凡中挖掘笑的艺术价值。幽默就像一根闪着金光的魔杖，授予每一个希望减轻自己人生重担的人一种快乐的生存智慧。口才是人一生中最难能可贵的本领和技术，是决定一个人生活及事业优劣成败的一个因素。正确地运用口才，对于我们的生活、工作都有很大的益处。一个具有出众的口才、风趣幽默的人，在哪儿都是人们所关注的焦点。无论是谈判交易，或者是茶余饭后的谈吐之间，都会让人们刮目相看。我们每个人都具有与生俱来的表现欲。在人际交往中，我们总希望自己能够和别人和睦相处，成为大家瞩目的焦点，受到许多人的欢迎。因此，我们总是努力让自己表现出最好的形象。要想有效地表现自我，最重要的捷径就是表现出自己的幽默。幽默能够消除内心的紧张，树立健康乐观的个人形象，润滑人际关系。幽默能够化解尴尬，影响别人的思想和态度，从而掌控局面。更重要的是，幽默不仅改善人际关系，还可以给自己带来好心情、好运气。

幽默作为我们日常生活中必不可少的工具，它可以使生活中的矛盾和争端得到缓解，也可以使人变得信心无限。幽默是智慧的迸发，是善良的表达，是人生的助推器，更是一种胸怀、一种境界。正如著名作家王蒙所说："幽默是一种成人的智慧，一种穿透力。一两句就把那畸形的、讳莫如深的东西端了出来。既包含着无可奈何，更包含着健康的希冀。"生活中的幽默会让你茅塞顿开，在轻松的气氛中感受到成功的快乐，在回味中拍案叫绝。幽默的人最有人情味，与幽默的人相处，每个人都会感到快乐，谁都希望同有幽默的人打交道。幽默是一种宝贵的品质。幽默的人具有宽容、自信、豁达、乐观的心态，它使生活充满乐趣、充满生机。同样，具有这种品质的人能够正视现实，笑对人生。 幽默是一种文化的积淀，需要达到一定层次的文化水准。一个人知识的存储与个人的涵养是成正比的。知识渊博的人，才能具有审时度势的能力，才能够谈资丰富、妙言成趣，才能作恰如其分的比喻，才能不以眼前的区区小事计较得失，才能多些雅量、少些鲁莽。

《图解幽默与口才》汇集了幽默与口才的精华，全方位地向读者阐释了幽默与口才的人生智慧，以及如何掌握幽默与口才的技巧，修炼成一位出色的幽默大师。本书分为幽默的力量、幽默的应用和幽默的提升上、中、下三篇。上篇具体介绍幽默与口才在生活中的重要性和智慧所在，让读者在最短的时间内领会幽默与口才的真谛。中篇分别从处世、社交、做事、谈判、面试、职场、演讲、辩论、生活等方面，结合具体案例生动、具体地讲述了幽默与口才在现实应用中的独特魅力。无论是没有任何准备的即兴幽默，还是准备充分的演讲幽默、说服幽默，其蕴涵的睿智与机敏都能在融洽的氛围中说好难说的话，办好难办的事。下篇从实际应用出发，为读者具体传授幽默与口才的技巧和方法。读者通过不断学习这些方法和技巧以及通过在现实生活中的灵活运用，一定会成为一个口才俱佳的幽默高手。说幽默话，做幽默人，你将成为一个最受欢迎的人。幽默的口才艺术是一个人走向成功的捷径，幽默能够让你成为一个不怕困难，能把困难"笑"倒的人，让你成为人生旅途中笑到最后的人。

目　录

中篇　幽默的应用——身临其境，学会幽默待人

下篇　幽默的提升——掌握技巧，成为幽默大师

上 篇

幽默的力量
——嘴上功夫，彰显人生智慧

第一章

幽默的人生，精彩的智慧

幽默是一种智慧力量

什么是幽默呢？"幽默"这个词起源于古罗马人的拉丁文，形成于古法文，起初是个医学术语，指人的体液。它作为美学范畴的一种特定含义是在16世纪以后出现的。汉语中最早出现"幽默"一词，据考是在《楚辞·九章·怀沙》中，是寂静无声的意思，与现在所说的"幽默"不同。我们现在说的"幽默"一词是英语"humour"的音译，有"会心的微笑""谑而不虐""非低级趣味的、只可意会的诙谐"等意义。而这种解释只是书面上的。

王蒙说，幽默是一种成人的智慧，一种穿透力，一两句就把那畸形的、讳莫如深的东西端了出来。既包含着无可奈何，更包含着健康的希冀。

可见幽默是一种人生的智慧。它体现的是一种才华，展现的是一种力量，它是文明的产物。

幽默之所以被称为一种智慧，是因为幽默带来的笑声完全不同于小丑在众人面前的要宝，它需要在智慧积淀的思维基础上，以优雅的风度来呈现出自己的睿智。幽默的语言特色往往是一语中的而又不失趣味。

幽默有两个基本特点：

（1）必须有趣味点。即是说幽默必须具有美感特征，如果只是一味地用来讽刺他人而使自己畅快，却忽略了他人的感受，那样的幽默会造成他人的厌恶与反感。

（2）必须意味深长。幽默就像是一杯醇酒，越品越会拥有醉人的味道。幽默的智慧性来自自身深刻的生活体验、敏锐的洞察力、丰富的想象力、良好的素养与语言表达能力，以及优雅的风度与乐观的情绪。

丘吉尔是二战时反法西斯阵营的"三巨头"之一，曾连续两次担任英国首相，直到今天，人们仍将他列为20世纪最重要的政治领袖之一。除此之外，他还是演说家、作家、记者、历史学家和画家，并于1953年获诺贝尔文学奖。他也是一位机敏睿智的幽默大师，思维敏捷，语言机智，常常用幽默的语言化被动为主动，捍卫自己和国家的尊严。

有一次，萧伯纳为庆贺自己的新剧本演出，特发电报邀请丘吉尔看戏："今特为阁下预留戏票数张，敬请光临指教，并欢迎你带友人来——如果你还有朋友的话。"丘吉尔看到后立即复电："本人因故不能参加首场公演，拟参加第二场公演——如果你的剧本能公演两场的话。"

丘吉尔善用幽默的智慧由此可见一斑。一个具有幽默感的人，一定具有强大的人格魅力，因为他总能强烈地感受到自己力量的存在，所以能够从容地应对各种尴尬困苦的窘境。

在阿拉曼战役之前夕，丘吉尔召见了他的得力将领蒙哥马利将军。在谈话中，丘吉尔提议他应该研究一下逻辑。疆场勇士蒙哥马利担心自己会陷入纠缠不清的逻辑命题中，便找了个借口推托。他对丘吉尔说："首相先生，你知道，有这样一句谚语：'了解和亲昵会产生轻蔑。'也许我越是研究逻辑，便会越加轻视它。"

丘吉尔取下烟斗说："不过我要提醒你，没有一定程度的了解和亲昵，什么也不会产生出来的。"

幽默是一种机智思维

> 幽默既需要智慧做强大的后盾，也需要灵活的思维做勇猛的冲锋军。现实生活中，幽默机智的人，会受到更多人的喜欢与青睐。

早听说贵地蚊子十分聪明，果如其然，它竟会预先来看我登记的房间号码，以便晚上对号光临，饱餐一顿。

对不起，先生，我们会尽快做好除蚊工作的。

机智的思维可以让听者说者都开心，还能不费吹灰之力地解决小麻烦。

> 人们乐于同机智风趣、谈吐幽默的人交往，因此有足够的幽默做人际关系的润滑剂，能够使你得到更多陌生人的关照。

就是通过这样直白坦率而又幽默的方式，丘吉尔最终总是能够说服自己的属下，并赢得他人的信任与尊重。丘吉尔的幽默是一种智慧，更是一种胸襟和力量。他曾经两次当选英国首相，被认为是 20 世纪最重要的政治领袖之一。

幽默并不仅仅是一种单纯的说笑，它还是一种智慧的迸发、善良的表达，是交往的润滑剂，更是一种胸怀和境界。幽默不仅能增进你和他人之间的友谊，更能使一些误解得到消除。幽默的力量就像太阳的光芒一样，可以使这个世界变得温暖明媚。

幽默是一种灵性修养

幽默口才的完善是很长一段时间集思想、语言行为、仪态、情绪等各个方面综合磨炼的过程，亦是内在修养提升的过程。在幽默口才的积累中，这一过程应被视为心理的准备与承受过程。

有些人喜欢抬杠，搭上话就针锋相对，无论别人说什么，他总要反驳。这是最可怕的习惯，犯这种毛病的人很多，而且每每自己都不知道。为什么会这样呢？因为他不喜欢听取别人的意见，在心中只有自己，而且他自以为比别人高明。即使真的见识比别人高明，这种态度也是要不得的。唯一改善的方法是养成尊重别人的习惯。幽默口才是一种表达情意、与人交际的才能，但它不只是靠语言完成的，还要靠风度。纪伯伦曾经说过：大智慧才算得上是一种大涵养，只有有涵养的人才善于学习，而我们可以从健谈的人身上学习到静默。

在幽默口才的内在修养上，修养本身是修内在的承受力与胸怀，重要的是别把自己的功夫花在装腔作势上。我们无法更清晰地剖开所有人的"外衣"，只是我们潜意识里感到，一个人在拥有好口才的同时，一定要认清自己的真相，使心理与行为一致。通过自我研究，便能够客观地了解自己，就会发现自己的长处和短处了。如果能够养成这样一个习惯，对自己的工作、学习和生活会非常有帮助；并且只要不断地努力下去，你的潜能终会逐日显露出来，你拥有的长处也就能获得充分施展了。

富兰克林是个口才很好的政治家，但他仍十分重视语言修为。他早年曾经做了一张表，表上列举出各种他要用来改善自己的美德。后来，他又找出了还有一种应该实行的美德，跟谈话艺术有极大的关联。他说："我在自我完善的计划里，最初想做到的有十二种美德，但有一个做教徒的朋友，有一天前来向我说大家都认为我太自傲，原因是我的骄傲常在谈话中显露。当辩论一个问题时，我不但固执地表现我自以为正确的主张，而且有些轻蔑别人的样子。我听了他这话，立刻就想矫正这种缺点，因而在我表上的最后一行加了'虚心'这一条。这样不多久，我果然发觉改变后的态度使我获益不少。因为事实告诉我，我无论在哪里，若陈述意见时用谦虚的方式，会令人家容易接受而绝少反对；即使说错了话，自己也不致受窘了。"

靠着这种谦虚的口才修养，富兰克林成为美国出色的且受人尊敬的政治家。

幽默是一种语言艺术

幽默不仅是一种智慧素养的体现，也是一种助人发笑的语言艺术。可以通过夸张、对比、联想等表达方式，达到使人笑意大增的艺术效果。

> 老师，您的学问好深呀，什么植物都知道得那么清楚！

掌握这门语言艺术首先要懂得无论你是什么职业，要想自己成为一个受欢迎的人，就要将严肃搁在一边，将幽默摆在中间。

> 这就是我故意走在你们前头的原因了，只要一看到不认识的植物，我就"先下脚为强"，赶紧踩死它，以免漏底！

> 去年一点相思泪，至今未流到腮边。

其次要抓住对方的特点进行善意的幽默，不仅体现了彼此之间的亲密，而且增添了交往的乐趣，加深了情谊。

幽默的艺术性在于，在将他人的话题转为自己的谈话资料的同时，还可以添加一些趣味性。一段幽默风趣的话不仅能引人发笑，而且还能强化双方交往的愿望，引发谈话的兴趣，使你更容易达到谈话的目的。

一个注重言语修为的人，一个有益于他人的人，自然易于为他人所接受，他的话也就可能被别人奉为圭臬。"文如其人"是从写作角度说的，我们也完全有理由说"言如其人"。通过言语表现出来的心理上的专注力、耐受力、进取心等品质，将使你更具个人魅力，使你的幽默更富内涵。

幽默是一种生活态度

幽默是一种笑面人生的生活态度。罗丹说，"生活中不是缺少美，而是缺少发现美的眼睛"，懂幽默的人就长了一双发现美的眼睛，一张享受美的嘴巴。世界在他们的眼睛中是彩色的，是充满希望与美好的。他们的幽默习惯，于己，让日子多些乐趣；于人，彼此多些轻松。

启功先生是中国知名书法家，他的前半生可以说是充满坎坷和艰辛，1岁丧父，10岁祖父过世，家道中落，再无钱读书。在祖父门生的极力相助之下，他才勉强读到中学。启功中学尚未毕业时就由于不愿再拖累别人，决心自谋生路。经祖父的旧识傅增湘先生介绍，他结识了辅仁大学校长陈垣，经陈垣介绍他从事了一份工作，却因没有文凭而被炒。但启功却没有绝望，一边靠卖字画为生，一边自学，终于在辅仁大学谋到一个教职。

经过无数人生历练的启功先生，不但在艺术上取得了非凡的成就，而且也在心灵上步入了大彻大悟之境，生命中充满着一种"身心无挂碍，随处任方圆"的大气和洒脱。

启功先生成名之后，便经常有人模仿他的笔墨在市面上出售。有一次他和几个朋友走在大街上，路过一个专营名人字画的铺子，有人对启功说："不妨到里面看看有没有您的作品。"启功好奇，大家就一起进了铺子，果然发现好几幅"启功"的字，字模仿得很到家，连他的朋友都难以辨认，就问道："启老，这是您写的吗？"启功微微一笑赞道："比我写得好，比我写得好！"众人一听，全都大笑起来。说话之间，又有一人来铺里问："我有启功的真迹，有要的吗？"启功说："拿来我看看。"那人把字幅递给他。这时，随启功一起来的人问卖字幅的人："你认识启功吗？"那人很自信地说："认识，是我的老师。"问者转问启功："启老，你有这个学生吗？"作伪者一听，知道撞到枪口上了，哀求道："实在是因为生活困难才出此下策，还望老先生高抬贵手。"启功宽厚地笑道："既然是为生计所害，仿就仿吧，可不能模仿我的笔迹写反动标语啊！"那人低着头说："不敢！不敢！"启功听他说完便走出店门，同来的人说："启老，你怎么就这样走了？"启功幽默地说："不这样走，还准备送人家上公安局啊？人家用我的名字，是看得起我，再者，他一定是生活困难缺钱，他要是找我借，我不是也得借给他吗？当年的文徵明、唐寅等人，听说有人仿造他们的书画，不但不加辩驳，甚至还在赝品上题字，使穷

幽默是快乐的催化剂

幽默不只是自身生活态度的体现，更是实现他人快乐的催化剂。幽默之所以成为幽默，其必要条件就是使人快乐，而一切痛苦或不愉快的因素都不能因它而生，否则就不是真正的幽默。

> 每天我都会选择快乐地生活，这就是我的长寿秘诀。

> 请问您长寿的秘诀是什么？

若想让幽默带来真正的快乐，首先自己就应该选择快乐。只有一个内心真正快乐的人才可能无私地将快乐呈现给他人。

> 大爷，你弄成这样去拍戏吗？

真正的幽默可以是自娱自乐，可以是娱乐他人，也可以是作为正当防卫的语言反击，但却不能对他人进行嘲笑，那就不是幽默，而是残忍。

朋友多卖几个钱。人家古人都那么大度，我何必那么小家子气呢？"启功的襟怀比之古人，可以说是有过之而无不及。

启功先生并没有因为曾经生活中的坎坷与曲折就否定了人生阳光的一面，他依旧用一颗宽容并幽默的乐观之心对待这个世界。幽默的生活态度就体现在一种心境、一种状态、一种与万物和谐的"道"之上。

真正幽默的情状表现

幽默的情状表现与幽默的特点既有共通之处，即都具有机智的趣味性；又有差异之别，即情状重在情景的展示，让大家可以更轻松而又深刻地汲取到幽默的风味与内含。

以下几点是幽默的情状表现：

（1）机敏诙谐，有趣味性。

有这样一段对话：

"昨天你骑马骑得怎么样？"

"不太坏，不过我那马太客气了。"

"太客气了？"

"是呀！当我骑到一道篱笆的时候，它让我先过去了。"

人们一听便知这位先生从马上摔下来了。而主人却自我解嘲说是"马太客气了"，由此产生了逗人发笑的效果。

（2）含蓄，具有极强的穿透力。

幽默讲求寓深远于平淡，藏锋芒于微笑。但特殊情况下它也有尖锐的刺痛，有时也有一针见血的穿透力。幽默的这种穿透力，一两句话就能把畸形的、讳莫如深的东西端出来，对一切卑微可笑的东西可谓是当头一棒。但幽默的尖锐刺痛并不是破口大骂，它具有含蓄深刻、一语中的的特点。

某厂，两位工人正在评价他们的厂长。

"厂长看戏为什么总是坐在前排？"

"那叫带领群众。"

"可是看电影为什么又坐中间了？"

"那叫作深入群众。"

"来了客人以后，餐桌上为什么总有厂长呀？"

"那叫作代表群众。"

"但是他成天坐在办公室里，车间里看不到他的身影，又怎么说？"

"傻子，这都不知道，这叫相信群众嘛。"

谁都知道这两位工人正在心照不宣地指白道黑，讥讽厂长的领导作风。话尽管

幽默源于生活，为生活逗趣

> 幽默的源泉不在别处，就在我们身边的生活之中，一个善于捕捉生活细节与快乐真谛的人，肯定是个不错的幽默者。

下面我们将请在国际比赛中多次获奖的小提琴家为我们演奏。

可我根本不是什么小提琴家，我是钢琴家。

为什么幽默能带给人无穷的吸引力呢？主要是因为幽默中闪烁着睿智的光芒，幽默可以给别人带来快乐，可以让别人缓解痛苦、忘记烦恼。

不巧，小提琴家把提琴忘在家里了，因此，他决定改为大家演奏几支钢琴曲，这机会更难得，请大家鼓掌。

有幽默感的人往往思路敏捷、反应迅速，即使是面对复杂的环境和场合，也能从容不迫地妙语惊人，终可化险为夷。

> 心理学大师弗洛伊德说，人类是"追求快乐的动物"，都喜欢"愉悦和欢笑"，所以人们都希望和"有幽默感"的人在一起，从而感染到一股"喜悦和欢愉"。

不符实，却赢得了成功的讽刺效果。

（3）温和亲切，富有平等意识和人情味。

听了别人说的笑语能发笑，这是正常人起码的幽默感。自己能来点幽默，让别人笑，这人则具有相当的幽默感。而自嘲是最高品位的幽默。

美国前总统林肯便非常擅长自嘲一次，道格拉斯与他辩论，指责他是两面派。林肯回答说："现在，请听众来评评看，我如果还有另一副面孔的话，我会戴着现在的这副面孔吗？"

幽默是人性善良的体现。幽默者不论是指出那些可怜或可鄙的小古怪，还是指出他人的愚笨可笑，或是在取笑别人的同时也在取笑自己，其情绪是自尊和自嘲的混合，因而在化解困境、嘲讽丑态中，能体现出真正的人情味。

幽默是一份庄重严肃的笑量

幽默这个外来词在我们生活中存在了很长时间，随着时间的流逝，幽默的定义逐渐被曲解了。拿无知当个性，拿无聊当有趣，都不是真正的幽默，而是幽默的大误区。幽默其实是一份庄重严肃的笑量。

在幽默语言中，有时会有些露骨的笑话，这些笑话发生在公开场合，有伤大雅，引人反感，即使本来可能接受它的人，也往往顾忌朋友师长的态度而不知如何反应是好。中国是深受儒家文化熏陶的国家，讲究的是"非礼勿听，非礼勿视"。所以，我们要注意绝对不要在公众场合，尤其是有异性、长辈、上级等在场的情况下谈及这种笑话。不顾国情、毫无节制地讲露骨的笑话，其实也是对别人的一种侵害，更是对自己人格的贬低。

另外，幽默的目的勿以讽刺他人为乐。

众所周知，幽默是以社会生活为基础产生的，它不是虚飘在空中的幻景，它的存在本身体现了人们多方面的社会功利需要，包括惩恶扬善、沟通心灵、调解纷争，等等，这使幽默必然地要和讽刺、嘲笑、揭露联系在一起。但是，幽默所包含的应当是善意的讽刺、温和的嘲笑，其中灌注着深厚的情感因素，正像萨克雷在《布朗先生致侄儿书》中所说的："幽默是机智加爱。"爱减弱了幽默批评的锋芒，通过诱导式的意会发生潜移默化的作用。苛刻的幽默很容易流于残忍，使人受到伤害、陷于焦虑之中。通常，讥讽、攻击、责怪他人的幽默，也能引人发笑，但是它却常常造成意想不到的后果，使本应欢乐的场面变得十分难堪。

正因为这样，讥讽他人受到许多幽默理论家的一致反对。林语堂认为幽默与讽刺极近，却不能以讽刺为目的。讽刺每趋于酸辣，去其酸辣，而达到冲淡心境的目的，便成幽默。玛科斯雅克博似乎更直接："不要讽刺！讽刺会使你和受害者都变得冷酷无情。"

幽默的口才是走向成功的捷径

　　幽默的口才是最受欢迎的语言表达方式，所以幽默的口才成了一个人走向成功的助推器。

　　说话方式讨人喜欢是一个人的通行证，是获得良好机会、满堂喝彩、上司赏识、下属拥戴、同事喜欢、朋友帮助、恋人亲密的必要条件！

　　说话方式不讨人喜欢甚至可以一语成仇；一句话说错了，会破坏人际的良性互动；一句话说错了，会导致功败垂成。

　　说话要如何幽默，要因时、因地、因人、因事来决定。学会在错综复杂的说话情境中讨人喜欢的秘诀，把握住赢得更多机遇、获得更大利益的机会。

幽默的本质是以笑的方式娱人

1901 年，英国一位哲学家曾经这样谈到幽默："语言中几乎没有一个词汇……比这个人人熟悉的词更难下定义。"确实如此，幽默的定义一直莫衷一是。

1979 年 1 月号的《今日心理学》杂志上有一篇文章为《笑话各有所好》，公布了以读者为对象来调查幽默所得到的结果。

这篇文章的作者指出：幽默是微妙的、难以捉摸的现象，我们根本无法明确列出幽默的种类。而幽默最根本的本质是以笑的方式娱人。

1935 年 3 月 27 日，高尔基在苏联作家协会理事会第二次全体会议上做了一次简短的讲话。在记录稿上，多次出现"鼓掌""笑声"的字样。例如，他在批评某些诗作缺少生活时说：

"同志们，诗人多得很。但是具有巨大诗才的在我看来却太少。他们写的诗长达几公里。"（笑声）……

让幽默充满生活

幽默的本质是通过笑的方式来娱乐他人、快乐自己。幽默对于生活与工作节奏紧张的现代人很重要。现代人需要幽默，如同鱼需要水、树木需要阳光一样。具有幽默感和幽默力量，是现代人应具备的素质之一。因为幽默可以让他们疲惫的身心得到愉悦的舒缓，可以让他们每一天的忙碌充满了价值与意义。

试试吧，这双鞋可是进口货，质量好！

看吧，鞋是进口货，我这袜子是"出口货"，哈哈！

幽默存在于生活中的每一个角落，关键是我们要用心体会，用知趣的言语表达，如果我们愿意与生活一起游戏，它就会在我们意想不到之处为我们制造惊喜。

"我不想谈伟大的诗歌和大诗人。我在这方面是外行。我失掉了这方面的鉴赏力，我念诗也很费力。（笑声）……不久以前，我在一个作者的作品里找到了这样的句子：'他举起手，想摸摸她的肩膀，正在这时候，无畏的死神追上了他。'（笑声）这说得多别扭。"

这些记录里高尔基幽默的语言让即使不在现场、时隔多年的我们看到后也不禁受到吸引，可见幽默的力量之大。

乔治·库特林（1858～1929年），法国知名的剧作家和幽默作家。有一次，一位自命不凡的年轻作者想一鸣惊人，便写信给库特林，借三个不合常理的理由向他提出决斗，但这一封信实在上不了桌面：字迹潦草，甚至有许多字拼写错误。库特林很快给他写了回信："亲爱的先生，因为我是伤害你的一方，该由我来选择决斗武器。我要用'正字法'来决斗。在接到这封信之前你就已经失败了。"

乔治·库特林以幽默的语言，用"正字法"作为武器对年轻人给予了回击，既向年轻人指出了写字太潦草的不端正态度，又展示了自己豁达的一面。整个批驳机智含蓄，风趣诙谐，令年轻人愉快地认输。

这个小故事形象地说明了幽默的本质。由此，我们不难看出：幽默是一种特性，一种引发喜悦、以愉快的方式娱人的特性；幽默感是一种能力，一种了解并表达幽默的能力；幽默力量是一种艺术，一种运用幽默和幽默感来增进你与他人的关系，并可对自己做真诚的评价的一种艺术。

第二章

活跃交往气氛，最大化你的人格魅力

用情感凝铸的幽默提升应对能力

一位30多岁的妇女在下岗一年多之后，好不容易找到一份在某高级珠宝店当售货员的工作，某年春节前的一日，店里来了一位土里土气的年轻男子，他衣衫破旧，一脸的悲哀、狐疑，不时地用不可企及的目光，盯着那些高级首饰。

因为来了一通电话，妇人在接听电话时，一不小心把装戒指的碟子碰翻，六枚精美绝伦的金戒指落到地上，她慌忙捡起其中的五枚，但第六枚怎么也找不着。

这时，她看到那个男子正向门口走去，顿时她知道戒指在哪儿了。

当男子即将走出自动门时，妇人柔声叫道："对不起，先生！"

男子转过身来，两人相视无言，足足有一分钟。

"什么事？"他问，脸上的肌肉在抽搐。

"什么事？"他再次问道。

"我先生和我下岗一年多了，我上个星期才找到这份工作。现在找份工作真不简单，为了这份工作，鞋子都对我进行了罢工。"妇人神色黯然地说。

男子长久地注视着她，终于，一丝腼腆的微笑浮现在他脸上："是的，真是这样。"他回答。

他说："但我觉得你在这里会做得很好。"

说完，他向前一步，把手伸给她："让我握握你的手，表示我真诚的祝福好吗？"

然后，他转过身，慢慢走向门口。

妇人目送着他的身影消失在门外，转身走向柜台，把手中握着的第六枚戒指放回了原处。

这里，不用批评，不用苛责，更不用咆哮，那位妇人就成功地收回了男子偷拾的第六枚戒指。奥妙何在？无疑，妇人神色黯然的绕指柔言产生了撼人心魂的作用。情，在此处胜过了任何技巧，这种情的表现不是通过眼泪来转述，而是用鞋子的罢工来说明工作的来之不易。由此可见，善用情感来凝铸的幽默语言，是一种最高境界的智慧。

法国哲学家伏尔泰不仅是一个人见人爱的幽默高手，也是一个社交大师。

1727年英法战争期间，伏尔泰恰巧正在英国旅行。谁知道英国人竟不分青红皂白，把当代的大哲学家伏尔泰抓住了。

"把他绞死！快点儿把他绞死！"英国人怒气冲冲地大叫。

伏尔泰被抓起来送往绞刑台上时，他的英国朋友纷纷赶来替他解围。他们紧张而又急切地喊道："你们不能将他处死，伏尔泰先生只是个学者，他从不参与政治！"

"不行，法国人就该死！把他吊死。"那些群众还是不停地怒骂着。

在双方争执不下的时候，伏尔泰举起了双手，悄声地说："可不可以让我这个将死之人说几句心里话？"

全场突然安静了下来。

伏尔泰向大家深深地鞠了个躬，清了清嗓门，说道："各位英国朋友！你们要惩罚我，就是因为我是法国人。以各位的聪明才智不难发现，我生为法国人，却不能生为高贵的英国人，难道对我的惩罚还不够吗？"

说完，英国人全都哈哈大笑了起来。这番诙谐幽默竟让伏尔泰死里逃生，他被当场释放了。

伏尔泰深谙"自我嘲笑、自我谦抑"的技巧，不仅化解了英国人对他的敌意，更促进了彼此"和谐、欢乐"的气氛。我们在实际生活中，都曾有过大大小小的烦恼，只要我们以幽默机智应对的话，就可以使自己摆脱烦恼。

幽默让人格在惊喜中焕发魅力

现实生活中有不少人善于运用幽默的语言行为来处理各种关系，化解矛盾，消除敌对情绪，他们已经把幽默作为一种无形的保护阀与珍贵的开心果。

事实表明，幽默的确具有强大爆发力以及影响力。留心一下，我们就会发现善于理解幽默的人容易喜欢别人；善于表达幽默的人，容易被他人喜欢。幽默的人易与人保持和睦的关系，幽默的人对他人来说保持着强大的吸引力，其人格魅力更容易彰显。

蔡康永说，有幽默感的人，往往都有好人缘，因为大家觉得跟他在一起，处处都是快乐、开心，甚至走路都会笑料频发。

蔡康永不愧是有名的娱乐主持人，一语道出了幽默的真谛。他懂得幽默不是用来做作的武器，而是用来服务于生活、娱乐于他人的一种特色风味调料。与时间和场合相配的幽默不仅能带动话题，还能带给大家无穷的乐趣。

有一次蔡康永在主持中对侯佩岑这样玩笑道：

佩岑一个人在沙漠里行走，遇到了一个仙人掌，她问："你在做什么呢？"

仙人掌没有搭理她。

她又继续问："你为什么不理我呀？"

用幽默引起他人共鸣

很有生活特点的故事，能够引起大家的参与，会引发大家都讲一些你的笑话所引发的搞笑事情，使生活充满乐趣。引起他人的共鸣，使你赢得好的人缘。

幽默作为人的思想、学识、智慧和灵感在语言运用上的结晶，是瞬间闪现的光彩夺目的火花。它能使听者对你的话题感兴趣，让自身的人格魅力在言谈中彰显。

仙人掌依旧毫无反应。

最后，佩岑愤怒地大声吼道："你究竟在干什么呀？快说话！"

这时候，仙人掌终于缓缓地转过头来，淡定地回答："我在做针灸治疗啊。"

这是一段很冷的笑话，却让在场的人爆笑不止，因为蔡康永说的这段笑话将嘉宾巧妙地幻想成了搞笑事件的主人公，拉近了嘉宾与观众的心理距离。

幽默是与人交往的最佳见面礼

幽默不仅是一种智慧，更是一种观察人生、体验人生的生活方式。擅长交际的人一般比较注重礼节，会给初次见面的人送上一件可心的见面礼，以增显自己的风度，提升他人对自己的好感。殊不知，最佳的人际交往见面礼是幽默的涵养，这是金钱、物质所无法与之比拟的。初次见面就能够将自己的睿智、风趣轻松地展示给他人，给他人带来一种美好舒畅的心情，才能让他人长久记住你的人格魅力。

美国的前总统威尔逊是一位非常幽默、风趣，喜欢自我调侃的人。在他初任新泽西州的州长时，曾经参加了一次某社团举办的午宴，宴会的主席对大家介绍说："威尔逊将成为未来的美国大总统！"当然，这不过是宴会主席的溢美之词而已。

这时，威尔逊在称颂之下登上了讲台，简短的开场白之后，他对众人说："我希望自己不要像从前别人给我讲的故事中的人物一样。"

"一个叫约翰逊的人和朋友一起去垂钓，期间喝了很多烈性酒，随后就和同伴搭火车回去了，可是他却搭错了南下的火车。同伴们就给南下的火车发去电报：'请将一位名叫约翰森的矮个子送往北上的火车，他已经喝醉了。'列车长回电说：'请将其特征描述得再详细些。本列车上有13名醉酒的乘客，他们既不知道自己的姓名，也不知道自己的目的地。'

"而我威尔逊，虽然知道自己的姓名，却不能像你们的主席先生一样，确知我

幽默是成就事业的最佳手段

当今社会，是一个充满挑战与竞争的社会。俗话说："七分本事，三分机遇。"在竞争中，谁把握住了机会，谁就把握住了命运的主动权。

这小伙子的就职演讲幽默中有智慧，有潜力！

我们为什么要努力活着呢？是因为我们要死很久很久。

机遇稍纵即逝，而机遇的获得，在很大程度上是通过幽默沟通来实现的。幽默沟通是事业成功的重要因素之一，因为幽默的人会给他人送去快乐，给自己带来好运！

将来的目的地在哪里。"

在座的客人一听哄然大笑，都被威尔逊的幽默所感染，气氛也逐渐活跃起来。

人际交往中，幽默风趣的人能表现出自己良好的风度。幽默是人的思想、常识、智慧和灵感的结晶，幽默风趣的语言风格是人的内在气质在语言运用中的外化，在交际中有很重要的作用。

幽默的语言是思想的外壳，是必不可少的交际工具。它具有愉悦美感的作用，能缓解人的紧张情绪，使人摆脱不良氛围。

我们要在这个社会中立足、发展，就应该多加注重幽默的力量，将自己的语言不断地幽默化、将自己的行为不断地文明化。

幽默帮你把握命运的主动权

当今社会，是一个充满挑战与竞争的社会。俗话说："七分本事，三分机遇。"在竞争中，谁把握住了机会，谁就把握住了命运的主动权。机遇稍纵即逝，能否抓住机遇，对每一个渴求在事业上有所建树的人来说都至关重要。而机遇的获得，在很大程度上是通过幽默沟通来实现的。幽默沟通是事业成功的重要因素之一，因为幽默的人会给他人送去快乐，给自己带来好运！

某医院一位姓庄的医师能言善辩，不但辩得有理，最让人佩服的是辩得幽默。这是他受到同事和病人欢迎最主要的原因。坐在庄医师看诊的诊疗室门口椅子上，可以听到些有趣的对话：

"先生，您的嘴巴可以不要张得这么大！"庄医师对病人说。

"你不是说要看看我的白齿吗？"病人说。

"是啊！可是我只不过是在外面看啊！"庄医师一本正经地回答。

庄医师的意思是，难不成还要把头伸进嘴里看？一句话，让外面几个候诊的病人都笑了，原本有些紧张的心情也轻松下来。

有一次，一位年轻母亲抱着她的宝宝来看牙，原因是宝宝的乳牙长得歪七扭八。这个年轻妈妈太担心孩子的成长了，一副愁眉不展的样子。

庄医师看了宝宝一眼就说："嗯！这孩子将来会是个大人物！"

年轻妈妈笑了起来："医师，你怎么知道呢？"

庄医师说："你看着，我假装替他拔牙！"

于是，庄医师拿着拔牙的工具，作势要拔宝宝的牙。宝宝以为庄医师和他玩，咧嘴笑了起来。

庄医师的聪明机智，不仅让他得到病人及家属的爱戴，也使他受到医院管理者的重视，院长因此提拔他兼任医院的副院长。有人的地方就有竞争，这是无法避免的，在这家医院也存在着竞争。而庄医师只想好好当个专业医师，并不想兼任副院长，只不过是院长爱才，所以坚持要推选他出任副院长。当院内改组时，正副院长需要重选，庄医师便不想再连任。

在院务会议上，庄医师原本要提出退选声明的，但是那位积极的竞争者，竟然不断攻击庄医师。

这位医师最后对庄医师做了一个结论："我认为他犯了许多错误。"

轮到庄医师发表意见，他说："我是犯了一个错误！"

在场的人都大吃一惊，因为他们都认为做得不错的庄医师一定会反驳。

不管大家的惊讶表情，庄医师继续说："我原本今天想要发表退选声明，但是现在发现这是个错误。"

大家一听，都笑了起来，不理会那位脸上一阵青一阵白的竞争者，纷纷给予庄医师最热烈的掌声。

看样子，庄医师不仅嘴巴很凌厉，最锐利的应该是他那个机灵幽默的脑袋。把头脑锻炼得反转自如，把嘴巴磨炼得能攻能守，说得清楚道理，讲得明白真相，才是真本事。

当然，说得自如了还不够，还要说得巧，说得妙，说得幽默好笑。像上面故事里的庄医师，能够用幽默和病人沟通，放松病人的心情。幽默的沟通在工作上帮了他很大的忙，也让他的事业发展得更顺利。

传递快乐，收获人格的影响力

时光能带走娇美的容颜，却无法让幽默和睿智的魅力褪色。聪明人懂得怎样用幽默来增添自身的魅力，而绝大多数人却会认为人际关系是令他们头痛的麻烦事，奇怪的是你越觉得它讨厌，你就越不容易搞好它。

乔羽不但歌词写得好，而且话也说得妙，乔羽的幽默诙谐、能"侃"会说在京城文艺圈内久负盛名。

某年6月中旬，中国民族声乐比赛初评在武汉举行，乔羽是评委之一。在有火炉之称的武汉一天三班地连续听录音，对65岁的乔羽来说可不轻松。为了解闷，乔羽不断地抽烟，一边抽还一边念念有词："革命小烟天天抽。"同是评委的歌唱家邓玉华为乔羽补充了三句，成了一首打油诗："革命小烟天天抽，遇到困难不犯愁；袅袅青烟佛祖嗅，体魄康健心不愁。"乔羽听罢，微微一笑，他联想到邓玉华每餐节食的情景，也回敬了一首："革命小姐天天愁，腹围过了三尺九；干脆天天吃肥肉，明天又到四尺九。"众人听后都捧腹大笑，连日来的劳累烟消云散。

有一次，财政部部长乔治·汉弗走进艾森豪威尔的总统办公室时，艾森豪威尔握住他的手并亲切地说："亲爱的乔治，我注意到你的梳头方式和我一样。"汉弗抬头一看，原来艾森豪威尔和他一样，都是光头。

如何克服"社交恐惧症"

这个包很漂亮啊！你真的很有眼光！

首先，称赞别人是治疗恐惧的特效药。对方如果和你相处感到很轻松，就会不自觉地对你友善。

你刚来公司，有什么需要帮助的就直接说。

其次，尽你的力量去帮助对方。帮助别人是让你获得好人缘的最佳途径。帮助别人的同时也能收获别人的信任，从而克服交往恐惧症。

我社交的能力固然差些，但大家开始时不都是这样吗？

再次，你在心理上要对自己多加鼓励，尽量减轻自己的心理负担。不管什么事情，开始都不见得能做好，多实践几次就会做好了，大家都是一样。

艾森豪威尔将同为光头发型的乔治·汉弗说成和自己梳头方式一样，一句俏皮话拉近了两人的距离。

用幽默的风度向他人施与轻松，可以体现人类征服忧愁的能力，让人如沐春风，神清气爽，困顿全消，忘却现实中的不快。一个有魅力的人，当然也是一个幽默的、让你如沐春风的人。幽默的风格就如"传染病"，通过快乐的"病毒"，"侵犯"到每一个人的免疫系统中，但是与病体不同的是，幽默不会让你发烧，而会让你浑身充满阳光的力量。

小幽默是弱化陌生感的大智慧

要想与陌生人交往，让陌生人亲近你，首先就得克服交往的恐惧之心，主动与陌生人打招呼并保持联系，然后就是要自然大方地表现自己。

用自己的幽默来拉近与陌生人之间的距离，用自己的诙谐实现与陌生人之间的互动。

在南部非洲发展共同体首脑会议上，曼德拉出席并领取了卡马勋章。接受勋章的时候，曼德拉发表了精彩的演说。在开场白中，他幽默地说："这个讲台是为总统们设立的，我这位退休老人今天上台讲话，抢了总统的镜头，我们的总统姆贝基一定会不高兴。"话音刚落，笑声四起。

笑声过后，曼德拉开始正式发言。讲到一半，他把讲稿的页次弄乱了，不得不翻过来看。这本来是一件尴尬的事情，但他不以为然，一边翻一边脱口而出："我把讲稿的次序弄乱了，你们要原谅一个老人。不过，我知道在座的一位总统，在一次发言中也把讲稿页次弄乱了，而他却不知道，照样往下念。"这时，整个会场哄堂大笑。

结束讲话前，他又说："感谢你们把这枚用一位博茨瓦纳老人的名字命名的勋章授予我这位老人。我现在退休在家，如果哪一天没有钱花了，我就把这个勋章拿到大街上去卖。我肯定在座的一个人会出高价收购的，他就是我们的总统姆贝基。"这时，姆贝基情不自禁地笑出声来，连连拍手鼓掌，会场里掌声一片。

曼德拉巧妙地利用了自己机智的幽默天赋，即使出现了尴尬的状况也能够淡定应对，尽管是与大家的初次见面，但是他丝毫没有让大家感觉到他的陌生，反而他的一举一动就像是在自己的家中一样自然，在听众看来曼德拉是一个多么可爱的小老头啊。

然而现实生活中，更多的人似乎对交往，尤其是与陌生人的交往有一种恐慌，不愿甚至不敢同陌生人交往。所以，要努力克服这种恐惧心理。

第三章

化干戈于和谐，幽默是人际关系的润滑剂

幽默的沟通心态让快乐加速

你是否常常不明白为什么情绪忽然就变得很坏，不明白为什么心情一下子就忧郁起来？不妨给自己来点幽默的快餐，幽默可以让一个人乐观与豁然起来，幽默是一个人内心的空气清新剂，可以让你的心态放慢，可以让你的快乐加速。

伏尔泰的咖啡瘾很大。有个好心人曾告诫他说："别再喝这种饮料了，这是一种慢性毒药，你是在慢性自杀！"

"你说得很对，我想它一定是慢性的。"这位年迈的哲学家说，"要不然，为什么我已经喝了 65 年还没有死呢。"

伏尔泰幽默的沟通将自己的乐观与豁然巧妙地传递给了他人，让自己感到了舒心，也赢得了他人的欣赏，对于双方的沟通来讲，起到了积极的作用。

正所谓种瓜得瓜种豆得豆，想要得到他人怎样的沟通态度就需要付出什么样子的沟通心态。

丈夫："结婚这么多年了，我才发现我不是一个好丈夫。"

妻子："我可没这么说，你怎么会有这想法呢？"

丈夫："是我经过多年思索，忽然想起的。"

妻子："怎么想起来的？"

丈夫："记得有一位名人说过，一个好丈夫能造就一个好妻子。"

在生活中，这种委婉的幽默有利于沟通，既能让对方明白你的意思，也能让对方看到你也在为此进行努力，什么事都不是一个人的原因。

不难看出沟通是一种动态的平衡，你如何与他人相处，他人将以同样的态度回报于你。你对他人冷漠，他人对你也不会怎样客气；你对他人幽默，别人肯定会对你以笑脸相迎。这就是幽默对沟通心态所起到的快乐警示作用。

而在与他人进行有效的幽默沟通之前，重要的是先要了解自己是一个什么样子的人，然后找到适合自己的说话方式，让自己在一种豁达、乐观的语言交流中，给他人带去一份喜悦的心情。

从医学或哲学的角度看，我们每个人都有两个自我。一个是意识中的自我，另

一个是无意识中的自我；而平时的一举一动、一言一行，几乎都与无意识的自我控制有关。看清自己无意识中的自我，并与自己"对话"，我们可以了解到自己真正在想些什么，自己的性格倾向怎样，怎样做才会使自己心安理得。出现障碍时，最主要的原因是什么，该如何待人处事等。如果这些你都能做到，那你就是真正了解自己的人了。

　　生活中就要懂得与人交往，在交往中，一口精彩的幽默语言，会说得他人心花怒放，也说得自己心情愉快。幽默的沟通习惯，能够让更多的人享受"笑"的乐趣，让积极健康的生活态度像接力棒一样传递下去。

■ 人际沟通的绝境

　　人际疏离与关爱日薄是一个时代症。社会发展有时会导致人际关系淡化，它主要表现在：环绕在我们周围的现代化通信设施越来越多，越来越疏离了人们之间的亲密感情。

　　有些自视高贵的现代人，轻视沟通。这些人对与自己无关的人和事一概冷漠对待。不合群，待人不随和，结果自己将自己封闭起来了。

我虽然认识你，可是先打招呼不是我的个性！

态度孤傲、高视阔步才是我的特点！

幽默能带来友善的人际关系

美国人鲁特克先生在《幽默人生》一书中指出，在人生的各种际遇中，幽默是人际关系的润滑剂。

它以善意的微笑代替抱怨，避免争吵，使你与他人的关系变得更有意义；幽默力量能帮助你把许多不可能变为可能；幽默力量比笑更有深度，它产生的效果远胜于咧嘴一笑。总之，幽默力量是一切奋发向上者所必不可少的力量。

幽默的语言往往给人以诙谐的情趣，又使人在笑意中有所领悟，幽默往往可以缓解紧张、祛除畏惧、平息愤怒，进而实现人际关系的不断改善。

一位议员在做一篇很漫长的演讲时，另一位省议员觉得对方占用的时间太长，就走到对方跟前低声说："先生，能不能请你快点……"话未说完，那个正在演讲的议员便回过头来，用严厉的口气低声呵斥他道："你最好出去。"然后仍旧继续其演讲。

提出建议的议员觉得受到了别人的侮辱，顿时怒气冲天。他迫不及待地想报复，但一时又找不到什么方法。最后，这名议员像小学生一样，去主席那里申诉。

这个议员找的是麻省省议会的主席柯立芝，他对柯立芝说："柯立芝先生，你听见某某刚刚对我说的话了吗？"

"听见了，"柯立芝不动声色地答着，"但是，我也已经看过了有关的法律条文，你不必出去。"

柯立芝把那位议员的愤怒当成了玩笑，不让自己卷入这种儿童式的争吵的旋涡中去，就是因为他能看出这种无聊的争吵的幽默之处。

机智的人不仅善于以局外者的身份化解他人的争吵，而且更善于化解在与人交往时因发生矛盾而出现的僵局。

有一天，在拥挤喧闹的百货大楼里，一位女士愤愤地对售货员说：

"幸好我没有打算在你们这儿找'礼貌'，在这儿根本找不到！"

售货员沉默了一会儿说："你可不可以让我看看你的样品？"

售货员的幽默，打破了与顾客间的僵局。

学会在交往中适时地表现些幽默，你的成功概率一定会大大增强。

在把事情弄得很紧张、很严重的时候，能在这种白热化的僵局中看出其中所包含的幽默成分，这样便能镇定自若，超然物外。有了这种心理素质，便可巧妙地避免麻烦、纠纷。如果柯立芝或是那位售货员对于争吵也采取一种较真的态度，那对于大家又有什么好处呢？无非是更加激化两方面的争吵。而由于采取了一种幽默的态度，柯立芝便可以缓解那种伤感情的纠纷，那位售货员也巧妙地批评了那位女士的无礼，从而制止了双方进一步的争论。

幽默可以拉近人与人之间的距离

美国的心理学家赫布·特鲁说过："幽默可以润滑人与人之间的关系，不仅可以消除陌生的紧张感，减轻交往的压力，还能够使生活充满了轻松的乐趣。幽默可以把人们从自己的世界中解放出来，促使他们一见如故；幽默也可以帮助人们摆脱困境与窘迫的烦恼，在坎坷的人生路上笑着前进。"

有时候一点小幽默，就可以破除交流的阻力，融洽上下级关系，拉近人与人之间的距离。

幽默让你从容应付各种场合

　　会说话的人总是有目的地选择话题。尽管聊天的范围不受限制，但是庸俗低级、格调低下、无意义与价值的话题他们一般都不谈，搬弄是非、贬抑他人的话题更是回避，对方的忌讳和缺点从不提及。

　　他们从不选择挑战性的话题。因为他们知道挑战性的话题容易引起争论，弄得大家都不欢而散。

　　他们也不会自以为是，以教训的口吻与人说话，不随便炫耀，招致别人的反感。与别人在一起聊天，他们绝不会独占鳌头，总是使大家都有发言机会。

　　可见，社交的内涵不一定是在正式场合才算是社交，像聊天这种轻松随意的交流也算作是社交，一个善于言谈的人总是能在这看似平平的聊天中获得更良好的人际关系。

　　社交成功的人往往离不开他的一张社交好嘴，而要说到社交口才，风趣的谈吐不得不提。幽默的语言能帮助我们与他人进行沟通和交往，还能帮助我们处理人际关系问题，顺利化解尴尬处境。

达尔文被邀赴宴。宴会上，他恰好和一位年轻美貌的女士并排坐在一起。

"达尔文先生，"坐在旁边的这位美人带着戏谑的口吻向科学家提出疑问，"听说你断言，人类是由猴子变来的。我也是属于你的论断之列吗？"

"那当然喽！"达尔文看了她一眼，彬彬有礼地答道，"不过，您不是由普通猴子变来的，而是由长得非常迷人的猴子变来的。"

幽默是人际交往中的润滑剂

律师，如果一只狗偷吃了别人的东西，那么这只狗的主人是不是要替自己的狗赔钱？

是的

在人际交往中，幽默的情怀无疑就像湿润的细雨，可以冲淡紧张的气氛，缓解内心的焦虑，缩短彼此间的距离，是胸襟豁达的表现，即使在不愉快中也能破除尴尬。

那么，请你付给我十块钱吧，因为你的狗偷吃了我的一块肉。

好，我同意。但是，我是律师，凡是向我咨询每次收费二十块钱，所以你必须先付给我二十块钱。

在人际交往中，一个幽默的人和不幽默的人是截然不同的。让自己幽默一点，不但可以放松心情，还可以积累人脉，一举两得。

面对迷人的小姐对自己进化论的质疑，达尔文只用一句"迷人的猴子"，既夸赞了小姐的美丽也维护了自己的研究理论。

幽默的聊天也是一种交际，其深刻的交际内涵在聪明人眼里是宝藏，在不识货的人眼里是稻草。对于如何利用幽默聊出名堂来，从而达到交际的目的，善于言谈的人有他们自己独到的方式方法。真正的社交高手就如达尔文一样，是在化解他人敌意的时候还能坚持自己的原则。

幽默能够帮助我们在社会交往中与人建立一种和谐关系。当我们希望成为能克服障碍、具有乐观态度、赢得别人喜爱和信任的人时，它就能帮助我们达到目标。

在社交场合，由于社交原因、政治兴趣、业余爱好等，我们的生活中存在着许多社会团体，而这些团体则是社会上的人所聚集的小社会。在这些社会团体中，不论你只是其中的普通一员，或者担任委员、干事、总干事、主席，你都可以运用幽默力量而获益匪浅。

总之，从幽默力量发出的好幽默，就相当于好的仪态举止，能使我们在各种社交场所中游刃有余，不断提升自身的睿智与左右逢源的本事，进而促使自己不断地向成功迈进。

用幽默将批评包裹上糖衣

波特定律原是经济管理学方面的术语，由美国心理学家莱曼·波特提出。本意是指当遭受许多批评时，下级往往只记住开头的一些，其余就不听了，因为他们忙于思索论据来反驳上司的批评。正因这个原因，在口才交际方面，在批评他人时，就必须照顾到被批评者的心理感受，注意批评的方式，以较为缓和的语气来表达自己的意见。

因此，批评他人，宜曲缓而不是直接"放大炮"。智者通过委婉的幽默言辞来实现对他人的批评，会让他人在感激你的宽容与善解人意的同时，更加深刻地认识到自己的错误。委婉的批评可以帮助他人用更短的时间来纠正错误，用更积极的心态来接受进取的洗礼。

有一次，几个属鼠的男同学在期中考试中考了满分，挺得意，有点飘飘然。他们的班主任发现了，就对他们说："怎么，得意了？你们知道得意意味着什么吗？请注意今天下午的班会。"那几个男学生猜想：糟了！在下午的班会上，等待他们的准是狂风暴雨！可奇怪的是，在班会上，班主任的批评却妙趣横生，他说："树林子要是大了，就什么鸟儿都有，自然，天下大了，就什么老鼠都有。我就听说过这么一个故事。有只小老鼠外出旅游，恰好两个孩子在下兽棋，小老鼠就悄悄地看。它发现了一个秘密，那就是，尽管兽棋中的老鼠可以被猫吃掉，被狼吃掉，被虎吃掉，却可以战胜大象。于是立刻认定，我才是真正的百兽之王呢！这么一想，小老鼠就得意起来了，从此瞧不起猫，看不起狗，甚至拿狼寻开心。

　　"有一天，它还大摇大摆地爬到老虎的背上，恰好老虎正在打瞌睡，懒得动，就抖了抖身子。小老鼠于是更加得意，它还趁着黑夜钻进了大象的鼻子。大象觉得鼻子痒，就打了个喷嚏，小老鼠立刻像出膛炮弹似的飞了出去。就这么飞呀飞呀飞，好半天才'扑通'一声掉在臭水坑里！好，现在就请大家注意一下，'臭'字的写法，怎么写的呢？'自''大'再加一点就是'臭'。有趣的是，今年正好是鼠年，咱们班有不少属鼠的同学，那么，这些'小老鼠'们会不会也掉到臭水坑里呢？我想不会，但必须有一个条件，这就是永不骄傲！"

　　说到这儿，这位班主任还特意看了看那几个男同学，那几个男同学当然明白，老师的批评全包含在那个有趣的故事中了，他们很快改正了自己的缺点。

幽默让批评更容易接受

加水！火小点！该放盐了！

　　在日常生活中，我们常有批评"言而无效"的时候，这时不妨就借助幽默的力量来帮助自己表达，同时也容易让他人接受。

亲爱的，我只是想让你感受一下每次开车你在旁边指挥，我是什么心情！

我知道该怎么炒菜！

　　在生活和工作中，我们要学会巧妙地批评，让他人既意识到自己的错误，同时也理解你善意批评的意图，使他内心里对你心存感激。批评最好的方式就是进行暗示，暗示的最佳水平是能够幽默地表达。

幽默可孕育安适的交际气氛

　　幽默是一种眼光，也是一种角度：是看世界的宏达眼光，是看人生的清晰角度。芸芸众生，大千世界，不仅可以用好与坏来衡量，也可以用有趣与无聊、可笑与可悲来评判。

　　意大利著名作曲家罗西尼听人说，他的一批有钱的爱慕者准备在法国为他建一座雕像。感动之余，他问道："他们准备花多少钱？""听说一千万法郎吧。""一千万法郎？"罗西尼大为吃惊，"如果你肯给我五百法郎，我愿意亲自站在雕像的底座上！"一句略显夸张的玩笑，将罗西尼的豁达尽显出来。

　　英国杰出的戏剧作家萧伯纳，常以他幽默的语言表现出杰出的口才。有一次，萧伯纳在街上行走，被一个冒失鬼骑车撞倒在地，幸好没有大碍。肇事者急忙扶起他，连声抱歉，而萧伯纳却拍拍屁股诙谐地说："你的运气真不好，先生，如果你把我撞死了，就可以名扬四海了。"

■ 幽默能缓和矛盾

　　幽默如细腻的雨丝，将我们孕育在愉快与安适的气氛中。智者善用幽默使生活中激化的矛盾变得缓和，使难堪的场面得到化解，使紧张的节奏得到松弛。

　　卡莱尔说过："幽默并非鄙夷，其真义是爱；它不是出现在哄笑里，而是出现在安详的微笑里。"因此心存善念吧，你会成为社交场上最受青睐的人。

利用幽默，还可以给批评增强说服的力量。鲁迅先生批评沉湎于谈情说爱、荒废学业的川岛时，送给川岛一本《中国小说史略》，他在扉页上幽默地写道：请你从"情人的拥抱里"伸出一只手来，暂时接收这干燥无味吧！

幽默于己不仅是严肃的反省：发现自己的荒唐、冥顽、滑稽可笑；也是积极的上进，在笑声中与世界成为朋友，在笑声中，一手拉着世界，一手牵着自我，乐观而豪迈。

得体的幽默最能取悦他人心

雨果曾经说："语言就是力量。"语言表达是所有沟通方式中最便捷、最传神，也是最直接的一种。不过，力量有强弱与正反之分，是强是弱、是正是反，还取决于说话的技巧。常言道："会做的不如会说的。"会说话的确好处多多。会说话的人会把话说得得体、幽默，更容易摆脱困境、赢得朋友、获得机会，活得也更快乐。

有家公司为主管们安排了有关沟通的教育训练课程。

上了一星期的课之后，有位主管在责备老是严重迟到的一个部属时，挖空心思，想在批评他的时候又能保住他的面子。

后来，他把这个部属找来，面带笑容地对他说："我知道你迟到绝对不是你的错，全怪闹钟不好。所以，我打算定制一个人性化的闹钟给你。"

这个主管对部属挤了挤眼睛，故作神秘地说："你想不想听听它是怎么人性化的？"下属点点头。

"它先闹铃，你醒不过来，它就鸣笛；再不醒，它就敲锣；再不醒，就发出爆炸声，然后对你喷水。如果这些都叫不醒你，它就会自动打电话给我帮你请假。"

可想而知，这位主管是机智的，是智慧的，他将下属的错误故意推托到了闹钟的身上，通过闹钟越来越激烈的反应，暗示着这位下属的迟到问题有多严重。

如此诙谐的表达，既让下属感觉到自惭形秽，又会让下属对于主管的委婉表达而感激不已。

得体的幽默最能取悦人心，人际交往中，良好的气场离不开幽默的大力相助。

某一个"愚人节"，有人为了戏弄马克·吐温，在纽约的一家报纸上报道说他死了。结果，马克·吐温的亲戚朋友从全国各地纷纷赶来吊丧。当他们来到马克·吐温家的时候，只见马克·吐温正在桌前写作。亲戚朋友们先是一惊，接着都齐声谴责那家造谣的报纸。马克·吐温毫无怒色，幽默地说："报道我死是千真万确的，不过把日期提前了一些。"

马克·吐温的幽默很得体，也很有看开生死的风度。当别人还在为谣言感觉到气愤的时候，他没有因为报纸的造谣而大动肝火，反而对造谣进行了一定程度的肯定。他的幽默与气度赢得了众人的敬仰。

人不是天生就擅长幽默的，但说话的技巧是可以培养的。记住以下原则，掌握了说话的尺度，也就掌握了说话的诀窍：急事，慢慢地说；大事，清楚地说；小事，幽默地说；没把握的事，谨慎地说；没根据的事，不要胡说；做不到的事，别乱说；讨厌的事，对事不对人地说；开心的事，看场合说；伤心的事，不要见人就说；别人的事，小心地说；自己的事，听听自己的心怎么说；现在的事，做了再说；未来的事，未来再说。

幽默要运用得得当、适当

　　幽默是我们生活的调味料，它使我们的生活更加有滋有味。但是，再好的调味料都不可滥用，就好比用盐，用一点可以使菜味鲜美，但用得太多便会让人难以下咽。在沟通时，幽默运用得当，方可发挥它的魅力。

第四章

消除逆境态势，幽默牵引你转危为安

化解尴尬，幽默让窘迫变无形

在生活与工作中，尴尬的事情总是潜伏在我们的身边，不经意的一句话或许就会让自己出了洋相。没有人喜欢尴尬的窘迫，摆脱尴尬就要以幽默化解尴尬于无形之中。

有个年轻人刚学会开车，兜风时车子熄火，一时发动不了，后面的司机气得猛按喇叭。年轻人满头大汗地下了车，走到后面车子的旁边，敲敲车窗。后面的司机横眉竖眼地摇下车窗，原以为年轻人是来找麻烦的，没想到年轻人对他笑道："先生，这样好不好，你来替我发动车子，我来替你按喇叭，好吗？"

显然，这位年轻人是不浮躁的，他没有因为别人的催促而焦虑，甚至与他人发生口角，而是在向他人表示理解的同时用一句出人意料的风趣话解决自己的尴尬境地。他巧妙地请求别人为自己发动车子，婉转表达出车子发动不了，不是自己有意而为之，希望得到谅解。这轻松的一句话比武力还能解决问题！因为这句话已经让后面的司机化怨气为喜气了。开心的一笑还有什么不能够原谅的呢？

幽默除了可以让意外的尴尬消失于无形外，还可以将自己的意见表达得更加和谐、生动，而又不会让他人的颜面尽失。

一个作曲家带了他自己的作品去拜访意大利著名作曲家罗西尼。罗西尼在听他弹奏的时候，每隔一分钟就脱一次帽，然后又戴上。作曲家感到很奇怪，就问他是不是觉得热。罗西尼说："不，我只是有一种习惯，不管什么时候，遇见熟人我就把帽子脱下来打招呼。而在你的曲子里，我觉得很多东西是从我的熟人那里来的。所以我不得不连连点头打招呼。"

实际上是怎么回事，罗西尼一句也没说，但读者看到罗西尼的反应肯定就明白这个作品到底是怎么回事了，当然那作曲家也是。

叫人生气的事，却说得令人发笑，显然，用幽默来沟通这件尴尬的事情比发火更有风度和别有趣味！从以上几例可以看出，幽默是思想、才学和灵感的结晶，它使语言在瞬间闪出耀眼的火花。而这火花在沟通中的作用和能量，绝非普通言辞可比。它可以将窘迫变得无形，却又能将道理讲得清楚。

　　有一次，萧伯纳遇到一位胖得像酒桶似的牧师，他跟萧伯纳开玩笑说："外国人看你这样干瘦，一定认为英国人都在饿肚皮。"萧伯纳谦和地说："外国人看到你这位英国人，一定可以找到饥饿的根源。"

　　尴尬是在生活中遇到处境窘困、不易处理的场面时使人张口结舌、面红耳赤的一种心理紧张状态。在这种时候，人们感觉比受到公开的批评还难受，引起面孔充血、心跳加快、讲话结巴等现象。主动讲个笑话逗大家笑，绝对是减轻该症状的良方，尤其是在很多人看着你的时候。

幽默助你脱离窘境

　　处在窘境中的人就像站在悬崖上，前面是深渊后面是追兵。这时幽默语言引发的笑声，就像突然长出的翅膀，能使人摆脱进退维谷的境地。

　　"不好意思各位，我是想试试这样上台是不是能获得更多的掌声。"台下是一阵热烈的掌声。

　　幽默在窘境中的出现，就好像是在干涸的土地上突然下了一场好雨，所谓好雨知时节，唯有这好雨才能够让他人觉得酣畅，让自己得以从困境中解脱。如果想要问为什么幽默会越来越受到人们的青睐，那就问问干渴的禾苗为什么喜欢好雨的滋润吧。

摆脱困境，幽默让你绝处逢生

1671 年，英王的皇冠被窃，举世为之震惊。以布莱特为首的五人犯罪集团很快被警方捕获，并全部判处死刑。可是，正当人们翘首期待目睹罪犯的下场时，事态的发展急转直下。

原来，英王查理二世对这些目无法纪的窃贼颇感兴趣，决定亲自审问他们。布莱特这伙罪犯以超凡的气度、博欢的美言和伶俐得体的答辩，深得英王好感。英王一喜之下，众罪犯不仅免于一死，而且得到了一笔数目可观的赏金。

布莱特的辩词可谓精彩至极，极尽吹捧博欢之能事，显示出十足的无赖本色，却又充满了胆略和才气。这里摘录审讯对话的精彩片段：

查理二世："你还两次企图刺杀奥蒙德公爵，是吗？"

布莱特："陛下，我只是想看看他是否配得上您赐给他的那个高位。要是他轻而易举地被我打发掉，陛下就能挑选更适合的人来接替。"

英王沉吟片刻，仔细打量这位囚徒，觉得他不仅胆子大，而且伶牙俐齿。于是他又问："你胆子越来越大，这回竟偷我的皇冠来了！"

布莱特："我知道这个举动太狂妄，可是我只能以此来提醒陛下关心一下一个生活无着的老兵。"

英王："你又不是我部下，要我关心你什么？"

布莱特："我的陛下，我从来不曾对抗过您。过去英国人之间互相兵戎相见，很是不幸，但现在天下太平，所有人都是您的臣民，我当然是您的部下。"

英王觉得他简直是个无赖，但仍问道："你自己说，该怎么处罚你。"

布莱特："从法律角度讲，我们应该被判处死刑。但是，我们五人死后，每人至少有两个亲属会为此流泪并诅咒您。从陛下您的角度看，多十个人赞美您总比多十个人流泪诅咒您好得多。"

查理二世万万没料到他会如此回答，不由自主地点点头，又问："你觉得自己是勇士还是懦夫？"

布莱特："陛下，自从您的通缉令下过以后，我没有藏身之地，不得已在家乡搞了一次假出殡，希望警方误以为我已死而不再追捕，这诚然不是勇士的行为。所以，在别人眼里我也许是个勇士，可是，在您——陛下——真正的勇士面前我只是个懦夫而已。"

查理二世对此番对话非常欣赏，居然破天荒下令免除布莱特死刑。

在此案例中，尽管以布莱特为首的五人犯罪集团被判死刑，却由于其幽默的回答，用自己的罪行衬托出了英王的英明，让英王化怒为笑。凭借着两片幽默的嘴皮子，布莱特不仅把自己和朋友从死神的手里拉了回来，还让自己意外获得了奖赏。

可以说，幽默的力量有时候大到足以颠覆生与死的命运，幽默不是一种狡辩，而是一种生活态度。幽默用机敏和睿智给人们带来了无限的听觉快乐。

如果你已经学会幽默，那么你是一个幸运的人；如果你不会幽默，那么你至少要会去欣赏幽默。

增添笑料，幽默可以化敌为友

人生在世，难免有不畅意的事，假若事事铭记在心头，岂不太累。怀揣一颗宽容、豁达的心，略施幽默，便可以让人忘记仇恨。

幽默的语言往往给人以诙谐的情趣，往往是缓解紧张、祛除畏惧、平息愤怒的最好方法。

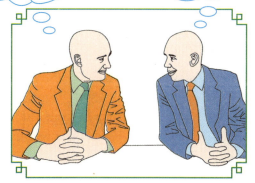

幽默是化解敌意的良药。有时我们也能以有趣且有效的方式来运用敌意的幽默——因为当我们把自己放进其中时，原本敌意的幽默也就变成没有敌意了。

口吐方圆，幽默话为他人解围

人的一生中总是会遇到很多纠缠不清的事情，就像一个个难解的结一样给人造成许多困扰。清官海瑞一生中为别人解开了无数的难题，了结了无数的无头官司。智慧通常是由口才伴随的，替人解围说到底还是要看嘴上功夫。

明朝嘉靖年间，发生过这样一件事。某地一位农民上街，在一家米店门前，不小心踩死了店主的一只雏鸡。

这米店老板平日就蛮横不讲理，见雏鸡被踩死，暴跳如雷，揪住农民不放。虽然农民连连道歉，一再说明不是故意的，但店主却不依不饶。他大声地呵斥着老实的农民，责令他赔偿900文钱。

一只雏鸡哪值得了900文钱呢？这店主明明是敲诈。那农民自然不服，两人就争吵起来。店主理直气壮地嚷道："你别看这是一只雏鸡，喂几个月就能长到9斤呀！怎么不值900文呢？"两人吵来吵去，一直吵到了县衙里。

海瑞听完双方陈述以后，心里如明镜一般。他心想一只雏鸡竟让人家赔900文，也太黑心了，这是明目张胆地欺侮乡下人呀！他决定惩罚一下这恶店主。

海瑞想了一会儿，便开口了："踩死人家的鸡自然应当赔偿，这理所当然，有什么可争吵的呢！"

店主一听，县官向着自己，于是连连点头说："是的，老爷说得极是！"

海瑞接着说："究竟赔偿多少呢？这倒要好好考虑。"

他停了一会儿，望了一眼店主，说："你说得也有道理。雏鸡自然是要长大的，长大到9斤，值的钱肯定也会多些。所以你要900文赔偿，也还是合理的！"店主听了，满心高兴，他迫不及待地就连声说："还是老爷英明，老爷英明啊！"农民一句话也没说，他心中很生气，他想这父母官怎么这样糊涂呢！

海瑞责成农民付钱，农民哭丧着脸，只好从衣兜中掏钱，掏来掏去，只凑足了600文。海瑞一看，便说："差的钱，我替你补上吧！"

店主喜出望外地收了钱，还数了数。他真是满意极了。正当他准备离开时，却被海瑞叫住了。海瑞对他说："且慢，这案子还没审完哩！"店主一听，感到莫名其妙。

海瑞大声对两人说："刚才已按价赔偿了雏鸡，现在要谈另外一项赔偿，这样才公平啊！"他对店主说："你想过没有，一只雏鸡长到9斤该费多少粮食呀！俗话不是说'斗米斤鸡'嘛！就按一只雏鸡长到一斤要费1斗米算，那么9斤的鸡就该费粮9斗呀！现在这雏鸡死了，你就不必费粮食了，你不就省下了9斗米么？所以你应该把这9斗米折价给他。这样双方就都不欠了，这案子才公平！"店主一听，目瞪口呆，直气得说不出话来。这时农民脸上现出了笑容，洋溢着感激的神情。

在海瑞的催促下，店主只好将9斗米的价钱给了农民。这样，他实际上比900文还亏多了。

幽默具有强大的力量，但是幽默并不能仅仅用来活跃气氛、取悦他人，练就幽默本领，更重要的是要为他人围解。如果海瑞没有机智的思维，没有幽默的才能，那么他就不会绕一个弯子之后，来达到自己公正判案的目的。

用幽默替人解围

当一个人受到嘲讽陷入尴尬的时候，若有旁观者替其解围，他一定会感激不尽的。故此，若能知晓一些幽默解围之法使受窘者的难堪得以摆脱，无疑是一件利人且利己的大好事。

只要我们能有一颗乐于助人之心，就一定能根据具体语境，想出更多更好的办法，说出更巧更妙的话语，以化解他人之困窘，进而赢得对方乃至众人的尊重。

"请君入瓮"，笑的智慧扭转局势

据调查显示：有大约42%的人把当众讲话看得比死亡还可怕。但是，在这个充满激烈竞争和挑战的时代，会说话是使人生卓越的一种最有效的资本。现在越来越多的人把会说话当作一种制胜的武器，并提出"知识就是力量，口才就是资本"的新理念。会说话的人需言之有物，需能用笑的智慧为他人排忧解难。

为别人解难，同时又能为自己出口气，这是何等的美事，全靠舌头显神功。从前，有个林子里，一户农民为了浇地正在修渠，水渠从一个地主的土地边缘经过。因为农民没及时与地主商量，那地主就借机向农民敲诈。

一天，地主来到渠边，恶狠狠地责问农民说："谁让你在这里挖渠呀！你知道吗，你挖断了我地里的'龙脉'呀！你得在3天之内赔偿我的损失！"

看着地主那气势汹汹的样子，老实的农民不敢说话，他对这无理的要求又不能置之不理，只好去求老人。

这户地主仗着自己有钱，平日就横行乡里，从不把村民放在眼里，村里的一位老人早就不满了。如今又明目张胆地欺侮乡亲，老人也很是不平。于是便对农民说："别怕，这事由我来处理。"三天的限期到了，老人把村民召集到地主的那块地里，让那户地主与挖渠的农民都到了现场。

老人指着那农民问地主道："你说他挖了渠，挖断了你地里的'龙脉'，是这样吧？"

"是的，他挖断了龙脉，对我影响可大啦！"地主回答说。

老人又问地主："你的龙脉究竟在哪里？"

地主用手往水渠边一指说："就在这里！"

老人于是看了看地主所指的地方，他走过去，然后蹲下身来，用鼻子在地上仔细地闻了闻，接着，站了起来，大声地说："什么龙脉，完全是一块臭地！"

"臭地？绝不可能！"地主大声地反驳说。接着，他也蹲到地上，认真地嗅了嗅说："什么臭地呀！你怎么闻的？根本没有一点儿臭味！"

老人这时高声地问地主："真的不臭吗？"

地主大声地、肯定地回答道："是呀，一点儿也不臭！"

这时，老人转过身来，面对大家很严肃地说："现在大家都听清楚了吧！他刚才说，这龙脉所在的地方，一点儿也不臭。既然一点儿也不臭，就说明这地里的龙脉根本没有被挖断。要是真的挖断了，今天已是第4天了，哪能不臭呢？"

大家都会意地笑了，那地主被气得目瞪口呆。

这一招"请君入瓮"实在是用得恰到好处，将计就计，设好圈套让地主钻，从而免去了一切敲诈。老人的幽默很简单，运用了地主的道理，巧妙地以其人之道还其人之身，那么地主当然不能再狡辩，否则岂不要扇自己的耳光吗？

所以说，幽默并不是肤浅的，幽默的力量需要恰当的技巧将其发扬光大。对待什么话，用什么样子的幽默，要因语而异。一个懂得幽默的人懂得对自己的智力与体力的尊重与运用。哈佛大学的著名教授威廉·詹姆士说过："我们只是半醒着。我们仅仅在使用我们体力和智力的一小部分。说得明白一点，人类就是一直这样画地为牢，生活在自己的圈子里。人具有各种力量，但往往未加发挥。"

巧言妙语，幽默让你化险为夷

一个明智的人懂得用自己的言语来挽救自己的危境，人说"救人一命，胜造七级浮屠"，有很多会说话的人就凭着三寸不烂之舌在危急时刻巧言善辩，使自己也使他人化险为夷，这是何等的惊天动地！可见口才价值超过了世间一切有价之物。

纪晓岚中进士后，当了伺读学士，陪伴乾隆皇帝读书。一天，纪晓岚起得很早，从长安门进宫，等了很久，还不见皇上来，他就对同来伺读的人开玩笑说：

"老头儿怎么还不来？"

话音刚落，只见乾隆已到了跟前。因为他今天没有带随从人员，又是穿着便装，所以没有引起大家的注意。皇上听见了纪晓岚的话，很不高兴，就大声质问："'老头儿'三个字做何解释？"

旁边的人见此情景都吓出了一身冷汗。纪晓岚却从容不迫地跪在地上说："万寿无疆叫作'老'，顶天立地叫作'头'，父天母地叫作'儿'，皇上当之无愧地万寿无疆、顶天立地、父天母地，所以叫'老头儿'。"

乾隆听了这一番恭维的解释，就转怒为喜，不再追究了。

纪晓岚开了不适宜的玩笑，使自己陷入困境，可他随机应变地运用曲意直解，巧妙地将对乾隆有不尊性质的"老头儿"三字解释成"万寿无疆""顶天立地""父天母地"。这样不但化险为夷，免去一死，而且化辱为恭。

在为人处世的过程中，幽默具有起死回生的巨大力量，幽默的辩驳胜过千言万语的求饶，幽默能够将现实润滑，能够将他人的内心融化。

汉武帝晚年的时候很迷信，希望自己能够长生不老，到处搜寻不死药。一天，有人献上不死丹药一丸。当时东方朔正在武帝身边。他上前拿起丹药后，假装好奇地问武帝："陛下，这药可以吃吗？"

武帝回答："当然可以吃了。"东方朔闻听此话，马上把药塞进嘴里，嚼了两下咽进肚里。武帝阻止不及，气得脸色发青，暴跳如雷，要把东方朔拉下去砍头。

东方朔连忙跪下，说道："陛下，且慢，臣有话要说。"

武帝本意并不想杀东方朔，就问道："你有什么要说的？"

东方朔从容地回答道："陛下，我刚才吃的可是'不死丹药'，可现在我却要被陛下砍头了。如果这药能使人不死，那我为什么要身首异处了呢？可见那'不死丹药'是假的。如果这药确实是那'不死丹药'，陛下应该杀不死我啊，自然也不用杀我了。如果杀得死我，就证明了献药之人是在蒙骗陛下。况且我在吃药之前已问过陛下药是否可以吃，陛下已经准许，所以臣才能吃此药。倘若未经陛下允许，臣怎么敢吃呢？若陛下今天杀了我，只会向天下证明陛下被人蒙骗了，恐怕有损于陛下的圣明，而且百姓又怎么敢相信您的话呢？"武帝一听，转怒为喜，立刻赦免了东方朔。

东方朔利用逻辑来进行论辩，话如泉涌，滔滔不绝，从而避免一场杀身之祸。

我们不得不佩服他们，他们是会说话的人，也是懂得幽默的人，他们在危难的时刻想到的是要依靠自己的机智的嘴皮子来打动别人。在这里幽默成了一种可以拯救自己的借力，巧妙地利用对方的话语来为自己服务，或者为自己的无意之言找到一个"顺势而为"的解释。当幽默成了一种光明的出口的时候，黑暗又怎么会可怕依旧呢？

主动出击，幽默使人成为掌控者

幽默是智慧的，在于幽默的人总是会让自己处于主动的位置。

与人沟通时，要先找着强而有力的证据，使人信服自己的言论是对的。否则成功的概率微乎其微。

举世闻名的指挥家斯托考夫斯基，有一次在纽约指挥交响乐团演出，现场十分混乱，迟到的听众慌慌张张地进来找位子，已坐定的听众也仍在窃窃私语。已经站在台上的指挥家，实在无法开始挥动指挥棒，于是转过身去对听众说："各位先生、女士，画家把画画在纸上，音乐家则把音乐谱在'寂静'之上。今晚，我们负责供应音乐，而各位必须负责供应寂静。" 当这句话说完之后，音乐厅立刻寂静得没有一点儿声音。

能够掌握主动权的幽默大家，他们不会惧怕外界的躁动与吵闹，他们可以通过自己智慧的口才赢得属于自己的安静。懂得幽默的人，会更容易接近梦想，因为他们比不懂幽默的人更容易受到他人的欢迎与关注。懂得幽默的人，不仅仅是个口才专家，也是个交际人才，是个在生活中不容易输的赢家。因为，他们可以让自己的优势变得更加优越，亦可以让自己的劣势变得闪亮起来。

英国大作家狄更斯去钓鱼，不一会儿走来了一个人，便问狄更斯："你钓了多少鱼？"

狄更斯回答："钓了一大筐。"

对方说："你知道我是干什么的吗？我是这里的鱼塘管理员，这里不允许钓鱼，要罚款。"

狄更斯回答："你又知道我是干什么的吗？我是作家，作家是专门编故事的。"

狄更斯运用自己的幽默化被动为主动，很好地反驳了鱼塘管理员。

美国第 27 任总统塔虎夫的身材十分肥胖，他的体重竟有三百多磅。由于他生性豁达，所以对肥胖的身材不仅不在意，反而常拿它开玩笑。

塔夫虎脱年轻时曾任报社记者。一天，他到俄亥俄州某处采访。工作完后，他发现除非搭上一班直达的火车，不然就赶不回报社。

塔夫脱灵机一动，打电话问铁路局："直达快车可否在某某站停车，以便一个庞大的团体上车呢？"

铁路局答应了他的请求。等火车到站以后，车长问他："那个庞大的团体在哪里呢？"

塔夫脱指指自己肥胖的身材说："在下便是。"

上面的这些情况中，幽默的沟通，不仅避免了尴尬，还让自己扭转了被动的局面。幽默的人具有圆融生存的资本，能够让一切事情结果都掌握在自己的嘴巴上。

掌握主动权，在别人准备伤害你，用刻毒的语言对你说话时，你要不动声色，佯作没听懂他的意思，反给对方一种幽默的回答，这样，对方打算伤害你的企图也就告吹了。

别人的用语再刻薄，但你不动声色，并来个答非所问，他也就"英雄无用武之地"了。这样一来，垂头丧气的将是对方。

里根总统在一次白宫钢琴演奏会上讲话时，夫人南希不小心连人带椅跌落在台下的地毯上，观众发出惊叫声。但是南希很快灵活地爬起来，在二百多名宾客的热烈掌声中回到自己的位置上。

这时，里根便插入一句："亲爱的，我告诉过你，只有在我没有获得掌声的时候，你才应该这样表演。"台下又是一阵热烈的掌声。

里根总统幽默的一句话，就将夫人尴尬的局面化解，将观众的担心打消，将自己机智的人格魅力赫然展现在了演讲台上。

在幽默人的眼中，世界充满了轻松的快乐、温馨的和平，世界的主基调应该是快乐的，人生的主打歌应该是欢快的。在一切突发的事情中，好的抑或是不好的都应由自己来掌控，自己才是事情的主人。

幽默的人可以让自己掌控外物，而不是让外物左右了自己的心智与手脚。原来，懂得幽默的人可以生活得如此潇洒，洒脱得令人艳羡。

第五章

政治家的幽默，缓和处事的交涉氛围

"小题大做"，让坏事变为好事

美国人早在 20 世纪 40 年代就把"口才、金钱、原子弹"看作是在世界上生存和发展的三大法宝，60 年代以后，又把"口才、金钱、电脑"看成是最有力量的三大法宝。而"口才"一直位居榜首，足见其作用和价值的强大。

借力使力，让对方无言以对

我们已经告别了那种"鹦鹉学舌，不离于禽；猩猩能言，不离于兽"的人云亦云的时代。在缤纷复杂的现实生活中，学会更深刻地领悟语言的真谛，学会如何说话，显然是势在必行的。

你这穷人爱幻想，都把一件东西看成两件，你本来只有一头毛驴，现在可有两头了，阔起来了，哈哈！

真是这样，比如我现在看你就有四条腿，和我的毛驴一模一样呢！

对问题的回答，要从对方的话题引申发挥，达到了讽刺对方的效果，正所谓借助"小题"进行"大作"，让对方无言以对，从中可以看出说话的智慧。

借助"小题"的扩大化发挥能让坏事变成好事，让平淡生出幽默，让讽刺变得诙谐。在政治交涉中难免遇到各种棘手的状况，这个时候作为一名出色的政治家是不会畏惧状况的突发，而是练就一副水来土掩、兵来将挡的幽默口才。

　　懂得如何说话已经成为一个人综合能力的重要标志，成为个人在社会上生存的重要能力之一。在生活中，通过出色的语言表达，可以使陌生的人之间产生好感，结成友谊；可以使相互熟识的人之间情更浓，爱更深；可以使意见分歧的人互相理解，消除矛盾；可以使彼此怨恨的人化干戈为玉帛，友好相处。

义正词严，轻松实现以威对威

　　开玩笑可以拉近距离，但是面对尖酸刻薄的玩笑，千万不能沉默以对，这样会让他得寸进尺。特别是在重大的政治场合，接受他人的讥讽就是在损害自己的尊严，不如来个针锋相对。他言辞锋利，你言辞更锋利，他有气势，你比他更有气势，以

借力打力，扳回面子

　　借力打力是一项非常实用的说话技巧，尤其是在遇到对方的侮辱和挑衅之后，学会使用借力打力的说话方式进行还击，往往可以获得良好的效果。

　　"借力打力"是指巧妙地借助别人的某一话题，引申发挥，出人意料地表达自己的某种思想。

　　在日常生活、工作中，甚至重大场合，有的话不宜直截了当地说，这时巧用"借力打力"，会起到意想不到的效果。

威对威，以势对势，义正词严，理直气壮。同时，在对他的谬论进行抨击时，制造幽默。

1984年10月，在里根与蒙代尔的总统竞选过程中，里根竞选班底的人们认识到，里根要克服的大难题是他给人一种年纪太大的感觉，不宜当总统了。所以，里根利用每一个机会就年龄问题说笑话。

第二次论战是在严肃的气氛中进行的，里根和蒙代尔就范围广泛的各种问题相互进行辩论。老资格的记者亨利·特里惠特向里根总统提出了一个出乎意料的问题：

"总统先生，您已是历史上最年迈的总统了。您的一些幕僚们说，最近在和蒙代尔先生的遭遇战之后，您感到疲倦。

"我回忆起肯尼迪总统，他在古巴导弹危机中，不得不连续干好几天，很少睡觉。您是否怀疑过，在这种处境中您能履行职责吗？"

这个看似彬彬有礼的询问，其实在说里根过于年迈，不宜当总统。而里根笑着回答："我希望你能知道，在这场竞选中我不愿把年龄当作一项资本。我不会抓住对手的年轻无知、经验匮乏这一弱点来攻击我的对手。但是，这一弱点怎能使美国人民相信、放心他能完美地履行最高行政长官这一职责呢？"

义正词严并且以快打快，以强击强，能起到一种闻之震耳、以正压邪的作用。

机智淡定，有助于增强自信心

一个人的成败和他的自信心紧密相关。如果一个人时刻对自己充满自信，能够坚定不移地去做自己心中认定的事情，那么即使他才能平平，也可以取得卓越的成就。自信是我们战胜困难，取得成功的重要动力。自信是成功的助燃剂，自信多一分，成功就可以多十分。

在交涉的沟通过程中，输什么也不能够输掉底气。有了足够的底气和充分的自信，才能能够实现成功的应对，才能够让他人对自己致以崇高的敬意。

有一次，周恩来总理在北京召开记者招待会。一西方记者发问道："请问总理先生，中国人民银行有多少资金？"面对西方记者的提问，周总理当然听出了其弦外之音。但他从容自若，面无一丝愠色，而用幽默而又语调轻松地答道："这个问题嘛，有十八元八角八分。"场内鸦雀无声，记者们为之愕然，面面相觑。稍许，周总理才解释道："中国人民银行发行面额十元、五元、二元、一元、五角、二角、一角、五分、二分、一分的十种主辅货币，合计为十八元八角八分。"总理话音未落，全场响起了热烈的掌声。

周恩来总理的回答充满了自信，而且还成功地综合运用了有声语言、体态语言，以幽默的语言形式、深刻的思想内涵巧妙回答了外国记者的提问，其多种表达方式的娴熟运用令人折服。

　　从心理学上讲，只有内心充满自信，才能在言行上表现出轻松的姿态。幽默的语言风格恰恰就是这种内心自信，外表轻松的情绪表露。

　　一次，周总理刚批阅完文件，顺手把笔放在桌上，就接受一位美国记者的采访。美国记者看见桌子上放的是一支美国生产的"派克"钢笔，便不怀好意地问："请问阁下，你们堂堂的中国人，为什么还要用我们美国生产的钢笔呢？"周总理听完，笑了笑，朗声答道："提起这支笔，那可说来话长了。这不是一支普通的笔，是一位朝鲜朋友抗美的战利品，作为礼物送给我的。我无功不受禄，就想谢绝，哪知那位朋友说，留下做个纪念嘛！我觉得有意义，便收下了这支贵国生产的钢笔。"那记者听完后，窘得面红耳赤，一句话也说不出来。

　　周恩来总理的机智与淡定，正是自信的表现。周总理自信于中国综合国力的不断强大，也自信于中国人民的睿智。

　　在看似漫长却又短暂的人生路上，你可以仰慕别人，但是绝对不能忽略了自己；你可以相信别人，但首先最应该相信的人就是你自己。只有在内心相信自己很优秀，才能够走出成功人生的第一步。自信心的建立需要有幽默的衬托，幽默的气质亦需要自信来壮势。机智淡定的幽默风格，将会为你的人格增分，为事情的进程铺就一

■ 机智淡定的幽默

　　机智淡定的幽默，我们每个人都需要这种心态，活在当下在生活中才会处之泰然，宠辱不惊，用幽默去面对他人的刻薄，增加自己的人格魅力。

请问你的脚伤多年未愈，本次过后是不是就告别体育界了？

不会，谢谢你的关心，不是还有残奥会吗？

机智淡定其实是大智若愚的一种表现形式，即表面略显迟钝，内心却十分敏感机智。

条平缓的道路。

活跃气氛，消除意外的尴尬

尴尬的局面大都是意外出现的，大多数人都不是故意陷人于难堪境地的。如果过分掩饰自己的失态，反而会弄巧成拙，使自己越发尴尬，并且对方会心神不宁，坐立不安。以漫不经心、自我解嘲的口吻说几句幽默的话，却可以活跃气氛，消除尴尬。

某次，柏林空军军官俱乐部举行盛宴招待会，主宾是有名的乌戴特将军。敬酒时，一位年轻士兵不小心将啤酒洒到了将军光亮的秃头上，士兵吓得魂不附体，手足无措，全场人目瞪口呆。面对颤抖的士兵，乌戴特微笑着说："老弟，你以为这种治疗会有效吗？"在场的人闻言大笑起来，难堪的局面被打破。

天下间最尴尬的时刻莫过于自己的裸体暴露在别人面前，大名鼎鼎的首相丘吉尔就有过类似的经历，不过他却能坦然化解。

丘吉尔有个习惯，一天之中无论什么时候只要一停止工作，他就会爬进热气腾腾的浴缸中去泡一泡，然后就光着身子在浴室里来回地踱步，一边思考问题，一边让身体放松放松，有时甚至会入迷。

有一次，丘吉尔率领英国代表团到美国去进行国事访问，他们受到热情款待。为了方便两国领导人的交流、沟通，组织者专门让丘吉尔下榻在白宫，与美国总统罗斯福离得很近。一天，丘吉尔又像往常一样泡在浴缸里，而后光着身子在浴室里踱步。当时，世界反法西斯战争进行得如火如荼。丘吉尔在思考着战场上的形势，以及如何同美国联手对付德国法西斯。

碰巧，这时罗斯福有事来找丘吉尔，发现屋里没人。罗斯福刚欲转身离去，听见浴室里有水响，便走过来敲浴室的门。

丘吉尔正在聚精会神地考虑问题，听见有人敲门，本能地说了一句："进来吧，进来吧。"门打开了，美国总统罗斯福出现在门口。罗斯福看到丘吉尔一丝不挂，十分尴尬。

此时，丘吉尔也清醒了。他看了看自己，又看了看罗斯福，急中生智地说道："进来吧！总统先生。大不列颠的首相是没有什么东西可对美国的总统隐瞒的！"说罢，这两位世界知名人物不约而同地哈哈大笑。

丘吉尔并没有因为突然的"坦诚相见"而感觉到压抑或者不安，一句轻松的玩笑，不仅加深了双方的情谊，还将为两国的政治和平做出一定的贡献。幽默在生活中可以给众多人带去欢乐的心情，更可以在关键的场合赢得和平。

在政治交往中的尴尬场合，运用幽默的玩笑可以平添许多风采。当然，说笑要避免采取玩世不恭的态度。具有积极因素的说笑包含着说话者强烈的自尊、自爱。

轻松的调子，缓解尴尬的气氛

在生活中我们常常会遇到些幽默风趣的人，他们运用幽默处理问题驾轻就熟，不仅能够摆脱自己尴尬的处境，而且会给对方带来轻松感，使气氛变得更加和谐。

> 女士，这种给我的脚按摩的服务收费吗？

> 你最近听说小丽的事了没有？

> 怎么？又有我的绯闻了？看来我真是个名人啊！

幽默是瞬间的灵思，不仅要有高度的反应能力与才智，而且要做到淡定从容，这样才更有可能让你的话具有警示对方的作用，成为不露骨的自卫和反击。

说笑实质上是当事人采取的一种貌似消极，实为积极的促使交谈向好的方向转化的手段而已。

给人"台阶"，为他人留面子

说话讨人喜欢的人往往会巧妙地运用幽默语言作为"台阶"，助人走下一个台阶，给足对方面子。

在比较隆重的场合，当出现小小的口误的时候，不应该一直抱着自责的心态去表现自己的失职，想办法用自己的诙谐去补救，才是明智之举。既然如此，己所不欲，勿施于人，批评的时候给别人备个台阶，也给自己留点余地总是好的。

另外，在反驳别人的时候也应该为他人留足面子。在社交中，谁都可能不小心弄出点小失误，比如念了错别字，讲了外行话，记错了对方的姓名职务，礼节有些失当，等等。懂得说话的人如发现对方出现这类情况时，只要是无关大局，就不会对此大加张扬，故意搞得人人皆知，使本来已被忽略了的小过失，一下变得显眼起来。更不会抱着讥讽的态度，以为"这回可抓住笑柄啦"，来个小题大做，拿人家的失误在众人面前取乐。

因为这样不仅会使对方难堪，伤害其自尊心，惹其反感或报复，而且也不利于维护自己的社交形象，容易使别人在今后的交往中敬而远之，产生戒心。特别是在外交往来中，没有给对方留有余地，让对方下不了台，会有损来宾的面子。

怎样保住别人的面子

如果别人的帮助正是急之所需，可坦然接受；如果实非自己所需，应善加说明，并致谢意，不要让人的一片好心、热心反被弄得没趣。

带回去给家里的老人尝尝。

我父母都是糖尿病，吃不了甜点，谢谢，还是你带回去孝敬父母吧！

这件事我实在帮不了你，你还是找别人看看吧！

如果别人的求助正在自己的能力范围之内，应积极帮助。如果实非自己所能，应力陈原委，请求谅解。

我觉得你那天说的话确实有点过分！

谢谢你的提醒，回家我会反思的！

如果对方是好意的提示，应诚挚致谢，不要为了维护自己的面子而巧言强词地辩解，甚至把别人的善意和诚意扭曲。

借题发挥，逗笑他人提升自己

　　说话幽默的人处处受人欢迎，说话幽默的人更容易获取成功的机会。英国著名戏剧家莎士比亚说过："幽默和风趣是智慧的闪现。"法国作家雷格威更断言："幽默是比握手更进步的一大文明。"幽默是人与人交际时的润滑剂，有了它的推波助澜，

言语失误，幽默改口成救星

> 　　说话是没有草稿的，因此言语上的失误就在所难免。碰到言语失误怎么办呢？很多人就会不知所措，而善于说话的人会马上调动自己所有的才学来补救。

> 　　刚才的会议我发言完下去的时候，你为什么说欢送我下台？你就那么想我下台吗？

> 　　校长，我说您下台是说您下得舞台，上得讲台，多才多艺，文武双全！

> 　　"人有失足，马有乱蹄"。在人际交往过程中，我们经常遇到口误的情况。而如果能及时补救，结果可能就是另一个样子。

> 　　很抱歉，我昨天的报告有一个地方口误了，今天我要更正过来。

> 　　勇于承认错误的人永远都是受欢迎的，以真诚检讨来赢得宽容，比遮遮掩掩要高明得多。所以有时候不妨公开承认，相信大家都会理解并赞赏你的机智的。

> 　　幽默的口才可以为说出的口误进行"包装"，字里行间彰显着善意公正的立场，使人们听之口服心服。

我们可以在人际交往中游刃有余。不过，恰当的幽默会助人成功，但不当的幽默也会让自己陷入窘境。

借题发挥的幽默，顾名思义，就是借现场的人、事、物甚至对方的语言为题，加以发挥、阐述，诠释出全新的思想来，从而制造了幽默。借题发挥的幽默技法在政治交往中的作用更是功不可没，例如：

德国科学家亚历山大·冯·汉保尔特访问美国总统杰弗逊的时候，看见他书房里的一张报纸，上面刊载了对他攻击辱骂的言论。

"为什么让这种诽谤言论在报上发表呢？"汉保尔特拿起那张报纸说道，"这家胆大妄为的报社为什么不查禁？或者对该报的编辑加以罚款？"

"把报纸放进你的口袋里吧，先生，"杰弗逊笑嘻嘻地回答说，"万一有人怀疑我们是否有新闻自由，你可以把这张报纸给人们看看，并且告诉他们你是在什么地方找到它的。"

事例中，杰弗逊接过对方的话题，把它与"新闻自由"联系起来，不仅让汉保尔特顿时没有了怒气，甚至感觉到了一阵窃喜，如此说来，允许报纸对自己的言论攻击，也不失为一种明智举动，起码表明了自己大度的胸襟，以及尊重人们出版自由的权利。杰弗逊的幽默言辞，令人拍案叫绝，他不仅让汉保尔特保住了面子，还赢得了良好的说服效果。

借题发挥能让人巧妙地达到自己的目的，尤其在某些重要的政治场合，它比直言其事更显得委婉曲折。借题发挥是指巧妙地借助别人的某一话题，引申发挥，出人意料地表达自己的某种思想。在日常生活、工作中，有些重大场合一些话不宜直截了当地说，这时巧用借题发挥，会起到意想不到的效果。

政治幽默，犹如一位在严肃场合的调和者，它总是憨态可掬，满面春风，它总是能够在最紧张的时刻，释放出几颗催"笑"弹，让双方在笑意中达成商议；它也会在自己的尊严受损的情况下，机巧地辩驳出一份自信与自尊。

急中生智，幽默语言是撒手锏

在日常的沟通中，我们常常会遇到一些意想不到的事情应如何应对，采取的方式多种多样，幽默就是其中一种，利用幽默应对沟通中的突发事件，经常能收到奇妙的功效。人们在社交场合中，往往会遇到令人发窘的问题和尴尬的处境，那怎样才能做到遇事不惊、不乱，从狼狈难堪的境地中解脱出来呢？运用急中生智的幽默是最好的方法。但要做到这一点，就需要冷静、乐观、豁达，使自己的精神处于一种自由的、活跃的状态，说出机智而又幽默的语言，帮助解决意想不到的突发事件。

甘罗的爷爷是秦国的宰相。有一天，甘罗看见爷爷在后花园走来走去，不停地唉声叹气。

"爷爷，您碰到什么难事了？"甘罗问。

"唉，孩子呀，大王不知听了谁的挑唆，硬要吃公鸡下的蛋，命令满朝文武想办法去找，要是 3 天内找不到，大家都得受罚。"

"秦王太不讲理了。"甘罗生气地说。他眼睛一眨，想了个主意，说："不过，爷爷您别急，我有办法，明天我替你上朝好了。"

第二天早上，甘罗真的替爷爷上朝了。他不慌不忙地走进宫殿，向秦王施礼。秦王很不高兴，说："小娃娃到这里捣什么乱！你爷爷呢？"

甘罗说："大王，我爷爷今天来不了啦。他正在家里生孩子呢，托我替他上朝来了。"

秦王听了哈哈大笑："你这孩子，怎么胡言乱语！男人家哪能生孩子？"

甘罗说："既然大王知道男人不能生孩子，那公鸡怎么能下蛋呢？"

荒谬的幽默是以插科打诨为特色，具有戏谑性。本来公鸡下蛋已经是够荒谬的了，为了说服秦王，甘罗从谬就谬，将两个同样荒谬的事并列在一起，国王承认后面一个是荒谬的，那自然也证明前面一个是荒谬的。

说话直言不讳是许多人所推崇的，但是生活中，并非处处都能直说，有时非得含蓄、委婉一些，才能使表达效果更佳。直道跑好马，曲径可通幽，各有各的妙处。交往中，要理解人们的合理需要，维护人的自尊心，只有这样才能把话说到别人心坎里去。

如果不能根据交际对象的心理，选择恰当的语言形式，话一出口先挫伤他人的自尊心，必然引起对方的不快，甚至争吵。

幽默的力量就像是放入咖啡中的方糖一般，它让苦涩慢慢地融化，让甘甜的香气在空气中蔓延。幽默是马良手中的神笔，可以将生活的世界变得绚烂多彩，可以给自己一种满足的心情与快乐。

第六章

化阴郁于笑谈，幽默是身心保健医生

幽默可有效防治不良的情绪

情绪的好和坏事实上与我们自己的心态和想法有关，与刺激关系并不大，一件事，在别人眼中看着是悲哀的，在你眼中也许就是喜乐的，看自己怎么想了。幽默则是对生活怀有的一种积极乐观的情绪，幽默带给人们的是无尽的快乐，快乐作为一种愉快的情绪，是在人的需要得到满足时产生的喜悦体验。幽默可以让负面的情绪消失得无影无踪，可以让我们成为情绪的主人，还原给我们一个淡定的乐观心态。

影星吉尼威尔德在《监狱风云》中饰演了一个名为亨利的男子，他笑口常开，风趣幽默，倾倒了许多人。在电影中，亨利被误判入狱，所有狱官都看他不顺眼，常常找他麻烦。

有一次，狱官用手铐将他吊起来，几天后，他竟然还一脸笑容地对狱官说："谢谢你们治好了我的背痛。"狱官又将亨利关进一个因日晒而高温的锡箱中，当他们放他出来时，亨利求道："喔，拜托再让我待一天，我正开始觉得有趣呢。"

最后，狱官将他和一位重300磅的杀人犯古斯博士一同关进一间小密室。古斯博士在狱中恶名远扬，就连最凶恶的犯人也像躲瘟疫一般避着他。所以，当狱官们打开密室的门，看见古斯博士和亨利坐在一起开心地玩牌时，都惊讶得不得了。

其实，亨利做的只不过是在喜乐与悲伤之间，选择了以喜乐去面对世事，所以，没有人能以任何方式夺走他的喜乐。每个人都会面临悲伤与喜悦的选择，如果每次都能多想想自己遇到的那些幸运的事情，并心存感恩，必定能够从悲伤中寻找到喜悦的因子。

情绪就像一把双刃剑，消极不良时可以像敌人一样袭击我们，积极健康时可以像朋友一样帮助我们。所以，我们一定要做情绪的主人，经常保持积极的情绪。正如卡耐基所言："没有一种胜利比战胜自己及自己的冲动情绪更伟大，因为这是一种意志的胜利。"

保持积极情绪状态的方法有很多种，包括宽容别人，保持积极乐观的心态，其中幽默的心态能够帮你接纳自己的情绪变化，善于及时调整自己的不良心态，掌握有效的自我调节的方法等。

幽默是一种积极的精神力量

> 我上车的时候是儿童啊，火车开得太慢了，我都长成大人了！

> 真有意思，您这么大人了怎么还要补张儿童票？

> 幽默有助于交流。在与人沟通、交流的时候，如果能够不失时机地用幽默来调节一下，顿时气氛就会缓和很多，双方都不会再剑拔弩张了。

> 好啊，我练了一年气功还没找到气感，原来是你把我身上的气都吸到你身上去了。

> 我一见你就来气。

> 幽默让人放松。将对方谈话中使用的概念借用过来，并赋予新的内容，也会产生幽默的效果。有益于人们放松心情，精神饱满地面对每一天。

"笑"能够提高身体免疫力

俗话说："笑一笑，十年少。"这句话可谓妇孺皆知，但是很少有人知道究竟为什么笑能够让人变得精神焕发、体格健壮。经过科学家的研究表明，不同形式的笑诸如开怀大笑、哄堂大笑、哈哈傻笑、偷偷窃笑都有助于健身、释放紧张情绪、提升人体免疫力以及疾病的治愈。

　　研究笑的先驱——美国威廉姆·弗赖伊是美国斯坦福大学的名誉退休教授，被称为笑的研究先驱。他认为，体育健身有助于体魄强健，而笑更能够促进血液循环和腹肌收缩。

　　科学研究还证明，笑还有益于缓解紧张的情绪，科学家在1997年进行了笑的治疗效果的实验，将48位心脏病患者分为两组：一组安排每天观看30分钟的幽默剧；而另一组作为参照组，则没有此项安排。一年后的结果显示，观看喜剧的组中有两人心脏病反复发作，而另一组参照组中则高达10人。专家们分析，观看喜剧能够使两种引发心律不齐、导致心脏病的主要荷尔蒙减少。可见，经常开怀大笑能够缓解不良情绪，使人心情舒畅，病魔也就知难而退了。

幽默给你战胜困难的勇气

　　在生活中，人都有可能遭遇到困境，这时不要一味地消沉、悲观，用幽默来应对的时候，你会发现自己容光焕发、精神饱满，充满了应对困难的斗志，这就是幽默的威力所在了。

我很高兴地发现，捧腹大笑10分钟就能起到麻醉作用，使我至少能够不觉得疼痛地睡上两个小时。所以到现在为止我还活着。

你的心脏已经不行了，但是你是怎么战胜病魔的？

　　从经验当中得出一个结论：乐观的心情比药物还有用，这一点已经引起了医疗专家的重视。乐观的力量绝不仅仅是帮助你建立一个好的心态，在坚强的意志的帮助下，它甚至可以挽救一个人的生命。

此外，科学还证明笑能够促使自我保护激素和化学物质的产生。加州某大学两位学者研究发现，当被测试者观看幽默的视频时，他们的 β 激素（缓解抑郁）和成长激素（有助免疫）两种荷尔蒙分别增加了 27% 和 87%。科学的实验证明，笑能够提升人体的免疫力。类似的实验在《美国健康》杂志中也进行了刊登，堪萨斯技术大学一位教授做过的研究也证明笑声能够抵抗病毒和外来病毒细胞的侵袭。

幽默是紧急情况中的镇静剂

有一位老牧师从来没有坐过飞机，有一次因有要事，必须要坐飞机去另外一个城市。

老牧师两手紧抓座椅的扶手，大腿上摆着《圣经》，看得出来他十分紧张。

一位空中小姐走过来，见他这般模样，就倒了杯酒给穿着牧师服的牧师："牧师，您喝了这杯酒会好过一点儿。"

老牧师看了空中小姐一眼说："我们现在距离地面有多高？"

空中小姐说："我们正在两万英尺的高空上。"

老牧师看了窗外一眼后说："噢！那先不能喝，现在离总部太近了。"

周围的旅客都因牧师这句话，呵呵地笑了起来。

空中小姐也笑着说："那么我先把酒藏起来，等到离远一点儿的时候，我再偷偷给你。"

一个恰当的幽默，是成功治疗心灵疾病最好的药物。当自己因为各种顾虑而紧张无比的时候，请不要忘记"幽自己一默"，抑或是"幽别人一默"。幽默可以让自己的身心自然而然地放松下来，可以让紧张的恶魔无从下手。那么，如此一来，便没有什么人或者什么事情能够可以阻挡你的开心与舒心。

昂里埃特·比妮耶曾经说过："幽默是我们身体中最理智的一部分，是治疗剂。幽默使我们驱逐恐惧，使我们发泄对权威的不满，使我们补偿自己的不足，使我们为自己的失败复仇。您的心理分析家曾经总是这样告诫您：'如果我们不在厄运面前发笑，我们就会从窗口跳楼自杀，或跑去扼杀同楼的邻居。'幸好，我们中间的多数人会笑，所以死亡率大大减少。" 幽默，本身就是一种精神上的保健药，它能够缓解人们的焦虑，还给人们一副精神顺爽的快乐姿态。

幽默是化解抑郁的心理医生

人生百寿，难免一病。求医问药时，如能继续发挥自己的幽默力量，则能振奋精神，使自己得以放松，以便更好地接受治疗。

一个穷汉走进诊室对医生说："您能帮帮忙吗？半个月前我吞下了一枚硬币。"

"我的老天爷！"医生说，"您当时怎么不来？"

"说实话，我当时并不等着这钱用。"穷汉说。

病人首先能轻松地看待自己的疾病，就是一种了悟人生、豁达开朗的体现，这也是健康的前提和预兆。

我国有句古话："笑一笑，十年少。"据医学生理学研究，笑对人体各部分器官都有好处，特别是有助于心理情绪的调整。不少专家认为，幽默对于人的精神健康的调节作用表现为：能帮助人们忘掉烦恼，或者至少把烦恼减低到最低程度。

医生们认为，幽默在治疗中的潜在功能主要表现在：第一，造成一种轻松气氛；第二，加强有理性的彼此交际；第三，成为洞察冲突的一种源泉；第四，帮助人们克服生硬而虚伪的社会习气。

近二十年来，欧美医学界发明的"幽默疗法"已经在临床上取得了可喜的成绩。专家们认为，幽默能够用于治疗的原理主要是笑，因为一个人笑的时候，其隔膜、胸部、腹部、心脏、脾部甚至肝脏都会引起短暂的运动，能起到消除呼吸系统中的异物、刺激肠胃、加快血液循环、提高心跳频率的作用。同时可缓和厌烦、紧张、内疚、沮丧的情绪，减轻头疼和腰背酸痛的程度。

一位建筑工人因失足从5层楼上掉了下去，幸运的是他掉到了一座沙堆上，因此幸免于难。当人们围上来时，警察驱赶他们，然后问工人："这儿发生了什么事？"

工人："我不知道，我刚到。"

更为重要的是，笑还可以促进体内的某些激素（如肾上腺等）的分泌，这些激素可能会对机体产生有利的影响，同时又会促使体内某些麻醉因子释放，从而缓解疼痛，减轻关节炎等病症所引起的不适。

长期闷闷不乐，身体就会因积郁而生成病症。这就是抑郁成疾的道理。笑，是人的生活中必不可少的一部分，只有情绪乐观、心境开朗才会有积极向上的劲头。而幽默正是给人带来笑的基本手段。无论在什么场合，绝大多数的笑是由幽默而引起的。

幽默带给人们的笑是有一定的内涵的。它不同于没有思维的傻笑，不同于因为出丑而引发的浅显的笑，也不同于不怀好意的皮笑肉不笑，更不同于见不得人的窃笑。那些由内心而发的笑才是最乐观、最轻松、最富表情的笑。

满奋最怕风。某日，晋武帝召见他。宫殿的北面均为琉璃相隔，很透亮，满奋以为无窗，惧怕起来，甚至有些心神不定。晋武帝熟悉满奋，知道他此刻定又在怕风了，于是大笑起来。满奋也是聪明人，一听这笑，知道上当，就对晋武帝道："此情就像吴地的牛见了月亮而喘息一样。"

满奋对自己多余的担心进行了自嘲，惹得晋武帝也心情大好。

幽默的生活态度，不仅能够让你的才情尽显，还能给他人送去一箩筐的欢愉。幽默，是一件一举两得的美差，是维护和平的幸福卫士。

幽默，就像专属于自己的心理医生一样，能够贴心地帮助自己化解抑郁的情绪、驱散阴暗的无奈。幽默，让你的世界充满阳光，让你的身体健康，让你的心气和悦。

幽默让悲观远离，让幸福靠近

幽默作为才华与情感的结晶，能够让人们得到比较纯粹的精神快乐。幽默，是一个贴心的幸福卫士，能够让幸福靠近，让悲观远离。

幽默可以战胜恐惧，倘若一个人一度处于极端恐惧、忧郁的状态，那么他非常需要幽默的帮助。

利奥·巴斯卡格里亚曾经说过："一旦你只能抓住一根绳子的末端，那么就将

幽默能让你更加幸福

您这是练的什么啊？

这是笑功！增强免疫力的！

幽默能够增加人体的免疫力。加州罗马琳达大学的一项研究证明：开怀大笑能够降低有害应激激素的产生并能够增加人体抵抗病菌的免疫力。

"这个男人好幽默好有魅力啊！""他的每个细胞都散发着自信！"

幽默会让你更加自信。幽默大师查理·卓别林说过："发自内心地笑吧，笑能够使你解除痛苦，并蔑视痛苦。"的确，会心一笑中往往传递着这样的意味：我有信心和能力面对一切艰难险阻。

其打结并且要牢牢抓住挥舞。"的确如此，如果你陷入了事业、生活的低谷，感到前途无望，要想改变目前的窘境，就必须改变自己看待问题的视角，学会用幽默来应对，就会发现原来之前发生的事情是"搞笑"的，就能减轻恐惧感，认识到事情在经过幽默"处理"后就不再那么可怕。这样你就能够更好地应对所遇到的问题了。

幽默也可以减轻疼痛。如今，用幽默的方式来鼓励病人从疾患中走出来，已经成为很多医院采取的治疗方式之一。埃利亚·斯沙亚医生是巴尔的摩慈善总医院的精神科主任，他也认识到了笑声对于诊治病人病况的作用，他倡导用收看喜剧片或者讲笑话的方式来促进病人的康复。病人在开心一笑中，心情舒畅、精神愉悦，他们的注意力就能够从疾病本身转移出来，由此来减轻疾病带来的痛苦。

某医学护理杂志刊登了一项研究，"手术后，对部分病人进行了幽默刺激，接着再实施有痛苦的药物治疗。与没有进行幽默刺激的人相比较，实施幽默刺激的组群体会到疼痛的可能性更小一些"。这同样证明了幽默能够减轻痛苦。

幽默可以培育乐观。在《人们了解什么是开心》一书中作者丹·贝克写道：欣赏是最早和最基本的快乐方式。即使再大的困难、再大的阻碍，唉声叹气、怨天尤人都无济于事。要学会用幽默的眼光来看待这个事情，不妨用自娱自乐的心态来嘲弄这些挫折，这时你会惊喜地发现原来战胜困难和挫折并非难事，关键就在于你应对的心态如何。只要你开始学着用幽默来应对，悲观、消极就会慢慢远离你，取而代之的则是积极、乐观的心态和战胜困难、挫折的勇气和信心。

笑声能够相互感染，幽默能够传递幸福。当你用幽默和他人交流的时候，他人就会被你的妙语横生所打动，感到心情豁然开朗，精神愉悦。当他又将幽默传递给其他人时，自然会有更多的人被打动，幸福的光环就会照耀到我们每个人。

幽默对身体的八大保健功用

幽默作为一种人生智慧，体现的是乐观的处世方式以及豁达的生活态度。幽默的口才能让自己和他人享受到情趣的安逸与轻松，令人解颐，让人在精神释然的同时，为自己保持健康的体魄。

幽默是身体健康的安全卫士，总结得出幽默对身体的保健作用主要有以下8点：

（1）促进血液循环。人在发笑时，血液循环能够大大加快。美国一所大学的研究证实，在观看幽默剧时，20人中有19人的胳膊上的动脉血流量会增加。原因是发笑能加强心脏的收缩，加快心率，增加心血输出量。而且，研究证明笑可以平均增加20%的血流量，增加血液循环的速度就会降低血液在血管壁上附着的概率。

（2）止痛。发笑时，β-内啡肽会从人的大脑的神经细胞中释放出来，它承担着传递大脑中让人产生快感和止痛信息激素的功能，与止痛效果很好的吗啡相比，发笑不仅能够产生与吗啡作用相同的物质，并且无任何副作用，有百益而无一害。

（3）降压。大笑时血压能够有效回降。因为当你大笑时，体内产生的 β–内啡肽能够成为修复血管助力，并且有助于促使血管壁放松。

（4）增加免疫能力。科学家分别在观看幽默录像的前后进行了血液测试发现，观看录像后，血液中抗体含量和白细胞的数量都比之前大大增多，同时也加快了体内的抗体循环，这些可以减少病菌增殖，提高人体免疫力。另外，心情舒畅还能够使唾液中的抗体大大增加，牢牢地为人体的第一道防线站好岗。

（5）促进肺功能。人在大笑之时，容易张开口和鼻孔、扩张肺部、增加肺活量，从而使呼吸系统更加顺畅，增加氧气的吸入量，呼出更多的二氧化碳。不仅能够提高肺功能，还能够改善呼吸道的状态，是呼吸道的清道夫。

幽默是爱美女士的法宝

今天减肥健身课的第一个项目就是大笑五分钟！

减肥。发笑为什么还有减肥的功能呢？因为人在大笑的时候，会带动全身80组肌肉运动，1分钟的大笑与做45分钟的运动消耗的热量相等。

每天都让自己心情愉悦地大笑一会儿，皮肤肯定会越来越好的！

你这皮肤怎么越来越好啊？

美容。大笑会加快血液循环，还会将更多的养分输送到皮肤，带走皮肤沉淀下来的有害物质，为皮肤健康加分。

（6）促进消化。大笑时肩膀会耸动，胸膛摇摆，横膈膜震荡，膈肌上下运动量亦会因此而增大，使内脏得到按摩，所以对消化系统大有裨益，而且大笑还可以促使更多血液流入肠胃，改善消化功能。

（7）放松肌肉。当人的肌肉处于紧张状态之时，牙齿是紧紧咬着的，而当人发笑时，其下颌就往下移，能够反射性地拉动全身处于松弛的状态。大笑时能够带动脸部、颈部、手臂、胸部等部位的肌肉产生运动，而发笑结束后，这些肌肉也随之松弛下来。

（8）减少偏头痛的发生。长期的神经紧张会导致偏头疼的出现。保持精神轻松、增加大脑的氧气供应能够有效地降低偏头痛发病概率。德国科伦大学的乌伦克鲁教授用科学的实验证实，最好的放松方式就是大笑。因为大笑时人的大脑呈现空白状态，促使人释放紧张情绪、精神放松，同时大笑能够促进血液循环，还能够为大脑大大增加所需的氧气。 总之，笑不但能调节和保持一个人的心理健康，还可以起到强身健体的作用。从根本原因上说，笑可以使紧张的心理得到放松，释放被压抑的情绪，减轻焦虑和忧愁，避免给他人带来过强的精神刺激，同时对他人带来的精神刺激也具有一定的抵御能力。

西方有句谚语说，每天一个苹果就可以摆脱医生的照顾，而我们同样可以这样说，每天笑一笑，就可以减少与医生见面的频率。

幽默能在微笑中修复身心

人们都喜欢看到别人的笑脸，都很喜欢幽默带来的情趣。其实，大家还不知道幽默在日常生活中的好处还表现在哪些地方。

幽默是治疗疾病的良方，倘若大家能够用幽默来面对生活，那么很多疾病都能够治愈（至少部分可以）。下面就是幽默在修复人的躯体、意识、精神方面的功能，共同来分享一下。

（1）幽默有助于交流。在与人沟通、交流的时候，如果能够不失时机地用幽默来调节一下，则气氛就会变得轻松、愉悦很多。尤其是针对易于烦躁和消沉的人而言，很多时候，他人的批评、诋毁往往会导致无休止的唇枪舌剑，试想这时幽默一下，顿时，气氛就会缓和很多，双方都不会再剑拔弩张了。

当然，幽默对一些人来说是易如反掌，但对于另一些人而言则可能是无从下手。如果你还在抱怨你与同事、上司、客户交流时经常处于无话可说的状态，那么就要想办法找到些趣事，学会用幽默来化解尴尬，也许你与他们之间的关系会有很大的改善呢！

（2）幽默减轻压力。在加州罗马琳达大学进行了这样的实验，随机将 16 个被测试者分配到控制组和有幽默事件发生的实验组，结果显示，皮质酮、肾上腺素和多巴胺代谢激素这三种应激激素分别减少至 39%、70% 和 38%。由此，科学家们认为幽默事件能够减少有害应激激素的产生并能够增强人体抵抗病菌的免疫力。因此，在如今日趋紧张的职场中，人的精神时刻处于紧绷的状态，几乎没有片刻喘气的机会，殊不知这样做的弊端也是很大的。因此，学会在工作中注入幽默，就会让你的工作时刻备感轻松、愉悦，也让大脑暂且处于休息、调适的状态。

（3）幽默使人自信。你尝试一下也会发现，不管摆在你面前的困难是多么大，你的竞争对手又是多么强大，只要你能够微笑应对，那么你已经成功了一半。因为人往往是在充满信心的时候，才能左右逢源、游刃有余地处理问题。

（4）幽默让人放松。如同健身一样，笑能令人释放紧张情绪，减少焦虑和压力，使人处于精神愉悦、心情轻松的状态。因此，笑对于大部分人而言是相当有用的，有益于他们缓解紧张、焦虑的情绪，放松心情，从而能够精神饱满地面对每天新的生活。

2005 年的《读者文摘》刊登了来自纽约长老会医院、纽约哥伦比亚大学医学中心的医学博士的观点：如果你推起引擎，换挡往往要用全身最大的力量。此时就会有心跳加速、高血压、痛觉敏感度增加这些及时的生理反应。而你在幽默之时，犹如从高把位上徐徐下降一样，自主神经系统能够使心脏获得放松。

第七章

满足心理诉求，幽默激发创造的力量

借由心理机制，发掘幽默心理功能

说到幽默，大家都不陌生，夸张的表情、逗人的笑话等可以引人发笑的东西都可以归入幽默的行列。然而从心理学角度对幽默下定义却不是一件简单的事。这是因为幽默包含了两层含义：一是作为人格特质的幽默感，即一种逗趣的能力；二是作为一种引人发笑的刺激。前者关注的是不同人在幽默感上的差异，更深一层研究的话就是幽默的心理功能，即幽默对人的心理能产生什么样的作用。后者研究的是幽默使人发笑的心理原理，即什么样的刺激容易引起幽默，为什么会引起幽默，也就是幽默的心理机制。

幽默能缓解人们的压力

> 这么多工作还没做，看什么喜剧片啊！

> 这是我减轻压力的最佳方式！

弗洛伊德认为幽默是来自人们释放压力的需要或者是被唤醒的压抑的、不能直接表达的愿望，是一种防卫机制。现代社会人们的生存压力越来越大，而人能承受的压力毕竟是有限的，幽默在压力应对中能起到一个缓冲的作用，使人的神经能够得到一定的放松和休息。有研究显示，面对同样的困难和问题，幽默感强的人会感觉到更少的压力和焦虑，而且也更容易找到解决问题的办法。

心理学家们的研究也证实，幽默总是与开朗、乐观、热情等积极的心理情绪相联系，而与那些焦虑、悲观、抑郁等负面情绪成负相关关系，即生活态度越乐观积极的人，幽默感越强，反之，生活态度越悲观消极的人，幽默感越弱。由此可以看出，幽默与人的心理健康有着重要的关系。

心理学家曾做过不少实验来研究幽默对人心理健康产生的影响。有一项研究是让被试者先体验一些挫折，让他们产生愤怒、怨恨等负面情绪。接着让其中的部分被试者看一些幽默笑话，结果发现看完幽默笑话后的被试者的愤怒情绪明显比没看幽默笑话的被试者低很多。这说明幽默具有发泄不良情绪、降低攻击性的作用。面对生活中的不如意和使人愤懑的事情，用幽默的方式来发泄解决绝对是个好方法。

那么，幽默为什么拥有如此大的功效呢，其中的心理机制又是什么呢？

心理学家对这个问题主要有几种理论解释：一是优势理论，即人们认为自己比别人优异，从而获得一种满足的愉悦感。通过取笑或嘲笑他人的缺陷或不幸产生的幽默反映的就是这种感情；二是释放理论，即认为幽默是人们释放压力或者表达被压抑的、不能直接表达的愿望的一种反映；三是失谐理论，即认为幽默是将事物矛盾、不和谐的地方强化，并呈现在人的面前，以此使人产生好玩和想笑的感觉。心理学的研究日益受到人们的重视，相关理论还会越来越完善。不管是哪种理论，都肯定幽默会带给人快乐，对人的心理健康有积极作用。从这一方面来说，有必要加强研究，充分挖掘幽默的心理功能。

认识心理动机，发扬阳光幽默

幽默为什么会引人发笑，这是幽默的心理动机。对此，世界很多心理学家、哲学家、幽默家都做过很多研究，也形成了各种各样的理论。由于这些理论太多，无法一一列举，仅就比较简单明了地介绍一下，让大家有一个大概的了解。

心理学家弗卢盖尔把幽默的心理动机归纳为以下几点：

（1）自我防御。人在现实生活中难免遭受种种不公和侮辱，认真对待会让自己陷入难以自拔的痛苦中。这时幽默就可以使人们防御现实所带来的痛苦和威胁。因为开玩笑和不当真是幽默的主要特性。当自己受到侮辱时，像阿Q一样付之一笑，在心里骂骂别人是孙子，可以减轻内心的痛苦和伤感。像吃不着葡萄就说葡萄酸的狐狸一样，对于自己得不到的东西就在心里认为它不好，这样可以减少内心的失落感。

（2）表现攻击性。幽默是一种间接的攻击方式，但是是安全有效而又为社会所允许的，因为它不会对现实世界造成什么实质性的伤害，仅仅是付之一笑，宣泄人们的不满情绪和压力。攻击性的幽默会引起人心理上的反感和抗争，有时候火药味还很浓，可能会导致没法收场。不过大部分的幽默只要把攻击性成分控制在一定范围内，不要超过别人的心理承受能力，仅仅当作一种娱乐的玩笑，那样还是会得到比较好的幽默效果的。

（3）宣泄性欲。费卢盖尔曾经说过，黄色笑话常常有引诱聆听者的性质。性在人们的观念中，一直是比较隐秘的，人们的道德观念里，性欲不能随意发泄，性笑话作为一种替代产物就诞生了。但是因为性笑话内容涉及隐私，格调不太高雅，我们应该将这类笑话控制在一定的范围内，有些太直白、太低俗的表露就不应该提倡了。不能让幽默朝着低俗化发展，而应该朝着积极阳光的方面发展。

认识并全面了解到幽默的心理动机后，我们可以清晰地懂得，幽默之所以能够存在并受到人们的欢迎，与人们的心理因素有着密切的关联。因此，我们在幽默的培养以及运用中，应该尽量掌握对方的心理诉求，读懂他人的心理，方可说出恰到好处的幽默语言，使得他人开心。

增强心理调控力，驾驭情绪的起伏

让幽默的口才为自己所用，就需要让自己成为情绪的主人，通过对自己心理活动的认知，平衡积极与消极情绪之间的对抗，最终给予自己一种乐观的心态。无论外在的世界有多变化莫测，无论自己内心的情绪有多起伏，依旧幽默对人、乐观生活，而这一切离不开增强心理的掌控能力。

调控情绪有两大优点：一是观察别人的变化，找出破绽；二是免增烦恼，精心做自己的事。一个人如果没有调整情绪的习惯，就有可能失去自己说话的涵养以及行为的尺度。

美国石油大王洛克菲勒，擅长运用情绪战术达到自己的目的。他曾经在法庭上漂亮地击退了一位名律师。

"洛克菲勒先生，你收到我寄给你的信了吗？"律师拿出一封信，以严肃的口气问道。

"收到了！"洛克菲勒回答。

"你回信了吗？"

洛克菲勒面带微笑，不疾不徐地回答："没有。"

其后，律师一封又一封地拿出了十几封信，一一询问洛克菲勒，而洛克菲勒也以相同的声音和表情，一一给予相同的回答。

法官偏过头来问洛克菲勒："你确定收到了吗？"

"是的，先生，我十分确定。"洛克菲勒镇静地回答法官。

律师忍不住面红耳赤地怒吼道："你为什么不回信，你不认识我吗？"

"我当然认识你呀！"洛克菲勒依然面带微笑地回答。

这时候律师已经控制不住自己的情绪，暴跳如雷，不断咒骂，洛克菲勒却不动声色，好像对方所讲的事，跟自己一点关系都没有。

最后，法官宣布洛克菲勒"胜诉"，律师因为情绪失控而乱了章法，法官认为该律师已无法继续辩论下去。

在任何场合，我们都有可能遇到不顺心的事，甚至是羞辱自己的事情。在这种情况下，我们首先要做到的，就是克制自己，然后再根据自己所处的环境，抓住有利时机进行反击。

常见的心理调控方法

深呼吸。深呼吸可缓解紧张情绪，使僵硬的声音气息得到调整。深吸一口气，呼气时要徐徐地发出"嘶"声，稳定持续地呼气，并收缩腹部三角区的肌肉，借此缓冲、平静一下过度的心跳和急促的呼吸。当你吐完气时，放松肌肉，然后轻轻吸气。

心理诱导。心理诱导法是用含蓄的暗示方法对人心理和行为产生影响，给大脑以兴奋的刺激。这种心理影响表现为使人按一定的方式行动或接受一定的意见或信念，树立必胜信心，克服一切不利因素。

幽默沟通实质是实现不良心理超越

著名心理学家弗洛伊德说过：笑能给予我们精神快感，它把一个充满能量和紧张度的有意识过程转化为一个轻松的无意识过程。

幽默，是消除自己在沟通中胆怯的良方。

幽默是运用戏谑的语言，可以向别人暴露自身的缺点、缺陷与不幸，说得俗一些，就是把脸上的灰指给对方看，也可以将他人的尴尬化作微微地一笑。

当幽默被运用于实际沟通的时候，可以实现心理现象的超越。

各位也许在电影或在日常生活中看过男女双方第一次见面时手足无措的画面。有这样一个相亲场合，富有幽默感的男子为了解除两人同时开口的尴尬场面，对女方说："我们真有默契啊！"一语逗笑了女方，就连女方家长也忍俊不禁，气氛随即轻松融洽起来。

第一次与人接触时，怯场是不可避免的。若是对自己的失常耿耿于怀，那只能增加自己的紧张。为了不使自己陷于失败之中，你应该超然一些，以客观的态度，自嘲娱人吧！

对别人自我解嘲地说："我这个人一怯场啊，手就像酒精中毒一样抖个不停。"

幽默有助于超越沮丧心理

生活有时是相当艰苦的，有幽默感的人善于苦中作乐，用幽默作为艰苦生活的调味剂，鼓励自己克服困难，渡过难关。

这么说我成了社会问题了！太惨了，那我今天先来个双份奶油冰淇淋，明天减肥吧！

他们说儿童肥胖症已经成为严重社会问题了！

幽默透露出的是一个人生活态度的豁达与释然。当事情已经发生了的时候，当你已经无力挽回的时候，难过与乐观之间，何不选择与乐观为友呢？

您说完后，手可能就不再颤抖了。因为，紧张已经随你的自嘲而解除了。

幽默需要用创造力扩展心理维度

如果每个人的幽默口才都如出一辙，如果幽默语言中失去了自己的特色，那么幽默也将不再是令人心动与发笑的语言。因此，幽默在心理学中讲需要创造力，只有勇于观察生活、乐于拓展自己的思维，方能不断打造出属于自己的幽默语言。从现实生活中采撷出人们喜爱的语言，经过思考与加工后换算成自己的语言风格。

那么什么样的语言更容易让人接受呢？

一位顾客在一间餐厅点了一杯啤酒，突然发现酒里有一只苍蝇，怎么办？如果是英国人，他会以绅士的态度吩咐侍者："请换一杯！"如果是法国人，他就会将杯中的啤酒倒在地上。如果是西班牙人，他就不去喝它，留下钞票，悄然离去。如果是日本人，他会令侍者去叫餐厅经理来训斥一番。如果是美国人，他会向侍者说："以后请将啤酒和苍蝇分别放置，由喜欢苍蝇的客人自选苍蝇放进啤酒里，你觉得如何？"

显然，这个例子中美国人表达不满的方式就是一种幽默艺术。幽默就是这样，它是一根闪着金光的魔杖，也是每一个希望减轻自己人生重担的人所必须依靠的一种生存智慧。具有幽默感的人都有一种非凡的人格魅力，能独自面对任何困境。

看到美国人的幽默，我们汲取到了幽默能带给人好感之后，我们应该注重将其转化成适合我们自己的幽默，而不是鹦鹉学舌。比如你在餐厅同样遇到了这样的情况，你完全可以运用自己的才智将自己的想法表达出来，你可以对侍者这样说："没想到你们这里的啤酒这么受欢迎，连苍蝇都愿意醉倒在里面。"

创造性，是每一个人生来就具有的一种天赋，而创造力却并不会属于大多数人，这是因为大多数的人缺少了激发创造性的能力培养，即缺乏了对潜能的激发。

所以，并不是只有发挥出了创造才能的人才具有创造性，创造性在我们出生的时候应该是平等的，只是有待我们认真、仔细、技巧性的开发。原来，人人都可以成为创意大师，只是有的人们虽然拥有创造性，却并没有迸发出创造的能力。

创造力作为智力的一种重要表现形式，主要通过一个人的思维和语言来表达，思维敏捷才能表达准确。创造力是人在认知过程中形成的一种敢于打破常规的心理特征。它是一种敢于运用新思维，发现和创造新事物的能力。创造力之所以不同于创造性，是因为创造力是一种要求层次很高的心理品质，它要求人们在创造性思维的指导下，在体力和智力高度紧张的情况下，全心进行的一系列连续并复杂的高水平的心理活动。创造力是发展的根源，是前进的动力。无论是社会的文明，还是历史的发展，都离不开创造力的推动。

幽默的创造力

所谓幽默的创造力，就是成就"无中生有"的唯一，就是让心理维度得到一种自由的释放。生活中要善于利用自己的幽默创造力解决问题。

创造力是一种敢于打破常规的心理特征，换个角度，让你的话语更加幽默，容易让人接受。

幽默，是一种共同的语言，能给人们带来欢乐，使无趣退却，但同时幽默更需要在心理探求之中进行创造。幽默是一种可以转化创造力的生产力，幽默需要在创造中，向人们展示与时俱进的幽默风格。

幽默教育启发出真正的创造力思维

有人说，幽默的教学语言就像调味品一样，有了它，教学语言才有味道，才不会是一杯白开水。

的确，21 世纪是讲究创新的世纪，以前那种古板、生硬、严肃、枯燥的教育形式，已经完全不适应新时代的要求。当代的教育，应该是充满活力、富有激情的教育。而作为一名优秀的教育工作者，如何才能把一堂课讲得津津有味，引起学生的兴趣，激发他们的创造力和想象力？幽默无疑是最好的教育方法。

试想在一堂枯燥的数学课上，老师如果只是一板一眼地讲解那些晦涩难懂的方程式，出现的结果很可能就是讲台下面睡倒一片，相反，如果老师能在讲课过程中穿插一些幽默的语言、滑稽的动作或者风趣的表情，适当和学生互动一下，不仅能吸引学生的注意力，营造轻松愉悦的教学氛围，而且可以启发学生的思维，让他们产生丰富的联想，加深理解，从而达到教育的目的。

那么，在教育中如何才能做到幽默呢？每个人都会有一些特色的方法，比如有的教师擅长自嘲，有的习惯用比喻法，还有的用曲解法。这些有可能是与生俱来的天赋，也有可能是后天培养的一种品质。大家都知道，幽默其实是一种智慧、一种艺术，表面是风趣，内在却意味深长，经常给人们以深刻的启迪和感染。若不是对生活细心观察、认真体会的人，是很难培养出自己的幽默感的。而一个没有幽默感的教师，不仅难以吸引学生的注意力，也很难引导学生进行思维的扩展，培养他们的创造力。

创造力对当今世界的发展极其重要，一个没有创造力的民族，注定将是一个失败的民族。因此，我国明确提出了要把我国建设成为创新型国家，培养大批富有创新精神的人才。可见幽默教育对于创造力的培养有着至关重要的作用。

何为创造力？创造力就是用自己的方法创造出以前没有的、别人不知道的东西。有人认为创造力是一种能力、一种心理过程，经过这种心理过程，可以创造出新奇而富有价值的东西。有人却认为它是一种产物，而不是一种过程。不过大部分人持比较折中的观点，认为创造力既是一种能力，又是一种复杂的心理过程和新颖的产物。新颖性和独创性是创造力的两个主要特点。新颖性就是以前从来没有过的新鲜感。任何东西，在刚开始出现的时候，由于它的新奇，总是会受到人们的喜爱和追捧。而那些一成不变、千篇一律的东西却总是让人感到厌烦，容易让人产生审美疲劳。所谓独创性就是与众不同的、独立的思考和创造。

对于一些中国孩子来说，最缺乏的就是独创性。这一方面是因为中国的父母大部分比较溺爱自己的孩子，使孩子的独立性变差；另一方面是因为我国的教育更注重对知识的积累，而缺乏对创新能力的培养。对比之下，美国对孩子创新能力的培养异常重视。他们要求自己的孩子从小就要自己动手、自己思考。美国的大学享有高度自治，在激烈的竞争中，能够根据社会需要培养人才，使教育不脱离现实。这样才培养出了大批具有独立性、创新性的人才，这是美国教育比较为人称道的一面。

美国教育的成功当然离不开教师的努力。在美国上过学的同学都知道，美国的课堂教学很随意、很轻松，学生不要求整整齐齐坐成一排，老师讲课也不那么严肃，经常穿插一些幽默的话语，以吸引学生的注意力。

苏联著名教育家斯维特洛夫曾经说过："教育家最主要的，也是第一位的助手是幽默。"也许幽默教育才是美国教育成功的最主要原因。这是我们值得借鉴和学习的地方。

幽默，能让学习变得轻松，能让听者心情舒畅，能让人们跳出原本的思维定式，开创新的天地。当今世界，是创新引领的时代，只有通过幽默教育，培养出大批创新性人才，才能在这个世界立于不败之地。

第八章

调剂平凡生活，幽默让美好无处不在

有幽默的地方就有快乐

幽默是一种生活态度，懂幽默的人会在生活中撷取到幽默的素材，能从平实中找到快乐的本源。

有一个有趣的现象表明，在我们心情好的时候更容易说出一些幽默风趣的语言。主要是因为心情愉快的时候眼界更为广阔，思想更为活跃，看到万事万物，总能进行丰富的联想，让自己的幽默思维发挥作用。而当我们心情欠佳时，注意力太过于集中，全部心情都花在那些不开心的事情上，即使身边有大量的素材来让我们变得幽默，却常常无动于衷、视而不见。每当这种时候，幽默的效果就会大打折扣。甚至可以这样说，幽默的生活是快乐与美好的，更是令人神往的。毕竟做到真正的快乐并不是每个人都能轻松地实现。

生活在同一环境里，为什么生活在不同人的眼睛里会呈现出截然相反的景象？乐观向上的人，总会以一种积极的心态看待生活，用笑声美化生活享受。而对于大多数庸庸碌碌的人来说，他们却只是以消极的心态应付生活，无聊地打发光阴。

一位朋友问大仲马："你苦写了一天，第二天怎么仍有精神呢？"

大仲马说："我根本没有苦写。我并不制造小说，是小说在我身体内制造着它们自己。"

"那是怎么一回事呢？"

"我不知道，去问一棵梅树，它是怎样生产梅子的吧。"

大仲马对待工作的态度是乐观的，他不认为自己为工作付出是一种痛苦。在他的心目中，工作是种极大的乐趣。他是一个善用幽默对待生活与工作的人。面对朋友的问题，他没有像一般人那样侃侃而谈，他只是幽默地指出让朋友去问梅子的产生过程，从容表达了自己的工作态度。

人生获得成功有时需要仰赖天赋，除此之外，更需从生活的丰富土壤中吸收更多的养分以充实自己，以便结出最甘甜的果实。幽默的生活态度需要接受生活的熏陶，贴近生活，服务于生活。

幽默是生活的调味剂

生活中，我们总是祝福他人一帆风顺，然而在生活并不总是万事称心，常常会遇到一些不尽如人意的事情。在这种情况下，要想使生活重新变得美好起来，就需要借助于幽默的力量了。幽默如春风化雨般悄然改变我们的心境，也给我们带来欢声笑语，于是，生活又如原先那般迷人了。从这个意义上说，幽默着实为我们平淡的生活化出了一个精致、靓丽的彩色妆。

相声、小品、喜剧这类文艺作品往往能受到大众的广泛欢迎，正是因为它们都是以不同的方式表现出的幽默，它们能给我们带来笑声，使我们摆脱沉闷的生活，身心愉悦。

哈哈哈，真好笑。

这是按我们苏格兰风格包装的，再说了也不是裙子啊，这是七分裤嘛，没看这有腿的吗？哈……妈呀，着急穿跑偏了，哎妈呀，我说走道咋这么像裙子呢……

幽默共享，才能放大价值

幽默并不是在自己的头脑里单纯地想想就能实现它的价值，幽默需要分享。只有自己了解而别人却无从知晓的幽默，充其量也是自娱自乐罢了。独乐乐不如众乐乐，只有将幽默以具体的形象，通过语言、文字、图画等表现出来，才能让人知晓，引起大家的共鸣，达到幽默的效果，创造出一个欢乐和谐的气氛。

也有人为了展现自己的语言魅力，对幽默做了一定的研究，并且读了一些幽默故事，想要讲给大家听，结果却不尽如人意。再有趣的故事一旦从他的嘴里讲出来，就完全失去了原有韵味，显得干巴巴的，毫无乐趣可言。这是为什么呢？究其原因主要是他的口述功底不够，不知道如何用嘴巴来表达。

幽默可以通过文字来让我们阅读，幽默可以通过图画来让我们观看，幽默也可以通过相声、小品、喜剧这种表演的方式供我们欣赏。但是这些形式的幽默都是已经成形的，是预先设定的。

只有我们口头上的幽默是最具有活力的、随时随地发生的，它需要我们随机应变的表达，使我们的生活充满愉悦的气息。因此在这里，我们重点探讨的是如何口头表达幽默，来启发大家随时随地地运用自己的智慧，说出风趣的话语，展现自己的个人魅力，从而在大众心中留下一个美好的印象。

1986 年在墨西哥举行的第 13 届世界杯足球赛上。摩洛哥队与英格兰队交战前，英格兰队教练罗布森曾夸口说："在这场比赛中，我们英国人简直可以把摩洛哥队装进袋里。"

打成平局后，摩洛哥队的教练法里亚幽默地说："蒙特利尔的天气实在太热了。罗布森先生不得不脱去外套……所以，他没有口袋把我们装起来。"

法里亚的幽默表达属于自然流露，既没有对英格兰队教练罗布森的海口进行强烈的讽刺，也没有对自己的实力沾沾自喜。法里亚通过天气，巧妙地为罗布森找了个台阶。法里亚的幽默表达不仅仅会给自己的球队带来兴奋的高呼，也会让对手对之佩服。

生活是一个展现自我的大舞台，更是一个锻造自我的实践基地。学会对他人进行幽默的表达，巧妙地阐述自己的观点，赢来的会是满足与快乐。

鲁道夫·宾是一位善于经营剧院的奇才。他生于澳大利亚，1949 年 11 月，鲁道夫·宾乘船去美国担任"大都会剧院"的经理。

船在靠岸前，一位记者急匆匆地赶来采访他，对他说："我想问您几个不很得体的问题。"

鲁道夫·宾应声答道："我会给你一些含糊其词的回答。"

鲁道夫·宾面对记者不很得体的问题，做出了含糊其词的回答，可谓幽默表达得恰到好处。幽默表达带给人们的是情绪状态的传达，是一种快乐思想的传递。

学会在轻松的气氛中幽上一默，能够喜上加喜；而在悲观、凝重的环境下进行幽默，又往往能扭转困境，给生活带来无限希望。

幽默去除生活的平淡

一次，著名漫画家方成去河边钓鱼，才一会儿的工夫，就有一条鲫鱼上钩了。在多数人眼睛里这并没有什么好奇怪的，有鱼上钩的话将鱼拿下来丢在桶里就好了，可是方成居然哈哈大笑，说道："我还没想钓呢，还想再静坐一会儿呢，居然这么着急上钩，肯定是一条傻鱼喽，哈哈哈……"

只听说过人会犯傻，没有听说过鱼也会犯傻，可是在方成的世界里，鱼儿过早地上钩竟被加上了"傻鱼"的标签，也就只有方成先生具有这份雅兴吧。

所以我们要在生活中时刻保持一颗幽默的心，从容淡然面对生活中的失利和荣誉，善于在平淡的生活中发现幽默的因素，并用语言机智地表达出来。只要我们善于从多个侧面、多个角度去看待生活，就能从平淡的生活中找到自得其乐的理由，让欢乐来到自己的身边。

更新生活，要有幽默相伴。

只有能够作用于生活，给生活带来感觉更新的幽默才算是真正的幽默。幽默属于热爱生活、奋发向上、充满自信的人。

有一次，里根访问加拿大，在加拿大的国会发表演说。当他谈到美国全球战略计划时，他显得情绪高昂起来。这时有位议员高叫："那是梦想！"但里根只微微一怔，向那个议员座位的方向扫了一眼，便继续他的演讲，当他说到美国出兵某一国家的情况时，那个议员又大叫道："美国人滚回去！"

由于大厅里很静，那个议员的叫声又十分响亮，在场的人都显得局促不安，尤其坐在台上的加拿大政府要员，一个个更感到无所适从，这时里根并没有停止演讲，而是用更加高昂的声音对加拿大总理说："总理先生，我建议你维修一下那个方位的高音设备，那里的回音太大。"里根刚刚说完，台上台下立即爆发出热烈的掌声。

幽默让生活生动起来

> 我不相信这只三便士的面包有足够的分量。

> 噢，不要紧，你携带起来可以轻便些。

遇到一些小小的不公平是生活中很常见的事情，善于利用一点点幽默，不仅能够解决问题，而且会让你的生活生动起来。

善于幽默的人常常能够将平静的生活变得生动起来，哪怕是生活中最为普通的事情都能够提得起他们的兴趣。所以，生活不是缺少美，而是缺少发现美的眼睛。

> 你给的钱少了。

> 哦，不要紧，这样你可以少数几个钱嘛。

1981 年 3 月 30 日，里根在华盛顿饭店门前遇到刺客的袭击。一颗子弹击中了里根的肋骨，穿过肺部，差一点射中心脏。但这并没有影响里根的情绪，在他进入手术室前，还安慰匆匆赶来的南茜说：“亲爱的，真对不起，当暴徒走向我开枪时，我竟忘记躲闪了。”

第二天，纽约的一家大报报道这个消息时，并没有用那些血淋淋的字眼，而是用了：里根忘记躲闪了！

我们不得不佩服里根总统的幽默、睿智与淡定，在无比尴尬的正式场合，面对辱骂，他豁达的胸襟告诉他要宽容以对，他幽默的嘴巴提醒他要给予风趣的回答，才不至于让自己的面子“摔”在台上。

幽默的谈吐无论是在日常生活中，还是在重大的社交场合，都是很重要的。它能使那种严肃、紧张的气氛顿时变得轻松、活泼，它能让人感受到说话人的温厚和善意，使其观点变得很容易让人接受。

敲碎悲观外壳，懂得幽默生活

当今世界，竞争异常激烈，人们就像蜗牛一样每天背着厚重的壳穿梭在城市的高楼间。在巨大的压力下，人的心理变得敏感而脆弱。为了保护自己不受伤害，很多人把自己紧紧包裹起来，不敢向别人敞开心扉，不敢与人真诚交往。久而久之，人变得越来越独孤，越来越麻木。直到最后，变得完全不知道应该如何与人交往。

一个人在社会上生存，总要与人打交道，人际关系是否和谐，直接关系到你人生的幸福感。幽默是人际关系的润滑剂，当人际关系出现问题的时候，如果能懂得及时用幽默去化解烦恼，那是一种智慧。幽默最大的好处是能带给人无尽的快乐，有幽默感的人，总能给别人营造欢乐融洽的氛围，因此也就更容易拥有别人的爱和友谊。

幽默的形式多种多样，有自嘲式、讥讽式、哲理式等。根据对象不同，要使用不同的幽默的形式，这样才能达到比较好的效果。一般来说，对朋友要运用哲理、愉悦的方式，对敌人则运用讥讽式。

幽默，是非常讲究口才的，但是仅有口才还不行，还必须有一定的素养。幽默要在情理之中，在欢笑之余，能给人以启迪和思考。而不能仅仅是毫无意义的胡说八道、卖关子、耍嘴皮。否则，就流于低俗，而称不上智慧的幽默了。

有位伟人说过：幽默是智慧、教养和道德感的表现。在人际交往中，要以诚待人，再适当添加一点智慧的幽默，无疑能加速友谊的发展，使人与人之间的相处变得轻松自然，妙趣横生。当人们互相之间有需要帮助的时候，幽默地说出自己的需要，可以避免尴尬，也有助于事情的顺利开展。幽默是一门艺术，一种品质和修养。总是与诚实、善良、道德、真理息息相关，而与虚伪、险恶、无情、谬误格格不入。

因此，要想做一个真正幽默的人，首先必须得具备诚实、善良等美好的品质。只有这样，才能使人更加信任你，更喜欢与你交往，感受更多的乐趣。要想拥有精彩的趣味生活，就勇敢地敲碎背在身上的悲观外壳，带上幽默的智囊，这会让你的生活从此充满与众不同的雅趣。

幽默帮你打碎悲观的外壳

当面临无法避免的冲突时，幽默感不强的人会被气得手足无措。而幽默感强的人，能够保持表面的平静，以不变应万变，然后以一种诙谐幽默的方法将不友好的人击退。

幽默是一种包容和豁达，是一种开阔的胸襟。幽默能活跃气氛，使死板的人际关系瞬间活跃起来，使一触即发的紧张局势立刻恢复平静。幽默含着嘲讽，却不伤人，像一枚包裹了棉花团的针。

幽默是爱情甜蜜的守护神

生命是一朵花，爱情是花蜜，而幽默则是采花酿蜜的蜜蜂。

大学时，一位男生十分欣赏艺术系一位漂亮的女孩，却不知道她的名字，也一直苦恼没有机会与她接触。有一次，机会终于来了，他看见那位女孩走进一家牛肉面馆，他毫不迟疑地跟着进去了。他走到那个女孩身边，鼓足勇气看着她，心跳得厉害。他想和她问好，却不知说什么好，就只好问名字了。他有点紧张地向这位女孩开口问道："经常在校园见到你，请问你叫什么名字？"那女孩很纳闷地抬头看着他，说："我叫牛肉面啊！"她显然不想报上真名，但这位同学没有气馁，他红着脸"噢"了一声，改口道："那么，我也给自己起个面名吧，我就叫阳春面。"女孩冷漠的脸上立刻露出灿烂的笑容。

后来，这位"牛肉面"真的成了"阳春面"的妻子，这就是幽默的奇异效果。

幽默是爱情的催化剂，男女约会时，双方若能以幽默的口吻交谈，可使感情火

幽默是爱情的秘密宝典

幽默是爱情的催化剂，男女约会时，双方若能以幽默的口吻交谈，可使感情火速增长。因为激发爱的温柔的感触，在幽默言谈中最易生成。

你这根本不是老，而是熟了，没听说过越熟透的水果越美味，越成熟的女人越有韵味吗？

我觉得最近我越来越老了！

如果你是钱我是存折，我一定会"娶"你的。

如果我是狐狸你是猎人，你会"追"我吗？

幽默是免费的红娘，让你早日被丘比特的爱情之箭射中，助你轻松游入爱情的海洋中。

如果你打算恋爱，或者已经恋爱，不要忘记随时为自己准备一份幸福的秘密宝典——幽默，幽默会使你出奇制胜，是玉成美事的关键。

速增长。因为激发爱的温柔的感触，在幽默言谈中最易生成。有不少年轻小伙子相貌堂堂，举止文雅得体，也很有些特长、能力，不乏"男子汉"的风度，却每每情场失意，往往就缘于不善幽默。相反，貌似没什么特别却富有幽默感的人，谈情说爱却总能成功。

在英国有一个小伙子爱上了一位姑娘。一天，他来到姑娘家，两人在火炉边烤火。最后，他说道："你的火炉跟我妈的火炉一模一样。"

"是吗？"姑娘漫不经心地应道。她还以为这是小伙子随便说的一句话。

"你觉得在我家的炉子上你也能烘出同样的牛肉馅饼吗？"他幽默地问。

姑娘愣了一下，随即悟出了问话所含的意思。她欢悦地答道："我可以去试试呀！"与这样温婉风趣的青年在一起，可想而知，姑娘会收获幸福。

幽默的求爱、求婚方式，似乎更有魅力，更富有让人心动的浪漫情趣。

美国科学家富兰克林，1774 年丧偶，1780 年在巴黎居住时，向他的邻居——一位迷人而有教养的富孀艾维斯太太求婚，情书中的求婚方式极为幽默。

富兰克林在情书中说，他见到了自己的太太和艾维斯太太的亡夫在阴间结了婚，来替自己"报仇雪恨"吧。

这封情书被誉为文学的杰作、幽默的精品。

幽默代替握手，提高交谈雅量

人们见面的时候，总要握握对方的手。不知道是从什么时候开始的习惯，也不知道握手最初究竟代表什么意思。美国幽默杂志《趣味世界》的编辑雷格威为我们解开了这个疑问，他说原始人见面握手，是为了让对方放心，表示他们手上不带武器，现代人见面握手，是表示我欢迎你。而如果以一种幽默的方式来打招呼，则是比握手更文明的一种进步，表示我特别喜欢你，我们之间可以共享很多乐趣。

林肯总统在会见某国总统时，还没有握手就幽默地说"原来我的个子还没有你高"，口吻随意亲切，就好像在和自己的朋友说话一样，让对方的心情放松下来，拘束感也消失了。还有个人见到一个陌生人的时候就说："我一定在哪儿见过你，好面熟呀！"另外那个人愣了愣，说道："是吗？这不可能。"谁知那个人一本正经地说道："是的，即使在梦里，我也可能见过你。"说完，那个陌生人就被逗乐了。

这种幽默的见面方式，把两个陌生人瞬间联系在一起，没有任何隔阂与不适，一切进展都感觉那么自然、轻松、愉快。下面还有些小故事。

一个男人对一个刚刚相遇的朋友说："我结婚了。"那个朋友高兴地说道："那我得祝贺你。"可是这个男人又说："可是又离婚了。"那个朋友说道："那我更要祝贺你了，恭喜你走出围城。"

一个病人去看医生："医生，我的牙齿太黄了，怎么办？"谁知医生居然说道：

"那好办，你戴一条深颜色的领带，这样就显不出你的牙齿黄了。"

在一次竞选总统的活动中，一位演说家念了一封写给总统大人的信，通篇都是些总统大人的伟大功绩，最后却出人意料地来了一句：总统大人，请原谅我用蜡笔写这封信，因为我们这儿的政府不准我用任何尖锐的东西。

幽默是交谈最好的方式

英国名作家萨克雷说："一个有幽默感的文人肯定性格仁慈，十分敏感，容易产生痛苦和欢乐，能敏锐地觉察周围人们的各种情绪，同情他们的欢乐、爱恋、乐趣和悲哀。"

昨夜，我梦见自己向你求婚了，你怎么看呢？

这只能表明你睡眠时比醒着时更有感情。

一个人每天都会与别人交谈，不管是朋友，还是情侣、家人之间的交谈，适当增加一些谈话的内容和交谈的趣味，不仅能提高交谈的质量，还能增加人与人之间的感情。

你看这里！

有时候在路上走着，一些不经意的小广告不仅极其幽默，而且富有哲理和创造性，总能吸引路人的眼球。这些小广告都是人们智慧的结晶，经常收集这些有趣味的东西，人也会变得越来越幽默。

这些幽默的方式，不仅让大家发笑，也让人产生一些深刻的思考。

有位心理学家说过，如果你能使一个人对你有好感，那也就可能使你周围的每一个人，甚至是全世界的人，都对你有好感。只要你不是到处与人握手，而是以你的友善、机智、风趣去传播你的信息，时空距离就会消失。在人际交往中，只要学会充分利用幽默的力量去打动别人、感染别人，就很容易获得别人的好感和信任。尤其在初次和陌生人交流的时候，幽默能瞬间拉近两人之间的距离，是比握手更有效的方法。

正式场合有笑声，幽默调节气氛

有时候，有的人在单位里见到以前在一起玩过的同事，竟然低头不语，装作没看见，自顾自地走过去。乍看起来，似乎觉得这种人很没有礼貌。其实不然。他们并不是高傲不理人，而是害羞、胆小，连很普通的招呼都不知道该怎么打，也不喜欢有事没事都露出一脸微笑，所以，见人只好假装没看见。像这种没有表情的人，除了可以和三四个密友谈天说笑之外，面对其他的人，就不知道该说些什么，无法像闲聊那样，与不熟悉的人自如畅谈。

其实，一个人说话胆量的大小，说话水平发挥得如何，与说话时的气氛很有关系。说话时的气氛好，人的兴致便高，情绪便较高昂，谈兴也会较浓，这样便会使人放下包袱，倾心畅谈。反之，说话时的气氛不好，人的情趣就很难调动起来，人一觉得乏味，也就不会有什么好的兴致说话了。比如，当我们在与自己的家人或亲友交谈时，一般气氛都较好，这样几乎不需要思考，就能根据报上看的、广播里说的、街上听的关于昨天、今天或明天的重要的或一般的事情，聊个没完，越聊越起劲。但是，当我们在遇到初次见面的人、地位显赫的大人物、神秘的谈话对象时，往往大家都很拘束，很难一下子就形成良好的轻松气氛，这样谈话就没有那么顺利了，而且因为气氛不好，还有可能使自己脑中一片空白，完全想不出该说什么话。所以，为了使我们说话的胆量很好地提高，为了能使自己成为一名具有较好口才的人，我们在与他人说话时，要设法创造一种轻松和谐的说话气氛。

初入社会或刚参加工作的人，在偶然的机会里与著名人士相见，常会觉得紧张、害怕，不知道该说些什么话。特别是那些经验较少的人，会一直低着头，如果被对方问到一些事情，也只是作简单而呆板的回答。

另外，我们也有可能被事先安排见某些重要人物。在这种情况下，如果我们事先收集并研究对方的资料，那么，不管对方问到什么，都不容易出错，或者茫然不知所措。但是，这种类似考试前临时抱佛脚的做法，在面对知名人物时，还是会使自己紧张，当被人家问到一些问题时，也只会回答"是"或"不是"。

我们现在所处的社会，是具有高度民主的社会，再怎么有名的大人物，也跟我们一样是平等的。我们应该对他们表示敬意，却不必畏惧。只要把他们当成自己的亲戚或师长，很自然地与之进行对话，就可以了。我们说话的时候，不必害怕或紧张，应该泰然自若，以尊敬而明朗愉快的语调，和知名人士交谈。这样就可以创造出一种轻松和谐的气氛了。

　　总之，我们无论在什么情况下与什么人说话，创造轻松和谐的说话气氛都很必要，很有好处。

用幽默的语言来调节庄重的气氛

> 　　要想利用幽默来调节正式场合的气氛，最好先钻出自己的壳，热情主动地与人交往。不论是在何种社交场合，热情的力量都会帮助你创造一种愉快气氛，并且使它有人情味儿。

> 　　幽默的智者往往不会在乎形式上的面子，对于称谓显得淡泊，他们居于高处不忘其形，怀一颗质朴淡然之心。他们懂得在正式场合用幽默的语言来调节庄重的气氛，不会让人在严肃中感受到压抑，幽默的人到哪里都是一副和蔼可亲的模样。

幽默表达，让生活充满无限生机

语言作为信息传播的工具，对于我们生活之重要，正如水源对于鱼儿的重要。有了正确的目标，端正的态度，要想实现生活的充实与快乐，还要讲究一些方法，良好的方法是达到目标的保证。当然，活着的方法是多种多样的，其中很重要的一点，是一个人的态度，尤其是一个人幽默的生活态度。

怎样培养自己的幽默感

幽默是交际语言的"润滑剂"，能使语言生辉。那么，怎样才能具有幽默感呢？

你喜欢什么样的男生？

投缘的。

首先，要具有高尚的情趣和乐观的信念。幽默的谈吐是建立在说话者思想健康、情趣高尚的基础上的。幽默者要心宽气朗，对人充满热情，有较高的涵养。

头扁的行不行？

老黑，我看你的脸越来越像鞋拔子了，打今天开始，你就帮我穿鞋吧，免得我弯腰费劲。

人生就像卫生纸，没事尽量少扯！今天天气如此多娇，你就少发点牢骚。

其次，要有较强的观察力和想象力。幽默来自对生活的深刻体验和对事物的认真观察，并要求说话者思维敏捷，反应迅速。

在交谈中，幽默总能活跃气氛，使交谈者处于一种精神松弛的状态，从而缩短人与人之间的距离，让大伙感到亲切自然。它是创造理想谈话氛围的有功之臣。幽默是一门语言艺术，是一种很高的人生境界。若想增强自己的幽默感，要多阅读并摘抄一些幽默作品。

所谓幽默口才，就是口语表达幽默的才能，即善于用诙谐口语准确、贴切、生动地表达自己思想感情的一种能力。随着社会生活节奏越来越快，人们越来越重视"舌头"的功能了。有的人讲话闪烁着真知灼见，给人以深邃、精辟、睿智、风趣之感，他们理所当然成了社交场上的佼佼者。

一位 80 岁的老人思维很敏捷，富于幽默。

一次，这位老人与自己的小孙子玩游戏，轮到小孙子向他提问。"哪个跑得快？"小孙子照卡片念道，"癞蛤蟆还是青蛙？"

"当然是癞蛤蟆。"老人毫不犹豫地回答。

小孙子惊奇地问："你怎么这样肯定？"

"一定是癞蛤蟆快些，"老人幽默地解释说，"你什么时候在饭店的菜单上见过癞蛤蟆腿？"

老人的一句话惹得全家人大笑不止。

生活有了幽默，活着就有了生机与朝气。但是，幽默的谈吐具有反应迅速的特点，这就要求说话者思维敏捷、能言善辩，而这些又来自于对生活的深刻体验和对事物的认真观察。具有较高的观察力、想象力，才能通过模仿、比喻、夸张、双关等方式说出幽默的话语。

幽默是思想、才学和灵感的结晶，懂得幽默地说话，才可能轻松成事。幽默不仅是口才的精灵，更是一种生活的态度。将幽默变成一种习惯，让幽默成长为一种生活的态度，将会提升我们的做事能力，让我们的能力在幽默的语言魅力中实现丰收。幽默不一定直白，有时令人回味无穷，但幽默中总会伴有温情。

无论是在日常生活中，还是在重大的活动现场，都离不开幽默的谈吐。幽默在生活中可以发挥如下作用：

（1）幽默让你放松，减轻压力，使环境更协调。

（2）幽默中有智慧的光芒。

（3）幽默会让人忘记酸楚和劳累。

（4）幽默是最好的保健品。所谓"笑一笑，十年少"的说法并不是夸张。

（5）在适当的场合，幽默的谈吐可以增强交际的生动性，增加亲切感。

幽默是趣味生活的空气清新剂

为了应付人生大大小小的挑战，你需要力量——不论你是为人父母或是为人子女，是教师或是学生，是售货员或是消费者，是老板或是职员，是上司或是下属，幽默都能赋予你战胜困难的力量。

幽默的力量体现在沟通上，就像我们打开电灯开关，电力便沿着电线输送到机器上一样，只要按下幽默的按钮，也能促使一股特别的力量源源而来。我们可以把

幽默给生活增姿添彩

等等我，咱们一起走，天哪！这样的家谁能待下去呢？

"这家没法再待下去了。"于是妻子收拾自己的东西夺门而出。

幽默是夫妻生活的添加剂。幽默的话语会给我们的生活增加色彩，起到意想不到的效果。有时一句幽默的话也会缓解尴尬的气氛，调节我们的夫妻生活。

20比1要大。那么我考试列第20名，不是比第1名好吗？你为什么不满意？

啊？！

幽默还是天伦之乐的合成剂。对子女不要强求，有时要"顺其自然"，这样"天伦"之间才有"乐"可言。不然就要徒增烦恼了。

我们要重视幽默给我们带来的好处，与人同笑，笑尽天下可笑之事！即使事情是苦涩的，相信幽默的力量也能够化苦为甜、化悲为乐。

这股幽默的力量导向他人，并与他人直接沟通。

有了幽默，我们可以学会以笑来代替苦恼；借着幽默的力量，我们能使自己和他人超越痛苦。真正的幽默力量是从内心涌出，更甚于从头脑涌出。

幽默的力量体现在它可以润滑人际关系，消除紧张，解除人生压力，提高生活的品质。它可以把我们从个人的体壳中拉出来，使我们和他人相处时不至于紧张；它可以化解冰霜，使我们获得益友；它还可以使我们精神振奋，信心陡增，使我们摆脱许多不愉快的事情。

有一位年逾八十的老先生在接受身体检查时说："医生，你可记得上回你说我有一大堆毛病，说我得学会和这些毛病生活在一起？包括我的关节炎、视力减退、重听、高血压。"医生回答说："信任我吧，你很快就能学会和这些毛病生活在一起的。"

"我知道。"老人也同意，"现在，我在想，您是不是可以再加一项，加上一个 20 岁的妻子？"

把"因幽默的力量而享受趣味"加在你的日程表上，学会生活得更快乐，以轻松的心情面对自己，而以严肃的态度面对人生，掌握你自己的幽默力量。

幽默是烦恼生活的开心剂。生活绝非全是幸福，与幸福相对就是烦恼，这是一对孪生的兄弟，谁也离不开谁。一般的家庭，遇上烦恼的事情，往往是一方发火，甚至双方发火，发展到大吵一场，从而带来更大的烦恼和不快。幸福的家庭同样也有烦恼，只不过解决的方法不同，他们在理性解决烦恼的同时，往往还运用幽默的手段，化烦恼为欢笑。

第九章

善用幽默口才，实现尽善尽美的生存

幽默助你在社交场游刃有余

在日常生活和工作中，我们经常会遇到一些令人尴尬的问话，如果我们用"不能告诉你"来回答，那会使你显得傲慢无礼；如果套用外交用语"无可奉告"来回答，又会给提问者造成心理上的失望与不快。那么，我们不妨学一学岔开提问者的话题从另一方面去回答的技巧，这样不仅可以消除尴尬，而且还顺利回答了对方的问题。

1981年，白宫突然得到里根遇刺的消息后，总统办公厅一片慌乱，不知所措。富有经验的国务卿黑格出来维持局面。黑格曾任美国驻欧洲部队司令，脱下军装后又当上国务卿，一向以果断、稳重而知名。但他听到里根被刺的消息，也慌了手脚，还闹了个笑话。

一个记者问黑格："国务卿先生，总统是否已经中弹？"

黑格回答："无可奉告。"

记者又问："目前谁主持白宫的工作？"

黑格答道："根据宪法规定，总统之后是副总统和国务卿，现在副总统不在华盛顿，由我来主持工作。"

这一回答引起了轩然大波，记者们议论纷纷。另一个记者马上又问："国务卿先生，美国宪法是不是修改了？我记得美国宪法上写明总统、副总统之后，是众议院院长和参议院院长，而不是国务卿。"

黑格听后明白是自己失言，急中生智反问道："请问在两院院长后又是谁呢？他们都不在白宫现场，当然由我来主持了。刚才为了节约时间，少说了一句话而已。"几句话便自圆其说为自己解了围。

在社交场合中，有时会遇到自己不想公开而别人又偏偏要打听的事，或是自己偶然触及对方的伤痛、忌讳及隐私，出现了尴尬的局面，这时，以周围的环境为媒介，迅速转移话题便是一种普通有效的应急措施。

在社交活动中，虽然说话讲求幽默，却也应该在幽默的同时尊重他人，幽默需要温文尔雅，需要语言的美感，而不是自以为是、出言不逊、恶语伤人。请记住，有风度的幽默才可能是社交场上无往不胜的法宝。

幽默是社交中的保护膜

在日常生活和工作中，我们经常会遇到一些令人尴尬的问话，如果我们用"不能告诉你"来回答，就会显得傲慢无礼。所以，我们不妨岔开提问者的话题从另一方面去回答，这样不仅可以消除尴尬，而且还顺利回答了对方的问题。

在社交场合，语言是自己的第二形象代表，如果回答中出现了失误，就会给自己带来不必要的精神负担。因此，睿智的幽默回答既会给予别人准确的回复，又不会伤害到自己，幽默是一个人在社交中能够游刃有余的保护膜。

幽默可帮助上司赢得属下心

身处高位的企事业负责人，在人们的心目中往往有一种高不可及的印象，而有远见的高层人士往往希望运用幽默力量来改变他们在公众之中的形象，改善大家对他所领导的公司的看法。

有一位叫 A 的年轻人，他所在公司的经理对下属非常严厉，公司员工都叫他雷公。有一天 A 从外面回来，看到经理的位子是空的，以为他不在，就对同事说："雷公不在吗？"说完发现在屏风另一边，经理正与客户谈生意，而且听到了他的话。A 坐立不安，以为大祸临头。客户走后，经理来到了他身边，A 惊恐地向经理道歉。

幽默感帮助上司赢得属下的信任

做好管理工作真的不太容易，有人说做事容易做人难，管得重了有反效果，管得轻了效果也不佳。其实我们生活中有许多实例可以说明，有幽默感的上司是可以赢得属下信任的。

果然从那天起，女秘书在公文上很少出错了。那么为什么幽默感能帮助上司赢得下属的信任，让下属心甘情愿地为你服务呢？答案其实很简单，就像理发师给人刮胡子，为什么要先给人涂肥皂水呢？就是为了刮起来使人不痛。

今天你穿的这身衣服真漂亮，正适合你这样年轻漂亮的小姐。但也不要骄傲，我相信你的公文处理得也能和你一样漂亮。

所以说幽默的力量可以使对下属的批评显得温和，可以提升下属的自信心与责任心。幽默的上司将拥有强大的内心，以及强大的气场，他们可以让自己的下属心服并信服。

没想到经理微笑道："我们的雷公并不一定夏天才会响的。"

A 听了这句话，比平常挨骂感觉好上百倍；经理也通过幽默改变了自己在员工中的形象。上级对于下属的批评与责备，有时是必需的，不可缺少的；然而，事实上，一味地指责和批评很难使自己的下属从内心认识到自己的错误；批评得讲艺术，否则便会在周遭树敌。鉴于此，如果在话语中夹带着浓厚的幽默语气，通过满面的笑容表达出来，那就冲淡了批评与责备的尖锐，在说者无意，听者有心的情况下，保全了对方的自尊，也达到了自己要求对方改进的目的。

作为领导，当你运用幽默力量去帮助别人时，你会发现不仅更容易将责任托付给人，而且能更自由地去发挥创意的进取精神。幽默力量能改善你的将来——因为你的属下或同事会认同你，感谢你坦诚开放的做法，以及分享笑声、轻松面对自己的态度。

妙用幽默拉近与上司的距离

会说好话着实不容易。在人际交往中，常常会出现互动齿轮干涩的时候。幽默作为交际关系的缓冲装置，可使一触即发的紧张局势顷刻间化为祥和。幽默可以让我们完美地跳出一支人际探戈，可以促进人际关系的和谐。

上司器重我们，是期望我们能够替他效力，以便或多或少有所成效。如果上司常批评我们，而原因是我们不对的话，我们就得运用幽默的沟通方法，改正我们本身的缺点。

她是个公务员，在打一份文件的时候，竟然忘了最近颁布的命令："为了厉行节约，请各位同仁尽量节省纸张，每张公文用纸两旁留白，请由 4 厘米缩减到 2 厘米。"

这份文件打好呈上去之后，被退了下来，上级在旁边批示："此份文件不合规定，请重新打印。"

她一看批示，可傻了眼，这份文件共有 20 页，重新打印事小，问题是要节省纸张，却又要把这 20 张纸作废，岂不太矛盾了？

幽默的她并没有照着上面的意思重新打印，只是将这 20 页的两旁留白，用裁纸机各切去了 2 厘米。

当她重新将文件呈递上去时，另外附上了一张小纸条，纸条上写着："奉行节约命令，已经节省了 20 页（减去 20×4 厘米）的纸张。"

用诙谐幽默的语言来说明事理，可以使人在轻松和愉悦中感受其深刻的内涵，这就是人们常说的寓庄于谐。在工作中拥有幽默的才能，将会让上司更加赏识与青睐。如果你是个具有幽默灵性的职员，那么请保持，晋升或者加薪的好运会离你越来越近；如果你是一个不善言谈与幽默的人，那么请学习，幽默的口才会让你在工作中更加自信。

　　幽默是一种逆向与放射式的思维方法。国外曾经有学者做过调查，成功人士的幽默程度往往比一般人要高。他们的幽默与亲和力自然广受人们的欢迎，对人与事物的看法经常与众不同。

　　幽默不只是听一听笑话，哈哈一笑而已，真正的幽默，是有目的、有情境、能化解问题的品位方式。幽默是解决各种人生问题，最快捷、也最不会引起后遗症的方法。

幽默可营造良好的谈判氛围

　　谈判是我们每个人在生活和工作中不可缺少的活动。当我们为了达到某种目的，或获得某种利益，而需要和有关方面达成一致意见时，就要和对方进行商谈。这种商谈就是谈判。

　　谈判的技巧有多种，一起欣赏一下幽默语言在谈判中的妙用。

　　谈判中采取幽默的姿态，可以缓和紧张形势，造成友好和谐的会谈气氛。双方轻松一笑的同时，也就缩短了心理距离，钝化了对立感。

　　谈判的双方要相互尊重。不管双方代表在个人身份、地位上有多大差异，他们所代表的组织在力量、级别等方面如何强弱悬殊、大小不均，一走到谈判席上，就都是平等的。但是，有的谈判代表自恃地位高贵，或背后实力强大，在会谈中傲慢无礼，对另一方挖苦攻击，试图在气势上压住对方，迫其屈服；也有的代表自身涵养不好，谈判不顺利时恼羞成怒，对另一方侮辱谩骂。在此类情况下，如果要不辱使命，不失气节，又不致激化矛盾使谈判破裂，被攻击的一方可以使用幽默语言回敬无礼的一方，煞住其气焰。

　　1988 年 7 月 22 日，中曾根首相同戈尔巴乔夫举行会谈。戈尔巴乔夫说："据说，在日本居然有人说什么，今后只要日本持续不断地增强经济力量，苏联便将乖乖地屈服于日本的经济合作。殊不知，这是大错特错的，苏联决不屈服。"

　　中曾根反驳道："尽管如此，两国加深交流也是重要的……我毕业于东大法律系，你走出的是莫斯科大学法律系的门槛。我们俩同属法律系的毕业生，理应了解国际法、条约和联合国声明是何物。国际上都承认日本的主张是正确的。"

　　戈尔巴乔夫笑容可掬地答道："我当法律家亏了，所以变成了政治家。"戈尔巴乔夫的一句俏皮话，使双方的紧张气氛得到了缓解，谈判得以继续进行。

　　幽默能减少人们之间的紧张对立。因为代表各自的利益，恐怕很难轻易地让步，谈判其间必有一番唇枪舌剑的苦斗，有时甚至到了剑拔弩张的地步。这时，如果某一方代表说句幽默的话，或讲个小笑话，大家一笑，紧张的气氛就可能化解，双方可以继续谈下去，直至取得成功。

　　卡耐基认为，对于任何谈判者，理想的气氛应是严肃、认真、紧张、活泼。这可以说是总结了历来胜利而有意义的谈判而得出的一个正确结论。他建议每位谈判者努力为自己所进行的谈判营造这一良好气氛。

美国谈判学家卡洛斯认为大凡谈判都有其独特的气氛。善于创造谈判气氛的谈判者，其谈判谋略的运用便有了很好的基础。我们有理由认为，合适的谈判气氛亦是谈判谋略的一个重要组成部分。良好的谈判气氛有助于谈判者发挥自己的能力。

谈判气氛有时是自然形成的，而多数情况下是人为营造的。谈判者可以感知到不同的谈判气氛。能运用谈判气氛影响谈判过程的谈判者，自是精明之人，他们知道，谈判气氛对谈判的成败影响很大。

谈判室是正式的工作场所，容易形成一种严肃而又紧张的气氛。当双方就某一问题发生争执、各持己见、互不相让，甚至话不投机、横眉冷对时，这种环境更容易使人产生一种压抑、沉闷的感觉。在这种情况下，己方可以建议暂时停止会谈或双方人员去游览、观光、出席宴会、观看文艺节目，也可以到游艺室、俱乐部等处娱乐、休息。这样，在轻松愉快的环境中，大家的心情自然也就放松了。更主要的是，通过游玩、休息、私下接触，双方可以进一步增进了解，消除彼此间的隔阂，增进友谊，也可以不拘形式地就僵持的问题继续交换意见，寓严肃地讨论于轻松活泼、融洽愉快的气氛之中。这时，彼此间心情愉快，人也变得慷慨大方。谈判桌上争论了几个小时无法解决的问题，在这儿也许会迎刃而解了。

谈判气氛形成后，并不是一成不变的。本来轻松和谐的气氛可以因为双方在实质性问题上的争执而突然变得紧张起来，甚至剑拔弩张，一步就跨至谈判破裂的边缘。这时双方面临最急迫的问题不是继续争个"鱼死网破"，而是应尽快缓和这种紧张的气氛。此时诙谐幽默无疑是最有力的武器。

幽默可增强演讲人的感染力

演讲虽然也是讲话的一种，但是和我们日常的讲话是完全不同的。我们日常的讲话，是人们为了交流思想、联络感情、协调行动而说的。这样的讲话，都是人们你一言我一语地讨论。并且日常的讲话，对于逻辑性的要求并不高，人们的交谈是相互的，交织进行，所以是散漫的、随意的。

但是演讲就不同，它具有明确的逻辑性和目的性。需要演讲者的精心准备，它是由演讲者、听众两部分组成的。演讲是一种靠演讲者独白来打动听众、感染听众的传播方式。没有了互动、交谈，就避免了内容的杂乱不统一，可以使得演讲者能够明确地阐述自己的观点，但是同样是因为这样，在演讲中要注意语言的准确、明白和生动，要更有幽默感。

他是著名的作家、学者、中西文化交流大使；他一生著作颇丰，门下的弟子众多；他性格幽默、言语诙谐——他就是大名鼎鼎的才子林语堂。

林语堂是典型的幽默大家，他淡泊名利、与世无争，并有强烈的幽默感。他的诙谐幽默不仅体现在生活中，在演讲台上也是时时闪光。

林氏大宗祠建成后，举行了隆重的庆祝典礼。林语堂被热情地邀请参加。主持人在向众人介绍了林语堂后，由林语堂做了一个精彩的介绍。

他说："林氏家庭有很多名人，早已载入史册。在《水浒传》里有个林冲，是十万禁军教头。在《红楼梦》里有个女才子黛玉。在《镜花缘》里有个旅行家林之洋。

幽默演讲是一种艺术

幽默演讲不同于评书、单口相声或诗朗诵。评书、单口相声、诗朗诵虽然也是"一人讲，众人听"，但是它们属于艺术范畴，是艺术活动，是艺术活动中的言态表达形式。而演讲是现实活动，"它是现实活动的言态表达艺术，而不是艺术活动的言态表达"。

在演讲的开始就说一些幽默的话语，台下必定会响起阵阵笑声。简短的幽默寓意十足，一方面向大家表示了自己在名利与荣耀面前的谦虚与淡定，另一方面将自己的睿智毫无隐瞒地展示了出来。可想而知，以幽默开始的演讲注定是成功的。

我要感谢你们停止鼓掌，因为要我长时间做出一副谦虚的表情是很困难的。

在我们的生活中，演讲是无处不在的，政治、经济、军事、外交、法律，抑或是学术、理论、宗教、道德或其他社会问题，都可以作为演讲的题材，善用幽默的技法帮助演讲者发表自身的意见和看法，将为演讲者带来更多的掌声与笑声。

还有一个是世界上很有名的大人物，他就是美国的大总统林肯。"

林语堂话音刚落，被他逗笑的听众就报以了热烈的掌声。

幽默演讲虽然是艺术化的独白式的言态表达，但这种"艺术化"有一定的规范，它是受现实活动的目的和效果制约的有限的艺术，实际上只是一种手段性的艺术，如同技能技巧一般。

幽默是拉近朋友关系的磁石

一个完整的人生需要有三种情谊的共同存在：亲情、友情、爱情。友情是一种坚实的缘分，它没有爱情那么飘忽变换，没有亲情那么平实。友情是荒漠中的绿洲，是黑暗中的指路明灯。友情，让你的生活充满了温情，友情值得珍惜。

在每一个值得庆祝的日子中，请不要忘记和朋友们联系。在每一次的相见、交谈中，请不要忘记给朋友送上一杯用幽默榨成的开心果汁。幽默的沟通，会让朋友之间的关系不断升温，会让友情在欢声中更加牢靠。

我们一生中在生日、结婚、春节、中秋节等庆祝活动中常要赠送礼物给别人，而送礼物之时，不可能每次都大手笔地购买华贵的礼物，但便宜的小东西又很易被人遗忘。最好的办法是，在赠送礼物的同时，附上一张小卡片，写上几句幽默的话语，不但显得礼轻情意重，而且还能使对方记忆深刻。

有一位苏格兰人，曾这样打电报给他的朋友："由衷地祝贺你，1978年到1988年的新年、生日、结婚纪念日！"

这样的祝贺，他的朋友可能从未收到过，相信会给他留下很深刻的印象，也会为这位送祝福的朋友的幽默而会心地微笑。

有时，朋友会提出一些你无法接受的要求，但若生硬地拒绝，又容易伤害彼此之间的感情，运用幽默的技巧，则能避免这样的情况发生。

在罗斯福当选美国总统前，曾在海军任要职，一天，他的一位朋友向他打探海军在加勒比海一个小岛上建立核潜艇基地的保密计划。罗斯福向四周看了看，压低嗓门说："你能保密吗？"

"当然能。"朋友爽快地答应了。

"那么，"罗斯福微笑着说，"我也能。"

忠于老朋友的同时，我们也应该注意结交新朋友。新朋友开始时是陌生人，如何迅速拉近彼此距离，使彼此感到相见恨晚？幽默是能使此愿望成功得以实现的黏合剂。

一个小伙子失恋了，整天躺在床上长吁短叹，谁也劝不了。一位非常乐观的朋友来到床前拍拍他："嗨，哥们儿，快停止叹息下床吧！失恋的滋味真的那么好？值得你不吃不喝整天躺在床上专心致志地品味？"小伙子笑了。

幽默言辞有助于巧答他人问

有些采访往往是在没有准备的情况下进行的，甚至有些是故意刁难、讽刺的，这样就需要用幽默的语言来化解尴尬，给对方有力的反击和最好的答案。

> 最伟大的球员总是努力提高他们的技术，你想提高什么技术？

> 我想学会各种技术，以便更好地帮助球队，任何能更好地帮助球队的技术我都要学习。

避实就虚，包容量大，就会滴水不漏。这种全面看问题的思维方法和应答技巧，要比单纯就事论事高明得多，反映了回答者思想的深刻和应答技巧的成熟。

> 你认为自己职业生涯的顶峰何时到来？

> 我也不知道自己何时会达到顶峰。对我来说，我并不希望顶峰到来，因为到达了顶峰就预示着要走下坡路了。我希望每年都有长进和提高。

先果后因，思维辩证。先果后因，话讲得跌宕起伏，让人疑惑之后豁然开朗。如果先说原因，后说结果，平铺直叙，效果就差多了。

> 中国队赢球是不是靠运气？

> 靠运气、勇气、实力加信心！

认识全面，概括精辟。借着提问道出事物的本质，更具典型性，更有说服力，更能鼓舞斗志。精辟的概括之中，蕴含着思想的深度，让人佩服不已。

世界上其实本没有什么不好回答的问题，只要我们掌握了幽默的本质与技巧，善于运用发散性的辩证思维对问题进行及时思考，找准问题的突破口，巧妙的回答将"口"到擒来。

从"失恋的滋味"到"不吃不喝整天躺在床上专心致志地品味"，可谓幽默至极，难怪失恋的小伙子也忍不住笑起来。这也从另一方面说明幽默的巨大威力。

作家冯骥才在美国访问时，一个美国朋友带儿子去看望他。说话时，那孩子爬上有些摇晃的床铺，站在上面拼命蹦跳。这时，冯如果直接喊孩子下来，势必会使其父产生歉意，也让人觉得自己不够热情。于是，冯笑着对朋友说："请您的孩子到地球上来吧。"那位朋友没有对孩子指责，而是顺着冯的思路，同样不失幽默地回答道："好，我和孩子商量商量！"

与朋友相处需要默契，不要认为友情比较稳固，就可以肆无忌惮地说话、做事情。与朋友之间的相处，同样需要用心经营。当朋友给予自己意见提示的时候，要善于听出言外之意，然后纠正自己不当的做法。在友情经营的方面，幽默永远是最好的润滑剂。

幽默打造生意场的圆融交际

在生意场上，幽默也常常被用到。幽默可以消除双方的紧张感，使整个交际过程轻松愉快，充满人情味。

在一次国际食品博览会上，尚未打开销路的茅台酒因包装一般，不引人注意。于是，参展人员将一瓶茅台酒摔碎在地上，浓郁醇厚的香气顿时引来了大批客户，终于使茅台酒扬名中外。这种"不是方法"的幽默是成功的。

作为一个成功的商界人士，不仅要有丰富的知识、热忱的工作态度、良好的服务意识、非凡的勇气和韧性，还要有机智的幽默感。拥有幽默的交际才能，需要自己建立起幽默的心态、掌握一定的幽默技巧，并且时时不忘在实际生活与工作中进行实战练习。

首先，要有幽默的心态。心态指引着言行举止，言行举止影响着生意沟通的进程与结果。

一名房地产经纪人领着一对夫妇向一栋新楼房走去，他希望卖一套房子给这对夫妇。一路上，他为了推销这套房子，一直喋喋不休地夸耀这栋房子和这个居民区。"这是一个多么美好的地方啊，阳光明媚，空气洁净，到处是鲜花和绿草，这儿的居民从来不知道什么是疾病与死亡。"

就在这时，他们看见一户人家正在忙碌地搬家。这位经纪人马上说："你们看，这位可怜的人……他是这儿的医生，竟因为很久一段时间都无病人光顾，而不得不迁往别处开业谋生了！"

听到这句话，夫妇俩不禁乐了起来，他们一直想要找一座比较安静的房子，尽管经纪人在前面说了很多精彩的夸赞与吹嘘，夫妇俩却只是姑且听之，但是他这不经意的一句玩笑话，竟把夫妇俩打动。最后，这位经纪人与这对夫妇达成了交易。

尽管夫妇俩未必信服经纪人的说辞，但也会谅解这位经纪人的尴尬，同时更加欣赏他的机智与有趣。这就将交易推向有利的方向。

其次，要有幽默的表达。沟通中语言要风趣，要具有诱惑性，诱惑性的幽默是生意达成的催化剂。

张先生就一个非常重要的业务合同与买方副总谈判，而对方总是下不了决心。无可奈何之际，张先生说："这像是参加一个舞会，两个月前我就大着胆子邀请你，你答应了。于是我打半工，挣钱去租晚礼服和轿车，并付你晚餐的账。而在舞会开始的前一天，你却告诉我，你不准备去了，难道你没看见，我已整整等了一年，希

做生意要有幽默的技巧

幽默作为一种艺术，需要纯熟的技巧来升华艺术的表现形式与带给人们的艺术效果。大家都很清楚，推销商品是一件艰辛的工作，每一个成功的推销商除了绝对的自信外，还需具有惊人的幽默才能。

这个托盘也送给我吧！买一送一了！

哈哈，我知道这个托盘才是古董！就是指着它我今天已经卖了好多个普通花瓶啦！

生意场是没有硝烟的战场，在生意沟通的过程中，口才的力量不可小视，幽默口才的力量更应该重视。幽默的沟通往往会让对方在意外的口舌交战中，达成最后的合作。

望与你共度舞会时光吗？"

"你应该在租轿车前再问我一遍才是。"买主答道，随即在合约上签字。

张先生在生意洽谈中，并没有因为对方的迟疑而表现出不耐烦的神情，也没有直接向对方做出任何的吹嘘与保证，而是生动地将这次洽谈过程比作参加舞会的过程。表达婉转、风趣、真诚，将沉重的气氛转而为轻松，将对立转而为合作，除了幽默，还有什么能有如此神奇的效果呢？

生意场上的幽默可以是一种随机应变的机智，也可以是一种巧言妙语的引导，

幽默对律师职业的重要性

有时律师和法官在会见时往往处于严重的对抗中，此时气氛会变得越来越紧张，一触即发，法官与律师的神经都绷得紧紧的。突然，某人于此时插入一句诙谐的戏谑之语，局面于是大变。

感谢你同我的客户做了许多生意，只是你的账已延期了近一年。是不是留着钱给我们客户"钱生钱"呢？

幽默作为缓解剂是攻无不克的。"忍俊不禁"这一成语的含意是相当正确的。避免和法官发生严重对立却又完全充分地维护律师和当事人的合法权益是律师会见中的准则之一，也是律师才华、智慧表现最醒目、最能产生效果的地方。

它将在柔化的氛围中真正实现有商有量，将会给对方留下被敬重印象的同时促成最后的合作。幽默沟通在洽谈桌上就是一种人格魅力的释放与成事有余的回报。

幽默在口中，成功正在路上

在现实生活中，每个人都有自己的职业，为了使自己的工作出色、事业成功，需要加倍努力。那些"当一天和尚撞一天钟"不思进取的人是无所作为的。一般而言，人们的共同点都是考虑如何创造一个良好的人际关系环境，加强与同事及自己客户的沟通，避开人际关系中的僵化与失误，使自己的事业获得成功。

要做到这一切，学点幽默能够使自己与领导、同事和客户之间建立和谐的关系。你也会因此而成为一个乐观的人，一个能关心和信任别人、又能被众多的人所信任和喜欢的人。有人说，获得工作上的成就和事业上的成功要具备很多条件，但幽默有助于改善与他人的关系、促进成功，则是一个不争的事实。

"幽默"的语言因其有趣和意味深长而深受人们的喜爱。思维是语言的内在，语言是思维的物质外壳。因此，深刻、有趣和别致的思维方式和技巧是产生幽默语言的源泉。

一般来说，每个人在表达个人看法的时候，无论是面对一个人还是面对一大群人，都希望通过幽默的方式将自己的观点更确切有效地表达出来，希望通过幽默的表达赢得对方的认可和支持。但是，许多人在这方面还缺少应有的自信心，有的人认为自己不善于说笑话、讲趣味故事，不会把幽默与自己的观点糅合在一起。要解决这一障碍，关键在于多学多练、大胆尝试。在开始时，不必要求过高，企求造成强烈的说服力与感染力。同时还要纠正误解，有人认为幽默只有通过笑话才能表达，有的甚至认为笑话只有一种形式，仅是一段有趣的小故事，有人物、地点、时间，有令人发笑的情节，最后是个有力的、令人深思的结尾。这样完整的笑话确是幽默的一种，但是不要忘记还有许多更为简洁的幽默，例如俏皮话、双关语、警句，等等，它们可能属于笑话，也可能不属于笑话，但都是幽默的形式之一。

幽默的沟通，成功的一大半

我们每天都在沟通。工作时，我们与同事沟通、与客户沟通；在家时，我们与父母沟通、与配偶沟通、与子女沟通；一般时候，我们会与朋友沟通，也可能与陌生人沟通。沟通无时无刻不在进行着，而沟通在工作是否顺利、家庭是否和睦、做人是否成功等方面，都扮演着相当重要的角色，甚至可以这样说，一个人的成败，完全取决于他对外沟通的能力。

但是，如果你真正用心体味每一次与人的沟通，就会发现，完满的沟通是有难度的。我们常常会懊悔"当时为什么讲了那句话""当时怎么没想起该这么说""人家怎么讲得那么巧妙"，等等。这些懊恼、自责、羡慕是令人痛苦的，它让我们听到了一种声音："你实际上似乎有些无能！"

一说到口才，人们往往会说：口若悬河、滔滔不绝。实际沟通中，还需要另一种能力：听。只要把良好的沟通和陷入僵局或者不理想的沟通做一比较，自然就会明白，如果参与沟通的是善于倾听他人意见的人，沟通就会很理想，因为聆听是褒奖对方谈话的一种方式。你能够耐心地倾听对方的谈话，等于告诉对方"你是一个值得我倾听你谈话的人"。这样在无形之中就能提高对方的自信心，加深彼此的感情。

但是，许多人没有耐心听别人讲话，因为他们是"事业家"，是"大忙人"，生活节奏太快。不能否认，现代社会竞争激烈，一个想成功的人要做的事太多，往往整天疲于奔波，时间一久，性情也变得急躁，对"倾听"显得腻烦，甚至别人刚一开口，还未等对方把话说完，就会予以否定，一口咬定"不行"，然后以十分武断的口气阐述自己的观点。这类人往往是想通过"短、平、快"的方式，以雄辩的口才显示自己的能力，在公开场合打下根基。但是如此沟通的结果，表面看来目的达到了，事实上，却得不到别人的认同，无法建立真正的友谊，达不到心灵的沟通。

历史上和现实中的许多实践表明，在事业上有成就的杰出人物往往是优秀的沟通者，善于倾听他人的意见。他们总是宾客盈门，朋友众多，因为人们总是喜欢与尊重别人、平易近人的人交往。假如你也想成为一位善于与人沟通的人，就应当先成为一位善于专心听别人讲话、鼓励别人多谈他自己成就的人。

索尼公司总裁曾讲述过一个有趣的故事。

有一次，盛田昭夫在一位朋友举行的宴会上结识了一位著名的出版商。他以前从来没有和这位出版商交谈过。后来，盛田写下了这次交谈的经历：

"我发现此人非常有魅力。老实说，我是恭恭敬敬地坐在椅子上聆听他讲述约稿和退稿的事。他还跟我讲了关于那些让人不屑一顾的排版的事。正如我说的，我们是在参加一个宴会，那里当然有几十位客人，但是我违背了所有客套礼俗，对其他客人好像视而不见，只是一个劲地同那位出版商一连谈了好几个小时。

"午夜来临，我同所有的客人道了晚安之后，就离开了。那位出版商转过身去对主人说了几句恭维我的话，说我'最富于魅力'，说我如此如此，这般这般。最后，他说今晚和我聊得很开心，度过了一个愉快的夜晚。"

盛田后来回忆说："我几乎什么也没说。"

三小时内什么都没有说的人，竟然会成为很投机的交谈伙伴，并成为终身朋友。而且日后，那位出版商经常为索尼公司出谋献策，牵线搭桥，为索尼公司的功成名就立下了汗马功劳。这实在是出人意料，但事实上又在情理之中。从出版商来看，盛田是把他作为意气相投的话友；而从盛田来看，他本人只是一名忠实的听众，只是不断地鼓励他说话。

　　盛田谦逊地倾听是在告诉那位出版商，对方受到了极大的款待和极大的尊重。事实上也是这样。倾听对方谈话，有时会很容易地得到对方的信任和好感。善于倾听会使对方心情愉快，会换来对方的理解、信任和欢乐，会使对方吐露出心里的苦恼和喜悦，最重要的，它还能使说话者感到自身价值的存在。俗语说："会说的不如会听的。"只有善于倾听他人谈话，才能更准确地把握谈话者的意思、流露出的情绪、传播出的信息，更好地促使对方继续谈下去。

　　再看看那些让我们羡慕的家伙，他们有着同一种利器——逗人开心，让人轻松、释怀的幽默感！你需要它吗？它多么光彩照人地活在众人的欢笑中。你如果感兴趣，可以研究他们成功的原因所在；你如果够聪明，也会在较短的时间内掌握它，并且娴熟地运用它。

中 篇

幽默的应用
——身临其境，学会幽默待人

第一章

即兴幽默——急中生智，瞬间打动他人

一见如故——与初识人幽默相交

在我们的一生中，经常可以遇到这种情况：必须和一群不认识的人打交道。要打破与他们之间的界限，消除无形的隔膜，顺利地把自己的意见和思想传达给他们，使他们能欣然接受，并赞成拥护，甚至把他们变成自己的朋友，绝对需要不凡的智慧。

一见如故，相见恨晚，历来被视为人生一大快事。当今世界公关交往极其频繁，参观访问、调查考察、观光旅游、应酬赴宴、交涉洽商……善于跟素昧平生者打交道，掌握"一见如故"的诀窍，不仅是一件快乐的事，而且对工作和学习大有裨益。那么，如何才能做到"一见如故"呢？答案是了解幽默，学会幽默，运用幽默来实现与陌生人的相识、相处。

美国作为一个多族裔的移民国家，相互之间的交流极为重要。同时，美国的议会代议和全民选举体制，更要求人们能和不认识的人"一见如故"，推销自己的观点和想法。

事实上，只要是与人交往就意味着要与不同的人进行沟通，然而有效的沟通往往是建立在真诚基础上的"一见如故"式的幽默。

有一天，汽车大王亨利·福特在一处偏远农村驾车兜风。在一处农舍边，这位闻名世界的大人物，看到一个小孩正在锯木材，小孩年龄大约十岁左右，技术却十分熟练，更难得的是他看到陌生人一点也不怕，与一般的乡下小孩有很大的不同。

亨利·福特的童心大起，于是便走上前去帮他拉锯。可是很明显的，福特的技术与小孩相去甚远。小孩也不以为忤，甚至还耐心地指导福特。

过了好一会儿，福特终于忍不住说道："阁下可知道，你正跟亨利·福特在锯木材？"只见那孩子好像没事人似的回答："我不知道，可是我要告诉你，你在跟罗勃·李锯木材。"

亨利·福特听到孩子真诚的童趣式回答，欣喜之余，将那辆崭新的福特车送给了那个孩子。

或许这位小孩子并不是有意说出那样幽默的话语，只是持有一颗天真的童心，

说了事实如此的话。可正是因为他那不怯生的趣味之言，赢得了亨利·福特的欣赏与青睐。由此可见，"一见如故"的幽默说服术能够拉近与陌生人的感情距离，将自己很快地融入群体之中，赢得人们的接受与欣赏。

怎样培养"一见如故"的幽默说服术

你这人可真幽默，以后公司电脑就找你家修了！

可能是你装的程序有点多，所以这电脑还有点重呢，呵呵！

首先，第一次和别人打交道时，双方都不免有些拘谨，有层隔膜。如果能有人主动、幽默地打破这层隔膜，对方也能很快融入进来，这种假的"一见如故"在双方看来，就变成了真的一见如故。

谢谢！

两人的优先！

其次，很多时候我们只和一些人"擦肩而过"，但世界如此之小，在社会中生存的我们说不定什么时候需要他们的帮助。即兴幽默施于人，收获日后的人情才能办好事、办成事。

超市

临时发挥——化忌为喜的幽默术

在现实生活中，由于受传统文化的影响，人们的大脑中存在着许多忌讳观念。有时不自觉地说出或做出了一些有违"大忌"的话或事时，如何应付呢？这就要用到一种"临时发挥，化忌为喜"的幽默术。

这种幽默术就是在不自觉地做了或说了一些有违"大忌"的事或话时，或者由于客观的原因而带来一些不愉快、不吉利的事情时，及时地用一些双关语、名诗佳句、谐音字词等化忌为喜，消除尴尬，抹掉人们心头的阴影，使快乐重新回到心头。从这个意义上说，临时发挥的化忌为喜幽默术是一种利人利己的说话艺术，这种化忌为喜的幽默术在生活以及工作等场合中均很适用，值得大家的了解和学习，更值得大家学以致用。

大刘应邀参加一位朋友的婚礼，可天公不作美，小雨从早到晚一刻也未停过。等大刘赶到朋友家时，衣服上溅满了星星点点的泥水。当新人双双向他敬酒时，朋友看到他满身泥水，略带歉意地说：“冒雨前来，让你辛苦了。这都怪我没选好日子。”大刘忙接过话茬幽默地说：“老兄此言差矣，自古道：'久旱逢甘雨，他乡遇故知，洞房花烛夜，金榜题名时'，这人生的四大喜事，让你们小两口一天就赶上了两个，这才叫双喜临门呢。”一句话说得满堂喝彩，大大活跃了当时的气氛。

大刘意犹未尽，接着说道：“既然说到了雨，敝人有首打油诗，借此机会赠给两位新人。”接着便吟道，“好雨知时节，当婚乃发生。随风潜入夜，听君亲吻声。”一首歪诗吟罢，逗得新娘面颊绯红，引来满座欢笑。

大刘机智地临场发挥，使本来不受婚礼欢迎的雨，瞬息之间带上了逗乐喜庆的色彩。临场发挥的幽默，让人们在躲不开的“禁忌”中忘却了旧观念的忧愁。

“将错就错”——顺理成章中显智慧

有一次，张作霖出席名流雅席。席间，有几个日本人突然声称，久闻张大帅文武双全，请即席赏幅字画。张明知这是故意刁难，但在大庭广众之下，盛情难却，就满口应允，吩咐笔墨侍候。只见他潇洒地踱到桌前，在铺好的宣纸上大笔一挥写了个“虎”字，然后得意地落款：“张作霖手黑”。按上朱印，踌躇满志地掷笔而起。那几个日本人，丈二和尚摸不着头脑，面面相觑。机敏的随从秘书一眼发现了纰漏，“手墨”。亲手书写的文字怎么成了“手黑”？他连忙贴近张作霖耳边低语：“您写的'墨'下面少了个'土'，'手墨'变成了'手黑'。”张作霖一瞧，不由得一愣，怎么把“墨”写成“黑”啦？如果当众更正，岂不大煞风景？他眉头一动，计上心来，故意训斥秘书道：“我还不晓得这'墨'字下边有个'土'？因为这是日本人要的东西，这叫寸土不让！”

话音刚落，满座喝彩，那几个日本人这才悟出味来，越想越没趣，只好悻悻退场了。

张作霖这种“化腐朽为神奇”的幽默正是“将错就错”的巧妙运用。原本将要大出洋相的一个大笔误，竟然成了民族气节和斗争艺术的反映。

一旦发现了自己的失误，千万别为后悔徒然耗费时间，而要迅速权衡一下利害得失，只有在当场承认错误的负面效应实为自己难以承受，而拒绝认错又不至于把事情弄得更糟时，才可考虑选用“将错就错”这一计策。否则，还是承认、改正为好，因为坦诚往往会换来谅解，甚至敬意。例中的张作霖关于“如果当众更正，岂不大煞风景”的暗忖，就是快速权衡之后所做的判断。情况是明摆着的：日本人是

幽默可以应对各种难以对付的局面

　　幽默是一种即兴的智慧，幽默的交谈不会让你打草稿，因为你无法预料自己将会处在一种什么情境。在不同的情境中应该懂得随机应变的语言艺术。掌握了随机应变的幽默技巧，即使在语言沟通中出现了失误，也不用担心，因为你的机智会为你解围。

或许，别人会因为无意中伤害到你而感到羞愧万分、左右不是，这时你不妨用恰当的言辞宽容待之。

真是不好意思，刚才从后面把您当男士了！

明天，看来我只得穿裙子来上班了，不然恐怕连我的男朋友从背后也认不出我了。

　　幽默是种不同凡响的表现力，是因为幽默可以帮助人们应对各种不可预料的、难以对付的局面。幽默能够使人从尴尬的泥淖中跳出，也能够使人在难堪中转被动为主动。幽默的智慧可以让一个人为了维护自己的尊严而"将错就错"。

故意刁难，等看笑话，如果承认错误，便正中了居心不良者的下怀，这等丢自己脸面、灭国人威风、长他人志气的后果当然无法接受。于是，"将错就错"就成了顺理成章的选择。

　　很多时候，"将错就错"，契合情境，总能出奇制胜。"将错就错"化解尴尬讲究随机应变。"将错就错"也是一着险棋，"就错"之前要给自己找到相应的理由，使别人也认同你的"错误"并非错误才行，否则，就是死不认错，会给人一种粗野无知、冥顽不化的印象。张作霖对秘书的一番故意训斥就正起着这种作用。

打破冷场——幽默逗你喜笑颜开

　　如果你出现了下面的状况：在冷场时，不知道怎么活跃气氛；在一些突发事件中，不知道说什么合适的话来救场；和友人聊着聊着就突然没有话题了；曾发表某些意见或建议，却无法取得共鸣或者人们的关注；结识新朋友不知道该说些什么……在许多场合中，由于个人的性格腼腆，或者彼此之间不够了解，而无法拥有共同的话题，使交往中出现了"冷场"的情形。

这个时候，幽默就是最佳挡箭牌了。幽默会让冷场的冰块渐渐融化，让和煦的快乐走近人们的心中。

众所周知，交流中最尴尬的局面莫过于双方无话可说。无话可说有时候是因为一方对另一方说的根本不感兴趣，有时候是因为我们说的意思和对方的理解有偏

冷场时的幽默开涮方法

这个笑话可以给朋友们讲讲的！

平时多读书，多储存一些不同的知识。有了丰富的知识，就有了谈资，再加上幽默、风趣的语言，很容易使局面融洽起来。

可及时拿自己开涮，以幽默的方式摆脱冷场。必要时可以先"幽自己一默"，即自嘲，开自己的玩笑。也可以发挥想象力，把两个不同事物或想法连贯起来，以产生意想不到的效果。

你的冷笑话讲得太多了，"冻"死人了。

可以讲冷笑话，缓和一下气氛，再慢慢回到刚才的主题，但是不宜讲太多的冷笑话，否则场面将有可能更"冷"。

自信自然。化解冷场局面时，表现得要自然，不着痕迹、轻松地转移话题，使人家不觉得你是刻意的，否则会加剧冷场和尴尬。

差，有时候是因为我们缺乏在某些特殊情景下的沟通技巧，有时也会因为你的说话触及了别人的"雷区"，而造成别人的不愉快，导致交谈无法继续下去。无论是哪一种情况，都有可能会让你焦虑。良好的幽默沟通需要双方在适当的时候分别扮演起发送信息者和接收信息者的角色，就像跳探戈时需要两个人完美的配合。

"一个巴掌拍不响"，交流中一旦出现冷场的局面，也需要两个人共同配合才能打破僵局。交流是两个人的事情，所以你不能指望对方为交流负起全部责任。因此，当出现冷场或者尴尬的时候，要沉着更要幽默，寻找双方感兴趣的共同话题，不能一味地等着对方来解决这种尴尬的场面。面对冷场，解决尴尬，幽默口才屡试不爽。

雁翎曾有过一次痛苦的爱情经历，她对那位男朋友爱得如醉如痴，可是，对方却脚踏几只船，最终抛弃她跟别的女孩子浪漫去了。

一次，雁翎与第二位男朋友肖遥约会时，肖遥问她："你对爱情中的普遍撒网、重点逮鱼，怎么看？"没想到他话一出口，雁翎不但没搭理他，脸色霎时变得很难看。肖遥知道他误入情人的"雷区"，赶紧补充道："啊，请别介意，我是说，我有一个讽刺对爱情不忠的故事献给你，故事说有一个对太太不忠的男人，经常趁太太不在家把情妇带回家过夜，但又时常担心太太会发觉。有一天晚上，他突然从梦中惊醒，慌忙推着身边的太太说：'快起来走吧，我太太回来了。'等他的太太也从梦中清醒，他一下子傻了眼。"

还没等肖遥话音落下，雁翎已被他的幽默故事逗得喜笑颜开。

在这里肖遥运用故事的形式首先转移了他们谈话的方向，然后用幽默的感染力，淡化了他因说话不慎而给雁翎带来的不快情绪，从而自然而巧妙地把可能出现的"冷场"给过渡过来，赢得了心上人的开心一笑。

幽默是冷场的克星，是热情的释放，懂得在尴尬中用幽默救场的人，是明智的幽默人。拥有幽默天分与才分的人永远不会让他人与自己分享冷场的无奈与尴尬，幽默让冷场被巧妙打破，让彼此在喜笑颜开中突破尴尬，加深感情。

兵来将挡——机智幽默应对奚落

当别人挖苦你、讥讽你的时候，你可以用幽默语言作为"护身符"，筑起防卫的堤防。"兵来将挡，水来土掩"，你可视不同的来者选择不同的幽默应付办法。

若判明来者不善，是怀有恶意，故意挑衅，你可以"以眼还眼，以牙还牙"，有理、有利和幽默地回敬对手。

20世纪30年代，一次，丘吉尔访问美国，有一位反对他的美国女议员咬牙切齿地对他说："如果我是您的妻子，我会在您的咖啡里下毒药的。"丘吉尔微微一笑，平静地答道："如果我是您的丈夫，我会喝下那杯咖啡的。"

　　面对美国女议员刁难、愤恨的无礼言辞，丘吉尔并没有怒不可遏，甚至是笑着回答女议员的问题，他的胸襟雅量令人们敬服。

　　因此，如果对方来势汹汹、盛气凌人，前来指责辱骂你，而你确信真理在手时，则应保持藐视的目光、幽默的心量、冷峻的笑容，让他尽情地发泄个够，而不予理会。假如有人冲着你横眉竖眼，恶语中伤地骂道："你这个人两面三刀，专门告我的阴状，想踩着别人的肩膀往上爬，没门儿！"如果你心中无愧，完全不必大发雷霆，倒不妨解嘲地反诘："哦，是真的吗？我倒要洗耳恭听。"然后诱使谩骂

应对奚落的即兴幽默说话技巧

　　第一，弄清对方的意图，才能对症下药。有的人嘲笑别人，就是希望看见别人窘迫的样子。明白了这一点，对嘲笑的反应就是不理，或者顺势就势，用对方的意图作为噱头来"幽对方一默"，让对方败在自己的企图心中。

我知道你嘲笑我是为了激怒我！我是不会上当的！

你是在拿我的胖取乐是吗？我承认我就是个美丽的胖子啊！

　　第二，有时候，你完全不理会嘲笑并不是最佳选择。他们嘲笑你什么，你就主动承认什么，甚至还要更激进。这样，那些嘲笑你的人，其兴致一下就没了。若你越害怕被嘲笑，越能激起他们进一步嘲笑你的欲望。

者说下去，直到对方找不到言辞了，你再"鸣金收兵"。在这种情况下，你以温文尔雅、彬彬有礼的方式笑迎攻击者，显然比暴跳如雷、大动肝火要好。

比如你刚被提拔到某领导岗位，有人对此揶揄道："这下子你可平步青云、扶摇直上了吧？"你听了不必拘谨，可一笑了之："是这样吗？你算得这样准？"用这种不卑不亢的应酬方法，立即便能使对方语塞。相反，你过于计较，说出一大堆道理，倒显得太认真，反而适得其反。

如果有人用过于唐突的言辞使你受到伤害，或叫你难堪，你应该含蓄以对，或装聋作哑、拐弯抹角、闪烁其词，或转移"视线"、答非所问，谈一些完全与其问话"风马牛不相及"的事，用这种委婉曲折的幽默方法反驳对手，一定会取得奇特的功效。

当遇到棘手犯难的问题时，若能以幽默诙谐的方式回答，往往能化险为夷，改变窘态。正所谓"山重水复疑无路，柳暗花明又一村"，让难堪的局面消失在谈笑之中。

以静制动——应对别人的指责嘲笑

当别人当着众人的面，指责你的错误后，会令你感到不快，甚至会让你窘迫难堪，尴尬至极。这个时候你该怎么办？你会因为觉得十分没有面子，而对对方心存怨恨，甚至大口谩骂吗？聪明的人在应对别人的当众指责的时候会这样做：

斯坦顿夫人是美国女权运动家。

当一次女权运动的会议在罗切斯特召开时，一位已婚牧师指责斯坦顿夫人在公开场合发表演讲。

他不满地说："使徒保罗提议妇女保持沉默，您为什么要反对他呢？"

"保罗不也提议牧师应保持独身吗？您难道听话吗，我的牧师大人？"斯坦顿夫人挖苦道。

斯坦顿夫人面对牧师的指责，没有大骂，也没有强烈地表示出自己的尴尬与不满，她选择了淡定而又从容的回答，以其人之道还治其人之身，用对方的言辞逻辑回击了对方的指责，这是一种淡定的幽默。应对别人当众指责的最有效的方法即是：以静制动。

受人指责总归是件不快之事，而受人当众指责，那更会令你不快，甚至会让你窘迫难堪，尴尬至极。这是一个协作生存的社会，无论是工作还是生活，也无论何时何地，人都难免犯错，触及他人的利益，从而引起不满，导致他人对你的指责。当然，也存在这样一种情况，错并不在你，而是一些无聊之徒，他们或抱着一种嫉妒，或抱着一种偏见，当众对你进行攻击，目的就是要让你颜面扫地。

当他人当众对你大加指责，甚至是来一顿劈头盖脸的斥骂，无论这种指责是善意的还是恶意的,你都要招架住,采取幽默灵活的应对措施,让这个令你无地自容的尴尬氛围及时得以化解。

在一次战争中,一位将军由一名作战部的指挥官陪同,到前线去看望士兵。到了目的地那天,刚好下起雨来,到处泥泞不堪。将军站在一个活动讲台上向士兵演讲,演讲结束后从台上走下来时,一不留意便滑倒在泥浆里,士兵们哄然大笑起来。

指挥官一边指责士兵们的哄笑,一边惊慌地把将军扶了起来,谦恭地向他道歉。没想到将军却笑着说:"没关系,相信这一跤比我的演讲更能激发士气,因为我摔得很有水平嘛!"

在尴尬面前,这位将军并没有对士兵们的嘲笑深感恼怒,反而他懂得消遣自我,用幽默的语言向士兵也向人们展示了,幽默应对他人的嘲笑是生活赋予大胸怀者的智慧。

当有人怒气冲冲地当众对你大加指责时,你可像斯坦顿夫人一样采取淡定的幽默反击态度,以静制动,幽默应对对方对自己的无礼攻击。施以如此态度,实则也就是给他最严厉的迎头痛击。见到你如此反应,他也就会自感索然无味,悻悻而退。当有人因为你在公众场合的出丑而嘲笑你的时候,不要太计较,更不要太过流露出自己的愤怒,多一点幽默的雅量应对嘲笑,你就会多一分淡定的优雅对待自己,成功者每战必胜的原因,就是当对手急不可耐时,他们依然保持着超常的冷静与沉着。

其中,应对他人当众指责的幽默口才修炼方法主要可通过"移花接木"来实现。即对别人的当众指责或者嘲笑,可幽默化解,来个"张冠李戴",将原本只适合于甲种场合的话,移植到乙种场合来说。

拥有大智大德的人一般会懂得,面对他人的无礼与失态,如果自己也沉不住气而进行无礼的反击,则会让自己在卑微中失去他人的敬重之心。因此面对外界不好的声音,不妨让自己多一分雅量,用幽默对待攻击的方式远比强硬有力量得多。

即兴聊天——幽默捧场,愉悦情怀

聊天可以调节心理、愉悦情怀,让一个人远离烦闷的侵扰。幽默的聊天作为即兴聊天的一种特殊形式,往往在给人们带来无限趣味的同时让聊天的过程以及结果充满着轻松的释压作用。

即兴的幽默聊天作为一种交际,并不是所有人都能够对它的重要性具有深刻的认识。对于如何利用幽默聊天聊出名堂来,善于幽默言谈的人有他们自己独到的方式方法。

幽默聊天从本质上说是没有什么目的的,可以海阔天空地闲谈,图的就是聊天的那种快乐与随意中的惬意。但从微观来说，闲聊未必就"闲"，拥有幽默口才的人能从闲聊中聊出感情来，使之达到一定的目的。在这个过程中，他们可以掌握闲聊的方式和话题，把它变作具有目的的幽默语言交流。

　　会说话的人总是有目的地选择话题。他们不会因为是与他人聊天，而忽视了谈话的禁忌性。在聊天中，搬弄是非、贬抑他人的话题更是需要回避，对方的忌讳和缺点也从不提及。否则即兴的幽默聊天就失去了聊天的意义，而会让自己陷入无知的尴尬境地。

　　在一个茶话会中，一位八十多岁高龄的老人很是吸引大家的注意，一位记者走

随机应变——幽默口才的即兴法宝

　　幽默口才很重要的特质就是能够随机应变，没有了随机应变的依托，幽默就失去了涵养的内在而成为"金玉其外，败絮其中"的一个空泛的壳子。

　　从士兵们的笑声看来，可以肯定地说，我与士兵的多次接触，这次是最成功的了。

　　不要被自己遇到的一些尴尬所激怒，相反可以借机通过这些尴尬，恰到好处地运用幽默拉近自己与别人的距离。

　　当别人嘲笑你的时候请不要介意，而要学会用一颗幽默心包容，用一句幽默话来化解，这样展现给别人的才是一个豁达、值得被尊敬的高贵身影。

上前去："老先生，真希望明年还可以在这里见到你啊。"

老年人并没有因此而感觉到恼怒，反而拍拍记者的肩膀幽默地说道："小伙子，你还这么年轻，想见到我肯定没有问题的啊，哈哈。"

这位记者就是一位不怎么会寻找话题的人，真正会聊天的人会选择合适的话题，但绝不会触碰关于个人隐私方面的话题，更不会不明智地问到一些画蛇添足的问题。因为他们知道隐私方面的话题容易引起争论，会将和谐的气氛弄僵。

另外，在与他人的即兴聊天中，应该保持一份谦逊的心情，不要自吹自擂，更不要一味地只顾自己说话，而不给他人说话的机会。幽默的即兴聊天是一种涵养的体现，需要我们学会在轻松中找到交谈的趣味与尊重以及感情。

幽默的闲谈是对自身资源的一次挖掘，很考验一个人的知识水平和文化层次，平时除了你所最关心、最感兴趣的问题之外，你要多储备一些和别人"闲谈"的资料。这些资料应轻松、有趣，容易引起别人的注意。除了天气之外，还有些常用的闲谈资料。

比如，自己闹过的有些无伤大雅的笑话，像买东西上当、语言上的误会等，这一类的笑话，多数人都爱听。如果把别人闹的笑话拿来讲，固然也可以得到同样的效果，但对于那个闹笑话的人，就未免有点不敬，当然，只要你不指名道姓就可以。讲自己闹过的笑话，开开自己的玩笑，除去能够博人一笑之外，还会使人觉得你为人很随和，很容易相处。

当然，人人都喜欢听笑话，假如你构思了大量的笑话，而又富有说笑话的经验的话，那你恐怕是最受人欢迎的人了。

与人幽默闲谈是人际交流中必要的环节，但是需要注意的是，很多人在幽默闲谈中往往把握不好分寸，甚至说一些不负责任的闲话，而这些闲话中难免会涉及别人的是非，如果说得多了，难免会伤害到一些人。

第二章

处世幽默——柔以避祸，笑以挡灾

用幽默钝化他人攻击

幽默是在关键时候能够为你挺身而出的义气哥们儿，但是要它出来帮你解围的关键前提是你也会施与义气给幽默。如果一个人连幽默是怎么一回事都不清楚，又怎会在危机时候用幽默为自己助阵呢？

拥有幽默口才是一种修炼，首先需要对幽默给予适度的重视以及必要的练习，将幽默地处世练习成为一种习惯，那么你将在曲折的生活中真正实现无懈可击。

人生在世，长在世，活在世，就应该慢慢体悟到圆融的处世之道。面对他人的不敬，应该用智慧、用口才去反驳，这样才能够显示自己而驳倒他人。幽默口才的魅力恰恰在于能将棱角分明的话语表达得诙谐，却不失锋利的语言威力。从以下两则小案例中可以身临其境般感受到幽默的魅力与威力。

苏联诗人马雅可夫斯基曾与反对苏维埃政府的人进行论辩。

反对者问："马雅可夫斯基，你和混蛋差多少？"

马雅可夫斯基怒而不露，不慌不忙地走到反对者跟前说：

"我和混蛋只有一步之差。"

在场的人听了都哈哈大笑了起来，那位攻击马雅可夫斯基的人只好灰溜溜地跑开了。

另外，还有这样一个故事。

俄罗斯有一位著名的丑角演员杜罗夫。在一次演出的幕间休息时，一个很傲慢的观众走到他的身边，讥讽地问道："丑角先生，观众对你非常欢迎吧？"

"还好。"

"要想在马戏班中受到欢迎，丑角是不是就必须要具有一张愚蠢而又丑怪的脸蛋呢？"

"确实如此。"杜罗夫回答说，"如果我能生一张像先生您那样的脸蛋的话，我准能拿到双薪。"

在这里杜罗夫巧妙地把这位傲慢观众的脸蛋，同自己能否拿双薪牵扯在一起，从而产生了幽默的回击效果，对这位傲慢的观众进行了反讽。

　　案例中的几位主人公无不在为人处世之道中，遵循笑的智慧，利用幽默冲锋枪将他人的攻击消灭于无形。如果说他人的言语攻击是箭，那么幽默的口才就是在任何时候都能够将利箭阻挡在外的盾牌。

■ 幽默的口才是阻挡利箭的盾牌

　　具有幽默本领的人往往具备敏捷的思维能力，可以将他人的讥讽幻化成为挡箭牌，钝化了他人的讥讽的同时给予强有力的回击。难怪人们总把激烈的语言交锋称为唇枪舌剑呢，有时候两片嘴唇、一条舌头，比真枪实弹的威力还要大。

　　面对讽刺，要能够巧妙地回击，不管地位如何，不能允许他人来蔑视自己的尊严。保护尊严，是任何一个人都看重的处世之道，而面对挖苦，要用笑语反击，要寓意犀利，方法温和，想必不尊重你的人也会知趣地保持沉默。

幽默话助你轻松做人

　　白岩松是一个善用严肃幽默的人，他作为央视著名的节目主持人，不仅采访过别人，也被别人采访过。在答记者问中他以真诚谦逊、质朴自信、机智警策、幽默含蓄的语言风格，展示了"央视名嘴"的风采。从白岩松的话语中，我们能深刻地领会到智慧和幽默的魅力，因为智慧性的语言带给人们的不仅仅是语言强大的震慑力，更有在心理以及心灵上无比强悍的说服力。

以下是白岩松在悉尼奥运会解说工作结束回国后的一次答记者问。从这次的巧答记者问中，我们可以清晰地感受到幽默口才的威力以及魅力。

记者（以下称记）：有媒体评论说，白岩松是中央电视台最火的主持人。半个月评说奥运，使亿万观众更加认可你了。你如何看待这种评价？

白岩松（以下称白）：我曾经跟朋友开玩笑说，把一条狗牵进中央电视台，每天让它在一套节目黄金时段中露几分钟脸，不出一个月，它就成了一条名狗。我在《东方时空》已经待了7年，如此而已。这没有什么值得骄傲的，相反的给生活带来了一些不便，比如没有随便出门逛街的自由。

记者的话无疑是对白岩松的赞扬，而这种赞扬是高规格的。面对赞扬，白岩松没有沾沾自喜更没有自鸣得意，他幽默地巧借一个比方表明了自己对这一问题的看法：一来是自谦，二来揭示了自己的名气与媒体的关系，尤其是与中央电视台这种特殊媒体的关系，从而极其巧妙地把赞扬声指向了给他带来荣光、带来名气，乃至带来些许不便的地方——中央电视台。

记：最近我看到有传媒把你和中央电视台的其他名嘴作了比较，给你的打分是最高的，在强手如林的竞争中，你感觉到有对手吗？

白：事业跟百米赛有相似的地方，我跑的时候，眼睛只向着前面那条线，而绝不会去考虑对手。但人生跟百米还不太一样，百米就一条线，人生是你撞了一条线后还有另一条线，你得不断去撞，直至死亡。

记者想以事实说话，用事实来证明白岩松是最棒的，并以此引出他对对手的评价以及面对竞争对手时的态度，而白岩松答得更为精彩，他首先从对方话中引出比方，然后寻找人生与百米赛的相同点，"眼睛只向着前面那条线"，含蓄地告诉世人——自己的心中有恒定的奋斗目标，自己所做的一切都在向心中的那个目标迈进，无须过多地考虑对手。短短的一句话，不仅显示了白岩松的自信，而且显示了他看准目标后孜孜以求的坚韧。接着，白岩松又点出人生与百米赛的不同点：百米赛的目标是单一固定的，而人生的追求却永无止境。语言是心灵的折射，从白岩松的话中，我们能不为他永不停息的精神所感动吗？

记：你到《东方时空》时，只是一个25岁的小伙子，而且一点电视经验都没有。第一次面对镜头，你是不是很紧张？

白：不紧张。因为我都不知道镜头在哪里。开拍前，导演告诉我，你要放松，就当没有镜头，于是我就不去想它。现在再看那次录像，还是很放松的。如今面对镜头，我感觉到的只是一种工作状态，比如，它开机了。

这是一个回顾性的问题，旨在了解白岩松的成长过程。白岩松的回答依旧保持着他一贯的风格：实话实说——"不紧张。因为我都不知道镜头在哪里"；称赞他人——"导演告诉我，你要放松"；自信务实——"我感觉到的只是一种工作状态"。整个答问，要言不烦，语言精练，似乎未谈自己的成长，但我们仍然能从"找镜头"到"工作状态"看到白岩松成长的足迹。

记：无论你承认不承认，你已经是一个明星，一个传媒明星。如何在明星和记者之间摆正自己的位置呢？

白：有一位年轻人曾求教于一位大提琴家："我如何才能成为一个优秀的大提琴家？"大提琴家回答说："你先成为一个优秀的人，再成为一个优秀的音乐人，然后会很自然地成为一个优秀的大提琴家。"这对我们也一样，先成为一个优秀的人，再成为一个优秀的记者或主持人。

记者的问题问得很有价值，因为对于一个明星式的记者而言这是一个必须要解决的问题。白岩松并没有正面作答，他先用类比的手法来引发我们每个人对这一问题的思考，"优秀的人——音乐人——大提琴家"的三个阶段，让我们扩大了对记者所提问题的思考范围，无论是做主持人、记者还是其他工作，一个最基本的前提是：首先要做一个优秀的人。这样的回答充满了睿智，它不仅让我们了解了白岩松的人生态度，而且也让我们获得了人生的感悟：事业有成的基础和前提是什么？

记：我听到的观众对你的唯一的意见是，你太过严肃，不苟言笑，为什么不能在屏幕上露出一点笑意呢？

白：有不少观众说不习惯我老是一副忧国忧民的脸，可如果我换上一副笑容灿烂的脸是不是就习惯了呢？我以前做的节目大都是一些沉重的话题，背后有太多不适于公开的背景，我笑不出来。职业病。我也曾努力笑过，但我一笑就不会说话，平常也是这样，一笑我所有的身体语言就都失去了。因此，我绝对不是故作深沉，而平常就是这样。真实是最自然的。

这是一个很有趣的话题，说它有趣，是因为观众对白岩松的屏幕印象确实如此，许多观众都想知道其中原因，可以说记者问出了许多观众想问而没有机会问的问题。白岩松的回答不但化解了观众之惑，而且表明了自己的生活态度，既诙谐幽默——"老是一副'忧国忧民'的脸"，又真挚坦诚——"我以前做的节目大都是一些沉重的话题"，而且机智警策——"真实是最自然的"。这样的回答，不但让我们理解了他的"严肃"，而且在对他的"严肃"深怀敬意的同时，能对自己的生活态度做出正确的定位。

看白岩松主持的节目我们能够感受到正义的力量，听白岩松妙答记者问我们能够受到他人格的魅力：坦诚、质朴、谦逊、平易近人。在欣赏白岩松连珠妙语的时候，希望大家能够从中学习到说话的艺术、幽默的圆融。当一个人说话能方能圆的时候，距离成功也就不再遥远了。

"顾左右而言他"的幽默

在语言交际中，我们难免遭遇到一些令自己或者他人尴尬的问话，比如，涉及国家、组织的秘密，涉及个人收入、个人生活、人际关系等问题。对待这样一些提问，如果我们只用一句"无可奉告"来应对，那会使我们显得粗俗无礼，如果套用正式用语来作答，那又会给提问者造成心理上的失望与不快。总之，对待这样一些古怪的问题，我们答得不好，就有可能自己给自己套上难解的绳索，使自己陷入十分难堪的泥淖，不能自拔以致大失脸面。

"顾左右而言他"要含蓄

"顾左右而言他"的幽默方法主要包括两种：直接幽默转移法和含蓄幽默言他法，又称岔换法。

直接转移法，即"装聋"。将话题飞快转向与之毫不相干的地方，看似快速甩开了为难局面，但是心理上仍然是有阴影的。

岔换幽默法，是针对对方的话题而岔换新的话题，字面上看是回答了对方的问题，而实质意义却是不相干的。它通常能显示出一种较为强硬却不失风趣的表达气息。

如处于这样的尴尬场合时，就需要具备"顾左右而言他"的幽默语言艺术，从而能使你面对尴尬而峰回路转，取得柳暗花明的喜剧效果。顾名思义，"顾左右而言他"是指，对着身旁的人，却说别的话，喻指有意避开话题而用其他的话搪塞过去的说话方式。幽默总是让生活充满欢快的情调，让严肃变得和蔼可亲。

在课堂上，老师突然叫起一位学生来回答自己的问题，待该学生回答完毕后，却引来了同学们的一阵哄笑。因为，这位同学回答的是前一道题，与现在的问题风马牛不相及。虽然老师也笑了，但是笑过之后，他对这位同学幽默地说道："辛苦你了，快吃饭吧。"学生们听到老师如此"顾左右而言他"的幽默，更是笑得开心，连那位同学也不禁笑了起来，只是在接下来的上课时间里，他听讲听得认真了，对自己的老师也更加敬畏了。

这位老师巧妙利用了"顾左右而言他"的幽默技法，让这位同学不至于下不来台面，同时也将自己和蔼的幽默态度感染给了大家。

普希金也是这样一个善于运用幽默的人。

大诗人普希金一次在彼得堡参加一个公爵的家庭舞会，当他邀请一位小姐跳舞时，这位小姐极傲慢地说："我不能和小孩子一起跳舞！"普希金很礼貌地鞠了一躬，笑着说："对不起！亲爱的小姐，我不知道你怀着孩子。"说完便离开了，而那位漂亮的小姐无言以对，脸上绯红。

利用语言的双解，普希金巧妙将话题的针对点从自己身上转到了那位漂亮的小姐身上，不露痕迹地就将自己的尴尬转化给了漂亮而又傲慢的小姐，使她脸红。

所以，我们在采用"顾左右而言他"的解围法时，应尽量把它运用得不露声色，婉转巧妙。

在幽默口才规则中，反讽不是气急败坏的叫嚣，也不是"黔驴技穷"的狂鸣，它应该是偶尔露出的峥嵘，锐利锋芒的一现，是在幽默垫脚石中形成的处世方法。

触及他人痛处时的转机

与人说话中，有时会遇到这样的情况：你会不小心拿对方的缺陷开玩笑；对亲近的人说话，你有时忽略他的感受；批评人的时候，你会专挑对方的缺陷狠说；拒绝别人时，你偶尔要讽刺一下对方才甘心。其实这是非常缺少人情味的做法，有悖于道德与美德的处世之道。在与他人的交谈中，应该切记不要触碰他人的伤口，给他人带去愉快的交谈氛围。

每个人都有自己的忌讳，人人都讨厌别人提及自己的忌讳。与他人对话时，必须要看清对方的短处，不要将话题引到这上来，以免招来对方怨恨，特别是在开玩笑的时候。虽然大多时候，人们开玩笑的动机是良好的，但如果不把握好分寸、尺度，就会产生一些不良的后果。所谓"说者无心，听者有意"。

　　在某学生寝室，初到的新生正在争排大小。小林心直口快，与小王争执了半天，见比自己小几日的小王终于同意排在最末，便说道："好啦，你排在最末，是咱们寝室的宝贝疙瘩，你又姓王，以后就叫你'疙瘩王'啦。"说者无心，听者有意，原来小王长了满脸的青春痘，每每深以为恨，此时焉能不恼？小林见又惹来了风波，心中懊悔不已，表面上却不急不恼，巧借余光中的诗句揽镜自顾道："'蜷在两腮分，依在耳翼间，迷人全在一点点。'唉，这真是'一波未平，一波又起'呀！"小王听了，不禁哑然失笑——原来小林长了一脸的雀斑。

说话时尽量避开别人的痛处

　　如果我们在说话时不小心触到别人的痛处，一定要及时挽回，这才是人际相处之道。因此掌握幽默的说话艺术需要我们在生活中多观察、多总结，避开别人的痛处，只有这样，才能够准确恰当地与他人沟通。

一定要避开谈到头发问题！

　　事先了解别人的痛处，切忌将玩笑开在了他人的忌讳上。即使一些人在开自己的玩笑，那也是他的幽默方式，这个玩笑的附和者只能是他自己，而不是听众。

没关系，我这么老大不小的还没结婚呢！

结婚这么多年也没有个孩子！

　　如果不慎戳到了别人的痛处，要赶快不露声色地弥补。其中最好的办法是用玩笑说出自己的类似缺陷，这样大家就"平等"了。

小林幽默地化解了尴尬的场面，其智慧令人叹服。无意中伤害了对方，那就对着自己的某个痛处"猛烈开火"，常会使对话妙趣横生，又能化解自己戳到别人痛处的尴尬。

有的时候，我们可能会在无意中触及他人的痛处，使谈话或者场面出现难堪，采用幽默的自我调侃也是一个很好的方法。

有一次，一群大学同学举行十周年同学会，许多同学都来参加了。聚会上，一位男同学打趣地问一个女同学："听说你先生是个大老板，什么时候请我们到大酒店吃一顿。"他的话刚说完，这位女同学就不自在起来了。这时另外一个女同学悄悄地告诉这位男士真相，原来这位女同学前不久刚和丈夫离婚了。男士知道真相以后，感到无地自容。不过他迅速回过神说："你看我这嘴没把门的毛病怎么还和大学时一样呀，这么多年过去了，还是不知高低深浅，真是该打嘴！"女同学见状，虽然心里还是感到难过，但是仍然大度地原谅了这位男士唐突的话。这时，男士赶忙幽默地换了一个话题，从尴尬中转移出来。

当我们不小心触及他人的痛处的时候，不妨也像这位男同学那样，不要死要面子，用幽默来调侃调侃自己，用真诚的语言来表达自己的歉意，这样对方的心里才能感到释然。

遭遇尴尬时故说痴话

为人处世中，顾全他人的情面是很重要的一项技能。在日常生活中，我们不可避免地会遇到很多碍于情面的场面，这个时候你会保持冷静还是委屈地掉眼泪呢？

我们在不同的场合都会遭遇尴尬。尴尬的表现形式不一样，应对方式当然也有差别。用幽默语言应对的一种很好方式，就是佯装不知，故说"痴"话，好像这种尴尬从来没发生过一样。这样的幽默糊涂法，可以给自己带来好运，帮助自己实现心想事成的愿望。

一家星级宾馆招聘客房服务人员，经理给应聘者出了一道题目：

"假如你无意间把房间推开，看见女客一丝不挂地在沐浴，而她也看见你了，这时候你该怎么办？"

第一位答："说声'对不起'，就关门退出。"

第二位答："说声'对不起，小姐'，就关门退出。"

第三位却幽默地回答："说声'对不起，先生'，就关门退出。"

结果第三位应聘者被录取了。

为什么呢？前两位的回答都让客人有了解不开的尴尬心结，唯有第三位的回答很幽默也很巧妙。他妙就妙在假装没看清，故作"痴呆"，既保全了客人的面子，又使双方摆脱了尴尬，这就是幽默处世的价值所在。

在社交场合，许多人遭遇尴尬以后，即使假装不在意，其实心里面还是会有个疙瘩，因为对每个人来说，面子都是非常重要的。所以，有时候当别人遭遇尴尬，你的安慰可能只会让对方感觉更没有面子，这时，故作不知，幽默地说一句痴话，让当事人释怀才是最好的方法。

寓理于事，不言自明

寓理于事的幽默处世是种高境界的方法，虽然没有用语言表达，却深谙幽默的真谛与本质。幽默是一种生活态度，是说话处世的圆融，是一种"只可意会，不可言传"的诙谐式表达。

中国有句老话："只可意会，不可言传。"这句话一语道破很多无法用语言形容的景象和状况。很多时候就是这样，比如你看到一篇佳作，你被深深打动了，可是如果有人说，你写篇读后感吧，那你多半要没了兴致，提笔也写不出心中的感受。

不过"只可意会，不可言传"，毕竟只是一个托词，对于朋友家人间的一些问题不好回答了，可以用这句话搪塞过去。然而在公众场合，比如领导提问，记者采访或者像外交官一样代表国家形象去接受外事任务，这句托词就起不到作用了。

如果对方问出一个让你非常棘手，不知如何回答的问题，该怎么办呢？你不回答会显得你无知，若是回答又没有贴切的语言可以描述。这时候你可以针对提问讲一个事例，让对方认同其中包含的道理，然后将此道理幽默地应用于对方的提问，使答案不言自明。

如果能反被动为主动，让对方代替自己回答问题，可以说是人际应对中的较高境界了，这就需要在幽默处世中圆融地寓理于事，让他人不言自明。

为此，在说话中我们可以针对对方的提问，举出一个类似的事例，反请对方说出其中的道理，然后回到最初的问题上，说明对方的观点正是问题的答案。一个回合下来，对方这个"系铃人"在己方的诱导下不知不觉又成了"解铃人"，使己方得以轻松地摆脱困境。

罗斯福第四次连任美国总统时，许多记者都抢着采访他，请他谈谈连任四次的感想。一位年轻记者破例得到罗斯福总统的接待。罗斯福没有正面回答青年记者提出的问题，而是先请他吃一块蛋糕。

记者获得殊荣，十分高兴，他很快便把蛋糕吃下去了。接着，总统又请他吃了一块。当他刚要开口请总统谈谈时，总统又请他吃第三块蛋糕。青年记者受宠若惊，肚子虽饱了，还是盛情难却，勉强吃了下去。

记者正在抹嘴之时，只见罗斯福总统微笑着对他说："请再吃一块吧！"
记者实在吃不下去了，便向总统告饶。

罗斯福总统幽默地笑着对他说："不需要我再谈第四次连任的感想吧？刚才您已经亲身体验到了。"

罗斯福没有直接告诉记者自己的感受，而是让他通过连吃四块蛋糕，体验自己连任四次总统的感受，在幽默的行为中说出了记者要问问题的答案，策略可谓高明之极。

有时候语言确实很苍白，不足以表达你心里的感受，比如当你登上泰山，来到

借人之事，幽默解困

或许是这样吧，但是年轻人，请不要把我的老婆也列在当中。

听说您在做重大决定之前，总是要先听听那些控制你的大老板的意见，根据他们的意见行事，是这样的吗？

当别人对我们发起语言攻击，想使我们在众人面前出丑，或是利用这种情况来迫使我们答应他的要求时，要想走出困境，就要利用自己的幽默为自己找出一条出路。

当别人的话是无心伤害，可能只是童言无忌时，用幽默不仅能保护他人的心灵，也使事情得到圆满的解决。

我将以您的名字来给我的小狗命名，以表达对您的敬仰。

亲爱的孩子，我知道你的心意，但是我希望你能够和小狗商量一下。

在社交场合，我们总会接触到不同的人，总会遇到各种意想不到的尴尬。这个时候，无论是面对他人的指责，还是面临拒绝他人的尴尬，或是为他人解困的需求，一句婉转的幽默话或者一个微小的幽默举动都会给他人送去无尽的安慰。

玉皇顶，看见头顶上云雾在太阳的照射下迅速退去，那种风云变幻的场景令你十分震撼。这时，如果有人在旁边问，谈一下你现在的感受吧。你一定会顿时觉得索然无味，连继续欣赏景色的兴致都消失掉。因为那个时刻，不说话只默默欣赏美景才是最好的。

有的话不需要说得很明白，对于不好回答或者不方便说的话，不妨幽默地打个比喻，或者委婉推托一下，彼此也就明白，不会无趣地盘问下文了。

幽默处世的至高境界不是侃侃而谈、极力争辩，而是通过幽默而深刻的行为将自己的道理表现出来，这个时候尽管不去争辩，却已经给对方的提问以最有力的说明。

艰涩问题，避实就虚

试想一下，放在你面前两块石头，一块是圆而滑润的鹅卵石，一块是布满棱角的石头，你更喜欢把哪一块拿在手里玩弄呢？答案可想而知，没有人喜欢将一块棱角鲜明的东西握在手中玩弄，因为那会划破自己的手掌，令自己疼痛无比。鹅卵石则因为其圆滑的表面而让人喜欢。

幽默处世就像这润滑的鹅卵石一样惹人喜爱，不会给人带来很巨大的伤害，并在不会伤及他人的同时实现了自我保护。因此，幽默的人更受到人们的欢迎，幽默地说话更容易为自己解围。

美国前总理里根在访问我国期间，曾去上海复旦大学与学生见面，有一学生问里根："您在大学读书，是否期望有一天成为美国总统？"

里根显然没有预料到学生提出这样的问题，但这位政治家颇能随机应变，他神态自若地幽默地回答道："我学的是经济学，我也是个球迷，可是我毕业时，美国的大学生有1/4要失业，所以我只想先有个工作，于是当了体育新闻广播员，后来又在好莱坞当了演员，这是50年前的事了。但是我今天能当上美国总统，我认为是早先学的专业帮了我的忙，体育锻炼帮了我的忙，当然，一个演员的素质也帮了我的忙。"

里根这一段精彩的回答自有他独特的魅力，他采取"闪避式"的幽默回答方式，避开了学生提出的问题不谈，从其他角度巧妙地回答了难以对答的发问。

我们在工作、生活中也会经常遇到类似的问题，对这样的语势"锋芒"，采取断然回避的消极方法固然不行，"意在言外"可以说是一种较高的语言境界。表面上答非所问，实际上是以退为进。因此可以说"避锋"是为了"藏锋"，"藏锋"是为了更好地"露锋"，这样的幽默语言自然会有较强的魅力。

避实就虚的幽默方式体现的是一种迂回的思维方法。迂回思维法指的是在解决某一个问题的思考活动中遇到了难以消除的障碍时，可谋求避开或越过障碍而解决问题的思维方法，这对于工作中的创新和解决问题的口才应用具有很强的启发作用。无论是在工作还是生活中，采用闪避式回答的幽默术，可以让你的周围不再有烦恼围绕，让你的生活充满智慧的火花。

一位记者采访著名影星孙飞虎，对其简陋的住处简直难以置信，脱口而出地问道："依您的身份、地位、名声，如果在香港，早已拥有几幢别墅、最豪华的设施、最高级的轿车。可是您为什么会住在这又高又简易的五楼？"

这种涉及隐私的问题，一时很难说清楚，回答不好，反而会使双方都感到尴尬。孙飞虎眉头一皱，幽默地说道："夫人，高高在上不正是我身份高贵的标志吗？"

这里，孙飞虎诙谐地将自己住的楼层之高与他曾扮演过的地位比较高的角色连接起来，这一避实就虚的回答，既避免了尴尬，又活跃了谈话氛围，显示了他的机敏与风趣。

人的世界像一片热带繁茂丛林，参差多态，有美有丑。审时度势的睿智，难得糊涂的达观，是聪明人所秉持的一贯态度。

当然，再美好的想法，也仅仅是想法。一个聪明的人，不应该只是个空谈家或者空想家。说话的圆融体现的是避直就曲的幽默语言艺术，通过拐个弯的方法，规避摆在正前方的障碍，走一条看似复杂的曲线，却可以尽快达到目的。这是迂回幽默语言的智慧，也是迂回思维的魅力所在。

讽刺幽默，机智防卫

年轻漂亮的女性，单身独处的时候，往往容易受到骚扰，但讽刺性的幽默可以帮助你减少不必要的麻烦。

一位年轻美貌的女子，独自坐在酒吧间里，被一个油头粉面的青年男子瞧见了，于是他走过来主动搭话："您好，小姐，我能为您要一杯咖啡吗？"

"你要到舞厅去吗？"她喊道。

"不，不，您搞错了。我只是说，我能不能为您要一杯咖啡？"

"你说现在就去吗？"她尖声叫道，比刚才更激动了。

青年男子被她彻底搞糊涂了，红着脸悄悄地走到一个角落坐下。这时几乎所有的人都把目光转向了他，鄙夷地看着他。

过了一会儿，这个年轻女子走到他的桌子旁边。"真对不起，使你难堪了。"她说，"我只是想调查一下，看看他人对意外情况有什么反应。"

这位聪明女子的做法真让人叫绝，她故意装糊涂，大声叫嚷，引起别人注意，青年只好灰溜溜地躲开了。原来，幽默的口才不只是可以用来玩笑、用来放松心情的，幽默的口才是一种防身术，一种威力并不低于高端武器的防身术。

　　讽刺性的幽默只是针对不安好心的好色之徒而言的，在爱情的世界中，如果爱你的人正是你所爱的人，被爱是一种幸福。但是，假如爱你的人并不是你的意中人，或者你一点也不喜欢他，你就不会感觉被爱是一种幸福了，你可能会产生反感甚至是痛苦，这份你并不需要的爱就成了你的精神负担。别人爱你，向你求爱，他（她）并没有错；你不欢迎，你拒绝他（她）的爱，你也没错。最关键的是看你怎样拒绝，如果拒绝得恰到好处，对双方都是一种解脱，也可以免去许多麻烦。如果你不讲方式，不能恰到好处地拒绝别人的求爱，你就可能犯错误，不但伤害他人，说不定也危害自己。

　　因此，讽刺性幽默只适用于那些居心不良的人们，对于那些苦苦追寻自己爱情

幽默的讽刺性可以帮助你吓跑居心不良者

　　面对居心不良者，聪明的办法就是以讥讽幽默的言辞，使其退却。讽刺幽默不仅保持了自己的尊严与体面，还能令居心不良者暗自汗颜而选择主动退出。

　　看穿了居心不良者的意图，不要急于揭穿他，接过话头，以嘲讽而幽默、机智的言辞给对方当头一棒。

的痴情人，请懂得收起幽默的讽刺，不要伤害一个在爱的世界中善良无比的人。

用模糊语言宛转作答

模糊语言作为幽默语言的表达形式，在处世中既能够淡化矛盾又能够保护好自己。懂幽默智慧的人总能够巧妙地用模糊语言将尖锐刺耳的话语表达出来。

在一些交流场合，尤其是在一些比较正式的场合，经常可以碰到一些比较尖锐的提问，这些提问不能直接、具体地回答，又不能不回答。这时候，说话者就可以巧妙地用模糊语言表达自己的意见，让当事双方都不感到太难堪。

阿根廷著名的足球明星迪戈·马拉多纳所在的球队在与英格兰队比赛时，他踢进的第一个球是颇有争议的"问题球"。据说墨西哥一位记者曾拍到了他用手拍球的镜头。

当记者问马拉多纳那个球是手球还是头球时，马拉多纳意识到倘若直言不讳地承认"确实如此"，那对判决简直无异于"恩将仇报"（按照足球运动惯例，裁判当场判决以后不能更改），而如果不承认，又有失"世界最佳球员"的风度。

马拉多纳是怎么回答的呢？他很是风趣地说："手球一半是迪戈的，头球一半是马拉多纳的。"

这妙不可言的"一半"与"一半"，等于既承认球是手臂打进去的，颇有"明人不做暗事"的君子风度，又肯定了裁判的权威。

用模糊语言幽默地回答尖锐的提问是一种智慧，它一般是用伸缩性大、变通性强、语意不明确的词语，从而化解矛盾，摆脱被动局面。

一个年轻男士陪着他刚刚怀孕的妻子和他的丈母娘在湖上划船。丈母娘有意试探小伙子，就问道："如果我和你老婆不小心一起落到水里，你打算先救哪个呢？"这是一个老问题，也是一个两难选择的问题，回答先救哪一个都不妥当。年轻男士稍加思索后回答道："我先救妈妈。"母女俩一听哈哈大笑，脸上都露出了满意的笑容。"妈妈"这个词一语双关，使人皆大欢喜。

严厉的话并不一定非要用尖锐的语气来表达，有模糊的语言将严厉的意见表达出来是一种机智，更是一种幽默的艺术。善于为人处世，必将需要懂得语言的朦胧之美，有时候含糊其词显示的不是无知，而是难得的大智慧。

第三章

社交幽默——进退自如，笑出影响力

初次见面：幽默加深第一印象

在社交场合，赢得他人好感的重要因素来自第一次见面的印象。在这个讲求效率的时代，初次见面的印象显得更加重要。心理学上说的"首因效应"，在这个时代已经成了金科玉律。也就是说，你留给别人的第一印象，很大程度上会影响这个人对你的看法。

幽默作为陌生人之间最经济的见面礼，却具有最强大的震慑力。从容、淡定的幽默会给他人留下平和的记忆与友善的印象。

之所以强调运用幽默加深第一印象的重要性，是因为"第一印象"是你在与人初次接触时给对方留下的形象特征。第一印象在人际交往中所具备的定式效应有很大的稳定性，一个人留给他人的第一印象就像深刻的烙印，很难改变。每个人都具有对他人构成第一印象的幽默能力。

有人曾经说过这样一句话，所谓城市的生活就是几百万人在一起所感受到的寂寞。毕竟几百万人口的城市中，有接近几百万的人与你是陌生人，每一天我们都会在有意无意中接收到初次见面的机会。这个时候，不要让自己板起的面孔吓走将来的朋友。哪怕不是朋友，也请时刻用幽默来包装自己的心灵，毕竟幽默的人带给大家的不只是欢笑，更有内心的充实与豁达。

如果你是一个有幽默感的人，就不要吝啬把幽默心思放在第一次见面的机会上了。第一印象只有一次，无法重来。难怪英国著名形象设计师罗伯特·庞德曾说："这是一个两分钟的世界，你只有一分钟展示给人们你是谁，另一分钟让他们喜欢你。"所以在与陌生人交往的过程中，你一定要好好抓住两秒钟的印象效应时间，保持微笑，一句开朗而有活力的玩笑，会拉近两人的距离。如："你好，你长得好温顺啊，像小绵羊。"……

总之，形象是社交的第一印象，语言又是形象的代言人，在与人交往中，要学会说出漂亮的幽默语言，给人一种积极向上的乐观的印象，有利于受人喜欢，开阔自己的社交圈子。

因此，你的幽默语言必须符合以下几点：

如果你不想成为同行的笑柄的话，你的说话表达必须合体；

如果你不想让同行或客户鄙视的话，你的幽默必须庄重；

如果你不想让人看出你的性格或爱好的话，你的语言必须是保守、得体的。

幽默让你的第一印象更加美好

心理学家研究发现，第一印象的形成是非常短暂的，有人认为是在见面的前40秒钟形成的，有人甚至认为只有2秒钟。在现实生活中，有时这几秒钟就可以决定一个人的命运。因为在生活节奏如同飞快奔驰的列车的现代社会，很少有人会愿意花更多的时间去了解、证实一个留给他不美好的第一印象的人。

陌生人之间的幽默在社交中占有很大的比例，毕竟在这个社会上，与熟悉的人在一起的时间总是有限的，而社会交际的根本就是要接触更多的陌生人，将更多的陌生人转化为自己的朋友，进而为自己的事业、人生开拓出一片光明的坦途。

深化记忆：幽默地说出自己的名字

在初次见面经常遇到作自我介绍的状况，而在向陌生人作自我介绍时，许多人在这介绍名字方面却做得不太好，在介绍时只是简单地报出自己的姓名："我姓×，叫××。"自以为介绍已经完成，然而这样的介绍肯定算不上有技巧，也许只过了三五分钟，别人已经把他的姓名忘得一干二净，这样也就无法给别人留下深刻的第一印象。

幽默则是淡化记忆的克星，幽默的谈吐、幽默的睿智能够让他人牢记你的名字，长时间关注于你的气质、风度与涵养。

因此，在社交场合，一个幽默的自我介绍如同一次令人刻骨铭心的广告。幽默的自我介绍，可以让他人在最短的时间内留下最深刻的印象，为进一步的交往打下良好的基础。然而一段幽默的自我介绍，首先应该从介绍自己的名字开始，请幽默地说出自己的名字，那么一次成功的交际之旅将会让你收获颇丰。

一个人的姓名，往往拥有丰富的文化积淀，或折射凝重的史实，或反映时代的乐章，或寄寓双亲对子女的殷切厚望。因此，推衍姓名的幽默能令人对你印象深刻，有时也会令人动情。

为强化你在社交中的特色与潜能，特此列举出以下几种对姓名的幽默介绍法。

（1）利用名人式幽默。在新生见面会上，代玉作自我介绍时，风趣地说："大家都很熟悉《红楼梦》里多愁善感的林黛玉吧，那么就请记住我，我是新时代的黛玉，叫代玉，我是黛玉的反版，因为我天生快乐。"

利用和名人的名字相近的方式来幽默地介绍自己的名字，关键注意所选的名人是大家所熟悉的，否则就收不到最终的幽默效果。

（2）利用谐音式幽默。朱伟慧在一次自我介绍中曾经这样幽默地说："我的名字读起来像'居委会'，正因为如此，大家尽可以把我当成居委会，有困难的时候来反映反映，本居委会力争为大家解决问题。"听到这样的介绍，大家忍俊不禁。

大家笑不是因为朱伟慧的名字不仅起得趣味十足，更在于她将自己的名字介绍得幽默地道。

（3）姓名来源式幽默。陈子健幽默自白道："我还未出生的时候，名字就在我父亲的心目中了。据说他很喜欢这样一句古语'天行健，君子以自强不息'，于是毫不犹豫地给我取了这个名字，同时希望我像君子一样自强不息。没办法，父母之命不敢不从，何况刚出生的我还没有力气来修改自己的名字呢。"

以自己的名字来源作为噱头，幽默且不失明确的表达，于趣味中留给他人生动，于豁达中施与他人快乐。

（4）调换词序式幽默。周非在自我介绍的时候，就经常调换词序，他竟成这样跟人家介绍说："把'非洲'倒过来读就是我的名字——周非。所以请知道非洲的你们也同样明白我的存在。"

周非的自我介绍简单、幽默，充满个性，如果你的名字在顺序打乱后也是一个能够被大家熟知的事物，不妨从熟悉下手引导出自己的精彩介绍，那么想不要他人记住你都是一件比较难的事情吧。

（5）摘引式幽默。任丽群同学可谓是摘引式幽默的高手，她经常让陌生人过目不忘的原因不在于她外表的独特，而是在于她幽默的生活姿态。她在自我介绍中幽默地道："大家都知道'鹤立（丽）鸡群'这个成语，我是人（任），更希望出类拔萃，所以，我叫任丽群。"

这种幽默、风趣的自我介绍，想不要引起他人的注意都很难。总之，自我介绍有很大的发挥空间，我们应该想方设法把它丰富起来，不要放过任何一个吸引人注意的机会。

利用自己来介绍自己的名字

自嘲式幽默。幽默、乐观的自我介绍会引起人们的开怀一笑与敬佩，自嘲是以一种幽默的姿态向人们显示自己的积极的人生观与价值观，敢于正视自己的缺点，反而让自己变得更加有魅力。

我叫刘美丽。不知道父母为何给我取美丽这个名字，我其实并没有漂亮的脸蛋，这大概是父母希望我虽然外表不美丽，但不要放弃对一切美丽事物的追求吧。

我叫李小华，木子李，大小的小，中华的华。都是几个没有任何偏旁的最简单的字，就如我本人，简简单单，但简单不等于没有追求，相反，在追求理想的路上我快乐地生活着。

自夸式幽默。懂得用幽默自夸的人，不会蓄意表现自己的狂妄，相反，在自夸的同时是为了向大家显示自己的亲和，幽默的智慧正是在于此，幽默让伟大显得谦逊，让谦逊变得伟大。

　　幽默地说出你的名字，将自己的名字与大家熟知的"笑点""笑料"巧妙联系在一起，你在介绍自己的名字的同时，已经不经意地牵引着他人去想象、去发笑。

　　因此，幽默地说出你的名字，你将会是交际场上永远受人欢迎的一只优雅地翩翩起舞的蝴蝶，尽显自己的恢宏气度与乐观本质。

幽默公关，巧妙说服助你成功

　　俗话说：万事开头难。向别人提出要求是件很难做的事情。不仅是你，对方也会感到有一定的麻烦存在。所以，幽默的语言手段对公关非常必要。彬彬有礼的幽默语言是最好的敲门砖，把握好分寸就会让人难以拒绝。

　　人都是情感动物，只要你能打动他，他必然会欣然应允你的要求，而适当的幽默策略会使与人商谈的气氛变得友好、和谐，因此无论是间接请求还是述因请求，在提要求或者做宣传的时候尽量幽默一些，不给对方压力，也不要使自己压抑。幽默的说话技巧让你在公关场合如鱼得水。

　　公关，通过与人交涉来开展自己的业务，公关的成败在于口才，口才的关键在于对幽默度的把握。某个县城的一家银行就恰恰运用了幽默的公关术，利用广告幽默为自己的业务带来了红火的场面。

　　这家银行在分行开张的时候，在报纸上登载了一份很幽默的广告，广告将银行职员的姓名与一些有趣的漫画人物结合在了一起。这一下子引起了当地人的极大兴趣，争相前来观看。就在开幕仪式结束后还有很多人慕名前来拜访，其中有的人甚至将报纸上的漫画人物与银行里在工作的职员一一进行比较。

　　如此一来，银行的知名度打开了，销售业绩步步高升，漫画给银行带来了效益，更确切地说是幽默公关给银行带来了利润。

　　像这家银行一样利用幽默来实现顺利公关、打开品牌销路的例子不胜枚举。如美国的一家打字机公司就曾这样幽默地打出自己的广告语："不打不相识"；有家餐厅的广告语这样说："本店征招顾客无数名，无须经验"。广告作为公关的范畴，目的就是激发人们潜在的购买欲，最终实现购买行为。而幽默是公关业务最巧妙的说服。

　　另外，幽默公关的技巧包括：

1.公关交谈，没话要找话，找话要有趣味

　　真正的幽默高手，不会出现冷场的尴尬局面，因为他们总是能够在适当的时候找到合适的话题来打破不和谐的场面。公关是一个公司综合发展的重要手段，公关的幽默口才对商谈的进程起到了无可厚非的重要作用。

　　幽默可以让优秀的公关人员在轻松交谈中没话找话说，能够引导整个交谈的进程，在交谈中处于积极主动地位，从而促进商务活动的开展，实现强有力的合作。

2.幽默激将，说服他人将妙不可言

激将法是幽默公关中的一种战略口才，虽然没有幽默的说辞，也不会给别人带来搞笑的趣味，但是它确实在运用幽默的周旋技法来达成自己的愿望。

激将法并不是每一个人都能够运用得恰到好处，幽默的激将法不仅仅是内在幽默生活态度的体现，更是一种圆融的说话智慧。学会幽默的激将表达，你将会说服他人无法说服的人，你将会做到他人难以做到的事情。

含蓄说话：幽默胜过千呼万唤

1890年，美国著名的幽默作家马克·吐温和一些社会名流参加道奇夫人的家宴。不一会儿，就出现了大宴会上经常发生的情况：人人都在跟旁边的人谈话，而且在同一时间讲话，慢慢地，大家便把嗓音越提越高，拼命想让对方听见。

马克·吐温觉得这样有伤大雅，太不文明了。而如果这一时间突然大叫一声，让大家都安静下来，其结果肯定会惹人生气，甚至闹得不欢而散。怎么办呢？

马克·吐温心生一计。他对邻座的一位太太说："我要让这场吵闹静下来，法子只有一个。您把头歪到我这边来，装成对我讲的话非常好奇的样子，我就这样低声说话。这样，旁边的人因为听不到我说的话，就会想听我说的话。

"我只要叽叽咕咕一阵子，你就会看到，谈话会一个个停下来，最后，除了我叽叽咕咕的声音外，其他什么声音都没有。"

接着，他就低声讲了起来："11年前，我到芝加哥去参加欢迎格兰特的庆祝活动时，第一个晚上设了盛大的宴会，到场的退伍军人有600多人。

"坐在我旁边的是××先生，他耳朵很不灵便，他通常不是好好地说话，而是大声地吼叫。他有时候手拿刀叉沉思五六分钟，然后突然一声吼叫，会吓你一跳。"

说到这里，道奇夫人那边桌子上起义般闹哄哄的声音小了下来。然后寂静沿着长桌，一对对一双双蔓延开来，马克·吐温用更轻的声音一本正经地讲下去："在××先生不作声时，坐在我对面的一个人对他邻座讲的事快讲完了……说时迟那时快，他一把揪住她的长头发，她尖声地叫唤，哀求着，他把她的领子按在他的膝盖上，然后用刺刀猛然一划……"

到这时候，马克·吐温的玩笑已经达到了目的，餐厅里一片寂静。马克·吐温见时机已到，便开口说明他玩这个游戏是要请他们把应得的教训记在心头，从此要讲些礼貌，顾念大家，不要一大伙人同声尖叫，让一个人讲话，其余的人好生听着。大家听了，哄堂大笑，只是个个脸上的表情都有些尴尬。

任何时候给他人提意见都不是一件轻松的事情，提意见从出发点来看是出于好心，但不小心就会给他人造成不快，尤其是在公众的社交场合。

　　如果能把直言变成幽默语言，既能够既表达自己的意见，又使对方在笑声中认识错误，听取你的意见。

用幽默的语言提出自己的意见

　　说动别人，有时候不是因为你的道理有多长，而是取决于你用多机智的方法去表达。含蓄的幽默，将会让你在交际场合屡试不爽。含蓄，让别人读到了你的明智；幽默，让他人赞叹你的乐观人格。

据说有个人活了八百岁，如果真像皇上刚才说的，那他的"人中"就有八寸长，那么，他的脸不是有丈把长吗？

相书上说，一个人鼻子下面的"人中"越长，命就越长；"人中"长一寸，能活百岁。不知是真是假？

　　用幽默的方法去间接指出他人的荒唐，才会使他人愉快地接受批评。因为这样的批评让他人在不伤自尊的情况下，明白了自己的错误。

淡化感情：幽默融化交际之冰

社交过程中，并不总是一帆风顺，当你在公众交往中遇到了让自己尴尬、让他人尴尬、让自己为难、让他人为难的境况时，不要着急摆脱，学会运用幽默的智慧将谈话的感情色彩淡化，才能将交际之冰巧妙融化。

幽默的口才就如春风一样让人心旷神怡，愉悦人的情感，让你在亲和中拉近双方距离。无可厚非，这就是幽默在交际中的魅力与威力。

因此，在社交活动中如果遇到让人尴尬而不满的情景，最好不要生硬地表达，而要学会运用幽默的圆融，淡化感情色彩，转移尴尬与不舒服的情绪注意力。

在纽约国际笔会第48届年会上，轮到陆文夫发言。面对来自世界四十多个国家的六百多位代表，他不慌不忙，侃侃而谈。

有人问："陆先生，您对性文学怎么看？"这是一个尖锐的问题，回答不好会涉及不同国家的文化冲突问题。

陆文夫清了清嗓子风度翩翩地说："西方朋友接受一盒礼品时，往往当着别人的面就打开来看，而中国人恰恰相反，一般都要等客人离开以后才打开盒子。"

听众席里发出会意的笑声。陆文夫面对难以回答的问题，别出心裁，用一个充满睿智和幽默感的生动比喻，把一个敏感棘手的难题解答得既简练通俗又圆满精辟。凭借诙谐的语气表示自己对此态度的认同，淡化了感情色彩。

无独有偶，英国前首相丘吉尔也曾经在公众场合遭遇了尴尬。但是，他没有被突如其来的嘲笑所吓倒，因为幽默的智慧远远胜过嘲笑的挑衅。

英国前首相丘吉尔在他执政的最后一年，出席一个政府举办的仪式。在他身后不远的地方有几个绅士窃窃私语："你看，那不是丘吉尔吗？""人家说他现在已经开始老朽了。""还有人说他就要下台了，要把他的位子让给精力更充沛更有能力的人了。"当这个仪式结束的时候，丘吉尔转过头来，对这几个绅士煞有介事地说："唉，先生们，我还听说他的耳朵近来也不好用了。"

丘吉尔知道，自尊自爱是要以适当方式来表达自己的思想感情，他这里的幽默一语，既淡化了感情色彩，给自己解了围，表达了不满，又使那些绅士自讨没趣。

社交场合碰到别人的不恭言行，还真不能发作，但憋在心里也不好受。海明威曾说过："告诉他你不高兴，但在话中别出现'不高兴'这个词。"把表示不满的语言用幽默的语言掩饰一下，让对方知道你不高兴，又不至于破坏友好气氛，是个不错的方式。

在社交场合中，随时都可能遇到"结冰"的状况，灵活的人会选择用幽默的沟通方式破除不和谐的"坚冰"。淡化感情的幽默技巧，是走上成功社交之路的法宝，是我们在现代生活中立于不败之地的重要技能。那么，正在思索该如何在社交中如鱼得水般游刃的你，应该学会用淡化感情的方式来渲染幽默的氛围。

■ 尊严幽默：翩翩风度征服人心

> 社交需要幽默的口才与智慧，更需要用力维护好自己的尊严，尊严幽默的重要性不言自明。

> 这位先生，我马上就要谈到你提出的环境脏乱差的问题了。

> 你讲的是垃圾！

> 尊严幽默是一种防卫的软实力，巧妙地找到了维护尊严的方式。幽默的缓和却表达出并不幽默的强硬。

淡定一笑：多点雅量面对嘲笑

　　面对他人的嘲笑，一定要有胸襟、雅量，能够幽默地面对他人的嘲笑则是一种境界，同时也是一种做人的智慧。

　　幽默，所体现的正是大度的气量与乐观的生活姿态。幽默不仅让我们感受到了快乐的力量，而且能够让我们体会到人性的豁达与包容。

　　在社交中，受到他人的称赞与尊重固然是值得高兴与欣慰的事情，但毕竟一个人的言行举止不可能满足各种人的"口味"。因此，人在"江湖"受到一部分人尊重的同时，而会受到另一部分人的嘲笑。当友善的自己遇到他人的嘲笑时，不妨多点幽默的雅量来面对。幽默会让你看淡他人的无礼，看重自己的人格提升。

　　因此，幽默的社交不仅是让他人看到、听到你的幽默口才，更重要的是能让人感受到你幽默的内心与宽宏大量的生活态度。

　　曾任美国总统的福特在大学里是一名橄榄球运动员，体质非常好，所以他在62岁入主白宫时，仍然非常挺拔结实。当了总统以后，他仍继续滑雪、打高尔夫球和网球，而且擅长这几项运动。

在1975年5月，他到奥地利访问，当飞机抵达萨尔茨堡，他走下舷梯时，他的皮鞋碰到一个隆起的地方，脚一滑就跌倒在跑道上。他站起来，没有受伤，但使他惊奇的是，记者们竟把他这次跌倒当成一项大新闻，大肆渲染起来。在同一天里，他又在丽希丹宫被雨淋湿了的长梯上滑倒了两次，险些跌下来。随即一个说法散播开了：福特总统笨手笨脚，行动不灵敏。自此以后，福特每次跌跤或者撞伤头部或者跌倒在雪地上，记者们总是添油加醋地把消息向全世界报道。后来，竟然反过来，

玩笑自嘲：用谦逊赢得影响力

人们总抱怨说幽默很难，其实幽默很容易，只要你学会适当嘲讽自己，你天天都是幽默的。开个玩笑自嘲一下，没有人会笑你傻，真正傻的人是不懂自嘲的"聪明人"。

如果你吃了一个鸡蛋感觉很好，又何必认识那只下蛋的母鸡呢？

我看过您的很多书，非常崇拜您，可不可以认识一下？

一个懂得自嘲幽默的人必定是一个社交高手，自嘲可以巧妙地把陷自己于不利的因素，用一种荒诞的逻辑扭转成有利因素，将自己从困境中解脱出来。

适当地拿自己开开玩笑吧，这不仅是一种机智，更是驱散忧虑、走向成功的法宝。

他不跌跤也变成新闻了。哥伦比亚广播公司曾这样报道说："我一直在等待着总统撞伤头部，或者扭伤胫骨，或者受点轻伤之类的来吸引读者。"记者们如此渲染似乎想给人形成一种印象：福特总统是个行动笨拙的人。电视节目主持人还在电视中和福特总统开玩笑，喜剧演员切维·蔡斯甚至在"星期六现场直播"节目里模仿总统滑倒和跌跤的动作。

福特的新闻秘书朗·聂森对此提出抗议，他对记者们说："总统是健康而且优雅的，他可以说是我们能记得起的总统中身体最为健壮的一位。"

"我是一个活动家，"福特幽默道，"活动家比任何人都容易跌跤。"

他对别人的玩笑总是一笑了之。1976年3月，他还在华盛顿广播电视记者协会年会上和切维·蔡斯同台表演过。节目开始，蔡斯先出场。当乐队奏起"向总统致敬"的乐曲时，他"绊"了一脚，跌倒在歌舞厅的地板上，从一端滑到另一端，头部撞到讲台上。此时，每个到场的人都捧腹大笑，福特也跟着笑了。

当轮到福特出场时，蔡斯站了起来，佯装被餐桌布缠住了，弄得碟子和银餐具纷纷落地。蔡斯装出要把演讲稿放在乐队指挥台上，可一不留心，稿纸掉了，撒得满地都是。众人哄堂大笑，福特却满不在乎地说道："蔡斯先生，你是个非常、非常滑稽的演员。"

面对嘲笑，最忌讳的做法是勃然大怒，大骂一通，其结果只会让嘲笑之声越来越炽。要让嘲笑自然平息，最好的办法是运用幽默的姿态一笑了之。一个有幽默感的人，不会去考虑别人多余的想法，而是有风度、有气概地接受一切非难与嘲笑。伟大的心灵多是海底之下的暗流。

这再次证明了幽默比滑稽更具有影响力，幽默是尴尬与拘谨的克星，幽默让一个有涵养的人懂得用雅量去面对他人的嘲笑。

在社交过程中，以讥讽应对嘲笑，只会降低自己的品格，让他人的嘲笑声再次风起云涌。多点雅量面对嘲笑，是对自己的信任，对他人的包容，是淡定的从容积淀出来的优雅。有了雅量的人生，就是充满尊敬、赞扬与幽默的人生。

第四章

沟通幽默——寓庄于谐，更易成功

善用微笑为幽默的气场加分

有人对幽默中的微笑这样评价：真正的幽默很多源自真诚的热情而少出于理智的思考，幽默不是鄙夷，不是出现在哄笑里，它的真义在于爱，出现在安详的微笑里。

在社交场合中微笑是最重要的表情。幽默不是肤浅的谈笑，也不是低下的嘲讽，它是健康的、积极的，它蕴含哲理而妙趣横生。如果说幽默能给机械而繁忙的生活带来一丝生机与活力，那么我们不妨都成为生活中淘取幽默的高手，让生活充满情趣，让快乐的微笑时刻洋溢在我们的嘴角。

微笑是一种良性的脸部表情，反映出一个人的内心世界，是自信的标志、礼貌的象征、涵养的外化、情感的体现。在演讲中可以象征性格开朗与温和，可以形成融洽气氛，消除听众抵触情绪，可以激发感情，缓解矛盾。幽默的智者往往能够在脸上出现一种标志性的表情——微笑。

微笑可以以柔克刚，以静制动，沟通情感，融洽气氛，缓解矛盾，消融"坚冰"，为幽默口才表达的成功打下良好的基础，是善意的标志、友好的使者、成功的桥梁。服务业的老板有一个共识：宁肯雇用一个小学还没毕业的女职工——如果她随时展露出可爱的微笑，而不愿雇用一位面孔冷漠的哲学博士。这话有些极端，然而却道出了其中的奥妙。

一次和朋友搭出租车去一个不大熟悉的地方。一路上，我们和司机有说有笑。但不知为什么，车开出不久就连续遇到五六个红灯。眼看快到了路口，又碰到一个红灯。朋友随口嘟哝着："真倒霉！一路都碰到红灯，就差那么一步。"听到朋友的话后，司机转过头，露出一个很豁达的笑容："不倒霉！世界很公平，等绿灯亮时，我们总是第一个走！"

司机简单的一个笑容，简短的一句话，让我们感动。快乐其实很简单，快乐就产生于我们看待同一件事情的不同角度中。学会以笑待人，我们将会在到处充满美好的世界中，遇见心想事成的自己。

发自内心的微笑是人们美好心灵的外现，是幽默的涵养；也是心地善良、待人友好的表露；是一个人有文化、有风度的具体体现。一个有幽默口才的人，就应该是这样的一种人。做说服人的工作，要参加辩论和谈判，首先要打动他人的心；而动其心者莫先乎情，表情中最能赢得人心的是微笑。发自内心、表达真情实感的微笑，是取得说服效应的"心理武器"，也是辩论和谈判取得成功的秘诀之一。

既然在日常的交谈中、辩论中、演讲中，微笑有众多的效用，那么微笑训练便成为必要项目。然而，微笑训练都有哪些技术上的要求呢？这里介绍一个小小的诀窍，发现者是我国著名的电影表演艺术家孙道临。他说你只要在嘴上念声"茄子"就行了。

恰当微笑，会让幽默的气场不断扩大，会让他人更加轻易地接受你、喜欢你。

微笑的练习与实用建议

第一，微笑练习的动作要领是：口腔打开到不露或刚露齿缝的程度，嘴唇呈扁形，嘴角微微上翘。

第二，微笑要分清场合，如召开重要会议、处理突发事件、参加追悼大会时，就不能脸带微笑。平日在运用微笑传情达意时要真诚自然，切不可皮笑肉不笑、虚情假意地笑。

我来说吧！

这么严肃的会议，有什么可笑的！

幽默道歉，谅解不请自来

几乎对所有人来说，道歉都不是一件很轻松的事，道歉会让大家感觉到难为情。但是如果做错了事，就要请求他人的原谅。道歉也是一门很有学问的艺术。学会幽默，道歉也会变得容易，而没有我们想象中的那么难以启齿。试着幽默地表达自己的歉意，这不仅不会让我们觉得没有"面子"，还可以很好地化解难题。

夫妻之间，发生争吵的事情犹如家常便饭，这不，老孙又跟妻子吵架了，他们相互赌气，一连好几天都互不理睬。老孙就想，自己作为男子汉大丈夫，和老婆计较显得太不大度，于是，他想了一个办法，让他们夫妻轻松地便和好如初了。

这天晚上，在睡觉之前，老孙在床头上的桌子放了一张字条，上面写着："孩子他妈，明天，请在早上6点钟叫醒我，我有急事需要处理。孩子他爸。"

第二天早上，老孙一觉醒来，却发现已经7点了，当时他就想，妻子没有叫醒我，难道他还没有原谅我的意思，正要生气，却看到床头柜上有张字条，上面写着："孩子他爸，快醒醒，快醒醒，已经6点整了。孩子他妈。"看到这个条子，老孙再也气不起来了，不禁笑出声来。拿着这张字条跑到妻子面前，没想到妻子也笑了。

直白的道歉可以有立竿见影的效果，幽默含蓄的道歉方式同样可以赢得对方的欣赏和认同。老孙和妻子之间这种无声的道歉方式实在是非常高明。以幽默的情景喜剧来代替干瘪乏味的语言，解决日常生活中的分歧，最后可谓是皆大欢喜，有一个快乐的结局。

马先生在外忙着做生意，所以经常会忘记太太的生日。他太太为此跟他有过好几次不愉快，所以马先生便向太太保证说以后一定记得她的生日，会给她庆祝。但是，不巧的是，他太太今年的生日，他又忘掉了。生日过了三天他才想起来。虽然如此，他还是给老婆买了一份精美的礼物，然后送到他太太的面前，说："亲爱的老婆大人，你的样子真是太年轻了，我都没能反应过来你又长了一岁。这也难怪我记不得你的生日。"本来马太太还一直对这件事情耿耿于怀，但是，看到丈夫为自己选了礼物，并且还说了一句这么贴心的话。就没有了脾气，也忘记了丈夫犯的过失。

马先生在弥补自己过失、给太太道歉的同时，幽默地声称是因为自己没有察觉到妻子已经老了一岁，因为自己的妻子看起来依旧那么年轻，所以会忘记她生日的来临。马先生如此巧妙幽默地借机称赞太太年轻貌美，这样的道歉，即使是再生气的太太也会无力拒绝。

如果你正为自己做错了事而苦心烦恼，想着要如何向对方道歉的话，那就尝试着施展一下自己的幽默魅力吧。因为，幽默是一种人生的态度，是一道精神的出口，是一杯生活的美酒。

如此说来，对掌握幽默本事的人来说，道歉并不是一件难事。懂得用幽默道歉，可以让自己的精神世界变得丰富多彩起来，进而连动自己在客观世界中的快乐，没有人会忍心拒绝诚挚与快乐的致歉方式。所谓世上无难事，只怕幽默人。

活学活用的灵性让谐趣顿生

人的一生，都是在不停地学习。这个学习包括两个方面，第一种是学习文化知识，如学生们每天坐在教室里听老师讲课；另一种则是在实践中学习，学习各种技术技巧。学习的效果也可以分成两种，一种是潜移默化式的，另一种就是立竿见影式的——我们把这一种叫作活学活用。在做事的幽默技巧中也有一种方式叫作活学活用式的幽默。

以谬还谬的活学活用

活学活用式的幽默同别的幽默技巧，如以谬还谬，仿造仿拟式的幽默有共通相似的地方，也有不同的地方。

请给我几滴血吧，我要把您的血输到我的球队的中锋身上，这样会大大增强他们比赛的意志。

先生您能不能送我几滴血呢？那样就能大大增加我的财气啦！

活学活用式的幽默关键的地方是要尽快学习掌握对方的方式方法，深刻地理解对方的意图。然后就是马上学以致用，将学到的方式方法尽快投入使用。

在使用过程中，要注意应巧妙地置换条件，否则按照正常的方式去理解，则没有幽默可讲了。幽默的力量只有突破常规才能显示出来。

活学活用式的幽默是指在学习别人的做法时，立刻理解并掌握别人的方法，然后将这种方法运用到自己的实践中来，当时学习，马上应用。

一次，小王向邻居借了一笔钱，借钱的时候，说好一个月后归还。一个月后，邻居向他要钱，他故作惊讶地说："我没有借你的钱呀！"邻居看了看他说："你忘了吗？上个月的时候，你向我借的。"

小王故作惊讶地说："对，的确上个月我借了你的钱，但是，你应该知道，哲学上讲'一切皆流，一切皆变'。现在的我已不是上个月向你借钱的我了，你怎么叫现在的我为过去的我还钱呢？"

邻居气得一时无言以对，他回到家里，想了一会儿，拿了一根木棍，跑到小王家里狠狠地把小王痛打了一顿。小王抱着头气势汹汹地叫道："你打人了，我要到法庭去告你，等着瞧吧。"邻居放下木棍，笑嘻嘻地对小王说："你去告吧，你刚才不是说'一切皆流，一切皆变'吗？现在的我，早已不是刚才打你的我了，你确实要去告，就告那个刚才打你的那个我吧。"小王听了，无话可说，被饱打一顿，也只好自认倒霉了。

无独有偶，一个吝啬的老板叫仆人去买酒，却没有给他钱，仆人问："先生，没有钱怎么买酒？"老板说："用钱去买酒，这是谁都能办到的，如果不花钱买酒，那才是有能耐的人。"一会儿，仆人提着空瓶回来了。老板十分恼火，责骂道："你让我喝什么？"仆人不慌不忙地回答："从有酒的瓶里喝到酒，这是谁都能办到的。如果能从空瓶里喝到酒，那才是真正有能耐的人。"

不花钱买酒与空瓶里喝酒一类比，其内在就出现了针锋相对的矛盾，谐趣顿生。"现炒现卖"的学习灵性，表现了仆人的智慧。

顺势而语，幽默口舌巧做事

以最佳的方法追求最佳的目的，叫作"智慧"。幽默智慧则是以最幽默的方法追求并实现最佳的做事目的。

生存在这个时代步伐日渐紧凑的年代，盲目的蛮干已经不再适用当下的生活以及工作形式。这是一个说话、做事都讲求头脑的世界，因此想要达到最佳的目的，就多发挥一下自己的思考力，寻求出一个最有利的方法。幽默口才，则是在智慧的基础上生成的轻松、诙谐的做事方法、说话技巧。善用幽默的人，不费吹灰之力就能够让被偷窃的东西失而复得。

这是在哈佛课堂上常会听到的一个幽默智慧故事。罗斯是闻名世界的大化学家、百万富翁。

他买了很多精美绝伦的世界名画和珍贵文物，并将这些价值昂贵的东西放置在宽敞的客厅里，供客人欣赏。一个小偷得知此事后，便想去偷几件卖掉。

一个深夜，他悄悄进入罗斯家中，发现室内无人，就大胆地摘下了一幅价值20多万美元的名画，并抱起桌上的一件文物，正欲溜出门去。这时，一瓶酒吸引了小偷的注意。酒液清碧，散发出阵阵扑鼻的酒香。这小偷爱酒如命，马上拧开酒瓶盖，仰起脖子大口大口地喝了起来。忽然门外传来了脚步声，小偷马上放下酒瓶，夺路而逃。

幽默"装傻"与因势利导的应变

经理，我知道前任秘书刚意外去世，我提出这样的要求不好，但是我希望能代替她的位置。

好吧，要是殡仪馆同意，我本人完全赞同你去殡仪馆替代她的位置。

装傻充愣是答非所问的一种，即回答别人问题时，利用语言的歧义性和模糊性，故意错解对方的话，问东答西。这种说话方式在回答对方的问题时，往往都会出奇制胜，产生特别的幽默感。

我完全同意你的意见。但是，这么多观众怎么办？能禁止这个剧本演出吗？

你的剧本糟透了，谁要看？收回去，停演吧！

在一些争论场合里，应该时刻注意周围群众的情绪，尽量调动群众来支持自己的正当的观点，巧妙地"因势利导，诱敌深入"，寻找一个突破口，借助群众的力量，给对手精神重压，使之无回击之力。

警察在屋里没有发现罪犯的任何痕迹。这时罗斯的仆人说，放在客厅里的酒少了半瓶，一定是那窃贼贪杯，喝了几口。警长乔尼听后心生一计，吩咐罗斯马上写一份声明，在当天的晚报上登出。第二天，窃贼竟然来叩罗斯家的门了。躲在屋内的警察马上冲出去抓住了窃贼。

罗斯登报声明写了什么内容，竟使小偷自投罗网？声明内容如下："我是化学家罗斯。今天回家，我发现家中桌子上绿色酒瓶里的液体被人喝了几口。那不是酒，是有毒液体。谁喝了快到我家服解药，否则两天内必有生命危险。请读者阅后相互转告。万分感谢！"

顺势而语是一种机智，"解药"成了一种巨大的诱惑，警长让罗斯幽默地把酒液说成是毒药，造成窃贼的心理恐惧，以至于回到罗斯那里寻找所谓的"解药"，使窃贼自投罗网。乔尼警长抓住了人惜命胜于惜财这点，迅速地找到了解决问题的方法。

从用智慧做事的理论中可以得知，解决问题的最佳方法往往是在耗费最少精力与口舌的情况下达到了最终目的。

舞台上，在击毙敌人的一刹那，手枪竟没有响。再次射击时，仍无声音。台下的观众哗然。演员一时不知所措，他慌乱地抬起脚，朝敌人狠狠踢去。扮演敌人的演员却很幽默，只见他慢慢地倒在了地上，然后吃力地抬起了头，用微弱的声音说道："他的靴子，原来有毒！我，我真的不行了……"

观众们一阵大笑，最后演出取得了完满的成功。如果没有那位演员的幽默应变，说不定就会遭遇冷场的尴尬，幽默智慧让事情可以在意外中得以顺利发展。

做事是一种学问，需要用心用脑来参透的学问。做成一件事情，离不开智慧的头脑，也离不开智慧的口才。幽默作为"丰富而深刻的精神基础"，是一个人智慧积淀的结晶，是走向成功之路的安全扶梯。

直意曲说，灵活幽默易成事

圆融幽默是一种姿态，一种生存的韧性。圆融之人如"水"，遇山水转，遇石水转，以"天下之至柔，驰骋天下之至坚"。水灵活处世，不拘于形，因机而动，因势而变的运行姿态是圆融的最好的诠释。幽默的机智与力量正是能够让你不断改变行事风格和处世策略，让你在整个交际生活中游刃有余。

圆融幽默能考虑他人的感受或者保护自己的隐私。

心理学的研究表明，谁都不愿把自己的错处或隐私在公众面前"曝光"，一旦被曝光，其就会感到难堪或恼怒。因此，在交际中，如果不是为了某种特殊需要，一般应尽量避免触及对方所避讳的敏感区，避免使对方当众出丑。必要时可委婉地暗示对方你已知道他的错处或隐私，便可对他造成一定的压力。但不可过分，只需

"点到为止"。

　　既能使当事者体面地"下台阶"，又尽量不使在场的旁人觉察，这才是最巧妙的"台阶"。批评他人时，莫忘给对方备好台阶，以变通的幽默智慧创造出一份和谐的生活天地。拒绝他人时，用圆融的幽默代替直言的冲撞，将不好说的话幽默地说出来。

　　约翰·辛格·萨金特，美国人像画家，特别善于画富人和名人。

　　在一次晚宴上，萨金特发现自己身边坐着一位热情洋溢的女倾慕者。"哦，萨

有效的幽默需要通俗易懂

　　幽默需要给他人带去欢乐，需要将自己与他人之间的纽带和谐地联结。有效的幽默语言往往是通俗易懂的语言。说一些令人费解的东西，幽默此时只有一个可怜的效果——让他人莫名其妙。

　　所谓弹琴看听众，幽默看对象。用幽默说话时要意识到自己是讲给哪类听众听的。如果他们不是专家学者，就必须使用浅显、平易近人、朴实的幽默语言，让自己的谈吐适应他们的水平，当然绝不能之乎者也。

金特先生，前两天我看到了您最近的一幅画，忍不住吻了画上的人，因为那人看上去太像您了。"她动情地告诉萨金特。

"那么，它回吻了您吗？"画家幽默地问。

"什么？它当然不会。"女倾慕者干脆地说。

"这么说，它一点儿也不像我。"萨金特大笑了起来。

约翰·辛格·萨金特并没有对女倾慕者的告白直接表示出自己的看法，而是委婉地通过画像做借口，表达了自己对倾慕者的态度。圆融的幽默，保留了他人的情面，提显了人格魅力的光环。

懂得幽默地说话的人往往都会这样不动声色地让对方自己识趣，有时遇到意外情况使对方陷入尴尬境地，外圆内方的人在给对方提供"台阶"的同时，往往会采取某些妥善措施，及时用幽默的语言给对方的尊严上再增添一些光彩，使对方更加感激不尽。

另外，如果直来直去不容易达成做事情的目的，就要学会幽默拐弯。直线像一把利刀，虽然锋利但难免伤人伤气；曲线像一个圆，虽然线长但往往能如我们所愿。幽默地说话的道理亦如此。

在美国的一所大学里，一位善用圆融幽默的俄文教授在给同学们上第一堂俄文课的时候，居然带着他的一只小狗来到了课堂上。在上课之前，这位教授用俄语作为口令，让自己的小狗做了一系列精彩的表演，其中一个口令代表着一个动作，小狗很精彩地完成了表演，赢得同学们的热烈掌声。

待掌声逐渐安静下来，教授指着自己的小狗对大家幽默地说道："各位同学们都已经看到了，这只小狗能够按俄语的指令一个不差地完成表演。"稍做停顿后，他又说，"由此可见，俄文是很容易学会的，连一只小狗都能够听得明白，相信大家更是没有问题的。"

这位俄文教授并没有像通常老师一样，上课就对自己的学生说学习有多重要，用死板的教条来督促学生。他圆融地借助了小狗的表演来激发学生们对俄语学习的兴趣，同时幽默地指出了学习俄语并不是什么难事。

幽默为武器，变意外为常态

生活与工作中，时时处处充满了意外，这些意外或许会让你惊喜、或许会让你充满尴尬与无奈。但凡懂得幽默地说话的人，都拥有着一种脱俗超群的品行与智商，对于突如其来的事情能够淡定自若、坦然处理。

一些广受人们爱戴的幽默大家，他们往往意志坚强、聪明灵活、自信敢为……除此之外，他们还有俘获人心的天然利器——幽默。

幽默是许多成功人士的成功素质之一，幽默能帮助他们从无名小卒成长为叱咤风云的大人物，给他们的人格披上了生机无限的魅力。

下面就来看看陈毅是如何将幽默作为武器，办好难办的事。

儒帅陈毅文韬武略，谈吐机敏而风趣。他讲话不用稿子，却口吐莲花，令人折服。一次会议上，陈毅拿着"发言稿"登台讲演，还不时瞧瞧。大家用心听着，一字不肯放过，洪亮的声音不时被埋在热烈的掌声中，会后有人发现那份"讲稿"原来是张白纸。人们问他："您怎么用张空白稿啊？"他幽默地回答："不用稿子，人们会说我不严肃，信口开河呐。"

幽默是一种逆向与放射式的思维方法。具有幽默感的人往往具备较高的情商素质，幽默感强的人往往也更容易成功。

原因很简单，幽默感强的人，往往具有灵活的思维与独特的思考方式，通常能够对人和事物具有与众不同的见地，进而能够在与他人相处中体察他人的喜好与需求，尽情展现自己洒脱的一面。他们因为幽默而受到更多人的喜欢与青睐，也因此能够利用幽默的说话技巧来办好难办的事情。

以"铁血宰相"称号载入史册的19世纪中叶德意志帝国宰相奥托·冯·俾斯麦，是一位幽默的人。他也非常擅用幽默的盾牌，多次解决一些棘手问题。

有一次，俾斯麦在和一位朋友一起打猎时，他的朋友不小心陷入流沙中不能自拔。听到求救的声音，俾斯麦赶紧跑过来，可是他不仅不救他，反而还说："虽然我很想救你，可是那样我也会被拖入流沙中。所以，我不能救你。但我又不忍心看你这样挣扎。最好的办法是让你死得痛快些。"俾斯麦说完便举起猎枪。他的朋友因为不想遭到枪杀，便拼命挣扎。结果终于爬出流沙。其实，这正是俾斯麦的希望所在。

俾斯麦做军官时，寄宿在一个吝啬出名而且非常厌恶德国的人家中。有一天，他要求在他房间里装设一个电铃，以便在传唤部下时不用大声喊叫。可是，主人毫不客气地一口回绝了。于是俾斯麦不再说话。当天黄昏，从俾斯麦的房间里突然传出几声枪响。主人吓了一跳，以为发生了什么事，当即跑进俾斯麦的房间，当他看到俾斯麦表情沉着地坐在书桌前工作时，比先前更为惊讶了。他指着放在书桌上、枪口还冒着烟的手枪问："到底怎么回事？"俾斯麦坦然回答："没什么，我只是在和部下联络罢了！"翌日早晨，他的房间便装上了电铃。

俾斯麦的幽默体现了临危不惧的大智大勇、面对生活中小麻烦的机警灵活、幽默，让他解救了流沙中的朋友，治服了吝啬之人的小气，办好了很难办到的事情。

幽默不只是听一听笑话，放声一笑而已。幽默的伟大在于能够以最快捷、最有效的方式化解我们在生活中遇到的各种意外情况。可以这样说，有幽默存在的地方就有坦然的洒脱。

让脑子转个弯儿来补救失言

懂幽默的人会及时驾驭自己的思维，让自己的脑子因地因时地转弯。"人有失足，马有乱蹄"，在现实生活中，即使辩才如张仪，也难免会陷入词不达意的尴尬，更不用说偶尔头脑发昏，举止失当，做出莫名其妙的蠢事。虽然个中原因不同，但后果却相似：贻笑大方或引起纠纷，有时甚至一发不可收拾。这种时候，你就得让脑子转个弯儿，巧用幽默思维以化解纠纷。

美国国务卿基辛格是一位成功的外交家，一次，他在接受意大利女记者法拉奇的采访时，说起自己成功的外交施政时，竟夸口说道："美国人崇尚只身闯荡的西部牛仔精神，而单枪匹马向来是我的作风，或者说是我技能的一部分。"此番话一经报纸发表，马上引起轩然大波，连一贯赞赏基辛格的人们也不满于他好大喜功的轻率言论。然而，基辛格毕竟是基辛格，他不但沉住了气，还幽默地主动接受采访并乘机声明："当初接见法拉奇是我平生最愚蠢的一件事，她曲解了我的话，拿我来做文章罢了。"

基、法两人的话，究竟谁真谁假，外人一下子丈二和尚摸不着头脑。这便是一种转移别人注意力的幽默方法。它可以减轻失误的严重性，但在一般情况下，应用此法应该谨慎，因为它实际上是诿过于人，不到万不得已最好少用，以免损失自己的声誉，失去他人的信任。

从前，有一个云游天下的僧人，很有智慧。一次，他来到一个地方，听说前方有一户人家，从来不许人借宿，他决定去借宿一夜。

天黑下来以后，这个游僧就走进了这户人家。这时，他突然变成了一个"聋子"。在互相致意之后，主人急忙给他烧了茶，招待他吃了饭，然后打着手势对他说："吃了饭早点动身吧，我们家里是不能过夜的。"

游僧佯装不懂，只是瞪大眼睛看。主人用手指指门，再次请他出去。

"好，好。"游僧好像懂了。一边说着，一边大步走到门外，把包裹拖了进来，放在西北角的柜子前。

主人又做了一个背上包裹快走的手势。游僧立即跳了起来，举起包裹放在柜子上面，嘴上说："这倒也是，里面可全是经书啊！"

主人又反复比画，要他走，他却点点头，说："没有小孩好，不会乱拿东西。我把两根木棍插在包裹的粗绳上了。"人家说东，他就说西，弄得主人哭笑不得，最后没法，只得留他过了一夜。

很多情况下，如果据理力争不成功，反向思维，用"装聋作哑"去化解异议、转移话题，让他人无法推辞，从而达到自己的目标。

有句俗语说，一半是真，一半是假。"借口"永远是有的，就看你如何去发现，怎样去利用。时常让自己的思维转个弯，借助幽默的精髓补救失言的无奈。这

摆脱两难问题的幽默法术

"两难"问题就是不论你回答"是"或"否"都可能给你带来麻烦的问题。回答这类问题最须用心，最需要幽默而机智的口才技巧。

请问，您喜欢中国小姐，还是美国小姐？

不管是中国小姐还是美国小姐，只要是喜欢我的人，我都喜欢。

正式场合遭遇两难，朦胧幽默为自己解围。针对两难问题，无论选择哪一个答案都会让人遭到质疑的时候，不要直接做出选择，而是运用一些模糊语言，不仅给对方留了情面，也为自己保全了气度。

应验了中国的一句古谚语："塞翁失马，焉知非福。"将自己说过的"错话"添文减字，让意思改变，是幽默改口的另一个招数；抑或者将自己的意愿通过另一种语言方式委婉地表达出来，就会更加容易被人接受。

但是，需要注意的是用幽默补救言语失误或举止失当，应视场合而采取不同手段。灵活运用，方能百战百胜。如果拘泥形式，只会雪上加霜。以上所介绍的只是变通情况下应采取的幽默应对之法，希望对读者有所帮助。

因此，当你发现自己不小心说错了话的时候，不妨让自己的脑子转个弯，变换一种说话习惯，将失言解释得津津有味，这个时候你已经成了做事中的"常胜将军"了。

幽默做事情，保全他人面子

每个人都有一道最后的心理防线，一旦我们不给他人退路，不让他人下台阶，他只好使出最后的一招——自卫。因此，当我们遇事待人时，应谨记一条原则：在不违反原则的基础上别让人下不了台阶。之所以提倡幽默地做事，原因正在于此。幽默地做事可以在保全他人面子的同时，实现自己的办事目的。

一句或两句体谅的话，对他人态度宽容，这些都可以减少对别人的伤害，保住他的面子。假如我们是对的，别人是错的，我们也会因为让别人丢脸而毁了他的自我。传奇的法国飞行先锋和作家安托安娜·德·圣苏荷依写过："我没有权利去做或说任何事以贬低一个人的自尊。重要的并不是我觉得他怎么样，而是他觉得他自己如何，伤害他人的自尊是一种罪行。"幽默地做事贯穿的原则就是豁达、大度，为别人留下一丝情面，也是在为自己增添一分尊容。

海涅经常收到许多朋友寄来的诗稿。有一次，他收到一份欠邮资的稿件。拆开一看，里面一首诗也没有，只有一捆稿纸，并附有一张小纸条，上面写着："亲爱的海涅，我健康而快活，衷心地致以问候，你的梅厄。"

海涅手里拿着邮件，猜不透这位朋友的用意。几天以后，梅厄也收到了一个欠邮资的沉重的邮包。他打开一看，竟是一块大石头，还有一张便笺，上面幽默地写道："亲爱的梅厄，看了你的信，我心里的这块石头才落了地，我把它寄给你，以纪念我对你的爱。"

海涅以彼之道还施彼身，用对方的方式来启发对方，让对方认识到自己的行为，不必用言语让对方难堪，反而因此保全了双方的面子。这正是幽默做事的内涵所在。

当一个人已经做出一定的许诺——宣布一种坚定的立场或观点后，由于自尊的缘故，使其很难改变自己的立场或观点，此时你若想说服他，就必须顾全他的自尊。

这是每个幽默说服者都懂得的——让人们保全他们自己的自尊。

即使对方犯错，而我们是对的，如果没有为别人保留自尊，就会在毁他人的颜面的同时断送自己的一个朋友。因此，你要说服他人就应该遵循这一原则：帮助别人认识并改正错误，幽默地说话，保全他们的面子。

幽默沟通中的间接批评方法

张三在深圳一家大的合资企业工作。他经常在上班时间去理发店理发，这是违反公司规定的。公司经理知道后，决定抓他一次，狠狠批评。

一天，当张三正在理发店理发时，公司经理也来到店里。张三看见经理，急忙低下头，藏起脸，想躲过经理。可是经理站在他旁边的位置上，把他叫出来。

"喂，张三，"经理说，"你怎么在上班时间理发？"

"是，经理。"张三说，"您看，我的头发是在上班时间长的。"

"不完全是，"经理马上说，"有些是在你下班时间长的。"

"是的，经理，您说得对。"张三礼貌地回答，"但是，我现在只剪上班时长的那部分。"

经理听了不禁笑了起来，也忘了指责张三了。

张三在上班时间理发是不对的，在正常情况下，经理必定会批评他，甚至对他产生不好的印象。但经过张三这么幽默地一说，经理与他的误会顿时化解了，而且他们之间的关系也融洽起来。无论是经理还是张三，他们都属于懂幽默会说幽默话的人，经理对张三在上班时间理发并没有采取直接的批评方式，而是巧借"有些是在你下班时间长的"的幽默来婉言批评张三的不对，张三则借助经理的幽默顺势说下去，带给了经理"笑"点，让经理的不满自动消失无影踪。

幽默沟通中的间接批评，让他人容易接受，让自己少受闷气。在旅途中，司机师傅并没有全心全意在开车，他只用一只手握着方向盘，却把另一只手伸出车外，还把车开得飞一般的快。车中有位老婆婆对此很紧张，但是她没有直接批评司机师傅开车太不谨慎，她是这样说的："年轻人，这个地方下雨挺频繁的吧？"

"那是当然了，这里的天就像孩子的脸一样说变就变呐。"司机师傅悠然地回答道。

"哎呀，我说你总喜欢把手放在窗外呢，看来是帮我们打探天气呢，放心吧小伙子，你专心开车，我帮你盯着天呢，哈哈。"

老婆婆的幽默批评将小伙子说得笑了起来，也赶紧将放在窗外的手收了回来。老婆婆明明知道司机师傅只用一只手开车是很危险的，却幽默地将自己的意见用下雨来暗示师傅的不是之处。老婆婆巧用这种知其非而不言其非的做法，不仅给司机师傅留全了面子，消除了情绪上的对立，还通过误会将笑料制造了出来，给他人和自己带来了心情的愉悦。因此，在为人处世中，不妨多体会一下别人的感受，当你批评他人的时候最好不要生硬地将自己的不满直接表达出来。大多数人在面对他人的批评时，心理或者焦急担心，或者恐惧，或者敌视而抱有戒心，或者懊悔不已。从心理角度出发，人们更应该懂得与他人在思想上统一，借助幽默语言可以赢得他人的感激，激发他人奋进的力量。

丢掉面子时，学会幽默挽回

无论在什么时候，给别人保留一份面子，也是为自己留一点余地。对中国人来说，面子实际上等于脸面。做事不讲讲脸面就没有进行下去的必要。于是面子问题一直是在业务洽谈、与人交往中的重要课题。

当你不小心触及他人的颜面问题，或者自己的面子遭受到外来嘲笑的时候，应该怎样正确应对呢？答案是，不要硬对硬，要懂得巧妙地运用幽默语言，挽回颜面。

著名的剧作家萧伯纳个子长得很高，可瘦削得似一片芦苇叶，而切斯特顿既高大又壮实。他们两人站在一起对比特别鲜明。有一次，萧伯纳想拿切斯特顿的肥胖开玩笑，便对他说："要是我有你那么胖，我就会去上吊。"切斯特顿笑了笑说：

"要是我想去上吊，准用你做上吊的绳子"

切斯特顿这一巧妙的揶揄，既让萧伯纳感到了自己的失言，又让自己的智慧在人前闪光。按照字典的解释，揶揄是一种嘲笑。而艺术地揶揄应当说是一种运用语言的技巧。

丹麦童话作家安徒生有一次在大街上行走的时候，突然遭遇了他人的嘲笑，但是安徒生的幽默应答却让奚落他的人自惭形秽。

由于安徒生平时生活很简朴，常常戴着破旧的帽子上街。

突然有个行路人嘲笑他："你脑袋上边的那个玩意儿是什么？能算是帽子吗？"

安徒生幽默回敬道："你帽子下边的那个玩意儿是什么？能算是脑袋吗？"

安徒生巧妙地以其人之道还治其人之身，将同样的讽刺还击给了那个行路人，虽然讽刺性很强，却表达间接诙谐，顾虑到了行路人的面子。

幽默灵感的爆发，幽默的妙答常常使你在濒临危境的时候柳暗花明，享受绝处逢生的喜悦。生活中如果自己突然遇到了尴尬有失体面的小事，不妨幽默自己一下。

宋朝大文学家石曼卿，人称"石学士"。一日酒后骑马去报国寺游玩，突然马受惊乱跑，将石曼卿从马上摔了下来。只见石曼卿站起来，拍拍身上的尘土，拿起马鞭，然后风趣地对围观者说："幸亏我是'石'学士，要是'瓦'学士，一定要摔破了。"

石学士把自己的姓，作了另外一种解释，妙语解疑，为后人称道。

语言的运用是一门综合艺术，照本宣科式的教条运用不会有好的交际效果。幽默机智的背后是深厚的文化素养，高雅的气质和风度。

第五章

应酬幽默——开口是金，赢得青睐

不妨先说几句题外话

题外话幽默不同于寒暄幽默，寒暄幽默只是一种问候的口才，而题外话幽默的寻找以及掌握似乎要比寒暄幽默来得更加艰难一些。

在进行比较严肃的谈判时，不适宜一碰面就急急忙忙地进入实质性谈话，要善于运用迂回入题的策略，要用足够的时间使双方情感上得到亲近，使谈判思想协调一致。因此，谈话开始的话题最好是松弛的、非业务性地拉上几句幽默家常，即说点题外话。这样，可以避免双方的尴尬状态，稳定自己的情绪，使气氛变得轻松、活泼，为谈话的成功奠定一个良好的基础。

题外话幽默的选材比较丰富，你可以谈谈关于天气的话题；可以谈有关旅游的话题；可以谈有关娱乐活动的话题；可以谈有关嗜好、兴趣的话题；可以谈有关衣食住行的话题，等等。

可见以风趣活泼的话作开场白，能扫除严肃谈话前的拘束感和防卫心理，只要能引起对方的笑声，气氛就会马上变得活跃起来，在这样的氛围中，双方的交谈兴致自然就会提高。

一般来说，要在开始就制造一个融洽的谈话气氛，需要对谈话的对方做一番认真的研究，然后以极简短的几句话，四两拨千斤，捅破相互间的心理隔膜，一下子缩短心理距离，使对方产生亲近感。这样，谈话就会容易多了。

幽默的题外话内容丰富，可以说是信手拈来，不花力气。你可以根据谈判时间和地点，以及双方谈判人员的具体情况，脱口而出，亲切自然，不必刻意修饰，否则会给人一种不自然的感觉。

回绝巧妙，诙谐相处

中国是一个崇尚酒文化的国度，酒文化在社会生活中起着举足轻重的作用。从古至今，无论是逢年过节，还是婚丧娶嫁，都免不了要请客喝酒，也就是应酬。在当今社会中，不能经商赚钱，不能一举成名，都不会有人笑话你，若不能饮酒、不懂得应酬，则有可能会受到别人的"奚落"。

　　生活中难免要有应酬。于是，只要一上酒席，遇有人敬酒，总要喝上一些。但如遇到某些特殊的情况而不想或是不能喝，那该怎么办呢？要知道酒席上的氛围总是喝酒容易拒酒难。

反守为攻，酒场能手

　　在酒桌上有一种拒酒方式叫作"巧设圈套，反守为攻"，就是先不动声色，静听其言，等待时机，一旦时机成熟，抓住对方言辞中的"突破口"，以此切入，反守为攻，使对方无言争辩，从而回绝。

> 为了表示诚意，你们一起"吹"一瓶吧。

> "三人行，必有我师"，你又提出要我们三人一起喝，你现在就是我们最好的老师，请你先示范一瓶，怎么样？

　　俗话说事实胜于雄辩，拒酒时，若能表明自己的苦衷，再配上得体幽默的语言，那就能取得劝酒者的谅解，使他辍杯罢手。

> 我们一起把这瓶酒喝了，怎么样？

> 咱慢慢喝，前两天老王酒喝急了进医院了，你想咱们去陪他啊！

　　另外，拒酒也可以玩笑地搬出后果以作前车之鉴，从而达到拒酒目的。懂得这样回绝的人必定是一位酒场高手。

　　如果的确是对酒的招架力太差，就应该学会说好辞宴话，"说好辞宴话"说不难却不简单，说难却似乎也不复杂。辞宴话的要点是，巧妙应对，给他人营造一种诙谐的说话环境，让他人在微笑之余，欣然接受你对应酬的推辞。

　　幽默辞宴的说话技巧：

　　（1）说话风格不要太过正式，更不要矫情，这样会显得自己不够真诚，有故意推脱的意向。所以，说服他人就应该要坦白真实地说，幽默直白会拉近与他人的关系，更能够以情动人。

　　（2）要适当地自贬和自嘲，玩笑中突出高强的应酬能力。

　　（3）要体现自己的大局观念，委婉指明自己的参加会影响到宴会的雅兴，为大局着想，只好有自知之明地选择退出。

生日致辞，幽默来贺

　　每个人都会过生日，有些时候我们会宴请些亲朋好友一起庆贺自己成长，生日宴会往往具有热烈的氛围与欢闹的言辞，幽默在这种场合是最具有感染力的语言。但是生日宴会上的幽默交谈、致辞要根据年龄的不同而各有差异。用词用语要适当。

　　生日的主持人应该掌握生日宴会的各个步骤，根据场合和情况发挥出自己的幽默特色。既要涵盖对寿星的祝福，又能够调动气氛。对于不同年龄阶层要用不同的用词，一般大型的生日宴会，如孩子周岁或者老人过大寿都要格外注意，而且要懂得一些规矩。如在请来宾致祝词的时候要长幼有序。

　　生日祝词，也就是来宾对过生日的人所说的祝语。祝语要根据寿星的年龄来选择适当的话，更要符合说话人的身份。对于长辈多半以祝福为主，而对待同辈和晚辈则要以勉励为主。

　　按年龄来说，如果是10岁以下孩子过生日，一般要包括对孩子的表扬和肯定，鼓励孩子并提出希望，最后祝福孩子并表达出自己对孩子的爱，可以说祝福可爱的小宝贝健康成长等。而18岁以下的少年，祝福语应该偏重于学业，祝福其学业有成，取得进步之类的。18岁已成年的青年人，对他们的生日祝语则偏重希望其能够实现自己的志向，找到好的工作等等。对于中年人，在生日庆典上要祝福其事业有成、儿女聪颖可爱，家庭美满、身体健康等。对于老年人，要格外重视。一是因为老年人祝寿的讲究多，二是老年人对于自己的生日格外重视，所以要谨言慎行。应该根据寿星的年龄和性别来做相应的变动。对于年长的男寿星多用"松柏""北斗""泰山""南山"等，来表现男性的坚韧和刚强；对于女性则多用"瑶池""王母""萱草"等来赞扬其柔美温和。

　　以过寿的是自己的双亲为例，在祝词中既要表现出对父母的感激之情，又要表现出自己对父母的爱和理解，更要表现出对父母的祝福。致辞的风格当然非常需要幽默这位喜庆"朋友"的助阵，可以选择这样开场：

我在天空写下祝你生日快乐，却被风儿带走了；在沙滩写下祝你生日快乐，却被浪花带走了。

知道你明天就要过生日了，到底想要什么礼物呢？想要什么礼物尽管说，快说呀，快说呀……话已经说完，时效已过。

现在的生日不送礼，让我把祝福送给你，如果你嫌礼不重，再把我也往上凑。祝你生日快乐，长命百岁！

又是一年生日时，一句祝福送给你：愿生日祝福你，好事追着你，主管重视你，病魔躲着你，爱人深爱你，痛苦远离你，开心跟着你，万事顺着你！

生日祝词要温馨幽默

生日祝词中，我们不仅感受到了生日的快乐与温馨，也感觉到了幽默带来的震撼力。正是因为一句句幽默的祝福语让生日的温馨感倍增。相信收到这样祝福的寿星肯定会很开心。

你的生日又这样悄然而至了，祝你生日快乐！

生日致辞要符合主题，对过生日之人发自内心的祝福。讲话要符合规矩，符合身份，对于不同的人，不同年龄阶层选择最合适的词语表达祝福和勉励。同时，幽默在这样的祥和环境中起到了不可或缺的作用。幽默让你身心放松、使环境更协调，幽默可以在智慧的光芒中缩短人与人之间的距离，让大伙感到亲切自然。

第六章

说服幽默——把幽默的话说到心坎上

"欲擒故纵"，幽默地说服他人

欲擒故纵幽默法的逻辑学常识告诉我们，有时同一种语言在不同的语境中，可以表达不同的概念；有时不同的语词却可以表达相同的概念。

这种欲擒故纵幽默法，一般很有效力。一是增加了幽默感，从而使他的要求更易于为对方所接受。因为心理学理论告诉我们，同一要求，采用不同的方式表达，其客观效果是不一样的。二是先放后收，使对方难以讨价还价，只得照办。

日本大银行不允许职员留长发，因为留长发会给顾客留下颓废和散漫的印象，有损银行的形象。

有一次，一家银行的经理和人事部主任接见一批笔试合格的考生，发现其中有不少留长发的男子。为了能使这些留长发的考生都剪短发，人事部主任在致辞时，没有正面提出要求，而是充分运用了他杰出的口才和幽默感，只说了几句话，便使留长发的考生愉快地接受了他的意见。他是怎么说的呢？

人事部主任留着陆军式的短发型，他说："诸位，敝行对于头发的长短问题，历来持豁达的态度，诸位的头发只要在我和经理先生的头发长度之间就可以了。"

众人立即把目光投向经理，只见经理先生面带笑容站起来，徐徐脱帽——露出了一个光头。

人事部主任使用的就是欲擒故纵法，他的本意是要求考生们都留短发的，但他却不直接说出来，而是故意表现出一种豁达的态度，似乎他们的要求并不高。

表面上看来，银行对于头发长短问题历来持"豁达的态度"，好像是"纵"，实际上，"诸位的头发长度只要在我和经理先生的头发长度之间就可以了"，却是"擒"。他是用不同的词语表达了同一个概念。以退为进又称为欲擒故纵的战略战术之一。

"以退为进"是军事上的用语，暂时退让输赢未定；伺机而进，争取成功，这就是一种欲擒故纵的策略。谈判也如打仗一样，亦是互相交锋，争斗激烈。有时要继续谈下去，有时则要暂时休会；有时要据理力争、讨价还价。

有时候，即使双方都做了许多让步，但双方的谈判立场仍有很大差距，似乎谈判已钻进了死胡同。在确信谈判双方有许多共识，并且主动权在我方手里时，便可采用以退为进的方法。当然，这需要谈判者娴熟口才技法的运用，以免被对方识破。

如果你是对的，你要坚持自己的观点，说服别人接受，那么最好试着以一种温和、幽默、豁达的态度和技巧达到目的。退一步实际上可以让你进两步，这就是以退为进的高明之处。

社会上就是有许多人并非以论据去做反对，往往是意气用事，强硬说服，为反对而反对，若有一方能稍做让步，对方就会不再反对从而使气氛和缓下来。

又如吵架的一方正欲向对方挥拳时，若对方以幽默的语气向他道歉，本欲挥下的拳头顿时失去了目标而缓缓垂下，一场火药味浓烈的争斗也顿时熄灭。

正话反说，跌宕中说动他人

正话反说，也暗示了我们说服他人的时候并不一定必须要遵循忠言逆耳的古训。"良药苦口利于病，忠言逆耳利于行。"这句话重复多了，人们难免会形成错觉，即规劝别人的话必须尖锐，不尖锐的话不配称"忠言"。事实上，良言如果可以不逆耳岂不是更能打动人心，被人欢喜接受？

> 你说这部电影很好，那么在放映的时候为什么包括你在内的还有很多的人，都提前离场了呢？

> 因为影片怎样结尾，观众早就料到了，这简直是导演和观众心有灵犀一点通。

正话反说的幽默技法，不仅能够让幽默在反话中显得趣味萌生，还能够轻巧地说服于人。在正话反说的幽默技巧中，说出的语言与真正想要表达的意思形成一种鲜明的对比，强烈的反差让说服力在诙谐中变得强大。

创造独特，让幽默推动销售

销售已经成为发展企业、促进经济的最重要的业务之一，然而有销售就必须提及说服力。能够将自己的产品成功地销售出去，离不开说话的水平，确切地说是独特的说服力。当把幽默元素带入到说服中的时候，谈成业务已经不会再是难事。

在日趋激烈的销售战场上，一个销售员如果没有巧舌如簧的幽默口才，是很难拨动客户购买的心弦，从而在冷酷的商战中立于不败之地的。交易的成功往往是幽默口才的产物。

作为一名销售人员，想要客户心甘情愿地从腰包里掏钱购买你的产品，必须掌握说服的技巧和艺术。用出色的幽默口才将自己产品的独特卖点以及其他足以让客户欣赏的优越性展现给客户，让客户对你和你所销售的产品心服口服，这就需要专业销售人员不仅对自己产品的优越性、客户的心态等了如指掌，更要有外交家一般的幽默好口才。

为了拥有外交家般的幽默好口才，很多优秀的销售人员都会给出这样几个方面的建议：

1.广闻博识

他们认为只有懂得多了，脑子里才有内容，才不至于词穷。一个优秀的销售人员不但要对自己的产品了如指掌，在向客户介绍产品时口若悬河，还要了解除此之外的各方面的知识，这样才能在谈判陷入僵局时有其他话题，以缓和紧张局面。

2.自觉训练

只做到广闻博识还是达不到拥有一个幽默好口才的目的，常见到有些学富五车的人虽然懂得不少，却整个一个茶壶里煮饺子——肚里有货倒不出。一个杰出的销售人员还要经常有意识地多说话，说好听的话，说让人开心的话，说让人心悦诚服的话。只有经常自觉训练了，才会在面对客户时，临场发挥得好。

自觉训练时，可以每天看一些漫画书，听一些相声、小品，挖掘其中幽默的表达力与表现力。

3.以理服人

懂得多了，会说了，便要做到以理服人，而不是强词夺理。否则，人家虽然说不过你，也只会口服心不服，达不到营销的目的。要做到以理服人，首先要求你自己要明理，要在说服别人前做好充分的准备，搜集与此话题有关的各种幽默材料。

4.以情感人

对客户说话时，在自己的动作表情中要竭力避免焦躁、着急的不良形象，要显得谦逊、积极、乐观，宜用幽默协商的语气，要充满轻松的情感，让客户感到你不仅仅是向他卖产品，更是为了让他的生活更丰富、更幸福，你可以向客户问些有关他生活的方方面面，问他对产品还有什么意见，有什么想要改进的要求。一个成

幽默让你的推销更顺利

你听完后，如果不满意的话，我当场切腹。无论如何，请你抽出点时间给我吧！

你真的要切腹吗？好的，就给你点时间吧！

推销的时候创造一个融洽和谐的气氛是十分重要的。只有在这样的气氛下生意才可能成交，所以推销员必须注意谈话的技巧，发挥自己幽默、亲切的特点。

是吗？不过，我总比昨天那位同事好点吧？

噢，你们公司的业务员昨天才来过，我最讨厌保险，所以他昨天被我拒绝了。

善于创造拜访的幽默气氛，是优秀的推销员所必备的。只有在一个和平欢愉的气氛中，准客户才会好好地听你说。而这种气氛完全就靠推销员高超的谈话技术来营造。

但是，幽默的语言表达能力并不意味着滔滔不绝。判断一名销售人员是否具有好的语言表达能力，要从他所谈论的话语是否具有说服力上来分析。销售的主要目的是说服，说服力的强弱是衡量销售员销售能力强弱的标准之一。

功的销售人员还会以对自己产品的骄傲与幽默的情感来感染客户对产品产生喜爱之情，进而产生购买欲。

从销售人员对幽默口才的重视态度就可以知道幽默口才的好坏决定着推销业绩的增加还是下滑，幽默口才就是推销行业的敲门砖、垫脚石。

口才较量，幽默助阵

如果我们将目光集中在商场上，情形也一样。商场是一个展示口才的好地方！商家为了自身的生存和发展，就不可能不用最好的产品来赢得市场；需要招聘人才，就得到人才市场上去招聘；需要筹措资金，就得同银行等金融机构谈判；需要采购原材料或成品，就得同供应商谈判；需要推销产品，就得同用户或消费者谈判；需要扩大产品知名度，提高企业的声誉，就得同广告公司谈判；需要引进投资，需要引进技术，都得通过谈判；即便是生产往来中出现了问题，向对方提出索赔，也必须通过谈判解决。如此看来，这一切都离不开嘴。

一个精明的商家说过这样一句话：一个成功的谈判者首先必须是一个出色的口才高手，幽默则当之无愧地成为优秀谈判者展示口才的法宝。

幽默能使你在谈判中左右逢源，常常在"山重水复疑无路"时变得"柳暗花明又一村"。因为，谈判时具有幽默心理能使你情绪良好、充满自信，思路清晰、判断准确。谈判中要使自己进退自如，没有幽默力量帮助是难以达到预期的效果的。

适度的幽默能够建立良好的气氛，让大家精神放松，进一步密切双边关系。这样就可以营造一个友好、轻松、诚挚、认真的合作氛围，对谈判双方来说，都是具有实质性意义的。

每个人的思想也不可能相同，当意见不一致时，要学会运用幽默来化解，避免让双方进入对话的死胡同，从而化干戈为玉帛。

商场之上，风起云涌，商战轰轰烈烈。欲在竞争激烈的商场上辟出并发展一块立足之地，商家不能不重视商务谈判。"纵横舌上鼓风雷"，商务谈判比日常生活中的谈判更富有竞争性，更富有技巧，它关系到企业的生死存亡。

商场谈判是一个过程，也是一种较量，是谋略的较量，也是口才的较量，不具备一流的口才是无法进入实际的谈判过程的。幽默的口才，不仅可以展现你的风度与诚意，还可以使你多一个生意上的朋友，或一个潜在的客户。

总之，事业的成功与失败，往往决定于你的幽默口才，决定于你在商战中所说的话，这是千真万确的。一个人在商业上的成败，常会在一次谈话中获得效果。如果你想成为富豪，必须具备应付自如的幽默口才。幽默口才，为你的经商成功鸣锣开道。

旁敲侧击，说服可以不走直线

林肯曾经说过："我虽然向别人讲过很多故事，但是在我的长期经验中总结到，一般人对以幽默为介质的表达更容易受到影响。"那么，当说服与幽默被捆绑在一起的时候，说服便在不自觉间被加入了强大的影响力。旁敲侧击的说服术便是幽默技巧在说服中的巧妙运用。

在日常生活以及工作中，每个人的心理都很难把握。我们需要做的是通过缜密、周全的问题推测出对方的真正心思。通过交谈，感受出对方的心理，通过旁敲侧击，来巧妙地实现对他人的说服。

保持缄默，变相的幽默说服

幽默的智慧不一定表现在有声世界中，有时候保持缄默是一种更高境界的幽默智慧。缄默不只是意味着沉默，缄默具备着强大的幽默说服潜力。

困难真的是很大……条件真的差……时间又紧……好，我一定完成。

沉默可以引起对方注意，使对方产生迫切想了解你的念头。在特定的环境中，缄默常常比论理更有说服力。

缄默是一种力量，代表着一种变相的幽默说服，缄默足以使人们应付周遭棱角突兀的变化，在恰当的时候保持缄默，在合适的地方发挥缄默的幽默力量，说服他人已经变得不再是那么遥不可及。

据传，齐景公喜欢捉鸟玩，便派烛邹专门管理鸟儿，可是烛邹不慎让鸟飞走了。景公大为恼火，下令杀死他。晏子说："烛邹有三条罪状，让我数落他一番。然后再杀，让他死个明白。"

齐景公高兴地说："好。"于是把烛邹叫进来。晏子便一本正经地说："烛邹！你知罪吗？你为大王管鸟却让它逃走了，这是第一条罪状；使大王为了鸟而杀人，这是第二条罪状；这事传出，让天下人认为我国重小鸟而轻士人，败坏我们大王的名誉，这是第三条罪状。你真是罪该万死！"说完，马上请求景公下令斩杀。可是景公却说："不要杀他了，我接受你的指教了。"

虽说忠言逆耳利于行，但是有时也可以学习晏子的手法，旁敲侧击的方式更容易被接受。晏子不愧是一个有口才、有心计、有幽默感的人。他假意批评烛邹的失职，实则在批评齐景公的重小鸟而轻士人。

说服是一种对口才的锻炼与考验，说服别人的迂回之术就是要将表达的意思绕个圈子说出来。旁敲侧击，一种圆融的幽默说服术。

旁敲侧击的说服法能够减轻被说服者内心的负担，避免了因直接受批评而颜面尽失的可能。所以，故事中，齐景公才会听从晏子的劝说。有时候，明明看出了某人的错误，并不直说，而是拐弯抹角地旁敲侧击，这种方法更能让对方接受。他会明白，你是在给他留面子，而不是故意让他难堪。

总之，旁敲侧击的幽默说服术，通过迂回的表达将说服力扩大到无懈可击，原来成功地说服不一定非要走直线。幽默的表达方式作为说服曲线上的拐点，一次次将说服推入了令他人无可辩驳的高点。正如法国著名的演讲者海因·雷曼麦说的，用幽默的方式说出很严肃的道理，比直截了当地提出更能够被人接受。

幽默引导，让对方说"是"

说服他人无疑就是要让他人给予自己一个肯定的答复——"是"。说服别人的最终状态是让他人与自己相互背离的观念融合在一起。然而无论是在商场、情场，还是在战场，说服他人又何尝是一件易事。说服他人需要幽默口才，需要口才中的幽默智慧一步步地进行"诱导"。

有个日本小和尚聪明绝顶，他的名字可以说是家喻户晓。他最擅长的说服方式就是用智慧诱导对方说"是"，这位小和尚的名字就叫一休。

有一次，足利义满把自己最喜爱的一只龙目茶碗暂时寄放在安国寺，没想到被一休不小心打碎了。就在这时，足利义满派人来取龙目茶碗。

大家顿时大惊失色，不知所措，茶碗已被一休打碎，拿什么去还呢？

一休道："不必担心，我去见大将军，让我来应付他吧！"

一休对将军说："有生命的东西到最后一定会死，对不对？"

怎样在幽默中让对方说 "是"

在说服他人赞同自己的过程中，巧妙幽默地让对方产生习惯，回答你 "是"，这很重要。

当你幽默地和对方表达自己观点的时候，即使你还没有完全讲完自己的请求，对方已经在心里同意了。

当你生硬地表达自己的请求时，你还没有讲完，对方就已经在琢磨用什么理由来说 "不" 了。

想要引导对方做出自己所期待的行动和态度，关键在于说话的语气和态度。诙谐的语气，加上幽默的态度。

足利义满回答："是。"

一休又说道："世界上一切有形的东西，最后都会破碎消失，是不是？"

足利义满回答："是。"

一休接着说："这种破碎消失，谁也无法阻止是不是？"

足利义满还是回答"是"。

一休和尚听了足利义满的回答，露出一副很无辜的神情接着说："义满大人，您最心爱的龙目茶碗破碎了，我们无法阻止，请您原谅。"

足利义满已经连着回答了几个"是"字，所以他也知道此事不宜再严加追究了，一休和尚通过自己聪明的头脑和机敏的幽默，帮助自己和安国寺安然地渡过了这一难关。

以谬制谬，顺言逆意的说辩

以谬制谬，是幽默说服的有力武器，用对方的逻辑击败对方的道理，让对方即便拥有百口却也难辩其中之意。

在说辩中抓住对方命题中隐蔽的荒谬点，加以推衍，或由此及彼，或由小到大，或由隐到显，最后得出荒谬可笑的结论，从而证明对方的论点是错误的。这种顺言逆意的说辩谋略，在逻辑上属于引申归谬。虽带有某种讽刺意味，但多属善意。

以谬制谬就是对问题换了一种思路进行考虑，看似荒谬的回答也有其逻辑可循。

运用归谬方式使说服对象认识原来观点的错误，还可采用这样一套方式，即先提出一些问题让对方谈自己的见解，即便对方说错了，也不要急于直接指出，而要不断地提出补充的问题，幽默地诱导对方由错误的前提推到显然荒谬的结论上，使之不得不承认其错误，然后再设法引导他随着你的正确的思维逻辑，一步一步通向你所主张的观点，达到劝导说服的目的。

鲁迅的文章尖锐犀利一手法，最经典的便是笑斥"男女大防"。

有一次，一个地方官僚禁止男女同学、男女同泳，闹得满城风雨。鲁迅先生幽默地说："同学同泳，皮肉偶尔相碰，有碍男女大防。不过禁止以后，男女还是一同生活在天地中间，一同呼吸着天地间的空气。空气从这个男人的鼻孔呼出来，被那个女人的鼻孔吸进去，又从那个女人的鼻孔呼出来，被另一个男人的鼻孔吸进去，淆乱乾坤，实在比皮肉相碰还要坏。要彻底划清界限，不如再下一道命令，规定男女老幼，诸色人等一律戴上防毒面具，既禁空气流通，又防抛头露面。这样，每个人都是……喏！喏！"鲁迅先生一面站起来，一面模拟戴着防毒面具走路的样子。当时逗得大家笑得前俯后仰，事后又引起大家深深的思索。

　　显然，"禁止男女同学、男女同泳"的理论是荒谬的，鲁迅先生没有对此荒谬直接提出自己的意见，反而通过"男女共同呼吸"的存在现实来反驳了这一禁令的可笑之处。

　　这固然是由于他采取了讽刺和幽默的形式，更重要的，还因为他揭开了矛盾，把大家的思想引导到事物内蕴的深度。

　　还有一次是鲁迅担任厦门大学教授时，校长常常克扣教学经费。这钱不能花，那钱没有预算，再一笔钱又可以不花。校长老是这样刁难师生，弄得大家意见很大。

　　这天，校长又决定把经费削减一半。他把各研究院的负责人和教授们召集起来。一说出削减方案，马上遭到教授们的反对。大家说："研究经费本来就少得可怜，好多科研项目不能上马，正进行的一些研究工作也日子难熬，不能往纵深发展。再说，许多研究成果、论著因没钱不能印刷，再削减经费怎么得了？不行，不行！"校长根本不认真倾听教授们的意见，他强词夺理，说："对于经费问题，你们没有发言权。学校是有钱人掏钱办的，只有有钱人才可以发言，在这个问题上应充分尊重有钱人的意见。"

　　校长话音刚落，鲁迅霍地起身，从长衫里摸出两个银币："啪"的一声放在桌上，说："我有钱！我有发言权！"接着，他力陈经费只能增不能减的道理。论据充分，思路严密，无懈可击，驳得校长哑口无言，只得收回主张。教授们胜利了。

　　鲁迅先生在这里幽默地将校长所说的"钱"（即财富，广义的钱）偷换成一分二分零花钱的狭义的"钱"，从而以两个银币的"钱"为引子提出了自己的理由，使校长无话可说。

　　巧以对方的谬论"有钱人才有发言权"为根据，将自己的"小钱"掏出来拿到发言权，既诙谐，又讽刺，还能把意见表达出来，鲁迅不愧为一代大文豪。

　　以谬制谬的幽默实际上是攻守易位，是将对方的观点为我方所用，再用对方观点攻击对方，即攻和守的角色转换。如果在以谬制谬的说服中，又巧妙加入了幽默的调料，那就令说服更加无懈可击了。

巧抓心理，趣味销售要独特

　　有一个销售安全玻璃的推销员，他的业绩一直都维持在北美整个区域的第一名，在一次顶尖推销员的颁奖大会上，主持人说："你有什么独特的方法来让你的业绩维持顶尖呢？"他说："每当我去拜访一个客户的时候，我的皮箱里面总是放了许多截成15厘米见方的安全玻璃，我随身也带着一个铁锤子，每当我到客户那里我会问他：'你相不相信安全玻璃？'当客户说不相信的时候，我就把玻璃放在他们面前，拿锤子往桌上一敲，而每当这时候，许多客户都会因此而吓一跳，同时他们会发现玻璃真的没有碎裂开来。然后客户就会说：'天哪，真不敢相信。'这时候我就问他们：'你想买多少？'"

直接进行缔结成交的步骤，而整个过程花费的时间还不到一分钟。

间接说服，巧用语言的不同

如果你要表达一个与别人的意见相左的观点时，最好不要一上来就攻击说别人是错误的，而应该机智、幽默地表述自己的观点，然后把听众引到你的观点上来，从而使他们忘记原来的观点。

老板，另一家商店的老板被卷走了 10 万块前也是这么说的！

你赶紧走，我对你的收款机没有半点兴趣。

因此，当直接说服显得没那么奏效时，巧用间接说服能提高说服他人的胜算。

间接的幽默说服法，巧用每一个语言表达的不同点，将其幽默转化成通俗易懂的反向描述，说服他人就会变得更加轻而易举起来。

当他讲完这个故事不久，几乎所有销售安全玻璃的公司的推销员出去拜访客户的时候，都会随身携带安全玻璃样品以及一个小锤子。

但经过一段时间，他们发现这个推销员的业绩仍然维持第一名，他们觉得很奇怪。

而在另一个颁奖大会上，主持人又问他："我们现在也已经做了同你一样的事情了，那么为什么你的业绩仍然能维持第一呢？"他笑一笑说："我的秘诀很简单，我早就知道当我上次说完这个点子之后，你们会很快地模仿，所以自那以后我到客户那里，唯一所做的事情是把玻璃放在他们的桌上，问他们：'你相信安全玻璃吗？'当他们说不相信的时候，我把玻璃放到他们的面前，把锤子交给他们，让他们自己来砸这块玻璃。"

从头到尾这个金牌推销员都在思考该以怎样独特的方式去吸引顾客的注意，这就是他为什么一直保持领先地位的原因。他懂得以幽默的方式、独特的做法来表明自己产品的与众不同。

幽默在销售中至关重要。幽默地说服顾客需要独特，需要抓住顾客们的好奇心理，来吸引顾客注意。很多推销员都会精心打造好他们在销售过程中的语言表达。

一位柜台前的推销员在卖皮鞋，他对从自己柜台前漫不经心走过的顾客说了一句："先生，请当心摔跤！"顾客不由得停了下来，看看自己的脚面，这时推销员乘机凑上前去，对客户幽默一笑："你的鞋子旧了，换一双吧！""这双鞋子式样过时了，穿着挺别扭的，我这儿有更合适的皮鞋，请试试看。"不用多说，在此情况下对方的注意力已经一下子集中到销售人员要讲的话题上了。

开始即抓住客户注意力的一个简单办法是去掉空泛的言辞和一些多余的寒暄。为了防止客户走神或考虑其他问题，可在推销的开场白上多动些脑筋，如果开始几句话表述得生动有力，句子简练，语风幽默，那么引起他人注意的概率将大大提高。讲话时目视对方双眼，面带微笑，表现出自信而谦逊、热情而幽默的态度，切不可拖泥带水、支支吾吾。一些推销高手认为，一开场就使客户了解自己的利益所在是吸引对方注意力的一个有效思路。

另外，从顾客的利益角度出发，提起对方注意的可能性较大，因为你所说的是他当下最关心的事。即兴的灵感总是少有的，因此在推销之前，做好应有的各项准备，包括你的思维、你的幽默风度，这样才能百战不殆。

权威幽默，权威赋予说服力

权威效应，又称为权威暗示效应，是指一个人要是地位高，有威信，受人敬重，那他所说的话及所做的事就容易引起别人重视，并让他们相信其正确性，使吹毛求疵或别有所求之人打消原有的念头。

在说服别人的时候，可以抬出权威来加强自己幽默说话的力度，这就是权威幽默说服法。

有些推销人员在卖人寿保险的时候，他们喜欢提到权威人士。他们诙谐地说："你们工厂的经理也是我们人寿保险的忠实粉丝哦。"大家会说："噢，我们公司的经理那么精明能干，都对你们的人寿保险情有独钟，看来你们的人寿保险是不错，买吧。"

于是他们没有经过很深的判断，就答应买了保险。这就是利用了权威的心理。

有的时候没有这种权威人士给你做宣传，那怎么办呢？用数字、用统计资料。一般人认为数字是不会骗人的，所以你说，这家工厂用了我们的机器后，产量增加20%，那个工厂用了我们的计算机后，效率提高了50%，把这些数字拿给客户看，客户很容易就接受了。有的时候，统计数字还太少，产品刚刚出现，还没有那么多客户的时候，还有一种方法，就是用前面的顾客买了他们的产品觉得满意写来的信函。这个时候，这种做法对新顾客，对一些小的公司也能起一定的影响作用，这也是权威的心理。

权威幽默还有另外一个内涵，即利用角色对换说服对方。如"让你换成我，你该怎么办"这种说服法利用了"角色扮演"使对方有互易立场的模拟感觉，借此模拟感觉而达到说服对方的目的。

任何人对自己的事，总是怀有了很大的兴趣和关切。作为销售者如果不懂幽默地接通权威的力量，将会让本有的权威资源白白浪费掉。

说服别人更重要的是口才，口才除了运用各种技巧外，要注重自己的语言能给他人带来舒适的美感与快乐的笑感。权威说服，能让说服变得更易被人接受，幽默的权威说服则更能够让说服变得轻而易举。

幽默的说服力，不仅仅在于让说服在玩笑中进行，幽默的口才既可以用嘴来说，也可以用计谋来讲。一句有趣味的语言可以让大家喜笑颜开，一种好玩而又理智的劝说行为，也会让大家在付之一笑的同时感受到说服的强大气场。

恰当幽默，成功推销的宝典

日本推销大师齐藤竹之助说："什么都可以少，唯独幽默不能少。"这是齐藤竹之助对推销员的特别要求。许多人觉得幽默好像没有什么大的作用，其实是他们不知道怎么才能够学会幽默。让我们先看看幽默有哪些好处。

那种不失时机、意味深长的幽默是一种使人们身心放松的好方法，因为它能让人感觉舒服，有时候还能缓和紧张气氛、打破沉默和僵局。如果你在推销的时候表现出色，那么客户也是很愿意从你那儿购物的。

乔·吉拉德说："我听到过很多人说他们对外出购车常常感到发怵，但是我的

金牌销售，幽默艺术作担保

幽默的人都很受欢迎，幽默让沟通变得更简单，幽默是推销的加速器，运用好幽默法则很重要。在推销的过程中，没有什么比幽默更有利于和顾客之间建立亲和的关系。

"幽默是具有智慧、教养和道德上的优越感的表现。"幽默的语言有时也能使局促、尴尬的推销场面变得轻松和缓，使人立即戒除拘谨不安，它还能调解小小的矛盾。

幽默还可以提高批评效果。在交往中如果有人蓄意攻击和侮辱你，幽默又可以是一种十分有效的说服与反击武器。

幽默的口才往往是智慧的体现，是不断练习的结晶，是具有自己个性的语言展示。因此，不妨为口才插上幽默的翅膀，推动销售业绩的不断攀升。

客户不会这样说。当我说与吉拉德做生意是一件很愉快的事情时，我相信这句话并不是毫无意义的"。

　　成功的推销员大多都是幽默的高手，因为他们知道幽默会减轻紧张情绪。幽默可以有助于摆正事情的位置。幽默还是消除矛盾的强有力手段。在尴尬的时候"幽上一默"，不仅缓解气氛，还能让人感到你智慧的魅力，起润滑作用的幽默是有助于人在各部门中感到舒适自在的一种极佳手段。

　　一个缺乏幽默感的人是比较乏味的。在你的推销中融进一些轻松幽默不失为一种恰当的策略，同时它也能使你的生意变得十分有趣。否则，你的客户就会保持警惕，不肯放松。

　　一个推销员对着一大群客户推销一种钢化玻璃酒杯，在他进行完商品说明之后，他向客户作商品示范，就是把一只钢化玻璃杯扔在地上而证明它不会破碎。可是他碰巧拿了一只质量不过关的杯子，猛地一扔，酒杯碎了。

　　这样的事情以前从未发生过，他感到很吃惊。而客户们也很吃惊，因为他们原本已相信推销员的话，没想到事实却让他们失望了。结果场面变得非常尴尬。

　　但是，在这紧要关头，推销员并没有流露出惊慌的情绪，反而对客户们笑了笑，然后幽默地说："你们看，像这样的杯子，我就不会卖给你们。"大家禁不住笑起来，气氛一下子变得轻松了。紧接着，这个推销员又接连扔了5只杯子，都成功了，博得了客户们的信任，很快推销出了很多杯子。

　　在那个尴尬的时刻，如果推销员也不知所措，没了主意，让这种沉默继续下去，不到3秒钟，就会有客户拂袖而去，交易会失败。但是这位推销员却灵机一动，用一句话化解了尴尬的局面，从而使推销继续进行，并取得了成功。

　　当你向一位上了年纪的客户推销的时候，千万别开关节炎之类的玩笑。一旦你冒犯了他，你就永远失去了他的信任，一定要谨慎；当你推销矫正或修复仪器时，不要触及客户的痛处；当你推销人寿保险的时候，也要注意别开那种病态的玩笑，幽默要运用得巧妙，有分寸、有品位。在你打算轻松幽默一番之前，最好先敏感一点，分析分析你的产品和你的客户，一定要确信不会激怒对方，因为这种幽默对有些人来说根本不起作用，说不定还会适得其反。譬如，当你和一个严肃的人打交道的时候，你明知道他一本正经，喜欢直截了当，你却偏要去故作幽默。

　　一个真正幽默的推销员，不会将幽默当作是一种负担与挑战，而是将幽默奉作了一种生活与工作的态度。将幽默练习成为一种习惯，在与人交往中发生矛盾时，幽默的反问能在某些情形下产生神奇的效果。

　　生活与工作中处处有幽默存在，发现幽默，做一个幽默的人，你的生活处处都会有阳光，你的工作也将不断迎来胜利。

另辟蹊径，小幽默有大智慧

每个人都有天生的创造性潜能，创造在说服过程中的比重越大，越容易激发他人的好奇，也越容易将他人的思绪引入到自己的思路中来。因此，另辟蹊径让说服在幽默中悄然进行，让说服在智慧的口才中变得不再坚不可摧。

一家私营企业因经营不善，财务室的桌子上总是堆满了各种讨债单。都是千篇一律地要钱，财务主管不知该先付谁的好。经理也一样，总是大概看一眼就扔在桌上，说："能拖一天就拖一天，让他们等着吧！"

但也有例外，仅有一次。

那次老板很干脆，他豪爽地说："马上给他。"

那是一张从别国传真过来的账单，除了列明货物标的、价格、金额外，大面积的空白处写着一个大大的"SOS"，旁边还画了一个头像，头像正在滴着眼泪，简单的线条，但很生动。

这张不同寻常的账单一下子引起所有财务人员的注意，也引起了经理的重视，他看了便说："人家都流泪了，以最快的方式付给他吧。"

这张他国的账单采取了与众不同的表达方式，它没有运用千篇一律的讨债方式，而是另辟蹊径，巧用一个"SOS"和一幅生动的图像，既表达了自己不得不要债的困境，又委婉而不失幽默地展示了自己的情趣。这样的讨债方式，不仅能够引起他人的重视，还能够博得他人的无限同情。可谓"一箭双雕"，令人拍案叫绝。

另外，需要注意的是，很多人在和别人幽默说理时，会不经意间触动了别人的"自尊"，从而火上浇油。如果我们能运用好"另辟蹊径"这个幽默招数，改变说话的方式，说话效果往往会完全不一样。

第七章

面试幽默——步入职场的敲门金砖

让幽默做语言包装纸

在现代社会中，面试招聘似乎成为一个至关重要的环节，那么应该如何成功面试呢？

从一定意义上说，面试的过程是一个让面试官接受你、欣赏你的过程。如果能在最短的时间内发挥出自己的聪明才智，突出自己的个性，让面试官眼前一亮，你就会增加很大胜算。幽默就是这样一种能够吸引面试官注意力的精美包装纸。

在求职面试时，一定要注意说话方式，否则会让你与工作失之交臂。求职者倘若能把求职语言也进行一番精美而富有创意的幽默"包装"，那么，取得面试成功不再是什么难事。

在一次警察学校毕业面试中，一位考官出了一道看似很简单，却很难得到出彩答案的考题。面试官问道："如果你正在执行公务，却正巧迎面扑来了一群疯狂的人，如果不尽快将他们驱散，将会严重影响你执行任务，这个时候你会怎么做？"

很多考生回答说："我会吹哨引起人群的注意，向人群发出避开的指令。"

然而有一个人却是这样回答的："很简单长官，我会向他们募捐。"

结果可想而知，这位考生使得考官哈哈大笑，随后毫不含糊地对该生说："你可以顺利通过了。"

求职和招聘不是简单的"我卖你买"的生意，语言出口时，讲究一点"包装"，它会给你的求职路锦上添花。

曾经有一位幽默无比的同学，他在面试时，老板问他："评价一下罗纳尔多和乔丹，看看哪个更厉害。"

"我觉得他俩都没我厉害！"他很是得意地说。

"啊？！"老板一头雾水。

"我要跟罗纳尔多打篮球，跟乔丹踢足球，看看到底谁更厉害！"

最后这位学生如愿以偿地被录用了，原因就在于他幽默地回答了老板的问题，让老板的思维在昏暗中突然找到了光明的转机，这种转机是一种享受惊喜的快感。

面试中，学会用幽默包装语言，幽默不仅能包装你的语言，还能包装你的才华与气质。面试语言用幽默包装的注意点包括：

（1）表明你的工作态度是认真的。招聘者对求职者能否适合某项工作，经常会注意到的一点，就是看他对目前的工作有何看法。因此，不能在表明工作态度时就一副满不在乎的姿态。从这一点上说，在表明工作态度的环节要慎用幽默，否则幽默运用不当反而会让考官感觉到你不够踏实。

（2）在自我介绍中，亮出你的新意。面试过程中，要能随机应变，表现出你的新意，才有可能给面试官留下深刻的印象。幽默加创新，面试成功的晋级帮手。

（3）说话要突出你的幽默个性，又要表现出对招聘者的尊重与服从。首先要做到实事求是，怎么想就怎么说。真实的思想与幽默的语言就是"个性突出"的最佳体现。

（4）幽默要自信，要有底气，不能唯唯诺诺，否则会给考官带来扭捏、做作之

让个性幽默脱口而出

在面试中，充分表现自己的特色，幽默秀出自己的个性语言。这是一种显示创造力、超人一等的自我推销方式。比方说，款式新颖、造型独特的物体常常是市场上的畅销货；见解与众不同、构思新奇的著作往往供不应求。独特、新颖便是价值。物如此，人亦然。

我会选择拿破仑。如果嫁给拿破仑，我相信我能够帮助他，那么就不会有滑铁卢之败，历史也将改写。

假如你必须在肖邦和拿破仑两个人中间，选择一个作为终身伴侣的话，你会选择哪一个呢？

在面试中推销自己的时候，要突出自己的特色，抓住自己最能打动别人的优点，以创造性的姿态幽默地表达出来，你将会因自己的与众不同而距离自己的梦想越来越近。

其实亮出新颖创意的机会随处都是，只要你是个有心人，那些看似给你带来麻烦的困扰和过失都有可能成为你转忧为喜的契机。"山不在高，有仙则名；水不在深，有龙则灵。""个性鲜明"的幽默式回答往往容易给人留下深刻的印象。

感。

（5）面试中的幽默说话要有条理、有主见，但也不能狂妄自大，更不能目中无人。

自我介绍请幽默地说

幽默的人很受欢迎，幽默的求职者同样会让自己的气质脱颖而出，因此面试的时候，在做自我介绍这一关中，不妨也加上一点幽默。但是，应该注意的是，求职中自我介绍的幽默需要遵循一些技巧。

美国政治家查尔斯·爱迪生在竞选州长时，不想利用父亲（大发明家爱迪生）的声誉来抬高自己。

推销自己，幽默创意

幽默在求职过程中可以体现你的随机应变能力以及对自我价值的肯定。其实一个求职者的价值很大一部分是说出来的，幽默的口才可以让你在描述中最大化地宣传自己，无论这种幽默的宣传是一种语言，还是来自行动。

求职过程中，幽默口才是宣传自己、销售自己的媒介，幽默的口才和有创意的思维将会让你在求职中尽显灵性本色！

要在求职中善于变换思路，善于运用绝处求生的幽默思维，赢得让人们发现自身才华的机遇。无论从事何种活动都要求我们摆脱思维定式，运用创新的思维，想出不落窠臼的创意以应对新的情况，解决新的问题。

在做自我介绍时他这样解释说："我不想让人认为我是在利用爱迪生的名望。我宁愿让你们知道，我只不过是我父亲早期实验的结果之一。"

通过这段简短的介绍，查尔斯·爱迪生霎时就迎来了一阵阵掌声。

人们欢迎的是查尔斯·爱迪生幽默的言辞以及风趣的比喻。幽默的自我介绍，能够提升自己在他人心目中的印象指数，能够展示自己的睿智与气度。

毕竟求职面试时，招聘者手中往往拥有许多求职履历表，这里面的应聘者个个实力雄厚，所以招聘者想知道你和别人相比有什么独到之处。在能力相同的情况下，有些求职者之所以能够成功，关键在于他们在做自我介绍时的出色表现。

当然，幽默的自我介绍并不是随心所欲地进行的，一个良好的、恰到好处的自我介绍能给主考官留下深刻的印象，反之则会让你的面试一开始就一塌糊涂。自我介绍的幽默是有讲究的，不妨用直白的幽默，让"面试官"欣然接受坦诚。

列宁作为在爱情追求之旅中的"求职者"，希望能顺利通过克鲁普斯卡亚的审核，列宁是个擅长幽默的人，他摒弃了华丽的表达、肉麻的承诺，他只是很直接地对克鲁普斯卡亚说："你就做我的妻子吧。"

克鲁普斯卡亚面对列宁如此直白的求爱，却更加幽默地直截了当地回答："你这么说，我也就没办法了，那就做你的妻子吧。"

简洁明了的求爱，换来直接的肯定，他们两人的淡定可谓幽默。正因为表白太简单、太直接，才会引来幽默的逗趣效果。

创意幽默换来录用书

有过求职经历的人都知道，求职面试时，经常会碰到一些很难回答的问题，当问题回答不上来的时候甚至会让自己变得十分尴尬。遇到这种情况该怎么办呢？不要轻言放弃，更不要只是愣在那里什么都不做。而是应该给自己一定的镇定时间后，从容地组织要回复的答案。这个时候不要回想他人怎么说，而更要提醒自己该怎么说才能够有新意。任何人都喜欢新鲜的创意，任何人都会对惯用的话语麻木到没有感觉。

于是，考验自己随机应变的时刻到了，不要紧张，要对自己的创意放心。因为只要你的回答完全不同于其他人，你已经成为创新的成功者。创意性的幽默回答，让你在信服中换来面试官的认可。

在一次电视台主持人招聘面试中，考官问一位女学生："三纲五常中的'三纲'指什么？"这名女学生答道："臣为君纲，子为父纲，妻为夫纲。"她刚好把三者关系颠倒了，引起哄堂大笑。

可她镇定自若，幽默地说："我指的是新'三纲'，我们国家人民当家做主，领导是人民的公仆，当然是'臣为君纲'；实行计划生育后出现了大量的'小皇帝'，这不是'子为父纲'吗？如今，妻子的权利逐渐升级，'妻管严''模范丈夫'流行，岂不是'妻为夫纲'吗？"

这位女学生机敏幽默的回答，用新时代的特色重新解释了三纲五常中的"三纲"，这不仅让面试官的眼前一亮，而且她巧妙地显示了自己的口才与智慧，显示了她竞争的实力，最终使她顺利通过了面试。

创意让你不断地在探索中走向成功。一个成功人士在总结自己的成功经验时说："你可以超越任何障碍。如果它太高，你可以从底下穿过；如果它很矮，你可以从上面跨过去。总会有办法的。"所以，对于善于变通的人来说，世界上不存在困难，只存在暂时还没想到的方法，而死板之人，常画地为牢，最终害苦自己。想要有创意的灵感，我们只需懂得流水的圆融。勇于迈出别人不敢迈出的一步。

陈锋南下广州，第一次参加应聘面试，迟到了，到达该公司时，已有30个求职者排在他前面，他是第31位。

怎么能引起主试者的特别注意而赢得职位呢？陈锋很快拿出一张纸，在上面写了一些东西，然后折得整整齐齐，走向秘书小姐，恭敬地对她说："小姐，请你马上把这张纸交给老板，这非常重要！"

那小姐很称职，点点头把那张纸条取走，并很快送到老板的桌上，老板看后笑了起来，因为纸条上写着："先生，我排在队伍的31位，在你看到我之前，请不要做决定。"

最终阿锋得到了工作，这是他善于用脑的结果。确实，一个会动脑筋的人，一定是一个富有创意的人，而这家广告公司所要的人才，就是要求其想象力丰富，有创意。

创意，意味着打破沉闷、打破旧有的做法。在面试中，我们需要有突破陈旧的勇气，不要让不合宜的面试规则控制你的大脑。面试需要勇气，也需要潜力，潜力的繁衍需要不断新生的空间。

创意幽默，作为圆融的面试技巧，会让你成功步入职场。

幽默的答复淡化缺点

金无足赤，人无完人，当招聘方提到你的短处时，如果你想刻意掩饰，尤其是那些显而易见的短处，恐怕会招致反感。最好的办法就是"这壶不开赶紧提那壶"，扬长避短，做不了完人可以尽量向完人靠拢，借助幽默的嘴皮子来将自己的缺点淡化。

有面试经验的人通常坦然承认自己的缺点，但他们很有技巧，在谈起这些缺点时，他们可以幽默地模糊掉这些缺点所带来的弊端，将缺点过渡为优点。例如：

当求职者的简历上有明显的留级记载，他可以这样提及这件事：

幽默回复面试官问题的原则

完满的回答便是用简洁正面的介绍抵消缺点本身带来的不良效果。请在幽默地回复面试官问题的时候记住以下几个原则：

"你为什么留级过一年？"主考官这样问，求职者可以这样回答："我也觉得留级一年很不应该，当时我被推选为社团的负责人，全身投入到社团活动上，反而忽略了自己当学生的本分，等我察觉到这个错误时，我已经被留级了。虽然我花在社团的心血，也带给我不少的收获，可是一想到自己因此而留级，就觉得很可耻，我一直都为此事耿耿于怀，更不愿重蹈覆辙。但是，我的责任心已经被深刻地践行了，它就像影子一样和我如影随形。"

首先，这位求职者给主考官留下了一个主动承认错误，知错就改的形象，其次主考官听了他的回答后会认为虽然留级一年，但造成这种结果的原因却是良性的，他会猜测该求职者的社交、组织能力很不错。由此，该求职者实现了缺点到优点之间的平稳过渡。

其次，这位求职者面对刁难的问题，处变不惊，坦然而风趣地应对。幽默的语言智慧，让他的缺点更加淡化，取而代之的是人格魅力的优势显现。

当然，对于别人当面评价你的缺点或短处时，你也可以淡化缺点，避而不谈，机智地转向自己的优点。

戴维："很抱歉，我们的谈话随时有可能被打断。不过，法拉第先生，你很幸运，此时此刻仪器还没有爆炸。你的信和笔记本我都看了，你好像在信中并没有说明你在什么地方上大学。"

法拉第："我没有上过大学，先生。"

法拉第接着说："我尽可能学习一切知识，并用自己的房间建立的实验室进行试验。"

戴维："唔，你的话使我很感动。不过科学太艰苦了，付出极大的努力只能得到微薄的报酬。"

法拉第："但是，我认为，只要能做这种工作，本身就是一种报酬！"

这段对话十分精彩和趣味十足，它是英国科学巨匠法拉第当年向戴维爵士求职时的对话。当戴维爵士提到法拉第没有受过正式教育时，法拉第仅一句带过，话锋立刻投向他的长处——执着、勤奋，而这正是从事科学研究所需要的品质。最终法拉第被爵士破格录取为自己的助手。

轻松跳过考官的陷阱

当陌生的双方相见后，都想在短短一席话中努力表现出自己的优点。说出幽默话给面试官一种耳目一新的感觉，以便给对方留下良好的印象。面试官为了不至于"选错郎"，也许会在面试中设置各种语言陷阱，以探测你的智慧、性格、应变能力及心理承受能力。求职者只有识破这些语言陷阱，才能小心巧妙地绕开它，不至于一头栽进去。

一位男子来到一家艺术品商店求职。

老板问道："你有经验吗？"

"哦，有的！"男子坚定地说。

"如果我们不小心把一只贵重的花瓶打碎了，你说该怎么办？"老板在给年轻人设陷阱，看看男子如何应对。

"我会把碎片重新黏合好，等一位有钱的顾客光临时，我把它放在一个恰当的地方，以便重新酿成事故……"男子甚是幽默地说。

轻松跳过考官的陷阱的幽默策略

"很好，你被录用了。"老板兴奋地告诉他。

该男子被录用的原因主要有两点：其一，处处为企业利益考虑的人，聪明而善于开动脑筋的员工最受老板的青睐；其二，会说话、懂幽默的人是业务顺利开展难得的人才。

在这则幽默对白中，老板通过假设条件对应聘者进行了刁难，但这位应聘者幸运的是，他有随机应变的思维、幽默的才能，帮助他轻松躲过这一劫。

毕竟企业用人对于一个企业的发展至关重要，因此，在选拔人才的时候要慎之又慎。因此他们提出的哪怕任何一个不起眼的问题，都是一个陷阱。作为求职者，应保持淡定的心态，用幽默的利剑步步为营，逐一攻破。

离职原因，幽默讲述

"你能否描述一下你离开以前所供职单位的原因？"这类问题在面试时经常会被问及，招聘单位能从中获得很多关于你的信息。因此，在回答这个问题时应该非常小心，要考虑到单位的感受，千万不要说得愤世嫉俗，众人皆浊我独清。

选择像"大锅饭"阻碍了发挥、专业不对口、生病、结婚等人们都是可以理解的离职原因。但是，要避免把离职原因归结为别人的主观因素，让招聘单位怀疑你的个人品行和团队合作能力，比如：

人际关系复杂。现代企业讲求团队精神，要求所有成员都能有与别人合作的能力，你对人际关系的看法可能会被认为是心理状况不佳，处于自我封闭的心境之中，从而妨碍招聘单位对你的选择。

分配不公平。现在企业中实行效益薪金、浮动工资制度是很普遍的，旨在用物质刺激手段提高业绩和效率；同时，很多单位都施行了员工收入保密的措施。如果你在面试时将此作为离开原单位的原因，则一方面你将失去竞争优势，另一方面你会有爱打探别人收入乃至隐私的嫌疑。

上司有问题。既然是在社会中存在，就得和各式各样的人打交道。假如你挑剔上司，说明你缺乏工作上的适应性，那么，很难想象你在遇到客户或与单位有关系的人时会不会凭好恶行事。

竞争过于激烈。随着市场化程度的提高，无论是在企业内部还是在同行之间，竞争都日益激烈，需要员工能适应，在这种环境下干好本职工作。

工作压力太大。现代企业生存状况是快节奏的，企业中的各色人等皆处于高强度的工作生存状态下，有的单位在招聘启事上干脆直言相告，要求应聘者能在压力下完成工作，这是越来越明显的趋向。

很多招聘者建议把加入一家新公司的理由设定为事业发展的需要。例如："在原公司销售科工作了两年后，我学到了许多有关营销方面的知识。现在，我想学点别的"。或者"现在，我想学点新东西，而贵公司则是我最中意的"。不过，要是你确实因与老板发生冲突而被解聘，那么，你最好主动把事情原委告诉招聘者，而不要让他们先问你。话要说得既明确又有艺术性。例如："在管理形式方面，我和原公司的一位新金融主管存在分歧。不过，我们双方对此表示理解。"

因此，在面对离职原因的解释时，最高明的回答方式就是运用幽默，巧妙地将自己的优势表达成离开上个东家的原因，并进一步将自己的职业发展规划幽默地表达出来。幽默是解释离职缘由的两全其美之法。

一位面试官问到一位应征秘书的求职者："小姐，你人这么美，学历又高，举止又优雅，难道你原来的上司不喜欢你吗？"

求职者微笑着说："也许正因为美的缘故，我才离开原来的公司。我宁愿老板事多累下人，也不希望他们'情多累美人'。我想在您手下工作，一定会省去许多不必要的累。"

她并没有说"老东家"的好与不好，但一句幽默的"情多累美人"既让人同情也让人爱怜，结果她很顺利地走上了新岗位。

面试中对自己的前任上司切不可妄加评论，要知道现在招聘你的考官可能就是你未来的上司，既然你可以在他面前说过去的上司不好，难保你今后不在其他上司面前对考官说三道四。一个人要在社会中生存，就得与各色各样的人打交道，挑剔上司说明你对工作缺乏适应性。

第八章

职场幽默——愉快工作，轻松生存

幽默沟通助你名利双收

美国人类行为科学研究者汤姆士指出："说话的能力是成名的捷径。它能使人显赫，令人鹤立鸡群。能言善辩的人，往往使人尊敬，受人爱戴，得人拥护。它使一个人的才学充分拓展，熠熠生辉，事半功倍，业绩卓著。"他甚至断言："发生在成功人物身上的奇迹，一半是由口才创造的。"

美国资产阶级革命时期著名政治家、外交家富兰克林也说过："说话和事业的进步有很大的关系。"无数事实证明，幽默水平是事业成功的重要因素之一，口语表达的好坏直接关系到事业的成败。

我们在办公室这个有限的空间中，做得最多的事情就是与人交流，要是能掌握一些幽默谈话技巧，就可以使自己在芸芸众生中脱颖而出，可以得到老板的赏识，同时和同事的相处也会变得融洽。总之，作为幽默职场人，需要懂得在与他人沟通中学会幽默表达。

在德国某电子公司的一次会议上，公司经理拿出一个他设计的商标征求大家的意见。

经理说："这个商标的主题是旭日，这个旭日很像日本的国徽，日本人民见了一定乐于购买我们的产品。"

营业部主任和广告部主任都极力恭维经理的构想，但年轻的销售部主任说："我不同意这个商标。"经理听了感到很吃惊，全室的人都瞪大眼睛盯住他。

年轻的销售部主任没有同经理争论那个带红圈圈的设计是否雅观，而是出乎大家意料地说："我恐怕它太好了。"

经理感到纳闷，脸上却带着笑说："你的话叫我难以理解，解释来听听。"

"这个设计与日本国徽很相似，日本人喜欢。然而，我们另一个重要市场是中国的人民，他们也会想到这是日本国徽，就不会引起好感，应当不会买我们的产品，这不同本公司要扩展对华贸易营业计划相抵触吗？这显然是顾此失彼了。"

"天啊，你的话高明极了。"经理叫了起来。

面对权威人士想提出自己的想法，这位年轻主任不仅有充分的理由，而且还注意了幽默的意见表达技巧。年轻主任先用一句"我恐怕它太好了"抚平了经理的不快，使他不失体面。后来他以充分的理由，提出反对经理的意见，经理也就不会感到下不了台了。同时他的真知灼见也引起了经理对他的注意。职场中依靠幽默口才达到令他人印象深刻的目的，可以让自己收获更多的职场机遇。

总之，如果你以为单靠熟练的技能和辛勤的工作就能在职场上出人头地，那你就有点太幼稚了。当然，拥有出色的才干和勤奋的工作热情对一位员工来说很重要，但是在职场中会说幽默话，会在合适的时间、合适的场景中进行幽默表达的员工，更容易受到同事的欢迎和赢得上司的好感。

职场幽默帮助提升业绩

职场幽默可以说是一种生产力，因为幽默元素能够提升人们的活跃度，而生产力中最重要的因素就是人，因此幽默的风趣直接导致了人力的积极与活跃，进而带动了生产力的不断提高。所以，职场需要幽默，每个职场人更需要幽默。

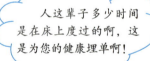

幽默，在增强说服力的同时，也增加了产品的销售量，意即提高了企业的生产力，幽默不知不觉成为促进生产力迅速提升的重要因素。

所以，将幽默作为公司培训的考量，是因为幽默是一个员工情商的重要体现，情商决定了与人交往的能力，影响了给公司创造生产价值的能力。

所以，幽默沟通的灵活运用，是成功与否的重要因素。卓越的说话技巧以及幽默的口才表达方式，不仅能让你的工作生涯加倍轻松，更会促使你走向名利双收。多加强自己幽默口才的训练，并在适当时刻派上用场，加薪与升职必然离你不远。

职场矛盾，幽默化解

在战国时期，齐国有个出身卑微的人，叫淳于髡，他虽然身材矮小但口才很好，善于讲幽默笑话，使听者在笑声中受到启发。于是齐威王派他作为齐国的使臣，出使各国。由于他有一副雄辩的口才，因而每次都非常出色地完成了使命，深得齐威王的器重。

一次，楚国发兵进攻齐国，齐威王派遣淳于髡带着黄金百斤、驷车十乘为礼物，前往赵国求救兵。淳于髡接到命令之后，放声大笑，直笑得前仰后合，浑身颤动，连帽子缨带都断了。

齐威王问他道："先生是不是嫌我送给赵王的礼物太轻了？"

淳于髡回答说："我怎么敢呢？"

齐威王又问："那么，你为何这样大笑呢？"

淳于髡答道："不久前，我从东面来，看见路上有一个人正在向土地神祈祷。他拿着一只猪蹄，捧着一杯酒，嘴里念念有词，'高地上粮食满筐，低地上收获满车，五谷丰登，全家富足'。我看见他奉献给土地神的少，而向土地神索取的多，所以觉得好笑。"

齐威王听到此处明白了，淳于髡是在用隐语来谏劝自己增加礼物，于是决定把礼品增为黄金一千镒（每镒二十两）、白璧十对、驷车一百乘。淳于髡于是带着礼物前往赵国，说动了赵王，答应发兵救齐。

在职场中，我们常常会碰到各种各样的矛盾，有的甚至是十分棘手的难题，这就需要我们妥善解决它。我们可以以幽默的语言打开局面，给上司以智慧的启迪和美的享受。所以，职场上离不开幽默的语言。

另外，需要注意的是，职场离不开的是恰当的幽默，而不是过分的幽默，当你说的话出现严重措辞不当的时候，即使很有幽默感，又能有谁会为你的幽默喝彩呢？答案是没有。

在一次盛大的宴会上，一位诗人和一位将军坐在了一起，但是他们对彼此都很有敌意，将军看不惯诗人，诗人也不习惯将军的架子，他们对彼此很冷淡。当宴会主人提到诗歌的时候，将军就会摆出一副不屑的表情。当宴会进行到一半的时候，宴会主持人提议让诗人当场为大家作一首诗。

幽默的诗人推辞说："哦，主持人，作诗没有什么好看的，还是让我们的将军来为大家表演发射一枚炮弹吧。"

办公室里的幽默探幽

闲暇的时候，同事们经常会聚在一起聊聊天，说点幽默的话题。但是，职场毕竟是一个比较特殊的场合，我们一定要掌握好自己的幽默尺度，不要成为办公室中的那个众矢之的。

用别人的缺点来调侃，就是哪壶不开提哪壶，没有顾忌到同事的感受，也没有设想自己这样做是多么的愚蠢，这样的幽默只会让别人更加厌恶。

来，我看看竹竿和你到底哪一个高一点。

这么美的两个女人在公司吵架，还真是一道美丽的风景呢。

当我们在工作中看到同事间有磕磕绊绊的时候，若能用一个恰当的小幽默来巧妙地化解，不仅让同事之间的关系更加融洽，还能给同事留下良好的印象。

职场中的我们需要幽默。得体的幽默，于人于己都是一缕玫瑰的芳香；幽默是闲暇之余的调味品，能不能融洽办公室的气氛，那就要看你懂不懂职场中幽默的"潜规则"了。

将军听到这，呼哧一下笑了，并与诗人举杯同饮。直到宴会结束的时候，他们还谈得火热。

幽默，可以让互相仇视的两个人，相逢一笑泯恩仇。职场中并不总是一帆风顺，也并不总会遇到自己喜欢的人，当"看不惯"占了上风的时候，请学会运用幽默的智慧之剑将冷漠斩断。真正聪明的人，总会依靠幽默使职场更富人情味、变得更顺利。

所以说幽默是一门艺术，是一门必须修炼的课程。职场中，幽默的遣词造句是优秀员工所必备的，拙于言辞让你的职业生涯已经失败了一半。

在争吵与不和面前，保持微笑，幽默地说话才是一种可贵的涵养与品质。

职位变动，幽默视之

职场中，被辞退或是调离都是常常发生的事情，一般大家都会觉得被炒鱿鱼是一件非常痛苦的事情，但是，如果换一种想法，换一种思维方式，或许就没有我们想象的那么糟糕。

波特刚被公司辞退了。便有朋友打电话安慰他：

"波特，听说你被炒了，这是怎么回事呢？"

"哦，"波特说，"你知道经理是什么样的人，他就是那种悠闲地看着别人工作，而自己从来不动手的人。"

"这个情况我们是知道的，但是为什么他会让你走？"

"嫉妒！完全是他的嫉妒…你知道吗？其他所有人都认为我是领班。"波特幽默地回答。

在离职的时候也不忘记给自己找个十分体面的理由，就像波特一样，把自己的离职归结为自己太有才能，让领班产生嫉妒，自己才会被撤职。被炒鱿鱼并没有什么不光彩的。用幽默来安慰自己，这不得不说是一种智慧。

如果是非走不可，我们也要幽默大度地走。为什么还要有失落、无奈和心酸呢？我们要用一种诙谐的豁达告诉别人，同时也告诉自己，不管是辞退还是调离，都预示着一段新生活的来临，不能说就一切都不好，或许更有希望，不论前方的路是阳光大道，还是羊肠小道，我们都要勇敢地去面对，坚持走下去。

美国著名讽刺作家马克·吐温曾在《守声报》工作，可是，6个月后的某一天，报社总编突然找到他对他说："你太懒了，一点都不顶用！你收拾收拾东西离开我们这里吧，我们这里不欢迎懒汉。"面对这一切，马克·吐温并没有表示遗憾，只是微微一笑，大声对主编说："你这个笨蛋，你竟然用了6个月时间才了解我的为人！我可是刚到报社那天就知道你了。"

马克·吐温面临着即将失去工作，但他的一句话便让他从劣势一下子占了上风，自信十足地离开了。

此外，面对人事调动，我们要学会大度、欣然接受公司的安排。

小刘一直在公司总部工作。一天，人事经理找到他，告诉他即将把他安排到分公司服务，叫他收拾准备一下。人事经理安慰小刘道："小伙子在基层也得好好努力，工作好了，我们过一段时间还是会把你调回总部的。"

小刘毫不在乎地说道："到基层没有什么不好的，我现在只不过觉得像个董事长退休罢了！" 小刘的幽默回答体现出了他乐观豁达的精神，无形中把自己提到了一个较高的档次上，降职在他看来反而像是升职了一样。他这样一说，便让经理等其他人对他另眼相看。

无论怎样，幽默大度地从工作岗位离开，一转身就不再留恋，给自己留下美好的回忆。幽默地离开，是一种生活的态度，是向别人展示一种豁达的胸襟。哪怕我们将要离开的工作岗位是我们维持生计的保障，我们也要笑着离开，告诉别人，我们不怕挑战。

方圆幽默，巧妙制胜

幽默是智慧、爱心与灵感的结晶，是一个人良好素质和修养的表现，也是一名工作者圆融处世的灵丹妙药。日本心理学家多湖辉把幽默称作"语言的酵母"。创造出幽默就是创造出快乐。幽默的人生，是乐趣无穷的人生。学会和善于运用幽默，会令我们的工作、生活更为丰富和快乐。尤其是方圆的幽默技巧，会让你在职场中立于不败之地。

基辛格31岁时，以优异的成绩取得哈佛大学博士学位，之后留校任教。他十分喜欢外交，具有无与伦比的辩论能力和外交天赋。

基辛格担任国务卿时，有一次设宴款待联合国外交使节团和记者团。他在致辞中说："各位外交官先生，你们的周围都是新闻记者，说话要多留神。各位记者先生，你们的身边都是外交官，对他们的话，可别太认真了。"

如何在工作中自由游走？即话不能说得太多，不能说得太绝，凡事要留有余地，既要像记者一样知晓多方厉害，也要像外交官一样，通达多方关系。这就是基辛格的方圆幽默技巧展示。

基辛格是一个懂得运用幽默处世的高手，他知道什么该说，什么不该说，该说的会幽默地说，不该说的会委婉绕过。

基辛格在担任国务卿期间，为了谋求世界和平，经常奔走于华盛顿、巴黎、北京、莫斯科，进行穿梭外交。

有一次举行记者招待会，基辛格表示下星期日世界不可能有新的危机发生。记者追问这是什么原因，他幽默地说："因为我的工作已经排满了。"

工作难题，幽默处理

在工作之中，难免会遇到一些难处理的问题，那我们以什么方法应对呢？多一些幽默吧，这样不仅可以让我们的职场生涯更快乐、轻松，还可以帮助我们完成一些难以完成的工作，从而让我们把工作做得更加得心应手。

> 经理，中国的蟑螂只爱吃中餐，不吃汉堡和咖啡的。

> 哦，上帝，赶紧清理干净，要不然蟑螂就要来袭击我的办公室了。

遇到让人难缠的老板，不想些幽默的点子也不好应付。看准时机幽默一下，结局总是快乐的。当然在幽默的时候也一定要看清对象，要因事而异，因人而异。

> 就你这么小的个头，还要求我每天给你涨20元的午餐补助吗？

> 我知道，就我的年龄来说，我的个儿是太小了，但把实话跟您说了吧，自从我到这里来工作，就忙得没工夫长个儿了。

解决麻烦问题，也可以考验我们的工作能力，其实只要凭借我们的聪明才智，化繁为简，迎难而上，什么事情都可以幽默轻松地搞定。

基辛格懂得如何让别人认识到自己工作的重要性，他借用幽默来表达，既让大家看到自己的工作内容，更让大家感受到自己真诚的努力。为此，才会受到更多人的尊重与信服。

方圆幽默适合于各行各业，有方圆幽默的地方就有欢笑，就能够将难以回答的问题幽默地做出精彩的答复。

一次，一位大律师到某大学讲演时，对于学生提出的各种问题，他都做了坦率的解答。这时，一位男学生递上一张纸条，上面写道："既然律师公平地维护当事人的权益，那么你为什么还要为杀人犯辩护？你明明知道他杀了人，难道法律没有公平可言吗？"读完这一尖锐问题，那位大律师想了一下，便问那位男生："你喜欢照相吗？"见男生直点头，大律师反问道："你脸上有光滑漂亮的时候，也有长疮疤不干净的时候，你为什么不在脸上生疮疤的时候去照相呢？"这一问，引得周围的人都情不自禁地笑了。

对于男学生提出的颇有难度的问题，律师不急于作答，而是提出一个对方感兴趣的幽默问题，再进行反问，把在法庭为杀人犯作辩护与年轻人的照相巧做对比，在言简意明和风趣诙谐中，把自己的观点表达出来，让人豁然开朗，印象深刻。

因此，通常回答有些人的提问时，正面的回答极易落入俗套，难以满足提问者的要求，幽默的回答者会漫不经心地似答非答，引对方入"圈套"，占据主动，最后让对方折服。

避免与同事"交火"

工作中同事之间很容易发生争执，有时搞得不欢而散甚至使双方留下芥蒂。人是有记忆的，发生了冲突或争吵之后，无论怎样妥善地处理，总会在心理、感情上蒙上一层阴影，为日后的相处带来障碍，最好的办法还是尽量避免它。

中国人常说："有话好说。"这是很有道理的，据心理学家分析，争吵者往往犯三个错误：第一，没有明确清楚地说明自己的想法，含糊，不坦白；第二，措辞激烈、武断，没有商量余地；第三，不愿以尊重的态度聆听对方的意见。这个时候，我们需要借助幽默，为即将在职场中爆发的矛盾开脱。

同事之间的关系是职场关系的重要一层，毕竟若还打算在公司中工作下去，就免不了与同事相处。同事关系的和谐是助力自己积极工作的重要动因。如果不能够选择自己的同事，那么就请选择幽默的相处态度，对同事多运用些幽默来搞好关系，善用幽默避免与同事的争吵，为自己腾出更多的时间和精力致力于工作。

麦克阿里斯特作为某大航空公司的主管工程师，曾经被派往参加一次关于要不要将新型喷气引擎继续安装在"逾龄"飞机上使用的会议讨论。此次会议讨论十分激烈，一方强烈要求安装，另一方却坚决反对安装，双方僵持不下，火药味就快要浓烈到极限了。就在这时，会议讨论主席一席幽默的话打破了这种紧张对峙局面。

主席说："这些老飞机就跟老祖母一样，为老飞机安装新型喷气引擎就像是在为老祖母隆胸一样，可能带来浪费，却也可能会大有用处，不管怎么说，老祖母还是觉得很开心的吧。"

主席巧用的比喻以及诙谐式的表达，让在场的人们放声大笑起来，对峙的局面一下子缓和了很多。会议讨论最终得出了一致的意见，就是可以将新式引擎安装在老飞机上。幽默解决了工作中对峙的尴尬，避免了"交火"的发生，为和谐共处创造了条件。同事在工作中更需要这种和谐的幽默相处方式。幽默会加深同事之间的感情，避免不良情绪左右工作时的心情，进而提升工作的效率。还有一点很重要，就是幽默可以给同事保全情面。

如何与同事幽默相处

你姓周，以后你家孩子可以叫周一。这个名字还有延续性，一口气可以生七个，从周一到周日。

那如果生了第八个就叫夏周一，呵呵。

不得不承认，即便是对工作狂来说，上班也是件非常辛苦的事。所以要注意营造温馨和谐的工作环境，大家心情好了，效率提高了，干劲也就足了。

单挑我可不怕你。你决定地点、时间和武器吧。

那地点就在走廊里，时间就是现在，武器就是空气。

在工作中遇到难题时，如果用幽默调节，事情就可能很快得以解决。幽默能给你带来很多意想不到的好处，具有非常神奇的力量。

如果你已经利用幽默力量来帮助你取得成功，你也就能对挫折一笑置之，坦然开同事的玩笑，并且关心他们，更重要的是以轻松的心情面对自己，而以严肃的态度面对自己的新角色。

一位漂亮的打字员小姐收到了一封来自男同事的表白信，但是她对这位男同事没有感觉，于是她没有理会男同事的信。可这位男同事仿佛并不在意打字员小姐的置之不理，他一如既往地写信。终于，有一天打字员小姐把他刚送过来的一封信连同自己重新打了一遍的信寄给了他，并幽默地说道："我已经为你全部打完了，还有什么事情吗？"

此后，这位男同事不再自找没趣。

打字员小姐巧妙地借助了职业之便，幽默委婉地拒绝了男同事的求爱，保全了男同事的尊严，又不会使自己为难。

办公室是工作场所，建立良好的工作环境十分必要，幽默可以让自己树立起友好形象，可以获得同事们的好感，减少摩擦的发生，使自己与同事在和谐中竞争。

退一步说，即使和同事没有竞争关系，没有提升不提升的前途问题，而只是彼此意见不合，也不必非说一些撕破脸皮的话。相互之间有了不同的看法，最好以幽默的口气提出自己的意见和建议，语言得体是十分重要的。每个人都有自尊心，伤害了他人的自尊心，必然会引起对方的反感。即使是对错误的意见或事情提出看法，也切忌嘲笑。

幽默的语言能使人在笑声中思考，而嘲笑使人感到含有恶意，这是很伤人的。真诚、坦白地说明自己的想法和要求，让人觉得你是希望与他人合作而不是在挑别人的毛病。同时，要学会聆听，耐心地听对方的意见，从中发现合理的部分并及时给予赞扬或同意。这不仅能使对方产生积极的心态，也给自己带来思考的机会。

职场幽默应恰到好处

幽默要分场合、人物与时机，开玩笑也要分场合、分人物。与其他人在一起时，可以观察他们的性格，有些人是不喜欢开玩笑的，有些人性格开朗，开开玩笑也没有关系的。所以，幽默要因时因人而定。朋友、熟人之间适当开开玩笑，可以活跃气氛，融洽关系，增进友谊。但开玩笑一定要适度，要因人、因时、因环境、因内容而定。

小王总是忘记刮胡子，生性散漫，因此多次被批评，但是积习难改。

一天主管找他谈话，这位主管劈头就问道："想一想，小王，你身上最锋利的是什么东西？"小王愣了一下，掏出兜里的水果刀说："就这把水果刀了。"主管摇摇头说："我看不见得，应该是你的胡子。"小王十分不解："为什么？"主管说道："因为它的穿透力非常强嘛。"经理的潜台词是说："小王，你的脸皮真厚。"等到小王反应过来，脸气得通红。

由此可见，不恰当的幽默或者过分的幽默会使别人处于难堪之中，不但达不到联络感情、调节气氛的效果，反而会无意中伤害他人的自尊心。

幽默打造成功的职场

幽默是思想、学识、智慧的结晶，是一瞬间闪现的光彩夺目的火花。用幽默引起他人的兴致，你说一句笑话可以像一缕阳光似的驱散重重的乌云，一切的怀疑、郁闷、恐惧，都会在一句恰当的笑话中消散无踪。

真正的幽默诙谐而不失风度、滑稽而不粗俗、精练而不烦冗。而且，幽默虽然只是短短的几句话，或者简单的行动，却常常能胜于千言万语的描述与雄辩。

幽默的职场处事风格，既能让人们轻松化解职场中的窘境，也代表着自己拥有博大的胸襟与乐观的内心。

由于讥讽幽默具有非常严重的负面效应，所以在对别人进行批评使用幽默时就要仔细推敲，以免让他人产生被捉弄、被嘲笑的感觉。职场中尤其如此，上司和下属之间、同事之间，适时地开几句玩笑，会达到一种团结一致、彼此平等的效果。然而一些不恰当的玩笑，会让人感到失去了交际的平等感，被歧视了，使他人陷于焦虑之中或受到伤害。

必须要承认，在职场，许多时候做事和做人同样重要，不聪明的人把职场当成厮杀的"战场"，聪明的人当它是个"秀场"。善用幽默很好制造职场"笑气"的人，既能让自己的工作进行得更顺畅，也能扮演同事之间的润滑剂。

有一位经理对手下的职员说："我需要这进度报表的5份复印本，马上就要。"这位职员按下复印机的按钮，立时，25份复印本马上就复印了出来。"我不要25份。"经理大声说。于是这位职员笑着说："对不起，但是你已经得到了那么多！"然后他俩爆出一阵笑声，笑那复印机没有人性。

这位职员以幽默的反应来缓解紧张的气氛，并且使得上司接纳了她在严肃与趣味之间巧取的平衡。当然，她的上司也赢了。他以更为轻松的心情，了解到了自己忽视了一个与其他部门做更好沟通的机会。多出来的20份复印本，可以用来帮助其他的部门经理了解他这个部门在做些什么。

行使幽默是对生命张力的一种缓解，一种释放，一种松弛，并不是一件容易的事。幽默需要我们用谨慎的态度对待它，要用对时机，更要用对场合。

人人都喜欢幽默睿智之言。幽默需要机智，需要自嘲，需要胸怀，需要对人的博爱，需要对人的关怀，需要心灵的火花闪耀，唯一不需要的就是对他人没有顾忌的"开涮"，即使是善意的。但是，许多人却不知道善用这个利器，或者是不知道该怎么用，甚至不得其法最终弄巧成拙。

幽默在工作中不但可以表现你的聪明，还可以鼓励他人，使紧张的局面得到缓和，为你的工作助兴。适合职场的幽默方式很多，但是也要慎用。幽默是一种机智性应对，如果别人对幽默做出相应的反应，那么就是一场脑力激荡的游戏。如果别人感到有压力，或不喜欢这种游戏，就容易排斥这种幽默。如果不好断定能否说出大家都非常喜欢听的话时，最好的方法就是沉默，俗语说沉默是金，此时无声胜有声。否则就可能是口无遮拦，夸夸其谈，出口伤人了。

职场幽默分寸，不该说的勿说

职场如战场，职场中处处埋藏着能够伤害到你的"子弹"。在职场中生存就应该懂得这样一个道理：害人之心不可有，但防人之心万万不可无。

职场中的一句话可能会改变一个人的命运，一句话也可能阻碍了一个人的发展。说话的艺术性很重要，切记该说的要幽默地说，不该说的打死也不会乱说。

办公室幽默需要注意的问题

薪水问题。很多公司不喜欢职员之间互相打听薪水，因为同事之间工资往往有不小的差别，所以发薪时领导有意单线联系，不公开数额，并叮嘱不要让他人知道。

私人生活。千万别聊私人问题，也别议论公司里的是非短长。你以为议论别人没关系，其实用不了几个来回就能"烧"到你自己头上，引火烧身，那时再"逃跑"就显得被动了。

家庭财产。无论露富还是哭穷，在办公室里都显得做作，与其讨人嫌，不如知趣一点，不该说的话不说。

雄心壮志的话。你公开自己的进取心，有时会被理解为公开向公司里的同事挑战。那你很容易把自己放在同事的对立面上。

在办公室里要做有心人，有些话不可乱讲，否则会招来不必要的麻烦。办公室是闲话的滋生地，工作间歇，大家很愿意找些话题来放松一会儿，为了不让闲聊入侵私域，最好有意围绕新闻、热点、影视作品聊天，避开个人隐私。

安全总是许多人会想到的最重要的事情。约瑟夫是一个11岁的少年，他的父母叮嘱他和陌生人讲话时要小心谨慎。

一天下午，约瑟夫带着他的狗在离公路不远的地方散步。一辆小车开了过来，坐在司机身边的乘客对他喊道：

"请告诉我，小孩，这儿离A城还有多远？"

"这要看你行路的速度。"小男孩小心翼翼地回答道。

"你叫什么名字，小孩？"

"我的名字和我爷爷的名字一样。"

"那么你爷爷的名字叫什么？"

"和他爷爷的名字一样——我们家给孩子取名时都用爷爷的名字。"

"你家还有几个像你这样的孩子？"

"我妈妈给多少个孩子开饭就有多少个孩子。"

"那么需要多少个座位呢？"

"在我们家，每个人都有个座位。"

这个小男孩很聪明，他懂得提防他人，不会将自己的秘密和盘托出。

第九章

领导幽默——有"笑果"方出成果

幽默批评，效果会更好

幽默的上司很容易受到下属的欢迎，因为幽默的上司很乐意与自己的员工打成一片，很愿意用自己幽默的人格力量去指导批评下属的工作，让下属在欣然接受指导的同时，迸发出更加强劲的工作热情，从而提升公司的业绩水平。

领导在管理下属的时候，不妨放下自己的架子，在向下属们讲道理的时候，不妨先拿自己"开刀"，做个自我检讨。领导在管理过程中，大多数时间是在批评自己的下属。否定和批评下级，固然是因为下级有了过失，但与此同时，处于指挥和监督岗位的上级，也有不能推卸的间接责任。殊不知，管理需要幽默感，能够让下属"笑"的领导，方能够给公司带来更强的生产力与战斗力。

然而，懂幽默的人往往懂得拿自己开玩笑。作为领导应该学会给予员工幽默、婉转的批评，给予自己相应的责任承担。

伍德鲁夫是可口可乐公司的老板，有一次去视察一个装瓶车间，他发现车间特别脏乱。于是他把装瓶工人叫过来，对他说："你最好在第二天把你的操作间打扫干净，不然，你很快就会发现，自己被换到了其他某一条生产线上。"

"但是，伍德鲁夫先生，"这个装瓶工抗议道，"打扫干净没什么作用，第二天就会恢复老样子。"一阵紧张的沉默过后，伍德鲁夫缓慢地、有意地把雪茄从嘴里取出，眼睛直直地盯着这个装瓶工。"你每天都得擦你的屁股，是不是呀？"伍德鲁夫说。说完这句话，他重新叼起雪茄，离开了……

伍德鲁夫先生用形象幽默的语言指出员工的错误，能够使得批评更容易被员工接受，员工也更乐于在管理者的幽默中改正自己的工作态度和方法。面对老板的幽默式批评，他在感激老板的大胸襟之外，更加愉快地接受了老板的批评，从此做事比以前认真多了不说，也更加心甘情愿地服从老板的领导。

批评需要学问，批评更需要懂得幽默艺术，这样才会让批评显得温和。

杰克和他的情人玛丽想喝咖啡，但端上来的咖啡差不多只有半杯，这时杰克笑嘻嘻地对咖啡店主人说："我有一个办法，保证叫你多卖出三杯咖啡，你只消把杯子倒满。"

几乎在所有情况下，幽默地批评比大声抱怨能让你获得更周到的服务。因为你的失望让对方听见了，而你却没有让他觉得难堪。

除此之外，领导在幽默批评他人之前不妨先谈一谈自己从前做过的类似错事，一方面可以为对方提供活生生的例证，让他从这例证中认识到犯错的严重后果；另一方面也可以带给对方一定程度的认同感，拉近彼此的心理距离，营造出心胸开阔、坦诚相见的幽默批评氛围，从而使对方更容易接受。

实际上，越是地位高的领导者，越是懂得带头做自我批评。先做自我批评的方法，能够减轻下属的心理负担和抗拒心理，使他们能够接受批评，冷静地审视自己的错误。

融洽幽默，最大化亲和力

一名优秀的上司不能对员工太过严厉和苛求，要适当展现出自己幽默风趣的一面，便能树立一种和蔼可亲的形象，融洽与员工的关系。

懂得幽默可以润滑人际关系，消除紧张，减轻生存压力，把人们从各种自我封闭的境况中解脱出来，寻得益友，增强信心，在人生的道路上知难而进。由此可见，懂得幽默是多么重要，尤其是团队领导人更应该具备这样的一种素质。

今天的晚餐我们可以加一道新菜了。这道菜就叫清蒸"落汤鸡"，我想味道一定好极了！

空降领导与同事拉近距离

在一次管理者的培训课堂上，培训老师曾做过一个这样的实验，他分别请了两位人士（一位内向，不善于说话；一位外向，喜欢说话）上台作5分钟的演讲，演讲的题材可以自己选择。其中内向的人先上台作即兴演讲，他的演讲没有激情，也没有什么感染力，结果演讲开始了2分钟就已经有人交头接耳了，最后他的演讲以失败告终，因为根本提不起人们听下去的兴趣。第二位演讲者则恰恰相反，他灵巧的唇舌、张口就来的幽默玩笑赢得大家阵阵欢笑以及掌声，他受到人们的强烈欢迎。

懂幽默的上司会说服属下

我的头脑已经落伍了，顶多算是486的配置，而你们年轻人的头脑可是酷睿双核呢，既然配置升级了，速度也该升级才是，所以要把那份报告材料尽快整理出来给我噢。

嗯，好的，我会加班尽快完成。

懂幽默的上司善于运用幽默的沟通技巧与属下进行沟通，善于将上司与下属之间的认识差异减少到最小。在认识趋同于一致的时候，即使是上司对下属进行批评，幽默的语言也会让下属容易接受。

先生，你刚才那么得意，是不是因为当了公司董事长？

是的，我得意是因为我当了董事长。这样我就可以实现从前的梦想，亲一亲董事长夫人的芳容。

上司的幽默，是管理者化解尴尬的最好办法，既能够体现出管理者的大气与老练，更能博得他人的好感，给自己的管理加分。

可想而知，幽默对于一个管理者有多重要。幽默的管理者能够让自己的乐观感染大家，能够以黯然的气度让大家信服。

公司里炙手部门的经理出缺。部门里全是一等一的人才，大家争得头破血流。

最后，居然来了空降部队，由别的部门调来了小王担任新的经理。

小王上任那天，大家摩拳擦掌，准备给小王一点颜色。"凭什么让一个外行人来领导我们？！"几个原来争权的主管，居然团结在一起。

小王在就职会上致辞了。他笑着深深一鞠躬："在下能到这里来，全要感谢大家。因为这里的能人太多，据说升谁当经理，都是一种不公平。所以按照历史的定则，找我这么一个有傻福的傻人来。"下面响起一阵笑声。

小王继续说："傻人就像个蜡烛的芯，看起来最亮，又在蜡烛的最高点、最中心。其实啊，他最惨，他是被烧的，烧得焦黑、焦黑，你们看看我这么瘦，能烧几下啊？"大家又笑了。

小王再一鞠躬："最重要的是，蜡烛芯自己不能燃烧，全靠四周的蜡油。所以，拜托各位先生，我全靠你们了，请大家帮忙，别让我给烧焦了！"

一屋人都笑弯了腰，把要"修理"小王的事全忘了。

小王作为"空降领导"，由于没有跟部门里的员工取得一些相处与了解的机会，难免会引起他们的不服气。但是幽默的小王并没有因为大家在心理上的不接受而感觉恐慌，因为幽默的他懂得如何将自己有说服力的人格品质展现给大家。

因此，优秀的管理者的重要法宝是幽默。能够让大家对你笑，感受到你的真诚，他们便会折服于你的魅力，成为你的蜡油，会使你的管理更加成功。

妙侃巧批，让他明辨是非

在工作中，领导常常会用到批评这种手段，但有些领导批评起人来简直让人无地自容。其实，严厉的批评不能让他人心甘情愿地接受批评、认真改正，还容易引起下属的逆反，有碍于领导的人际关系发展。

学会在工作中妙侃巧批，将会使你的领导力大大提升。

在一次数学考试之后，老师发现班上的女生普遍考得比男生好，就在班会上给大家讲了个故事："昨天我做了个梦，梦见我的老师在课堂上问我，来生当男生还是当女生，我就回了一句，当女生！我的老师就问我为什么，我说，男生与女生下棋时，要是女生赢了，她就会立刻被大伙称为女才子，要是输了，人们也不会责怪她。可男生就惨了，要是他下赢了，肯定没人说他是男才子，可要是下输了，人们又立刻会说他是个大草包。天，亏不亏？"

听到这个奇怪的梦，大家全都笑出了声，他仍旧从从容容地接着说："不过今天我不说梦，而是要表扬咱班的女生，为什么？因为她们考得好，超过了男生！

这说明，不仅下棋，考试也一样，女才子特别多！因此，我既要为我们班女生们的胜利而骄傲，也要为我们班男生们的谦虚而骄傲！"哄的一声，大家又一次快活地笑了。

女生们笑，是因为老师在夸她们；男生们笑，则是因为老师的幽默是对自己的一个极巧妙的批评。虽然大家都在笑，但是笑声中暗含的道理，大家已经心知肚明。这位老师和蔼可亲的形象也被同学们牢记在心。

在生活和工作中，作为领导不可能没有批评，但要学会幽默巧妙地批评，批评最好的方式就是进行幽默暗示。

总之，一个人说话幽默，能使听者在含笑中评判是非，领悟哲理，增长智慧。风趣幽默是在说话中将人的智慧和语言技巧巧妙地结合起来，提示出事物的深刻含义，富有哲理，含不尽之意于言外。妙侃巧批，不仅使人感到轻松、愉快，而且寓意深刻，也使人在笑声中领悟到其中的哲理。

在幽默中消除下属对领导的敌意

想要愉快地消除下属对领导的敌意，首先领导自己要做到谈话乐观，不要过于急躁，也不要在谈话之前就对对方怀有不满和厌恶。

所以，要消除员工的敌意就要站在员工的角度为员工着想，当员工与你的意见相反时，也不要用权力去压下属。

用幽默将批评转化成激励

上司对下属的批评不是任意而为的，是非常讲究技巧的，如果硬邦邦地斥责，只会让对方丧失信心，一蹶不振，伤害他人的自尊心。那么，如何让受批评的人能够心甘情愿地接受批评者的意见呢？适时、适度的带有幽默元素的批评会显得温馨而易于让人接受，这不只能让下属认识到自己的问题所在，还可以对其工作产生积极的激励作用。

有一次，张震将军到部队视察，召集了大部分的军官开座谈会。会谈时，张震将军问在座的军官："部队里战士的津贴是多少？"问题问完之后，竟没有一个军官主动回答他的问题，看来所有的军官都不知道答案。

张震将军看到这种情况，气不打一处来，但是他没有直接发火，没有批评在座的任何一个人，而是给他们讲了一个故事。他说："民国的时候，有个军阀叫张宗昌，有一个外号叫'三不知将军'，为什么呢？因为他虽然身为将军，但他却一不知自己到底有多少兵，二不知自己有多少枪，三不知自己有多少个小老婆。他的外号由此而来。"故事讲完了，在座的军官们都低下了头，明白了张震将军故事的深意。

在这则故事中，我们看到，张震将军没有一句直接批评下属的话，而用幽默故事来启发在场的人，要他们懂得体恤下属，不要做"三不知将军"。不一样的方式，一样的效果，幽默一下，不仅不浪费气力，还收效甚好。

人无完人，金无足赤。繁重的工作任务中，下属难免会犯这样或那样的错误。身为上司，应该设身处地地为员工考虑，不能一开始就当头呵斥，张嘴就骂。这样的批评不仅让对方难以接受，还起不到激励的效果，给员工留下一个不好的印象，影响工作热情。这个时候，不妨先压制一下自己的怒气，让自己平静下来，换一种方式。试着对下属微笑，用你机智幽默的魅力去感染他，这样一来，能够幽默轻松地让员工们认识到需要改进的地方，既改善了员工们的工作，又使上司和下属们的关系和谐融洽，作为一个睿智的上司，何乐而不为呢？

柯立芝是美国第30任总统，他在任的时候，有一位漂亮的女秘书，而这位女秘书总是会犯粗心大意的错误，尤其是在处理公文的时候。

某天早上，柯立芝总统看见秘书穿了一身漂亮衣服走了进来，就对她说："你这身衣服真适合你，完全就是为你这种年轻漂亮的小姐量身定做的。"女秘书听到总统夸自己，顿时就觉得心花怒放了，紧接着，她听到总统说："我相信你也能够将公文处理得和你一样漂亮。"这件事情后，女秘书就渐渐改正了她粗心的毛病，公文处理得越来越漂亮了。

柯立芝先扬后抑的随机幽默，在夸赞了女秘书的同时也达到了批评的效果，这种灵活的应变，轻松地把问题解决了，不得不说是相当高明的技巧。可见上司对下属的幽默批评不只是一种手段，更是一种能够让上下级关系更为融洽的艺术。有的时候，当面对下属敷衍了事的态度时，幽默批评的力量或许更大。

麦克是某个公司的职员，有一天他找了个借口说要参加祖母的葬礼，所以特向公司提出请假一天。结果这件事情被上司撞破了，知道他是故意编理由请假不上班的。第二天，等到他回到公司，上司就拦住了他，说："麦克，你相信人能死而复生吗？"麦克还不知道发生了什么事，便不假思索地回答："当然相信。""这就对了，"上司微笑着说，"昨天你请假刚参加完你祖母的葬礼，但她今天就到公司来看望你了。"听到领导说完，麦克知道自己的借口被识破了，于是便主动承认了错误。

这个上司的幽默透露着睿智，轻松一刻的同时便让员工承认了错误。所以，在工作中，如果你要成为一个受人敬重的领导，你一定要具备幽默的技巧，这一定会在你管理员工的时候达到事半功倍的效果。有的时候，面对员工的错误，不要轻易批评，试着把下属的一些优点与幽默的方式结合在一起，则会起到更好的效果，也更容易让上下级的关系更深入一步，对工作的改进产生很好的帮助。

诙谐幽默，最有力的斥责

> 赤裸裸地批判人家的不是，必然会引起别人的怨恨。如果对方是自己的上司，自己的前途势必大受影响。可是，如果对方的表现实在令人不吐一言则不快时，最有效与灵验的方法是，说一句幽默式的笑话吧。

> 今天早上，在车站的阶梯上滑了一跤……

> 你上班的时间是8点，但现在已经是9点了。这么说来，难道在阶梯上跌一跤，竟然就要花你一个小时的时间爬起来？

> 很多谈话高手在批评别人时，都会选择一种委婉的方式，而不是直言直语。高明的批评者，总是把批评和责备隐藏于嬉笑怒骂之间。这种批评方式是极为隐蔽和巧妙的，因此对方较容易接受。

借幽默提升上司的领导力

领导力是上司最为重要的影响力，它代表着一种增强威信、获得追随者的能力，与人交际的协调沟通能力，以及激励下属不断进步的能力。优秀的上司往往具有强大的影响力，进而调动整个公司的凝聚力，促进企业一直保持着蒸蒸日上的发展势头。

领导力如此重要，提升领导力的重要方法之一就是善于运用幽默增加自己的影响力。上司的幽默能够提升自己的人格魅力，使得下属心服口服，促进领导理念以及领导方法的优化，加强下属对工作的责任心以及自信心。

美国总统林肯先生是一位被大家认同的幽默大家，他幽默的人格魅力已经让无数人为之"倾倒"。一次，他与另外一国的某位总统会面的时候，在握手之前就对那位总统幽默地说道："哈哈，原来你的个子比我高啊，怎么样总统先生，谈一下你当总统的感受吧。"

那位总统倒没有林肯这么自然，他拘谨地反问："你怎么看呢？"

林肯诙谐地说道："当总统的感觉不错，就是经常会像吃了火药一般地想要'放炮'。"

经过林肯这么幽默地一说，两人顿时哈哈大笑了起来，这两位总统也由陌生变得亲切起来。幽默能够打破猜疑，消除戒备心，能够放大一个人的人格魅力，帮助自己用最短的时间赢得他人的认可与信赖。

智慧型的上司，总是能够看懂下属的紧张，总是会借助巧妙的智慧性的幽默来消除与下属之间的陌生感，在缓和的情势下赢得下属的"高看"。

珍珠港事件之后，尼米兹元帅接任美军太平洋舰队司令的职务。他为人平易近人，遇事沉着稳定，留着一把胡子，士兵们背后都叫他"老山羊胡"。有一天，他乘坐的旗舰在海上遇到敌人的军舰，双方立刻展开猛烈的炮轰，尼米兹一连指挥好几个钟头，觉得有点儿疲倦，便叫旁边一个水兵替他端一杯咖啡来。水兵才离开没多久，因为日机来袭，尼米兹便下令熄灯，一下子整条旗舰立刻一片漆黑。水兵端了咖啡，在黑暗中到处找尼米兹，找了很久都没找到，便很不耐烦地说："咖啡来了，可是这个'老山羊胡'哪里去了？"不巧尼米兹就站在他旁边，便回答说："山羊胡子就在这里，不过下次要记住，最好不要加个'老'字！"

士兵听到尼米兹元帅的回答后，虽有些歉意，却对他更加敬重了。

尽管是与敌军处在紧张交战的状态，尼米兹元帅并没有因为士兵管自己叫"老山羊胡"而气急败坏地发脾气，相反，他对士兵幽默的纠正，为自己的气度与影响力再次赢得了高分。从尼米兹元帅身上，我们不难看出有幽默感的领导总是那么有影响力。

幽默作为一种值得推崇的心理特质，有幽默感的领导往往会因此受到更多的追捧。在现今社会，做好领导工作就应该首先做好沟通工作，而幽默中所体现的智慧往往使沟通更顺畅有效，使下属在幽默中得到启示，使持有反对意见的人在谈笑中败下阵来。

意外赞许，幽默是生产力

> 表面看来有些赞许是荒谬好笑的，但却是十分巧妙的。任何人做事失败时，或多或少都会反省。这时领导如果再加批评，部下的工作士气不免会低落，也不会反省，心想："我在公司已经没有前途了……"反抗心将会更明显。

你俩都给我住手！原来我们公司有两个跆拳道高手啊！切磋技艺值得称赞！

> 真正有影响力以及思考力的领导，都会有幽默口才，在出乎意料的幽默逻辑思维中，将下属说得心服口服。有时候采取一种正话反说的幽默形式对他"赞扬"一番，可以缓和紧张气氛，促其反思。

第十章

演讲幽默——放大气场，折服听众

提前准备幽默素材

演讲是一门艺术，幽默是演讲艺术中最佳的出彩道具。好的幽默口才可以成为演讲中的点睛之笔，可以让人回味无穷，演讲者会成为众人仰慕的人物。幽默之于演讲如此重要，正如素材之于幽默的重要性。

俗话说："巧妇难为无米之炊。"材料是构成幽默口才表达内容的基本要素，是一切口才实践的基础和前提。没有材料，再高明的幽默口才表达主体，也只能徒叹奈何！材料平淡，本身不具有社会价值，即使主体口吐莲花，也只能泛泛而谈，不可能有什么远见卓识、真知灼见。没有丰富而准确的材料，幽默口才表达内容就不可能符合客观实际。凡不符合客观实际的思想就是错误的思想，就会将人们引到岔路上去。所以，必须首先从占有丰富而准确的材料入手。

材料，是指幽默口才表达主体为达到某一目的，从现实生活中搜集、摄取、积累，以用于幽默口才表达、反映主体的思想认识，并从中提炼出明确主题材料系列的事实和论据。它提供幽默口才表达的具体内容，既包括客观存在的人、事、物、景，又包括主体从文献资料中摄取到的知识、理论、数据和其他信息，还包括主体自身主观的思想意识。

大量占有材料是第一步，也是至关重要的一步。幽默口才表达主体应勤于博采，锐意穷搜，力求材料广泛、全面，努力做到一个"多"字。幽默口才表达材料的占有也是如此。材料多了，才便于比较、鉴别，才有选择的余地。不妨让自己每天看一些漫画书或者喜剧小品，剪切出那些和你的生活相关的章节。将它们写在记事本上，电冰箱或是随便什么你能经常看见的地方上。无数口才大师成功的实践证明：大量占有材料是第一位的基础工作，是口才表达最重要的基本功之一。然而大量占有材料还不够，要学会选取对自己有用的材料。

搜集幽默材料时，先确定下表达的目的、目标，然后再围绕这个目的、目标，有意识、有计划地搜集有关的材料。同时要注意采集个性画面、情节、细节等感性材料，应尤其重视搜集能阐明道理、论证观点的抽象的理论材料，从现实实效性上去搜集材料。而且要在明确任务之后，在尽可能短的、限定的时间内，迅速采集到所需要的各种材料。讲话时选用的幽默材料，一定要有强大的吸引力，要像一块块磁铁那样能吸住听众的心。一般具有较强吸引力的材料都具备4个方面的特点：新、实、趣、道。

给演讲做一个趣味开场白

> 演讲是一个信息传播和反馈的过程。开头传播得不顺利，会极大影响到反馈的质量。而如果有一个精彩开头，也就获得了先机，把传播和反馈的管道一下子打通了，其意义不言而喻。

第一印象给人的影响一向都非常大。一般我们对一个人的第一印象会形成心理定式，顽固地保持很长时间，所以在双方初次认识时的自我介绍十分重要。那么自我介绍应该采用什么方式呢？"幽自己一默"是比较好的方式。如果能够巧而不俗地来点幽默，会立即拉近自己和听者之间的距离。

刚才你们老师给我封了许多头衔，我实在是不敢当。我们家的祖先原来生活在东北，是满族，古代叫作胡人。所以我今天所讲都是"胡说"，同学们不必太过认真。

虽然我获得过"金钟奖"和最佳男歌星称号，但我以长相难看而出名……一般来说，女观众对我的印象不太好，她们认为我是人比黄花瘦，脸比煤炭黑，但我很温柔。

借助幽默的方法，缓解了现场有点压抑的气氛，拉近了与观众的距离，给观众留下非常深刻的印象。自我介绍时的幽默需要刻意设计吗？如果有可能还是设计一下，因为脱口而出的幽默很难把握好度。而刻意设计则在拉近距离的同时，还能起到其他作用。

（1）新是指：要有新人、新事、新成果、新情况，反映新面貌，讲出新"世道"。特别是听众最关心的新材料，传递给听众的情感、思想才富有感染力。要善于分析，从旧材料、一般材料中挖掘出新意与趣味。

（2）实是指：只有材料真实，主题才能站得住脚，才有说服力。如果材料虚假，或者编造材料，或者选用偶然的、个别的、表面的东西作为材料，就不能反映客观事物的本来面目，那么幽默也就失去了意义。

（3）趣是指：除依照以上原则来选择材料以外，我们还必须正确认识什么样的素材的选取才是利于谈话的，这就涉及材料的趣味性。

如果你经常觉得与人幽默很困难，恐怕最主要的原因，就是你对应该讲什么话这个问题有很深的误解。一个最普遍的误解是：以为只有那些最不平凡的事件才是值得交谈的。当你想与人交谈时，你会在脑子里苦苦地搜索，想找一些怪诞不经的奇闻、惊心动魄的事件，或是令人神经错乱的经历，以及令人兴奋刺激的事情。当然，这一类事情，一般人会很感兴趣。能够在谈话的时候讲出如此动听的事，对听的人或是对讲的人，都是一种满足。

（4）道是指：其实，人们除了爱听一些奇闻逸闻之外，也很愿意和朋友们谈一些关于日常生活中的普通经验，这些都是材料所具备的道理。幽默的本意就是将欢乐释放，将道理得出。

用情感彰显感染力

说话富有感染力的人，自然会给周围的人增添快乐，也会给自己增添不少魅力的光彩，同时，他的话很容易被人听进耳朵里。幽默说话的感染力在演讲中的体现最为典型。一个幽默演讲者的感染力可以说是他演讲的生命力，如果一次毫无情感艺术和美感的演讲摆在人面前，可能大家会无趣地走开。演讲者的情感越深厚，就越能吸引人、打动人，越能拨动每一个听众的心弦。

成功的演讲者总是很善于以独特的眼光和艺术的敏感，去发现和选取生活中那些独具浓厚感情的演讲，也很善于以幽默的艺术智慧去构思和表现，这是独特性的双重内容。

英国作家、评论家切斯特顿身材高大，穿着讲究，可谓仪表堂堂，却天生一副柔和的嗓子。不过他并未被难倒，相反，有时候，他还能因此创造特殊的效果。有一回，在他去美国旅行前，举行了一次演讲。演讲开始前，主持人用华丽的辞藻，喋喋不休地将切斯特顿介绍给听众。切斯特顿觉察到主持人的介绍太多太乱，听众似有厌倦之色。于是等介绍完后，他站起身对听众说："在一场旋风过后，随之而来的是一阵平静而柔和的微风。"

尽管切斯特顿是著名的评论家，也不失为一位出色的演说家。他懂得用自己的情感来调动听众的积极性。切斯特顿幽默地将主持人华丽的介绍评论称为旋风，并借机将自己接下来的演说比作柔和的微风，既引起了人们的好奇心，又调动了听众的情感。

幽默演讲的技巧之一就是要对听众的情绪有十分恰当的把握。然后再根据听众的情绪来调整自己的情感，最后用自己内心的情感去发挥出对听众有感染力的幽默语言，用自己幽默的情感激发听众的热情，进而碰撞出情感的共鸣。

曾两度竞选总统均败在艾森豪威尔手下的史蒂文森，从未失去幽默。在他第一次荣获提名竞选总统时，他承认的确受宠若惊，并打趣说：“我想得意扬扬会伤害任何人，也就是说，只要不吸入这空气的话。”在他竞选而败给艾森豪威尔的那天早晨，他以充满幽默力量的口吻，在门口欢迎记者进来：“进来吧，来给烤面包验验尸。”

几年后的一天，史蒂文森应邀在一次餐会上演讲。他在路上因为阅兵行列的经过而耽搁，到达会场时已迟到了。他表示歉意，并一语双关地解释说：“军队英雄老是挡我的路。”

史蒂文森在演讲中有着高明的“说笑”技巧，他擅用谈笑的口吻引起听者感情的喜悦，大大提高了自己的人气和威信，赢得了朋友们一致的尊重和爱戴。

幽默演讲的艺术情感是演讲家创造性劳动的体现，它不是对生活感受的简单复述，而是进行巧妙的提炼和加工。只有这种独特的艺术情感，才可能是富有魅力的，才可能给人以强烈的艺术感染。演讲实践证明，一位幽默演讲者所传达的感情越是独特，对听众的影响就越大。独特的认识，宛如闪电，照亮听众的心灵；独特的情感，宛如惊雷，震撼听众的心灵；独特的演讲是激情的表达，是幽默演讲风格的表现。

为演讲找幽默主题

大凡即兴演讲与讲话，都有一个特定的主题范围，因为主题是演讲的灵魂。但主题的范围有大小，于是就有一个选题是否新颖、是否幽默的问题。只有脱颖而出的幽默主题才能让人在趣味中享受讲话的盛宴，让大家为之倾慕。

在即兴讲话中，如果说幽默是绿叶，那么主题就是红花，有绿叶陪衬，红花会更加醒目。即兴的讲话中，幽默对于增进他人的好感有着举足轻重的意义，而有一个新颖的说话主题，可以让你的幽默口才锦上添花、如虎添翼。

因此，在参加即兴演讲的时候，应该充分发挥自己的想象力和创造力，用自己的与众不同来为演讲主题幽默的气氛增姿添彩。

幽默的主题演讲不一定是非常成功的演讲，但凡非常成功的演讲一定会是一次幽默十足的演讲，无论是从演讲的主题还是从演讲的内容、风格上来说，幽默让演讲脱颖而出，更让幽默的演讲人脱颖而出。

找准了幽默主题，才能够让幽默素材为自己的演讲服务。

郭沫若在1955年回到日本九州大学做演讲，他的演讲主题很明确，就是要描述自己在学校中的成长历程，以及表达对学校的感谢之情。在主题明确的前提下，他就能"随心所欲"地选择合适的幽默故事了。

郭沫若在演讲中幽默地说道："在这里我要向我以前的老师表白，我作为一个医科大学生，事实上不是一个'好学生'，福岗的景色太美了，千代松原也是非常美丽。由于天天接近这样好的自然美景，所以我在学生时代没法用功，对于医学没有认真地研究下去，而跑到别的路上去了。"

郭沫若的即兴幽默带给了同学们一阵阵欢快的笑声。他对于学生时代诙谐式的回忆，既表达了自己对学校的留恋，又展示了自己的幽默风采。

在演讲中，创新已经成为一种时尚的追求，没有创新就不会有突破，没有突破就不会有进步，在幽默的即兴讲话中，给自己选准一个幽默的主题，既是对自己潜能的挖掘，也是给听众们创造出一份新鲜的说话风味。在演讲幽默中，请不要忘记主题只有一个，而幽默却可以有几个，而这几个趣味幽默故事的作用只是为了衬托主题的鲜明与趣味。

其中，幽默演讲要做到主题鲜明、统一，需要注意以下几点：

（1）要确立一个主题。幽默性的演讲与喜剧演员的独白戏不同，它们不是将不同主题的笑话串联在一起构成剧情的戏剧，而是会选择单一主题的幽默题材为演讲主题服务。

（2）要确立一个重点。幽默演讲需要有一个演讲重点，让听众能够轻而易举地把握住演讲的中心思想，而不是让大家在笑过之后却什么也没有收获到。

（3）要选定一个故事。幽默演讲要讲述一个经验或一个故事，无论这个故事是真实的还是纯属虚构的。

（4）幽默演讲主题也要适合听众的情况。主题的幽默素材要从听众所熟悉或认知的事情入手。

（5）最后，不要忘记给新选出的主题加一个极致的、机智的、漂亮的、能准确概括它的名字，这就是题目。题目的拟定务必要做到简洁、生动、新奇、意远，让听众"一听便知，过目不忘"。

总之，一次成功的即兴演讲，离不开幽默的说话风格，以及独创的演说主题。

不要拿滑稽当幽默

很多研究表明，在演讲中运用幽默是有益处的。最重要的一点是听众喜欢具有幽默感的演讲者，也许听众不会自动将演讲者的话视为真理，但是他们会更乐意接受演讲者所传达的信息。

将幽默巧妙地融入演讲中，能把听众的注意力吸引到主要观点上。社会学研究表明：人们对于融入笑话或者轶事中的信息的记忆时间要长于对于纯粹信息的记忆时间。许多演说家追求的理想境界是将观点融入一个笑话中，当听众记住这个笑话并将它讲给别人听时，他们会很自然地记住其中的观点。

遗憾的是有很多人把滑稽与幽默混为一谈，其实滑稽和幽默是不同的。滑稽是一些笑话或有趣的动作等，而幽默是一种更高层次的智慧积淀。那些从小生长并工作在马戏团、喜剧俱乐部或者议会的人具有滑稽的天赋。但是我们都知道，一个具有幽默感的人甚至可能不会讲笑话。他不会使你开怀大笑，但是能让你感到气氛很友好，博得你的浅浅一笑。这恰好是你在演讲中应努力达到的境界。你要学会在演讲中运用幽默感，而不是用笑话展现自己滑稽的一面。

你听说过哪一个演讲者以一个毫无意义的笑话开始他的演讲？如果演讲者在演讲开始时讲一个毫无意义、毫不相关的笑话，听众会有什么反应呢？可能这个笑话很滑稽，你会开怀一笑。即使是这样，这个笑话也只是分散一下听众的注意力，因为它对演讲毫无帮助，只是在浪费时间。

另一种糟糕的情况是听众对演讲者讲的笑话没有反应，这称作笑话的炸弹效应。听众都明白演讲者的意图，试图展现滑稽的一面，但是没有人回应，这时演讲者会在一片寂静中感到很紧张，听众也会感受到这种紧张的气氛（听众甚至会看到演讲者脸上渗出的汗珠）。在这种情况下，演讲者就陷入笑话炸弹效应的尴尬境地中了，而且很难摆脱。整个演说中，没有比引起听众高兴地发笑更为困难的。幽默是一种十分微妙的事，和一个人的个性有着密切的关系，有的人生来就有这种天分，但有的人却没有。一个没有幽默天分的人，如欲勉强做得幽默，正如一个碧眼的人想把他的眼睛改成黑色一样不可能。

要知道，一个故事的趣味，很少含在故事本身里，之所以能够显得有趣，完全得看讲故事的人是怎样的讲法。一百个人同讲一个幽默的故事，有九十九个人是要失败的。如果你是一个具有幽默天分的人，你就应该努力培养你的这份天分，使你无论到什么地方，都备受欢迎。但是，如果你的天分不在这方面，那么，你硬要去学幽默，真是"东施效颦"、愚不可及了。聪明的演说家们，从不会为了只想幽默而讲一则故事。幽默有如糕饼上的糖霜，而不是饼本身，所以只能巧妙地穿插一些在演说里面。例如，驰名美国的幽默演说家利兰，替自己定上一个戒条，在开始演说后的3分钟内，绝不讲述故事，这个戒条，也值得我们效法。

另外要强调的是，使用伤害性的幽默也属假作幽默之列。有的人为了表现幽默，不惜使用一些令人反感的言辞，以牺牲感情为代价，结果只会适得其反。幽默本来应该是演讲者与听众之间的桥梁，然而在此却变成了一种伤害，这不能算作是真正的幽默。

幽默演讲中的禁忌

幽默的演讲会让听众开怀，甚至会让听众的疑问变得趣味可餐。那么，一位成功的演讲者在演讲过程中应该注意的问题以及幽默的说话技巧主要有哪些呢？

真正的幽默就应该是在淡定中彰显的灵动智慧，好笑却又不失风度。哪怕在演说中出现了突发状况，也能够应变自如。幽默的演讲不仅仅能够让听众们享受一顿耳朵的盛宴，更重要的是能够让听众们感受到演讲者的思想与高度。

巧用肢体幽默演讲

在受欢迎的幽默演讲中，需要有肢体的配合，才能巧妙地打造高气氛的气场。在幽默演讲中主要运用到的肢体语言是手势语言。手势是人们幽默演讲态势的主要形式。借助手势说话的关键在于"助"，它既不同于烘托语，可代替讲话，又不同于演节目，可以用手势演出情节。

手势语言是运用手指、手掌和手臂的动作变化来表情达意的一种无声语言，是一种具有很强表现力的势态语言。其应用广泛，使用便捷，自由灵活，变化形态多样，不仅能辅助自然有声语言，有时甚至还可以用手势代替自然有声语言。正因为如此，有人将手势语言称为"口语表达的第二语言"，也正因为如此，幽默的手势语言会为幽默的演讲者所欢迎。

手势语言主要有两大作用，一能表示形象，二能表达感情。许多幽默演讲家的手势语言独显其妙。

在一次会议中，卓别林一直在用手拍着围绕他头部飞来飞去的苍蝇。后来，他找到一把苍蝇拍，拍了几次，都没有拍着。最后，一只苍蝇停留在他的面前，卓别林拿起拍子，准备狠狠地一击。突然，他不拍了，眼睛盯住那只苍蝇。

有人问他："你为什么不打死这只苍蝇呀？"

笑话是演讲的调料

演讲时，如果语言过于平实，表述生硬，听众的注意力就会渐渐发生转移。人们会向屋顶、窗外望去，不停地看表，但就是不看你。甚至听众们已经睡着了，或是半昏睡状态，或是一片茫然。你需要做一些立即奏效的事情，将听众从这些状态中拉回来。这时最好的方法就是讲个笑话，幽默一下。

看你们都要睡着了，我就给大家讲个笑话吧。

可以说，幽默的笑话语言，是演讲必不可少的调料，运用了这样的方法，就可以更好地表达演讲者的观点和凝聚听众的注意力。

他耸耸肩膀说："它不是刚才侵犯我的那只苍蝇！"满座哄堂大笑。

幽默大师终归是大师，一只令人厌恶的苍蝇，在卓别林的嘴里，竟然成了令人捧腹的笑料，实在是令人敬佩。想想看，如果接下来不是有幽默成分的那句话，而是暴躁、气急败坏的举动和咒骂，卓别林在场上的"超级幽默"也就只是作秀了，人们对他的叹服也会大打折扣。当然也不要忘记卓别林的肢体幽默，如果没有他在演讲会上的拍苍蝇举动，那么他的话语只能让人莫名其妙了。

手势幽默的巧妙运用是比说话更有效的表达方式。手势幽默，通常应配合自然有声语言有选择地使用，但也有一些手势语言可单独使用，它同样表达了丰富的情感意蕴。手势幽默运用得是否恰当自然，这直接关系到幽默口才表达主体的形象。在演讲中，手势有助于吸引听众的注意力，丰富谈话的内容，对讲话者的影响很大。幽默的手势语言可以提升观众的注意力，在大家的众目注视之下，演讲者往往能够得到极大的鼓励，就会如有神助似的讲出许多精彩的语言，也更能够调动观众们的胃口。此情此景不言自明，巧用手势幽默能让演讲妙趣横生。

需要注意的是，在演讲中的手势幽默运用要与演讲内容相符合，不要造成对幽默手势的滥用现象，这样只会引起观众的反感。

幽默演讲需要互动

成功的演讲并不是一个人在讲，而是在场的所有人都在讲。演讲的一个大忌就是一个人在那儿专注地讲，却没有与听众的情感交流，没有让听众参与进去。幽默的演讲则属于一场愉快的互动演讲。互动需要恰当的提问。

圣弗朗西斯科的喜剧教练约翰·坎图建议，通过唤起听众情感上的共鸣，让他们参与到演讲中来。"有一些特殊的事件对人有很多特别意义——他们的中学时代，他们的第一辆车，他们的第一次约会。"他说，"设法将这些事件引入到你的演讲当中去。"这和让听众回想与他们约会的第一个人一样简单。"任何听你讲话的听众都会不由自主地想到那个人。"约翰解释说，"他们会强烈地融入你的演讲中去。"

这里只有一件事需要注意——你必须澄清为什么你要让听众想这些情感上的东西。"它必须与你的讲话有关并且能够说明问题。"约翰说。幸运的是，这很容易做到。只要在你的演讲中找一些可以引起类似感觉的幽默情况，然后将它与你要让听众想象的东西联系起来就行了。想一下你第一次约会的窘况……

约翰·坎图还建议，幽默可以通过唤起听众所有感官的记忆，让他们参与进来。他特意描述了一个运用所有感官的情况。"你还记得高中时吗？所有人都在大厅里走来走去，所有人都围着你讲笑话，那个地方闻起来像公共厕所。"他提醒说，"但是这可以帮助保持听众的参与。"

　　演讲者在适当的情境下进行幽默提问可以缩短与听众的距离，满足听众的好奇心，创造宽松的气氛，利于演讲者处于主动。请看下段演讲：

　　美国前总统里根用精心安排的幽默语言点缀他的演讲，以赢得特定观众的尊重。对农民发表演说时，里根说了这么一件轶事讨好他的听众。

■ 让口语充满幽默力

　　第一，"文章化"的说话方式不仅会表达沉闷，更坏的是会打击到听众们的听觉神经。只有语言幽默、口语化才能彰显出演讲者的魅力。

　　震了！就是没治了！好极了！您看我的西瓜多好！

　　你的西瓜好不好？

　　今天我看见老板，心里有十五个吊桶打水，七上八下的！

　　第二，口语的幽默需要修辞，多用俗谚俚语和选用职业术语、绝妙类比。也就是说，口语要多用浅易通俗、生动活泼的"现成话"。

　　人们往往认为口语简单粗浅，而书面语应当完善而文雅。有些人讲话、致辞或答问总要按照稿子念。如果你的口语不幽默，不善于脱稿讲话，那么写出来的稿子也往往是平板冗长、干巴乏味的，当然也就不具备口语的特点。

一位农民要下一块河水业已干涸的小河谷。这片荒地覆盖着石块，杂草丛生，到处坑坑洼洼。他每天去那里辛勤耕耘。他不断劳作，最后荒地变成了花园，为此他深感骄傲和幸福。某个星期日的早晨，他去邀请部长先生，问他是否乐意看看他的花园。那位部长来了，视察一番。部长看到瓜果累累，就说："呀！上帝肯定为这片土地祝福过。"他看到玉米丰收，又说："哎呀！上帝确实为这些玉米祝福过。"接着又说："天哪！上帝和你在这片土地上竟取得了这么大的成绩呀。"有位农民禁不住说："可尊敬的先生，我真希望你能看到过上帝独自管理这片土地时，这里什么模样。"

里根巧妙地根据听众对象准备自己的幽默素材，从而赢得听众的关心与兴趣，实现了演讲者与听众的幽默互动，增加了会场的热烈气氛。

在演讲中，除了根据对象选取素材来引起互动之外，还要时常向听众提出一些轻松、愉快、搞笑的问题。

那么，幽默的提问应该问什么呢？许多演讲者喜欢问一些可以让他们更好地应付听众的问题。你们中有多少人是从郊区来的？你们中没有到来的请举手？你们中有多少人希望演讲者不再问这些无聊的问题？尽管这种"调查"技巧十分老套，但它却行之有效。

但是，幽默提问是最易使演讲掀起高潮与最易走出低谷的手段，要把握分寸，要问得简洁有笑点。提问次数不能太多，问题的答案要能让听众在很短的时间内答出来，甚至在潜意识驱使下就能作答。幽默提问中很忌讳提问内容晦涩难懂，用词佶屈聱牙。

幽默结尾让人回味

演讲要获得全面成功，一定要精心设计好精彩的结尾。也就是俗话所说的"编筐编篓，全在收口"。如果说好的演讲开头犹如"凤头"，那么好的演讲结尾就像"豹尾"。豹尾者，色彩斑斓而又强劲有力。结尾是对整个演讲的总结，它承担着收拢全篇的任务，因此，其意义非常重要。演讲的结尾既有幽默文采又坚定有力，既概括全篇又耐人寻味，才能使全篇演讲得以升华，收到良好的效果，才能够让听众们在笑声中，对你的演讲感觉到意犹未尽。

因此，精彩的演讲，需要有一个明亮清晰的开头，也需要有一个幽默、意外的结尾。

在一次演讲中，老舍先生开头说："我今天给大家谈六个问题。"接着第一、第二、第三、第四、第五，井井有条地谈着。这时他发现离散会的时间不多了，于是他提高嗓门："第六，散会。"听众先是一愣，接着就欢快地鼓起了掌，大家都十分敬佩老舍先生的幽默。

老舍先生知道已到散会的时间，没有再按事先准备的去讲，而是选择时机戛然而止，既幽默又利索。

结束语是演讲的重要组成部分，幽默的结束语能使演讲收到意想不到的效果。通常情况下，结尾不应冗长拖沓，更不能画蛇添足，而要在达到高潮时戛然而止，给听众以余音绕梁、回味无穷的感觉。结尾时要尽可能达到与听众感情上的交融，引起听众的共鸣。在把握好分寸的前提下，满腔热情地提出希望、要求和建议。

鲁迅先生在结束《在上海中华艺术大学的演讲》时候这样讲道："以上是我近年来对于美术界观察所得的几点意见。今天我带来一幅中国五千年文化的结晶，请大家欣赏欣赏。"话刚说完，他就把手伸进了长袍，在大家好奇的关注中，发现他慢慢地从衣襟上方抽出了一卷纸。就在大家仍然摸不着头脑的时候，鲁迅先生把那卷纸缓缓打开，呈现在大家面前的居然是一幅破旧的月份牌，原来这就是鲁迅口中的文化结晶，霎时间全场爆笑。

鲁迅先生在恰到好处的动作表演以及幽默的悬念设置下，让演讲在大家的爆笑不止中拉下了帷幕。相信即使大家会忘记鲁迅演讲的内容，也不会忘记鲁迅演讲时候的幽默。这就是幽默结尾带给演讲人的回馈。

美国《星期六晚报》的主编说过："我把文章刊登在最受欢迎的地方，就结束了，而在演说上，当听众达到最愉快的顶点，你就应该设法早些结束了。"

其中，讲演精彩而幽默结尾的要求大致可以归纳成以下两点：

1.加深印象，结束全篇

当演讲基本完成，听众对你的观点、态度以及讲述的有关知识基本上已经掌握时，就应该考虑"收口"了。幽默"收口"将从视觉上、听觉上给听众留下最后印象，将在听众的大脑屏幕上"定格"。幽默"收口"的好坏直接决定了听众对整个演讲的印象。精彩、幽默的结尾往往能弥补一些不足，强化听众的总体印象。只要我们留意一下，便会发现古今中外的演讲家对结尾都是很重视的。

2.言简意赅，耐人寻味

伟大的歌德曾这样欢呼新时代的到来：" '宽恕我吧，渗透着时代精神，这是莫大的乐趣。'看呀，从前的智者是怎样思考的，而我们最后却远远超过他们。"歌德结尾的演讲简单幽默，感情生动，耐人寻味。

因此，精彩的演讲结尾不要重复、松散、拖沓、枯燥，应尽量避免那种人云亦云的客套式的结束语。结尾幽默生动应该是演讲者追求的目标。

摆正心态，战胜怯场

心理学家们通过研究发现，人或多或少在说话方面有些不健康的心理，而紧张和恐惧便是这些不健康心理的突出表现形式，是影响人们进行正常说话和语言交流的明显障碍。

可以毫不夸张地说，人人都可能在说话前后或说话过程中出现紧张、恐惧心理：性格内向、沉默寡言者如此；天性活泼、思想活跃者如此；即便演说专家、能言善辩者也不例外。

追根究底，事实上，在演讲中怯场的人们不是没有幽默的天分，而是缺少乐观的心态。乐观的人往往会感受到事情的积极面，而悲观的人则常常想到，如果演讲中忘词了怎么办、如果听众不配合怎么办等问题，这就在无形中给自己的心理施加了压力，紧张、怯场随之而发生。

因此，战胜演讲中的怯场问题，要摆正心态，让快乐的心伴随着你，将乐观的幽默传达给听众。那么你不仅会拥有一次不错的口才表现机会，也不用再担心自己的演讲会冷场了。演讲通过幽默的语言形式营造了一种愉快的气氛，用一种乐观的心态打动了在场的听众。幽默可就派上大用场了，它会在有效管理别人的同时取悦人心。

怯场有可能发生在每一个人的任何一次与他人的交谈中，而绝非个别人语言方面的缺陷。那些常因自己说话胆怯而烦恼的人，大都是一些对幽默不善于运用的人。幽默可以抵挡住紧张的进攻，让怯场在演讲中无地自容。因为幽默的人无不拥有着一种豁然、达观、沉稳的心态。克服演讲中的胆怯，请从练习幽默说话开始，幽默说话请从摆正心态出发。

摆正心态最重要的一点就是，积极地进行自我暗示。以心理暗示进行心理放松。心理的毛病用心理的方法去矫治最直接、最有效。心理卑怯现象是心理夸张性感受所致，必须让心理感受重新归位。

要达到这一要求，需要采用心理暗示的方式，对对方有客观、正确的认识，对自己做准确、公正的评估，这样就能保持清醒，树立信心，厚积薄发，进行一次精彩幽默的演讲将不再是问题。

第十一章

辩论幽默——唇枪舌剑中的缓冲器

巧用俗语，谐趣论辩

所谓幽默的结晶，就是那些通过智慧的打磨，被人们广泛认可、流传百世的名言、诗句、谚语、俗语等。这些语言精练、形象、生动而有美感，平时多积累并将它们运用到说话中，能为我们的语言增添不少幽默与乐趣的色彩。

俗语是群众语言，就是有浓郁的地方特色、通俗易懂，人民群众熟悉的、喜爱的语言，它包括谚语、歇后语等。

这些语言大都来自社会实践，是人民群众创造发明的，在讲话时巧妙地运用，能够大大增强语言的感染力，容易被群众理解和接受。

俗语是通俗而广泛流行的定型的语句，简练形象。恰当地引用俗语，可以增强论辩中的幽默感和说服力。

抗战胜利后的一天，上海一幢公寓里传出阵阵欢笑。原来，画家张大千要返回四川，他的学生们为他送行，梅兰芳等名流也到场作陪。宴会开始，张大千向梅兰芳敬酒，说："梅先生，你是君子，我是小人，我先敬你一杯！"众宾客都愣住了，梅兰芳也不解其意，笑着询问："此话做何解释？"张大千笑着朗声答道："你是君子——动口；我是小人——动手！"满堂来宾笑声不止，宴会气氛一下子活跃起来。

张大千简单的几句话取得如此好的效果，原因就在于他灵活运用了"君子动口不动手"这一俗语。将"你是君子，我是小人"这一惊愕之语进行了出乎意外却又合乎情理的解释，让人们在吃惊之余，猛然地悟出这是一句绝佳的称赞俗语，给俗语加入了幽默的调味剂以后，俗语变得不再"俗"。

1985年5月，美国总统里根到苏联访问，两国领导人举行会谈。在欢迎仪式上，苏联领导人戈尔巴乔夫说："总统先生，你很喜欢俄罗斯谚语，我想为你收集的谚语再补充一条，这就是'百闻不如一见'。"

戈尔巴乔夫之意，当然是宣称他们在削减战略武器上有行动了。里根也不示弱，彬彬有礼地回敬道："是足月分娩，不是匆匆催生。"

里根的谚语幽默形象地说明了里根政府不急于和苏联达成削减战略武器等大宗

交易的既定政策。

在论辩中巧妙地运用俗语可以调节气氛，增强语言的感染力与幽默力，从而达到明确地讲清道理、有力地反驳对方的目的。

巧用俗语形式的语言，能够将表述力柔化，将论辩力强化，不仅如此，还可以分散论辩方的注意力，找到突破口，让他们无力反驳。

理智幽默，胜过争论

不，我只是很想很想夜里能够安安静静地睡上一觉。

请把您的收录机借给我用一个晚上好吗？

你也喜欢收听晚间特别节目吗？

如果我们在处理棘手问题时，不能勇敢地表达自己的看法，而是用一般的方式希望对方主动妥协，往往很难奏效，这个时候需要掌握幽默的表达技巧。

我们一直强调将幽默口才贯穿运用到各个生活状态以及工作习惯中去，殊不知幽默的说法是为了引导一种积极向上的做法，进而实现健康快乐的活法。追逐幽默口才的精髓，实质上是在汲取幽默背后的处世、论辩哲学。在恰当的时候，适当挑拨一份玩笑，不仅仅是对幽默做法的实践，更是圆融辩驳的一种修炼。

引申归谬，强辩韬略

《樗斋雅谑》中说到这么一个故事：

一个人的母亲死了，他在服丧时偶然吃了一次红米粉，被一个迂腐的书生看到。书生大为不满，指责这个人是不肖子孙。那人问他为何？他说红色是喜庆的颜色。那人反驳说：既然这样，那么大家天天吃白米饭，岂不是天天服丧吗？

一句话，言简意赅，诙谐且不失深刻，从书生荒谬的逻辑出发进行反驳，使人

"反唇相讥"，辩不可挡

接过话头，"反唇相讥"的幽默法是在受到语言攻击的情况下，及时、巧妙地利用对方讲话内容中的漏洞，或套用对方的进攻套路来灵活反击，回击恶意的挑衅，解脱自身的窘境。

运用"反唇相讥"的幽默，你可以借用对方的某些语句，借助比喻、夸张、反讽等修辞手法，来给予对方致命痛击，以揭露丑恶，戏弄无知。

请您从大门旁供狗出入的小门进城。

出使狗国的人，才从狗门入城。现在我出使楚国，不应当从此门进入吧。

您能这样公正恰当地评价我的作品，我感到十分荣幸，并向您表示由衷的感激！但不知您能否告诉我，这本书是谁替您读的呢？

您这部书的确十分精彩，但不知您能否透露一下，这本书究竟是谁替您写的？

论辩中的接过话头，"反唇相讥"法，多是为了批评、嘲笑、讽刺和挖苦对方。这种讥讽，一般是承接对方的讲话内容，借用其中的某些语句，反手一击，点明对方的谬误本质。

看到了书生的荒唐。那反驳书生的人使用的就是引申归谬幽默法。归谬之法是以对方的论点为前提，将其推论出非常明显的荒谬结论，从而驳倒对方。

鲁迅先生在《文艺的大众化》一文中，驳斥"文学作品的质量越高知音越少"的谬论时，用的就是归谬法。"倘若说，作品愈高，知音越少，那么，推论起来，谁也不懂的东西，就是世界上的绝作了。"显然，这个结果是非常荒谬的，因此"作品愈高，知音愈少"的荒谬性就充分暴露出来了。

归谬法犹如一面显示谬误原形的放大镜，能使人们对错误的论点或论据看得更清楚，因而常常为人所采用。

苏轼的《志林》中，记载了苏轼与欧阳修的一段对话，其中引申归谬法的运用，十分精彩。

欧阳文公曾说过：有一位病人，医生问他得病原因，回答说，乘船时遇上大风，受惊吓而得病。医生就取多年的舵把子，上面浸透了舵工的手心汗，刮下细木屑，加上丹砂、茯神等药，为他治病，喝下去就好了。现今的《本草•别药性论》上说止汗用麻黄根节，以及旧的竹扇子刮末入药。文公因此说：中医以意用药多类似这样做法；初看很像儿戏，然而有时也很灵验，恐怕也不容易问出个所以然来。我（指苏轼）便对先生说：照这样说来，用笔墨烧灰给读书人喝下去，不是可以治昏惰病了吗？推而广之，那么喝一口伯夷（孤竹君之子，与其弟互相推让王位）的洗手水，就可以治疗贪心病了；吃一口比干（商纣王淫乱，比干谏而死）的残羹剩汁，就可以治好拍马屁的毛病；舐一舐刘邦的勇将樊哙的盾牌，可以治疗胆怯病；闻一闻古代美女西施的耳环，可以除掉严重的皮肤病。先生听了便哈哈大笑。

苏轼对于欧阳文公的观点并没有直接进行否定，也没有进行激烈的反驳，而是用他的观点将一些不能够成为事实的事情表述出来，让文公的论点不辩自"败"。

可见归谬法的意义非同一般。

引申归谬是幽默的辩驳之术，在辩论中抓住对方的谬论点，将其用类似事物来表明对方观点的不正确。引申归谬作为论辩中一种反驳的手段，但绝不是生硬的反驳，而是绕个圈子，运用幽默的睿智实现的强力辩驳。

出其不意，弦外有音

出其不意是幽默口才中的基本特征，它之所以能产生幽默效果是因为说辩者将事物发展的结果推测成了一种与一般想象和预测截然不同的结果，由于想象结果与实际结果之间的反差所形成的强烈对比，幽默效果油然而生。

出其不意的具体做法就是指辩论中的一方根据需要突然改变自己的观点和立场，或是承认对方的论点，而得出利于己方的结论，使对方感到不知所措的幽默答辩技巧。

在菲律宾的总统竞选中，总统马科斯攻击阿基诺夫人"没有经验，不懂政治"。对此，克拉松·阿基诺并不讳言自己是家庭主妇，也承认对政治问题不甚了解。但是，她接着反守为攻地巧妙提出：

"对政治我虽然是外行，但作为围锅台转的家庭主妇，我精通日常经济。"她这一句话，一下子把矛头对准了执政党的要害之处。在当时的菲律宾，工厂的开工率仅为49%，人口总数60%的人处于失业或半失业状态。物价暴涨、民怨鼎沸、政局动荡不安，加剧了经济的进一步恶化，维系民众生存的"日常经济"更是糟糕透顶。克拉松·阿基诺以菲律宾经济状况的事实为依据，阐明自己的观点，对马科斯进行直接反驳，一针见血地指出了对方问题的症结所在，赢得了选民的支持。

"出其不意，攻其无备"的表面就如顺水推舟般的平静，顺水推舟是在论敌的攻势面前，要把握其意图和要害，表面上因势顺从，实际上是借敌力为我力，引诱对方孤军深入，一直走向荒谬的极端；然后，出其不意地突然逆转，集中火力杀回马枪，使对方冷不丁受到当头棒喝而晕头转向，失去招架之力。

隋朝时，有个叫吴里的人很聪明，但说话口吃。官高气盛的杨素常常在闲暇无聊的时候，把他叫来聊天。

年底的一天，两人面对面地坐着，杨素就和他开玩笑："有个大坑，深一丈，方圆也是一丈，让你跳进去，你有什么办法出来吗？"

吴里："有有有有梯子吗？"

杨素："当然没有梯子，若有梯子，还用问你吗？"

吴里："是白白白白天，还是黑黑黑黑夜？"

杨素："不要管是白天还是黑夜，你能够出来吗？"

吴里："若不是黑夜，眼眼眼眼又不瞎，为什么会掉掉掉掉到里面？"

杨素不禁大笑。

杨素："忽然命你当将军，有一座小城，兵不满一千，只有几天的口粮，城外有几万人围困，若派你到城中，不知你有什么退兵之策？"

吴里："有救救救救兵吗？"

杨素："就因为没有救兵，才问你。"

吴里："我审审审慎地分析了形势，如如如如像您说的，不免要要吃败败败仗。"杨素大笑了一阵。

杨素："你是很有才能的人，又是个百事通。今天我家里有人被蛇咬了脚，你能医治吗？"

吴里："用五月端午南墙下的雪涂涂涂涂就好了。"

杨素："五月哪里能有雪？"

吴里说："五月既然没没没没有雪，那么腊月哪里有有有有蛇咬？"

杨素笑着打发了他。

这个故事虽然是一则笑话，但类似的事情在现实生活中时常会遇到。故事中的吴里尽管口吃，但回答问题却很能出其不意、听得出弦外之音，又能顺水推舟地幽默作答，杨素不但难不倒他，而且被他的睿智逗得哈哈大笑。

这种出人意料的幽默口才，是人们在说服、论辩中最常用的幽默技法，它借助人们的心理反差，逗笑论辩的另一方，和谐论辩的氛围与紧张局势，令自己处于论辩的主导地位。

但是在论辩中使用出其不意的幽默辩术时，应该注意一点，即出其不意不能"出"得夸张，出其不意得恰到好处是意料之外，情理之中。

找出矛盾，幽默智辩

论辩讲究的不只是口才，比试头脑中的智慧才是最重要的。幽默论辩正是希望通过智慧的力量击破争辩对方的防线。

有人认为，在幽默辩论中应变就要设法逼对方掉进你设的陷阱，使之无可自拔。如果对方一掉入陷阱，就要马上采取还击行动。有时当对方因退缩或招架无力，也出尽了"牌"，你就亮出你的"王牌"，一举逼使对方陷入进退不得的困境。

欧布利德是古希腊一个有名的诡辩家，他在某个大公那里供职。

一天，他对同事说："你没有失掉的东西，那么你就有这件东西，对吗？"

他的同事回答说："对呀。"

欧布利德接着说："你没有失掉头上的角吧？那你的头上就有角了。"

大公听了他们的争吵，心生一计，决定利用这种方法来整治善于诡辩的欧布利德。他对欧布利德说："在我的城堡里，你没有失掉坐牢的权利，是吗？那么，就让你享受三天这种权利吧。"

于是，欧布利德被关了三天禁闭。他真是有苦说不出，只有自认倒霉了。

俗话说，"智者千虑，必有一失"。恃才傲物的人最容易犯下面的毛病。在开始时，容易小看对方，以为自己只要开口，来个"先发制人"，就能成功，没想到由于对方介意在心，回敬"以子之矛，攻子之盾"，反而会抢了先手。这时候，心慌意乱的一方看出对方不易就范，可能会乱了招数，加速败北。

回到辩场上来，我们也不难举出一系列利用对方自相矛盾进行攻击的辩例。且以95国际大专辩论会上就《信息高速公路对发展中国家有利》辩题正反双方的一段辩词为例：

正方二：我方也主张发展中国家必须重点发展普及应用，就像教育必须从基础做起，我们现在不做，以后怎么跟得上呢？

反方二：对方辩友还是同意了我方的论点，首先要发展教育，首先要发展发展中国家的国力呀。

正方四：信息高速公路恰恰能够帮助教育的发展，这个我们刚才已经提到了。

反方一：信息化也是我方的立论。我们并不否认发展中国家应该缩短南北差距，应该发展信息化，但那并不代表信息高速公路啊。

反方四：那对方辩友为什么就一定认为信息高速公路是发展中国家的万能药呢？难道你不知道药对症可以治病，不对症可是要人命的呀。（掌声）

两难战术，反客为主

> 在辩场上，由于双方均被镶上了竞争的色彩，那么，辩场便也成了一个小社会，一个有圈套的社会。在辩论场合，没有圈套就很难定出谁输谁赢。只要是对手，双方都会自然地想给对方设置圈套。于是，只要是辩论，你也圈套，我也圈套，圈来圈去，就看谁先陷进去，谁先陷进去，谁就要有麻烦。

> 设圈套的技巧主要为了蒙蔽对手，使对方在你所预期的某种圈子内不明不白地往里陷。这一陷就正中你下怀了。我们常见的辩论场合中的圈套战术非两难战术莫属。两难战术是一种神奇的雄辩绝招。其主要特点是运用二个条件命题和一个析取命题为前提进行推演的论辩方法。

正方二：对方同学承认信息高速公路是有利的，但又认为发展中国家没有信息高速公路。可是实际上就算是没有信息高速公路，美国的信息高速公路也是对发展中国家有利的，因为只要一样花了5万块为两位同学装个电脑，就上了国际网络了。

反方三：信息高速公路有利，这谁都知道啊！但今天的辩题是谈对发展中国家有没有利啊。

正方二：对方同学不是说信息高速公路还没做出来吗？你怎么知道它有利呀？

反方一：对呀，这不正是否定了你方的观点吗？你怎么就知道信息高速公路就有利呢？

反方二：因为我们已经做出来了嘛，我们已经用过了，所以要分享给你们嘛。（笑声、掌声）

上例辩论中，无论是正方还是反方，都发现了各自的自相矛盾之处，也均发起了猛烈的进攻。可惜双方都仅限于抓在同一点上，形成了一种"凝固"战，最后若不是一语幽默，还不知谁要失守呢。

值得一提的是，这段辩词的"以其之矛，攻其之盾"战术在双方都运用得很隐蔽，没有大肆渲染，只是双方战术碰撞，导致辩手都有些累而已。

总之，我们是该感受到以其之矛攻其之盾的幽默战术在辩论中所显示出的威力。

法庭论辩，偷换概念

在法庭辩论中，为应付对对方极为有利的局面，可采用"偷换概念应变术"，这样，由偷换概念而使法官及对方陷入思维怪圈，使自己处于有利的位置。

普罗塔哥拉是古希腊智者学派的著名人物，相传，他与爱瓦特尔进行过一场著名的辩论。事情是这样的：

爱瓦特尔是普罗塔哥拉的学生。他跟老师学习诉讼，条件是：先付一半学费，其余一半等爱瓦特尔结业后第一次打赢官司时付清。爱瓦特尔结业后，长时间待在家里，一直没替人打官司，自然，也就没有支付欠普罗塔哥拉的另一半学费。普罗塔哥拉终于禁不住向法庭起诉，要求支付另一半学费。他向爱瓦特尔说："如果我的官司打赢，那么根据法庭判决，你就应该付给我另一半学费；如果我败诉，换言之，你胜诉，那么根据我们订的契约，你也应该付给我另一半学费，因为这是你第一次打官司，而且赢了。无论法庭如何判决，总之你都该付我那另一半学费。"

普罗塔哥拉的论证可归结为一个二难推理：如果我胜诉，则你应付另一半学费；如果我败诉，则你应付另一半学费。或者我胜诉，或者我败诉，总之，你都该付那另一半学费。

普罗塔哥拉以为稳操胜券，非常得意。

不料，"名师出高徒"，爱瓦特尔也不甘示弱，他告诉他的老师：

"我根本用不着付给你那另一半学费，因为，如果我的官司打赢了，那么根据法庭判决当然就不必再给你学费。如果法庭判我败诉，那么，我就用不着给你学费。因为这是我打的第一场官司，而且打输了，不合原先契约的要求，总之，无论法庭如何判决，我都不必付给你那另一半学费。"

爱瓦特尔的论证，恰恰也是一个与老师针锋相对的二难推理：

如果我败诉，则不必再付另一半学费。

如果我胜诉，则不必再付另一半学费。

或者我胜诉，或者我败诉。

总之，我不必再付另一半学费。

学生的二难推理，它的前提与老师的相同，结论却正好相反。而且，看来也非常"有理"。这就是历史上著名的"半费之讼"。据说，这个案子当时就难倒了法官，无从做出判决。

从这个诉讼案例中，我们就看到了，爱瓦特尔就偷换了"官司"这个概念，使本来对自己不利的诉讼，变成了法官无法判决。

日常生活的小辩论，如能掌握偷换概念的技巧，也能够获得很大的幽默效果。

两位农民在给玉米施肥时，以猪粪离庄稼远近为题争执起来。

甲："猪粪离庄稼近，便于庄稼吸收，庄稼肯定爱长！"

乙："让你这么一说，应该把庄稼种到猪圈里，一定更爱长！"

甲："你这是不讲理！"

乙："怎么不讲理？你不是说离粪近庄稼爱长吗？"

这时，一位老农民凑过去说："我看你们俩谁说的都不对，猪尾巴离猪粪最近，没见到猪尾巴长得多长……"

在场的人哈哈大笑。老农民用偷换概念法，轻而易举地平息了争执，又逗笑了大家。从性质来看，论辩是一种文明的语言交流。具有说服力的论辩依靠的是理和据，讲究的是说话技巧。偷换概念巧钻了词语的空子，将道理说得无懈可击，让人不得不闭口折服。偷换概念的语言技巧在本质上属于幽默的口才——机智、诙谐不失娴雅。

妙用谐音，机智论辩

清代学者纪晓岚与和珅同朝为官，纪晓岚为侍郎，和珅为尚书。一次同饮之际，恰好一条狗从旁跑过，和珅指着狗问："是狼是狗？"此话问得蹊跷，纪晓岚立即听出了弦外之音，答道："垂尾是狼，上竖是狗。"

原来和珅说的是一句运用谐音双关法骂人的话，"是狼"是指"侍郎"，即纪晓岚，连起来便骂他是狗。哪知纪晓岚敏慧过人，一听就觉察了其中的奥妙，但是他不动声色，仍然顺着他问话的表面意思，同样运用谐音双关法进行反唇相讥。"上竖"表面上指尾巴翘起，与和珅问话的表面意思联结得天衣无缝，其实却是谐音"尚书"，即和珅，连起来便回敬他是狗。

李白去蜀远游，应诏入京，在皇帝面前展露了才能，却遭到当朝宰相杨国忠的嫉妒。有一天他想了个办法，约李白去对三步句，意即由杨国忠出题（上联），李白要在三步之内对出下联。李白如约而至，刚一进门，只听见杨国忠道："两猿

软化辩语，增强辩力

和别人说话、辩论是非曲直，如果面红耳赤，唇枪舌剑，虽然也可能达到不打不相识的效果，但那到底是不得已的事情，并且常常容易出现彼此都难免动气的话，这就很可能成为人际关系破裂、矛盾激化的兆头。

在辩论中软化辩解的幽默语言是增强辩力的重要因素，幽默语言中的最佳妙法是绵里藏针和辩人于无形的釜底抽薪法。绵里藏针幽默法，是外表柔和，内含刚健，使人有刺痛之感，且不露痕迹。

这种为许多人所熟悉的釜底抽薪法其关键就在于找出"薪"的存在，然后断然"抽"之。论点全部来自论据，是建立在论据基础之上的，论据属实，则论点正确；论据虚假，则论点谬误。所以只要你善于从对方的论点中分析出其虚假论据之所在，那就如同釜底抽薪，刨根倒树，所有论点就会被你驳倒。

截木山中，问猴儿为何对锯？"上联出得很刁，运用谐音双关法，"锯"谐音为"句"，直接骂李白是来对句的"猴儿"。哪知来者不善，李白毫不犹豫地说："请宰相起步，三步之内对不上来，愿受罚。"当杨国忠跨出步去，李白立即指着杨国忠的脚喊道："匹马陷身泥里，看畜生怎样出蹄！"

李白同样运用谐音双关法，"蹄"谐音为"题"，直接骂杨国忠是出题的"畜生"。杨国忠出题出得古怪而且刻薄，李白对句对得巧妙而且辛辣，幽默机智从这样巧妙而辛辣的对句中来。

谐音双关的别解法，要求辩者有丰富的想象力和发散思维的能力，能透过某一语句表现的含义洞察出其隐含着的特殊或深层的语意，然后选择符合我们观点的某一种相关的意义，做出巧妙的别解。

运用谐音别解，可使辩者变守为攻，变被动为主动；可以帮助摆脱困境；还可以嘲讽对手，调侃戏谑，顺势发表议论。辩论中运用此幽默战术，可增强辩者的语言表达效果，使自己的辩论雄健有力。辩论中，有意违反常规、常理、常识，利用语言、语汇、语法等手段，临时赋予一个词语原来没有的新意而做出奇特新颖但毫不利于对方的解释手法，让自己的观点无可辩驳。

诡辩幽默，不胜亦胜

幽默语言不仅能够减轻辩驳过程中的压力与紧张形势，而且能够调节辩论的气氛，增强语言的穿透力，强化自己的辩论观点。诡辩，似乎有些狡辩的嫌疑，但值得学习的是，诡辩是辩论幽默中最善于运用幽默技巧来促成反败为胜的方法。

诡辩幽默，不胜亦胜的绝佳妙法：

在中世纪时期，神学家们曾一度蛊惑人们相信神的存在以及上帝无所不能的言论。对此，神学家与人们进行了一场很有意思的辩论，只是辩论结果却无法明确。

神学家："上帝是无所不能的。"

人们："上帝不是全能的，否则，上帝怎么会让人受那么多的苦。"

神学家："上帝就是无所不能。"

人们："上帝不是全能。"

……

当人们说了1000遍否定的时候，神学家们却进行了1001次的肯定。最后的辩论结果可想而知，很难辩论出真正的结果。这个情况下，不应该一直在肯定自己的正确之处，应该学会找到上帝不是万能的现实例证。

于是，现代人在面对"上帝是否是万能的"这个话题的时候，幽默地做出了这样的回答："那么请问，既然上帝是万能的，上帝能否创造出一块连他自己也举不起来的石头呢？"

现代人的辩论方法就是借用了诡辩的力量，让上帝创造出一块连他自己都拿不起来的石头，这样的幽默辩驳妙在它既体现了上帝有能力创造出一块石头，又体现了上帝并不是万能的，他依旧不能够抬起一块石头。真是幽默招数中的妙中之妙，现代人居然能让上帝搬起石头砸在自己的脚上。

古希腊时，一个人非常善于利用诡辩幽默去买东西，往往能够把"买东西不付钱"的把戏玩弄得恰到好处。

一天他又想去弄点酒喝，他径直来到一家酒铺，向卖家要了一瓶红酒，等他煞有介事地看了看红酒的说明后，还给了卖家，说道："还是给我换一瓶白酒吧。"

卖家说："好嘞。"不一会儿就递给他了一瓶白酒。令卖家费解的是，他居然在接过白酒后，钱还没付就要走。

卖家忙说："先生你还没有付钱呢！没付钱可不能走。"

那人忙说："我为什么要付钱？"

卖家："你买酒当然要付钱啊！"

那人辩解说："我不能付钱，这瓶白酒是我用红酒换的。"

卖家："可是红酒你也没有付钱啊！"

那人诡辩道："那就你付钱喽，反正这瓶白酒是我用红酒换来的。"

卖家顿时糊涂了，不知道说什么好，只能无奈地看着那人把酒白白地带走。

这就是典型的诡辩幽默。诡辩幽默的实质是一种欺骗，只不过这种欺骗被赋予了幽默的智慧与艺术。当然在现实的生活与工作中，我们并不主张时刻与人诡辩，赚他人的便宜，介绍诡辩幽默是为了帮助一个人在面对无赖的时候，应该学会以其人之道返还诡辩的幽默技巧。

比如说著名的英国首相丘吉尔，他能够巧妙地利用诡辩之法自圆其说，维护好自身的公众形象。

有人曾经问丘吉尔："作为一个政治家必须具备的才能是什么？"

丘吉尔回答说："想要成为一位出色的政治家，就应该具备预知明天将会发生什么事情的才能。"

那人继续问道："可是如果预知的事情并没有发生呢？"

丘吉尔幽默地回答说："如果真的没有发生，就需要这位政治家有自圆其说的本事喽。"

丘吉尔口中的自圆其说，即主要是指"诡辩"的艺术。如果幽默的诡辩术运用得当，就能够通过自己的口才力量达到改变对世界的看法以及说法。

诡辩幽默作为一种变形的幽默口才，意在通过违背逻辑规律的方法，混淆是非，最后实现对他人的说服。

仿效幽默，让他哑口

在仿效幽默这种妙不可言的语言智慧面前，任你胸中有多少兵甲，都难以抵挡它的攻击。逻辑学常识告诉我们，用他人的矛去攻击他人的盾，才能让别人不战而败。

在中国福建的民间传说中，有一则关于巧媳妇的故事。

她讲述一位知县老爷为了霸占史老汉的财产，故意给他出了一道难题，要他在三天内送来三头怀孕的公牛，如果做不到，就要把史老汉的财产"全部充公"。

史老汉急得不知所措，唉声叹气地回到了家，把事情告诉了家人，他的儿媳妇听后，安慰公公不要担心，她自有办法对付。

第三天，知县坐轿来到史家，进门就问："史老汉在家吗？"

巧媳妇回答说："是在，就是不便走出来。"

知县不高兴了，厉声喝问："我是知县大老爷，他怎么敢不出来见我？"

巧媳妇不慌不忙地回答："你小点声，公公他正在房里生小孩呢！"

知县听了，哈哈大笑说："胡说！我从来没听说过，男人也会生小孩！"

巧媳妇对知县说："怎么没听说，公牛不是也会怀胎吗？"

一句话把知县老爷说得目瞪口呆，哑口无言。这里，巧媳妇巧就巧在效仿知县老爷的逻辑思维，巧妙地导演了"公公生小孩"这"荒唐"的一幕。

知县若要否认，那么按照充分条件推理的否定式，他等于否定了自己夺财产的理由；如果他不否认，那么史老汉就有理由不来见他，他的阴谋同样不能得逞。这种自打耳光的结果，对知县老爷来说，是哑巴吃黄连，有苦说不出。

有个男孩在一家面包店买了一块两元钱的面包。

他觉得这块面包比往常买的小得多，便对面包师说："这块面包比往常的要小很多呢？"

"哦，没关系。"面包师回答说，"小一些，你拿起来就轻便些。"

男孩听完把五角硬币放在柜台上，就要走出店门。

面包师叫住他："喂，你还没有付足面包钱！"

"哦，没关系。"男孩有礼貌地说，"少一些，你数起来就容易些。"

上述仿效思维的幽默语言技巧，其直接效果就是让对手当场认输，因为击败他的武器是由他自己提供的。犹如你正和敌人作生死决斗，一不小心将自己的一柄利剑撒手丢落在地，反而让敌人拾起来利用一样。

说到仿效幽默，忽而让人想起有这样一则外国幽默笑话：

欧伦斯庇格走进一家饭店想吃饭，因为等了许久肉还未烤熟，只好吃了一些面包后就躺在烤炉旁的长凳上打盹。当烤肉端上桌时，店主请他就餐，他却睡眼惺忪地说："你在烤肉时我都闻饱了。"

店主便端着托盘要收他的肉钱，理由是他说已闻饱了肉味，所以也应该付同吃肉一样多的钱，于是欧伦斯庇格掏出一枚银币，扔到长凳上，对店主说："你听到了钱的声音了吗？"

店主回答说："听到了。"

他马上抓起银币，放回钱袋，对店主说："你听到了我的银币发出的响声，正好够付我闻你的肉味的钱。"店主哑口无言。

以谬制谬的仿效幽默法在论辩中如果运用得好，就能发挥一锤定音的功效。运用时关键在于大脑反应快，能迅速明确对方话中的原理，并由此推出一个符合这个原理的荒谬的事例。仿效逻辑的幽默思维方法，可助于推动以谬制谬论辩战术的开展，仿效逻辑，让你在论辩中实现令他人百口莫能与之辩的强势。

第十二章

赞美幽默——情感投资有笑道

理解赞美，做到真正幽默

如果说赞美是一窗春日的天空，那么适当的幽默则是空中飘飞的纸鸢，更添生机；如果说赞美是一股清净的泉水，那么适当的幽默则是水中嬉戏的游鱼，更添灵动；如果说赞美是一份真诚的礼物，那么适当的幽默则是外包装上美丽的蝴蝶结，翩跹起舞。

学习了什么是幽默的赞美、如何彰显出赞美的实质效用，才能够将幽默灵活并恰到好处地融入赞美的队伍当中。

那么，什么是幽默的赞美？此时，爱因斯坦与卓别林的赞美则值得我们大家来领会幽默为"赞"带来的"美"。

爱因斯坦一直就很欣赏幽默大师查理·卓别林的表演以及喜剧作品。为了表示自己的喜爱与赞美，爱因斯坦在给卓别林的信中这样写道："你表演的电影《摩登时代》，一定会让你成为一个伟人的，因为你的表演让世界上的每一个人都能看懂。——爱因斯坦"

卓别林回信道："你才是更加令人敬佩的人，因为你已经成为一个伟人了，当世界上还没有人能读懂你的相对论的时候。——卓别林"

爱因斯坦虽是个科学家，却也是个懂得幽默生活情趣的人，他通过人们对《摩登时代》的感受来委婉地称赞了卓别林幽默表演的成功，也暗含了自己对卓别林由衷的钦佩之情。

查理·卓别林不愧是位幽默大师，面对爱因斯坦的称赞他心知肚明，面对爱因斯坦的幽默更是投之以桃，报之以李，同样从人们的角度幽默夸赞了爱因斯坦在相对论上的建树。

这就是幽默的赞美，幽默的赞美就像是春风吹过了一串铜铃，留给人们的是悦耳动听与清新。

宋代苏轼喜欢参禅，有一次在金山寺和佛印禅师一起打坐，苏轼觉得身心舒畅，于是问道："禅师，你看我的坐姿怎么样？"

禅师答道："很好，像一尊庄严的佛。"苏轼听了很高兴。

佛印禅师接着问苏轼："学士，你看我的坐姿怎么样？"

苏轼从来不放过嘲弄禅师的机会，马上回答说："像一堆牛粪！"佛印禅师听了也很高兴。

幽默赞美，赢得欢心

这位夫人，你难道就能够预料到刚刚出生的孩子会有什么用处吗？

教授先生，你能解释一下，你给我们大家讲这些鬼东西到底有什么用吗？

有些人对于一些值得称赞的事情一窍不通，因为不懂，所以不会由衷地祝贺和赞美对方的成就，这是一件多么悲哀的事情。

这真是会做饭的好老婆啊，照这样下去，估计我们附近的餐馆该关门大吉了。

在日常的生活与工作中，幽默赞美是一项受人追捧的口才技巧。幽默作为赞美口才中最大的闪光点，能够给人带来无比轻松的感觉。

总之，幽默是一个人能力的反映，懂幽默的人赞美水平也会很高。当然在生活中并不是人人都有幽默的口才，他们的赞美因此往往只会"赞"而不会"美"。

苏轼见将禅师比喻为牛粪，禅师竟无以为答，心中以为赢了佛印禅师，于是赶紧回到家中，兴高采烈地对妹妹苏小妹说："哈，我今天终于赢了禅师。"

苏小妹问道："你怎么赢的？"

苏轼得意地叙述起刚才的事情。

苏小妹天资聪颖，听了苏轼的话之后，正色说："哥哥，你输了。佛家说，佛心自现，你看别人是什么，就表示你自己是什么。禅师的心中像佛，所以他看你像佛；而你心中像牛粪，所以你看禅师才像牛粪。"

苏轼哑然，这才知道自己禅功不及佛印禅师。

因此，心中如果有一片温暖的阳光，就会看到别人的闪亮点，会不由自主地去真诚赞美他人；而如果只能看到别人的灰暗处，极尽能事地去侮辱他人，只能说明你的心中藏有一颗黑子。

一味地贬损他人，其实是暴露了你内心的阴暗处，同时也是在贬损你自己。真正的幽默赞美之道正在于此。

幽默意境，使人愉快接近

幽默是最具智慧的艺术之一，千百年来，一直颇受人们的青睐。人们之所以青睐于幽默艺术，是因为人们喜爱笑，传统意义上的笑，就意味着快乐和高兴。那么在人际交往中，如何使用接近语言，利用幽默法来获得好的沟通呢？

1.用富于情趣的语言接近

当你将一种语体改变为另一种完全不同的语体风格来表达，会让人忍俊不禁。用这样一种方式来赞美别人，会使对方在轻松愉悦之中欣然接受。

有一个男孩就是用这种新颖的赞美方式，射中了自己的白雪公主，并且娶其为妻。妻子幸福地诉说他们的浪漫爱情："当我在一所大学里做兼职的银行出纳员时，一个漂亮的小伙子几乎每天都要到我的窗口来。他不是存款就是取钱。直到他把一张纸条连同银行存折一起交给我时，我才明白他是为了我才这样做的。

"'亲爱的吉：我一直在储蓄这个想法，期望能得到利息。如果周五有空，你能把自己存在电影院里我旁边的那个座位上吗？我把你可能已另有约会的猜测记在账上了。如果真是这样，我将取出我的要求，把它安排在星期六。不论贴现率如何，做你的陪伴始终是十分愉快的。我想你不会认为这要求太过分吧，以后来同你核对。真诚的杰。'我无法抵制这诱人、新颖的求爱方式。"

小伙子没有俗套地说"你好漂亮"，而是颇为高明地说："不论贴现率如何，做你的陪伴始终是十分愉快的。"他将对方的行业词汇运用于谈情说爱中，绝妙生动地表达了他的赞意和爱恋。在交往中巧妙地运用这种富有情趣的幽默语言接近对方，会使你的沟通取得意想不到的效果。

2.用善意的仿拟语言接近

在人际交往中，恰当地运用仿拟语言可以更好地帮助你沟通与交际对象的情感；可以把原本很生硬、很单调的赞美化为生动活泼、诙谐幽默的话语。

在朋友聚会中，每个人都要自我介绍。一次，有个叫"秦国生"的高个小男孩也介绍了一下自己……他介绍完之后，是另一个女孩的自我介绍。女孩说："本人自觉渺小，姓肖，名晓，只好拜托诸位多加关照，特别是秦国生老兄，他堪称元老级人物，因为他的年纪是最大的。刚才仔细一算，他已经两千多岁了。他是秦始皇并吞六国时出生的呀！"

她将秦国生仿拟成了"秦始皇并吞六国时出生"，也就是将现成的字词及语句格式创造成新的字词及语句格式；出人意料地把毫不相干的事扯在一起，内容风马牛不相及，这就具有了幽默性，从而使双方的沟通变得轻松、愉快。

3.用尊敬的类比语言接近

用类比幽默赞美他人，是把两种或两种以上互不相干的，彼此之间没有历史的或约定俗成联系的事物放在一起对照比较，虽然显得不伦不类，却含有赞美之意。

据说，拿破仑在歌剧院里看歌剧，见另一个包厢里坐着著名的作曲家罗西尼，就叫侍从请他过来。罗西尼赶紧来到拿破仑的包厢，跪下请罪道："皇帝陛下，我没有穿晚礼服来见您，请恕我大不敬。"拿破仑语出惊人："我的朋友，在皇帝与皇帝之间，礼仪是不存在的！"

拿破仑将罗西尼也称为"皇帝"，并说"在皇帝与皇帝之间是不存在礼仪的"。这句幽默之语，是对罗西尼极高的赞赏，以至于他有了"音乐皇帝"的尊称。

这种类比幽默，双方差异性越大，不协调性越强，越容易造成耐人寻味的幽默意境。

面对女人，男人这样赞美

人人都渴望被别人赞美，但男人和女人的需要是不同的，因此面对男人与女人不同的心理需求，在给他们奉上幽默的赞美时，更加不要忘记区别对待。

从心理学上讲，男人要面子好虚荣，多表现在追逐功名、显示能力、展示个性以显潇洒和能人之形象方面；而女人则表现在对容貌、衣着的刻意追求或身边伴个白马王子以示魅力方面。男人要面子好虚荣，他们对此毫不遮掩，有时甚至坦率得令人吃惊；而女子则总是遮遮掩掩、羞羞答答。女性对于面子、虚荣还有几分保留，而男子则是全力以赴去追求面子，好似他的人生目的就是追求面子一般。男人为了面子可以大动干戈，有权力的甚至可以轻则杀一儆百，重则发动战争；女人为了面子则会大喊大叫。男人的面子千万不要去伤害、破坏，否则便万事皆休一切都了——友谊中断、恋爱告吹、生意不成、职场不顺。针对以上特点，在奉上幽默赞美时要区分对象。特别是男人在赞美女人时需要掌握一定的技巧。

首先，作为男人更要会赞美女人，能够做到张口也赞闭口也赞。这样，你才能在女人面前受欢迎，使你魅力无穷。

一次，小蒙去银行取钱，人很多，年轻漂亮的女职员忙个不停，有点不耐烦，看起来她心情不是很好。小蒙很想跟她交谈，怎么开口呢？观察了一会儿，小蒙发

■ 人际需求，给想要的赞美

口才界流行一个比较出色的赞美定律是赫洛定律，即给他最想要的一种赞美。所谓赫洛定律，是一种人际关系的需求理论，它强调满足对方的渴求，以此获得他人的认可与信任。

你的学生×××真不愧是你的得意门生啊，那么优秀。

在人的一生中，有无数让他们引以为自豪的事情，这些东西又会不经意地在他们的言谈中流露出来，而且他们深深地渴望能够得到别人由衷的肯定与赞美。

恭维赞美的话要切合实际，到别人家里，与其乱捧一场，不如赞美房子布置得别出心裁，或欣赏墙壁上的一幅好画，或惊叹一个盆栽的精巧。

你有福气啊，两个儿子都已经长大成材了。

现了女孩能力中的优点。轮到他填取款单时，他边看她写字边称赞说："你的字写得真是漂亮，真是人见人爱，花见花开啊。"

女职员吃惊地抬起头，听到顾客幽默的称赞，她心情一下子好了很多，但又不好意思地说："哪里哪里，还差得远呢。"

小蒙认真地说："真的很好，看上去你像练过书法，我说得对吗？"

"是的。"

"我的字写得一塌糊涂，能把你用过的字帖借给我练练字吗？相信你的字帖上的灵气会让我大有长进的。"

女职员爽快地答应了，并约好了下午到办公室来取。一来二往，两人有了感情，并最终结成了良缘。

小蒙是个聪明的男人，欲夸其人先赞其字，一句"人见人爱，花见花开"就已经让女职员心里偷着美了。

男人赞美女人是对女人价值的肯定，更是对女人魅力的一种欣赏。在男人眼里，女人身上总有美丽动人之处，或者是皮肤细腻，或者是身材苗条，或者是眉目含情，或者是穿着得体。所以作为男人要善于去发现、去捕捉她的美。许多女人都会对自己的缺憾有所了解，但她们也十分了解自己的最动人之处，只要你能慧眼独具，赞美得体，你一定会博得她的赏识与青睐。

尤其是现代的女性更加注重个性，夸赞一个女人有个性已成为一种时尚。固执的性格可当此人有个性来赞，孤傲的性格也可以用有个性来赞，像男人一样不拘小节，有些泼辣的女性也能用有个性来赞。只要是稍稍区别于大众的性格，你用个性二字来赞她，无论是哪种女性，她都会觉得你这个人很有品位。

除此之外，生活中女人们的能力也值得你一赞。日常家务，如烧饭做菜、收拾房间、照顾孩子等，这些虽是一些细小的事情，但却能表现出女人的动手能力、审美能力、教育能力。只要你在日常生活中也不忘记对女性幽默地赞美一下，你定会得到她们一致的好评。

毕竟女人大多数是用耳朵来生活的，幽默赞美是女人生命中的阳光。然而，男人也一样，他们一样喜欢听到他人对自己的肯定和赞美，因为这会让他们有一种价值感，并由此充满自信。

可以说，恰到好处的幽默赞美是打在男人身上的一剂强心剂。

诱导赞美，解怨气的良药

很久以前，有一个智慧大臣请一个理发师修面。理发师给智慧大臣修到一半时，也许是过分紧张，不小心把智慧大臣的眉毛刮掉了。哎呀，不得了了，他暗暗叫苦，顿时，惊恐万分，深知智慧大臣如果怪罪下来，那可有杀头之罪呀！他情急智生，连忙停下剃刀，故意两眼直愣愣地看着智慧大臣的肚皮，仿佛要把五脏六腑看个透。智慧大臣见他这模样，有点丈二的和尚摸不着头脑，于是满腹迷惑地问道：

"你不修面，却光看我的肚皮，这是为什么呢？"

理发师幽默地解释说："人们常说，智慧大臣肚里能撑船，我看大人的肚皮并不大，怎能撑船呢？"

智慧大臣一听理发师这么说，哈哈大笑："那是说智慧大臣的气量最大，对一些小事情，都能容忍，从不计较的。"

理发师听到这话，"扑通"一声跪在地上，声泪俱下地说："小的该死，方才修面时不小心，将您的眉毛刮掉了，相爷气量大，请千万恕罪。"

智慧大臣一听啼笑皆非：眉毛给刮掉了叫我今后怎么见人呢？不禁勃然大怒，正要发作，但又冷静一想：自己刚讲过智慧大臣气量最大，怎能为这件小事给他治罪呢？

于是，智慧大臣便豁达温和地说："无妨，且去把笔拿过来，再把眉毛画上就是了。"

这是一位聪明的理发师，他巧用幽默的赞美让自己逃过了一劫。如果没有理发师故弄玄虚看着智慧大臣的肚皮，如果没有他借机赞美宰相肚里能撑船，又怎会让怒气横生的智慧大臣突然转变发怒的态度呢？

聪明的理发师，运用了诱导式的幽默说话术，正所谓盛赞之下无怒气，赞美是消解别人怨气的最佳良药。

一位贵族夫人傲慢地对法国作家莫泊桑说："你的小说没什么了不起，不过说真的，你的胡子倒十分好看，你为什么要留这么个大胡子呢？"

莫泊桑幽默地回答道："至少它能给那些对于文学一窍不通的人一个赞美我的机会。"

贵族夫人听到这话，一脸的傲慢与偏见消失得无影无踪，莫泊桑的幽默让她不禁咯咯笑了起来，同时让她对莫泊桑这个人有了心理上的认同感。尽管贵族夫人的傲慢看起来很是无礼，但是幽默的力量在于对待怨恨的一视同仁，因此无礼在幽默面前显得卑微。

适度称赞，沟通的催化剂

用适度的幽默赞美语言与人沟通，可以尽快促成他人与自己关系的升温。适度的幽默赞美是成功沟通的催化剂，只要细心观察，你可以把对方的外表、穿着、服饰、品位、谈吐、内在的修为、学识、工作的态度、精神、毅力等等作为重点。还可以就当时所处的周遭环境，包括办公室摆设，有纪念性的物品，对方的收藏、喜好、最近得奖或您无意中得知的事迹，甚至相约在其他场合如餐厅等，都可以就对方的选择，找出特色，予以幽默赞美。

　　幽默赞美需要是发自内心的，而表达于口中及眼眸，我们随时可以找出特色赞美一个人，然而，若非发自内心，你的眼中呈出的"不真"，马上会被识破；如

真诚赞美，幽默必要元素

> 你说你每次都看我的文章，那么我的文章都刊登在哪里？

> 不真诚的赞扬，给人一种虚情假意的印象，或者会被认为怀有某种不良目的，被赞扬者不但不感谢，反而会讨厌。

> 小姐，您真苗条。

> 什么？说我苗条，我知道你是在骂我。

　　根据心理学和组织行为学的研究，赞扬他人是一种能力，这也是职场上的一种能力。真实的赞扬是拂面清风，凉爽怡人；虚假的赞扬像给人吃大块的肥肉，会让人烦腻不堪。

　　幽默的赞美，需要真诚的表达。任凭你对一个人的赞美有多有趣、有多口吐莲花，只要是脱离实际，只要让别人明显地听出这是浮夸之词，那么幽默的赞美将转化为毫无内在可言的滑稽的赞美了。

果你不是真正认同，宁可不说半句，只点头微笑，反而更为得体。幽默赞美是忌讳"过犹不及"的，在沟通交谈中，如果每次见到一个人，老盯着同一件事猛献殷勤，也会叫人受不了。

于明明手下曾有一位女性员工，外向得不得了，而且嘴巴很甜，而于明明爱漂亮，又会搭配衣服，稍一动手，就能"变"出很多一套套的新衣服。而那位甜姐儿，却是于明明的苦恼之一，因为，每天早上她一到公司，对方的眼睛就盯着她转："经理，又买了一套新衣服对不对？颜色好漂亮喔，穿在您身上就是不一样。"隔天一见面，又来了："看看看，又一套了，很贵？还有项链、耳环，也是新的吧？我就缺这个本事，不会搭，像您……"有时，她会对着客户"恭维"她的经理，说辞几乎都是："在我们经理英明的带领之下，我才有今天的成绩，好多人都问我跟我们经理多久了？其实也没多久啦，但是她大人大度，肯教我嘛，对不对？"

于明明被她的过分"恭维"及不诚的眼神弄烦了，只好告诉她："不是你没看过的就是新衣服，我的衣服有的已买了五六年了，只是保养得好，配来配去就不一样啦，你一嚷嚷，人家以为我多浪费，怎么天天买新衣，以后请别再说我的衣服啦。"而当她得知这位甜姐儿在她面前说得甜如蜜，背后却对客户中伤她时，她一点也不惊奇，因为她早从她的"过度恭维"中观出"玄机"了。

令人不由想到了当年那集齐NBA所有高手的美国国家篮球队——梦之队的威风八面。其语既有自我褒扬，又夸了张、左二人，敷己"粉"而不显白，赞他人又不显媚，显示出一种极高档的"自我标榜"及"恭维他人"的言语艺术。

张艺谋做人很随和，做导演却极富个性，说话也富有幽默。对其同班同学另一位名导演陈凯歌，他的评价如下："凯歌是个很出色的导演，我跟凯歌的特点在于：我们都保持自己的个性。这个个性你可以不喜欢、不欣赏，但凯歌从不妥协，他保持他的个性。而中国这样的导演很少。不能因为凯歌的作品没有得奖，就说这说那的，我觉得这是一种短视。"

赞美可以让人心情愉悦，让人充满自信与乐观的生活态度。适度的幽默赞美就像香水一样，让人容易接受并乐享其中。

出乎意料，让人喜出望外

赞美既然是幽默的，那么赞美的话语就应该是出乎意料的，出乎意料不仅仅是辩论幽默、处世幽默等交流场合的必杀技，也是幽默赞美的特质之一。

一些人在公共场合赞美别人的时候，自己想不出怎样赞美，只能跟着别人重复，附和别人的赞美。常言道：别人嚼过的肉不香。

朱温手下就有一批鹦鹉学舌拍马的人。一次，朱温与众宾客在大柳树下小憩，独自说了句："柳树好大。"宾客为了讨好他，纷纷起来互相赞叹："柳树好大。"朱温听了觉得好笑，又道："柳树好大，可作车头。"实际上柳木是不能做车头的，但还是有五六个人互相赞叹："可作车头。"朱温对这些鹦鹉学舌的人烦透了，厉声说："柳树岂可作车头？"于是把说"可作车头"的人抓起来杀了。

在整日聚首的人际关系中，一家人之间或一个科室的同事之间，有些赞美很可能会多次重复，已经形成某种公式和习惯，这就没什么意义和作用了，比如，某个处长每次开会总结工作的时候，都像例行公事一样对大家赞扬几句，其内容和说法总是笼统的那么几句话，就像是同一张唱片或同一盘录音带只是在不同的时间播放一样，让人感觉乏味。

为赞美加一点新意，鼓励作用会更大。

汤姆是一家公司的销售部经理，他采用新的营销战术，于是在他加入公司两个月后，公司的销售量大增，仓库积压一售而空。老板非常高兴，拍拍汤姆的肩膀说："你干得非常出色，继续努力。"

"好，"汤姆机智地说，"但你为什么不把你说赞美的话放在我装薪水的口袋里呢？"

"一定会的，年轻人。"老板非常遵守诺言。

当下个月汤姆领到薪水袋时，发现里面附着一张小纸条。上面写着："你干得非常出色，继续努力，表现更好。"

正如有人所说："一点新意，一片天空"，这样的幽默赞美之术会更趋完美。赞扬要有新意，当然要独具慧眼，善于发现一般人很少发现的"闪光点"和"兴趣点"，即使你一时还没有发现更新的东西，也可以在表达的角度上有所变化和创新。对一位公司经理，你最好不要称赞他如何经营有方，因为这种话他听得多了，已经成了毫无新意的客套了；倘若你称赞他目光炯炯有神，潇洒大方，他反而会被感动。

幽默赞美是所有声音中最甜蜜的一种，它应该给人一种美的感受。新颖的语言，趣味的表达，是有魅力和吸引力的。即使简单的赞扬也可能是振奋人心的，但是一种本来是不错的赞扬如果多次单调重复，也会显得平淡无味，甚至令人厌烦。一个女人就曾说过，她对别人反复告诉她，说她长得很漂亮，已经感到很厌烦，但是当有人告诉她，像她这样气质不凡的女人应该去演电影，她笑了。

新颖的赞语，给人清爽、舒心之感。毛阿敏在哈尔滨演出时，《当代大舞台》的节目主持人是如此将她介绍给观众的：

主持人："请问毛阿敏小姐，您是从哪里来的？"

毛阿敏："哦，我从北京来。"

主持人："您像一只美丽的蝴蝶给冰城哈尔滨带来了欢乐，请问这次能停留几日呢？"

毛阿敏："五日。"

主持人："我们冰城的朋友热烈欢迎您的到来，但愿您与《当代大舞台》永不分手。"

主持人巧借毛阿敏的成名歌曲《思念》来向她发问，亲切而诙谐，同时也激起了演唱者与观众的热情，创造了良好的舞台气氛。

如果主持人只说公式化的套词，那么，观众觉得乏味，毛阿敏也可能会腻味。妙语连珠的赞美，既能显示赞美者的才能，也能使被赞美者更快乐地接受。只要你多琢磨，多运用，你的赞语就会更新颖，更易打动人心的。

幽默赞美的新意很重要，但更需要我们综合各方面的因素来翻出恰当的"新"意，否则便会弄巧成拙、适得其反。马克·吐温曾经说过："一句幽默的赞美能当

与众不同的赞美最中听

在整日聚首的人际关系中，一家人之间或一个科室的同事之间，有些赞美很可能多次重复，已经形成某种公式和习惯了，这就没什么意义和作用。

正如有人所说："一点新意，一片天空"，这样的赞美之术会更趋完美。赞扬要有新意，当然要独具慧眼，善于发现一般人很少发现的"闪光点"和"兴趣点"。

我十天的口粮。"我们每天都让新鲜的赞美流淌入他人的生活中，那么彼此的生活食欲就会增强。

适时赞美，让关系更融洽

幽默的赞美应当符合时间的要求，在合适的时间却说出了不合适的赞美，即使幽默也不会带给大家真正的欢娱，反而会引起人们的厌恶。

另外，恭维和赞美绝不同于巴结讨好、阿谀奉承。恭维和赞美是为了协调人际关系，表达自己对别人的尊重，以增进了解和友谊，更重要的是交上朋友好沟通。幽默的恭维与赞美对公关的沟通工作至关重要，幽默的谈吐会提升公关的气质与内涵，提升公司的形象。

每个人都希望得到别人的赞美，每个人都对别人有一份期待，希望得到尊重，希望自己应有的地位和荣誉得到肯定和巩固，这就需要得到别人恰如其分的幽默恭维和赞美。

（1）初次见面，适当的幽默恭维是有礼貌、有教养的表现。幽默不仅可以获人好感，而且还可以和对方在心理上、情感上靠拢，缩短彼此之间的距离。

1987年4月底，欧阳奋强到香港参加电视剧《红楼梦》首映式，他是饰演贾宝玉的演员。欧阳奋强一踏进机场休息室，亚洲电视台名演员方国姗就挤到他身边，热情地说："你是欧阳奋强吗？我叫方国姗。他们都说我长得像你。""方小姐比我长得漂亮多了。"欧阳奋强说。亚视艺员领班高先生风趣地说："方小姐可是香港的贾宝玉呀。"

这番相互赞美的话十分自然贴切，使气氛十分热烈而和谐。言辞会反映一个人的心理，轻率的说话态度会让对方产生不快的感觉。因此，幽默赞美也不要太离谱，以免别人觉得你太虚伪。

（2）把对方美化成道德上的"完人"。幽默赞美可以是多方面的，通常你把对方说成是道德上的完人比称赞他的衣饰得体更有效果。

例如，有一位母亲在和别人聊天的时候，谈起自己的儿子。儿子想求母亲为他买一条牛仔裤，但儿子怕遭到母亲的拒绝，因为他已经有一条牛仔裤了。于是儿子采用了一种独特的幽默方式，他没有像其他孩子那样苦苦哀求或撒泼耍赖，而是一本正经地对母亲说："妈妈，你是世界上最好的妈妈，你见没见过一个孩子，他只有一条牛仔裤？"

这颇为天真而略带计谋的问话，一下子打动了母亲。过后，这位母亲谈起这事，说出了自己当时的感受："儿子的话让我觉得若不答应他的要求，简直有点对不起他，哪怕在自己身上少花点，也不能太委屈了孩子。"

一个小孩子，以一句反问话就说服了母亲，满足了自己的需要，他让母亲觉得自己的要求是合情合理的，而不是过分的，何况儿子在提要求之前已经以赞美之词获得了妈妈的欢心。

因此，在说服自己亲人时，可以适时撒娇，适时夸赞，取得说服的最佳效果。

与人相交，要适当幽默赞美对方的能力和权威，如果他帮你办不了事，他就会在自尊心上受不了，脸上无光。只要你赞美得当，就有助于事情的顺利进行。

恰当赞美，让你深受其爱

赞美是人人都乐意领受的礼物。赞美如同冬日阳光，总是能在寒冷中给人带去一丝暖意。而如果能在赞美的时候加入幽默调味，便能让我们的赞美自然地流露，更能让对方感觉到沁人心脾的诚意，平淡的生活也便平添些许甜美滋味了。

你本身就没有多少财产，还说为了我，把你所有的财产都置于我的足下。

您说得太对了。可与您娇小的玉足比起来，它们就显得很多了。

赞美是一种有效的爱情技巧，而幽默的使用能在很短时间内拉近彼此之间的距离，消除戒备的心理隔阂。如果懂得说一点暗带幽默的"花言巧语"，那么，获得芳心也未见得很难了。

将军，您居功至伟却最不喜欢他人的阿谀奉承，您真是正义之士，我们都应该向您学习啊。

爱听赞美的话是人的天性，但是赞美要有一个度。赞美不是虚伪的浮夸，更不是用于溜须拍马的花言巧语，而是要真正地去发现他人身上的闪光点。

第十三章

拒绝幽默——诙谐中保全你我情面

巧言妙语，智慧的拒绝

自尊之心，是每一个人应该具有的东西。因此在拒绝别人时，要顾及对方的尊严。毕竟在社交场合中的每一个人，他们无一例外地都关心外界对自己的评价。由于来自外界评价的性质、强度和方式不同，人们会相应地做出不同反应，并对交际过程及其结果产生积极或消极的影响。通常的规律是：尊之则悦，不尊则哀。

如果能在拒绝他人的过程中将对方逗笑，那对方的难堪一定能减到最低程度，甚至让人在笑声中忘掉被拒绝带来的不快。因此，拒绝他人，不妨采取幽默拒绝的技巧，这样，就可以把拒绝带来的遗憾最小化，既不伤害对方的自尊与感情，又取得对方的谅解和支持。

雨果成名后，一张张请帖雪片似的飞来，怎么办？直接拒绝显得没有礼貌，于是他想出了个好办法：拿起剪刀，咔嚓咔嚓，把自己的半边头发和胡子剪掉。当有人敲门进来说"请您参加……"时，雨果笑嘻嘻地指着自己的头发和胡子说："哟，我的头发真不雅观，真遗憾！"邀请者只好悻悻而走，却又因此情此境而大大消除了被谢绝引起的不悦。当雨果的头发长齐后，又一部巨著问世了。

即使是同样性质的谢绝，大家也没必要东施效颦地去学雨果剃"阴阳头"的做法。然而，故事给我们的启迪在于：任何拒绝，一般都不会令人愉快，为此，我们就要想方设法使用幽默诙谐的手法，将对方这种不悦心情降低到最小值。

有一次，林肯受邀在某个报纸编辑大会上发言，林肯觉得自己不是编辑，却出席这次会议，很不相称。所以，想拒绝出席。他是怎样做的呢？

他给大家讲了一个小故事："有一次，我在森林中遇到了一个骑马的妇女，我停下来让路，可是她也停了下来，目不转睛地盯着我的脸看了很长时间。她说：'我现在才相信你是我见到过的最丑的人。'我说：'你大概讲对了，但是我又有什么办法呢？'她说：'当然你生就这副丑相是没有办法改变的，但你还是可以待在家里不要出来嘛。'"大家为林肯的幽默哑然失笑了。

林肯借了妇女之口，对自己奚落了一番，当然，故事中的妇女很可能不存在，只是林肯的编造之词，然而"她"却很好地表达了林肯不想参加报纸编辑大会的意思，让人在开怀一笑中忘却了被拒绝的尴尬。

某市要举办一次歌手比赛，一个社会声誉不太好又根本不懂艺术的民营企业家找到大会主持人说："我赞助1万元，你安排我当个评委怎样？"

大会主持人拍一拍对方的肩膀说："老兄，你钱多得没处花了吗？这1万元扔在这个会上，不如扔到河里，还能看个水漂儿。"

这是在对方提出要求后，机智地以诙谐幽默、玩笑打诨的话语作为遮掩，避开对实质性问题的回答，巧妙地拒绝了对方提出的要求。

在拒绝别人时，采用幽默的方式往往能使对方对己方的委婉回绝心领神会，从而避免了尴尬。

下令逐客，幽默的圆融

以热代冷的幽默逐客法。用热情的语言、周到的招待代替冷若冰霜的表情，使好闲聊者在"非常热情"的主人面前感到今后不好意思多登门。

不麻烦了，不麻烦了，我先告辞了！

吃水果、喝茶，我再去给你切个西瓜啊！

你说一会儿去我家，我一想还是别让你走了啊，所以我就过来了！

以攻代守的幽默逐客法。用主动出击的姿态堵住好闲聊者登门来访之路。先了解对方会几点到你家，不妨在他来访前的一刻钟先"杀"上他家门去。

诙谐言语，婉言拒绝

凡有大成就者，向来都是舌吐方圆的专家，他们不仅仅专长于自己的一份事业，而且在待人接物上有着独到的迂回之术，他们能够在让人发笑的过程中不知不觉加入自己的观点。

有些事直接发表自己的见解不太合适，容易让人误解或不愉快，婉言曲说是很好的方法，而且这种婉言曲说不同于修辞格里的委婉修辞方法，它是形成幽默的一种语言艺术。

婉言拒绝的幽默方法主要有下面几种：

1.一语双关的委婉拒绝法

一语双关是幽默技法中很常用的一种说话方式，无论是在化解尴尬、缓和气氛，还是在对他人的拒绝中，都能够起到扭转乾坤的作用。其中，一语双关的说话方法，可以让拒绝变得钝感且有力。

王麻子是个极爱占小便宜的人，常常在别人家白吃白喝，吃完了上顿等下顿，住了两天住三天。一次，他在一朋友家里吃了三天后，问主人道："今天弄什么好吃的呀？"

主人想了想，说："今天我们弄麻雀肉吃吧！"

"哪来那么多麻雀肉呢？"

主人说："先撒些稻谷在晒场上，趁麻雀来吃时，就用牛拉上石磨一碾，不就得了吗？"

这个爱占便宜的人连连摇手说："这个办法不行，还不等石磨过来，麻雀早就飞跑了。"

主人一语双关地说："麻雀是占惯了便宜的，只要有了好吃的，怎么碾（撵）也碾（撵）不走。"

聪明的主人在这里通过委婉的一语双关法，巧妙地借助麻雀贪吃的习性讽刺了王麻子的品行。虽表面上在说麻雀，实质上是在委婉地向王麻子下逐客令。

2. 婉言曲说的幽默法

现在我们谈论的"婉言曲说"的幽默法，可以说是"婉曲"的变格，它是说话人故意把所要表达的本意绕个圈子曲折地说出来，利用婉言来获得幽默效果。

克诺先生来到一个陌生的城市，走进一家小旅馆，他想在那儿过夜。

"一个单间带供应早餐要多少钱？"他问旅馆老板。

"多种不同房间有多种不同的价格，二楼房间15马克一天，三楼房间12马克一天，四楼10马克，五楼只要7马克。"

克诺先生考虑了几分钟，然后提起箱子就走。

"您觉得价格太高了吗？"老板问。

慢点说是，笑点说不

孩子，这首名曲叫《悼念公主的孔雀舞曲》，你弹的节奏太慢了，你要注意，悼念的是公主，而不是孔雀。这是孔雀舞曲，要弹出美丽的孔雀翩翩起舞的英姿。

比林定律是说，人的一生几乎有一半的麻烦是由于太快说"是"，太慢说"不"造成的。幽默是为了让拒绝、批评在幽默的掩护下说出得更快一些。

你知道吗？我特别喜欢吃冰淇淋，尤其是香草味道的。男人就像各种口味的冰淇淋，口味多是因为每个人钟爱的口味不同，在我眼中你是草莓味的冰淇淋。

哦，我知道你是在拒绝我。

在与人交往中，要懂得拒绝的艺术，考虑问题不能急躁，也不能急慢。觉得自己无法做到的事情，就要明确而快速地告诉对方，以免给自己造成不必要的麻烦。

一般人都不太好意思拒绝别人，但在很多情况下，我们为了避免多余的困扰，对一些不合理或不合自己心意的事有必要拒绝，但怎样既不伤害对方自尊心又能达到拒绝的目的呢？慢点说"是"，笑点说"不"，将会是屡试不爽的好方法。

"不，"克诺回答，"是您的房子还不够高。"

从克诺先生的表达中明显看得出克诺对房间的价格并不满意，一句"还不够高"既指出了房子按照高度定价的荒谬，又表示了自己不会接受的看法，幽默却含义深刻。

一般说来，幽默应避免敌意和冲突，否则，幽默就会被减弱或者消亡。从这个意义上讲，婉言曲说最适合构成幽默。

一个法国出版商想得到著名作家的赞扬，借以抬高自己的身价。他想，要得到一个大人物的好感，必须先赞扬赞扬他。

这天，他去拜访一位知名作家。他看到作家的书桌上正摊着一篇评论巴尔扎克小说的文章，便说："啊，先生，您又在评论巴尔扎克了。的确，多少年来，真正懂得巴尔扎克作品的人太少了，算来算去，也只有两个。"

作家一听就明白了出版商的意图，便让他继续说下去。"这两个人，其中一个是您了。可是还有一个呢？您说，他应当是谁？"

作家说："那当然是巴尔扎克自己了。"

出版商顿时像泄了气的气球，悻悻地走了。

出版商想求得知名作家的赞扬，登门拜访。作家呢，不好直接拒绝，就来了个婉言曲说。出版商把世间懂巴尔扎克作品的人确定为两个，一个，他自然要送给作家了；另一个，他是给自己预备的。但自己说出来，那太没涵养，况且自己认可的东西并不一定能得到作家的赞同，还是启发作家说出来吧。由此，出版商一直沿着自己的设计和思路，准备着一种情感——他期待着作家的赞扬，让作家指出他是懂巴尔扎克作品的人。

作家并不回绝对方的话，因为那太扫人兴了。但是他有意漠视对方的"话外音"，一句答话，让对方的期待栽了个大跟头，作家回答的是，另一个懂巴尔扎克的人是巴尔扎克自己。于是双方没戏唱了，只好散场。

幽默是一种高超的语言艺术，这种艺术是在婉言曲说中产生的。说话直接的人不可能创造出幽默来。按部就班，一是一，二是二，实说实，虚说虚，没有任何的发挥就不可能碰撞出幽默的火花。

逻辑拒绝，巧踢回传球

在交际过程中，当自己处于不利态势时，为了寻找转机，加强己方的立场，也需要找借口拒绝对方。这时，如果你能灵活机智地用对方的话来拒绝对方，就能使对方不再坚持，从而达到自己拒绝对方的目的。这就是运用逻辑幽默进行拒绝的巧妙方法。

有一次，萧伯纳的脊椎骨出了毛病，需从脚上取一块骨头来补脊椎的缺损。手术做完后，医生想多捞一点手术费，便说：

"萧伯纳先生，这是我们从来没有做过的新手术啊！"

萧伯纳当然听出了医生的言外之意，但向病人收取额外的手术费，显然是不合规定的，萧伯纳不愿意再给医生"塞包"，但又不便明确拒绝，便装傻卖愚地顺着另一层意思说下去："这好极了！请问你们打算支付我多少试验费呢？"

医生顿时窘住了，只好讪讪离开。萧伯纳的逻辑是：既然你要强调这是从来没有做过的新手术，那我的身体便变成试验品了！萧伯纳合理地从对方的话里引出了一个合乎逻辑的相反结论，巧踢"回传球"，让对方哑巴吃黄连——有苦说不出。萧伯纳正是在拒绝中绝妙地应用到了幽默的逻辑。

有很多问题，我们还可以巧妙地把对方设置在同样的情景，以此来引诱对方做出他的判断，从而让对方明白自己的处境或意思，巧妙地拒绝对方的要求。历史上的艾森豪威尔将军就是一位擅长运用逻辑幽默的人。

有一次，一个人问艾森豪威尔将军一个有关军事机密的问题，艾森豪威尔将军做耳语状说："这是一个机密问题，你能替我保密吗？"于是那个人就连忙说道："我一定能！"艾森豪威尔将军则回答道："那我同样也能！"

同理，小李从一个朋友那里借了一架照相机，他一边走一边摆弄着，这时刚好小赵迎面走来了。他知道小赵有个毛病：见了熟人有好玩的东西，非得借去玩几天不可。这次看见了他手中的照相机又非借不可了。尽管小李百般说明情况，小赵依然不肯放过。

小李灵机一动，故作姿态地说："好吧，我可以借给你，不过我要你不要借给别人，你做得到吗？"小赵一听，正合自己的意思。他连忙说："当然，当然。我一定做到。绝不失信。"小赵还追加一句说，"绝不失信，失信还能叫作人？"小李斩钉截铁地说："我也不能失信，因为我也答应过别人，这个照相机绝不外借。"听到这，小赵也是目瞪口呆了，这件事也只有这样算了。

通过设问，抛砖引玉，以对方的回答来作为拒绝依据，使对方就此作罢。因为人不可以出尔反尔，自我推翻。小李幽默的逻辑思维加上机智的口才辩解，把小赵绕进了他自己的言辞陷阱中，让自己的拒绝变得笑中带力。

在寻求拒绝的技巧过程中，要知道，拒绝对方的最有力武器，往往是对方自身。我们应该懂得引导对方的谈话，从对方口中拿到自己拒绝对方的理由。

通过暗示，善于说不

很多时候，我们不得不拒绝别人，但是怎样将这个难说的"不"说出口呢？幽默性的暗示，是一种不错的选择。

美国出版家赫斯脱在旧金山办第一张报纸时，著名漫画大师纳斯特为该报创作了一幅漫画，内容是唤起公众舆论来迫使电车公司在电车前面装上保险栏杆，防止意外伤人。然而，纳斯特的这幅漫画完全是失败之作，发表这幅漫画，有损报纸质量，但不刊登这幅画，怎么向纳斯特开口呢？

当天晚上，赫斯脱邀请纳斯特共进晚餐，先对这幅漫画大加赞赏，然后一边喝酒，一边唠叨不休地自言自语："唉，这里的电车已经伤了好多孩子，多可怜的孩子，这些电车，这些司机简直不像话……这些司机真像魔鬼，瞪着大眼睛，专门搜索着在街上玩的孩子，一见到孩子们就不顾一切地冲上去……"听到这里，纳斯特从座椅上弹跳起来，大声喊道："我的上帝，赫斯脱先生，这才是一幅出色的漫画，我原来寄给你的那幅漫画，请扔入纸篓。"随后两人在笑声中完满结束了愉快的晚餐。

■ 否定领导时要给领导留足情面

即使领导所说的话有违道理，你也不要断然地驳斥，最好能够间接地说出领导的不是，这才是保护自己之道。

科长，按照你的工作效率，当你把这份报告批下来时，我和儿子的年龄就都够了。

别人都说你聪明，你怎么糊涂起来了？你才 40 多岁，你儿子才 7 岁，怎么打起退休离职报告来了？

在拐弯抹角的夸张中反驳了领导的嘲笑，制造了笑料，让领导在保留面子的同时会感觉到舒心。

通常情况下，人们对自己提出的要求，总是念念不忘。但如果长时间得不到回音，就会认为对方不重视自己的问题，反感、不满由此而生。

　　赫斯脱就是通过自言自语的方式，幽默地暗示纳斯特的漫画不能发表，让纳斯特欣然地接受了意见。

　　另外，通过身体动作也可以把自己拒绝的意图传递给对方。当一个人想拒绝对方继续交谈时，可以机灵、幽默地做转动脖子，用手帕拭眼睛，按太阳穴以及按眉毛下部等漫不经心的小动作。这些动作传达着一种信号：我较为疲劳、身体不适，希望早一点停止谈话。显然，这是一种暗示拒绝的方法。此外，微笑的中断、较长时间的沉默、目光旁视等也可表示对谈话不感兴趣、内心为难等心理。

　　例如，一天，为了配合下午的访问行程，小王想把甲公司的访问在中午以前结束，然后依计划，下午第一个目标要到乙公司拜访。但是，甲公司的科长提出了邀请："你看到中午了，一起吃中饭吧？"

　　小王与甲公司这位科长平常交情不错，又是非常重要的客户，不能轻易地拒绝。但是，和这位爱聊天的科长一起吃中饭，最快也要磨蹭到下午1点才能走。小王怎样才能不伤和气地拒绝呢？

　　答案就是，在对方表示"要不要一起吃饭"之前，小王就不经意地用身体语言表示出匆忙的样子，可以自然地抬起手看看手表，幽默地解释道："多希望手表上的时间是归我所有啊，那就能够分身了。"

　　学会巧妙地用暗示的方法拒绝别人，让对方明白你在说"不"，不仅能把事情办妥，而且不伤和气。

婉转拒绝，优化社交

　　断然拒绝别人可以显得一个人不拖泥带水，但对遭到拒绝的人来说，却是很不够义气的。聪明人这时会婉转处理，不直接说出拒绝的话，而让对方明白其中的意思。1799年，年轻的拿破仑·波拿巴将军在意大利战场取得全胜凯旋。从此，他在巴黎社交界身价倍增。也成为众多贵妇追逐青睐的对象。

　　然而，拿破仑对此却并不热衷。可是，总有一些人硬是紧追不放，纠缠不休。当时的才女、文学家斯达尔夫人，几个月一直在给拿破仑写信，想结识这位风云人物。在一次舞会上，斯达尔夫人头上缠着宽大的包头布，手上拿着桂枝，穿过人群，迎着拿破仑走来。拿破仑躲避不及。于是，斯达尔夫人把一束桂枝送给拿破仑，拿破仑说道："应该把桂枝留给缪斯。"

　　然而，斯达尔夫人认为这只是一句俏皮语，并不感到尴尬。她继续有话没话地与拿破仑纠缠，拿破仑出于礼貌也不好生硬地中断谈话。

　　"将军，您最喜欢的女人是谁呢？"

　　"是我的妻子。"

　　"这太简单了，您最器重的女人是谁呢？"

"是最会料理家务的女人。"

"这我想到了，那么，您认为谁是女中豪杰呢？"

"是孩子生得最多的女人，夫人。"

他们这样一问一答，拿破仑在幽默的回答中也达到了拒绝的目的。斯达尔夫人也知道了拿破仑并不喜欢自己，于是作罢。

小王毕业以后分到一个小地方打杂，开始很失意，成天和一帮哥们儿喝酒、打牌。后来逐渐醒悟过来，开始报名参加职业等级考试。

有一天晚上，他正在埋头苦读，突然一个电话打过来叫他去某哥们儿家集合，一问才知道他们"三缺一"。小王不好意思讲大道理来拒绝他们的要求，也不想再像以前一样没日没夜地玩了，便回答说："哎呀，哥们儿，我的酸手艺你们还不清楚啊，你们成心让我'进贡'嘛，我这个月的工资已经见光了。"一阵哄笑后，对方也不好强求，后来他们都知道小王已经另有他事，也就不再打扰了。

幽默拒绝，化解尴尬

> 在人际交往中，我们总有被人拒绝或拒绝别人的时候。拒绝表述总难离一个"不"字，而这个"不"字又往往最不好意思说出口。

敢于说"不"，诚然不易，而善于说"不"，则更加难得。所以给"拒绝"找一个适当的方式，幽默是拒绝的最好方法。

周末我们去钓鱼，你去不去？

其实我是个钓鱼迷，很想去的。可成家以后，周末就经常被没收啊。

> 当然，坦白直率地拒绝或严词拒绝也未尝不可，但这样往往使对方产生不快，认为你不近人情。既要把"不"字说出口，又能赢得人家的宽容和体谅，和他人保持良好的人际关系，实非易事。

　　小王面对自己不愿意参与的交际，先诚恳地表示了自己的"笨拙"，即自己不擅长打扑克，并幽默地说那是自己的酸手艺，言外之意自己去了的话怕会是影响大家玩牌的兴致。小王的拒绝艺术在于，懂得用自己的语言委婉处理。

　　委婉的幽默拒绝口才修炼：

　　（1）"装聋作哑"。对于你不想回答的问题，或者无论怎么回答都对你不利的问题，你可以佯装没听见，糊涂带过。

　　（2）答非所问，故意曲解问题的方向，说一些无关重要的话，甚至可以把话题转移到无关轻重的问题上。

　　（3）在对方还没有说出口，或者还没有说完某个意思的时候，即做出错答，也是一种很好的拒绝技巧。这样是因为如果等对方把问话全说出，就会表达出某种特别的意思，难以收拾。因此，在别人把话说完以前，先考虑到对方要问什么，在他的问话未说完时，就迅速按另外的方向思路作回答，一是可以转移其他听众的注意力，二是可以使问者领悟，改谈别的话题免于因说破造成的尴尬局面和一些不愉快的后果。

巧妙拒绝，让他知难而退

　　约会是男女开始真正意义上的恋爱的标志，所以，接受别人的约会请求也意味着接受别人的求爱。对于不愿意接受的示爱者，我们首先应该拒绝与其约会，不能因为一时心软而使对方误会，导致真正明确两人关系时牵扯不清，给对方造成更大的伤害。拒绝约会应该有"快刀斩乱麻"的魄力，因为这不仅仅代表对一次约会的推搪，而且暗示着自己对对方的爱情的谢绝，这就要求我们一方面要把握说话的分寸，不损害对方的感情，另一方面要表明心意，断绝对方再次邀请的念头。

　　找各种各样的幽默借口来推搪约会，使对方体会到拒绝之意。

　　上课、加班、身体欠安、天气不好……这些都可以成为拒绝约会的好借口。在搬出这些借口的同时，可以有意地露出破绽，让对方从借口的不严密性中明白是在有意敷衍。此外，也可以以幽默的方式暗示自己确实不愿意与对方交往。总之，借口不能找得太严密、太合乎情理，不要让对方误认为是客观原因导致不能赴约，从而把约会的时间推至以后，令自己再次处于被动局面。

　　曾经，有一位热情的小伙子向一位美丽的姑娘表达了自己的爱慕之情，但是这位美丽的姑娘并不喜欢这位小伙子。

　　在小伙子真情告白完之后，姑娘问道："你真的很喜欢我吗？"

　　小伙子说："当然了，我保证自己是真的喜欢你，我对天发誓……"

　　姑娘问："那你有什么证据可以证明你爱我呢？"

　　小伙子热切地说："我的心，我有我这颗真诚的心可以证明。"

姑娘笑笑，说道："呵呵，真的很对不起，你是唯'心'主义者，而我是典型的唯'物'主义者啊。唯心主义者和唯物主义者怎么能够在一起呢？"

小姑娘明明知道小伙子说的"真诚的心"是和哲学名词不同的，但是小姑娘知错犯错，机智地将小伙子的那颗"真诚的心"说成了是唯心主义，然后通过自己的唯物主义思想立场，将拒绝巧妙委婉、幽默地表达了出来。

在这则恋爱拒绝案例中，我们可以发现拒绝言谈在一种因素的加入下会更容易让人接纳，那就是幽默。无论是义正词严的拒绝还是委婉的拒绝，拒绝者都是巧妙地从对方的话语里找到拒绝的理由来源。拒绝者的聪明之处就在于这里，即使我拒

灵活拒绝，学会化解为难

在幽默做事中，无法巧妙说"不"，你就不是一个完整的人。你会变成一个不情愿的奴隶，你会成为别人需要欲望下的牺牲品。

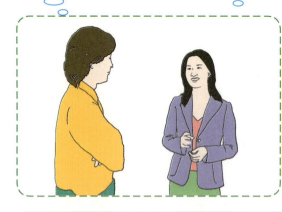

请您去电视台发表讲话，每分钟1000美元的酬金。

噢，基金会最近寄给我面值1500美元的支票，我倒挺喜欢的。不过，我把它当作书签用，后来它连同那本书一起丢失了。

在为人做事的过程中经常遇到令自己为难的事情，巧妙的拒绝，可以博得他人的理解，以至于不伤和气，而一口回绝毕竟会让自己处于尴尬之中。

拒绝在幽默的人们那里已经变得轻而易举。不论你现在说"不"的语气或态度如何，你可以学习更有效率、更温暖的方式。即使你在困扰之中，仍能幽默地说"不"，而且不会失去友谊。

绝了你，那也是因为你的表现不够充分。

能够得到别人的爱是一种魅力，能够巧妙地拒绝一份自己不情愿的爱更是一种魅力。在拒绝时，如果加入幽默的推辞，就会使自己的拒绝更加容易被对方接受。

遭到拒绝，保持好风度

当我们怀着某种目的与别人谈话时，总是希望能得到肯定的回答，但正如俗话所说的"好事多磨"，开始时往往会遭到他人的拒绝。遭受拒绝，不同的人有不同的解决方式：有的人会愤慨地抱怨说"有什么了不起的"，有的人甚至会表现出一副要揍人的样子，更有人会面对笑容，淡定离去，这样的人才是真正的智者。在面对拒绝的时候，保持好自己的风度，这是幽默的接受拒绝之道。

当然，遭到拒绝要保持风度，并不一定必须以平静与微笑来面对拒绝你的人，当遭受到恶意的拒绝的时候，我们需要通过智慧的幽默口才为自己赢得风度。

一个富翁请一位画家为他画肖像。画家精心地为富翁画好了肖像，但富翁却拒绝支付议定的5000元报酬，理由是"你画的根本不是我"。不久，画家把这幅肖像公开展览，题名为《贼》。富翁知道后，万分恼怒，打电话向画家抗议。

"这事与你有什么关系？"画家平静地说，"你不是说过了吗？那幅画画的根本就不是你！"

最后，富翁不得不买下这幅画。

面对恶意拒绝，画家没有冤冤相报，他只是冷静地找到了对方的要害，以幽默的处世姿态让对方就范。画家从富翁的言辞中，找到了解决问题的出口。既然富翁自己都说画家画的根本就不像他，那么画家也就可以随意处理这幅画了。面对富翁的再次质问，画家一句"你不是说过了吗？那幅画画的根本就不是你"，让富翁自取其辱。

另外，面对拒绝，我们可以幽默地从事情的结果出发，从而让拒绝者自己明白其中的利弊。

尤罗克是美国著名的剧团经理人，在较长时间内和夏里亚宾、邓肯、巴芙洛丽这些名人打交道。有一次，尤罗克讲，同这些明星打交道他领悟到了一点，就是必须对他们的荒谬念头表示赞同。他为曾在纽约剧院演出过的最著名男低音夏里亚宾当了3年的剧团经理人，夏里亚宾是个令人难堪的人。比如，该他演唱的一天，尤罗克给他打电话，他却说："我感觉非常不舒服，今天不能演唱。"尤罗克先生和他争吵没有？没有。他知道，剧团经理人是不能和人争吵的。他马上就去夏里亚宾的住处，压住怒火对他表示慰问。

"真可惜，"他说，"你今天看来真的不能再演唱了。我这就吩咐工作人员取消这场演出。但是，这样的话就相当于你将2000多美元打了个水漂儿吧，不，打水漂的话还能打起个波纹什么的，应该直接是让2000多美元粉身碎骨了。取消也就取消吧，反正粉身碎骨的是钞票。"

听经理人幽默的描述后，夏里亚宾吁了一口长气说："你能否过一会儿再来？晚上5点钟来，我再看感觉怎样。"

晚上5点钟，尤罗克先生来到夏里亚宾的住处。他再次表示了自己的同情和惋惜，也再次建议取消演出。但夏里亚宾说："请你晚些时候再来，到那时我可能会觉得好一点儿。"

晚上8点30分，夏里亚宾同意了演唱，但有一个条件，就是要尤罗克先生在演出之前宣布歌唱家患感冒、嗓子不好。尤罗克先生说一定照此去办，因为他知道这是促使夏里亚宾登台演出的最好办法。

被拒绝了心里肯定不好受，那要怎样回应呢？有的人气盛，一句话就给人家顶回去了，搞得不欢而散。有的人虽然心里不快，却还能冷静下来，用幽默的语气晓之以理。显然后者是讨人喜欢的，能让对方也冷静地予以思考并认为你很有涵养，转机说不定就会在此发生。

你如果因此口出恶言，就彻底断绝了回旋的余地，而坚持言语和气，还能为今后顺利合作埋下伏笔。因为一时的拒绝并不等于永远拒绝，甚至有可能是对方的一个小花招。

第十四章

恋爱幽默——幽默是恋爱的必杀技

接近异性，幽默是许可证

茫茫人海中，每个人都希望能碰上自己梦寐以求的"梦中情人"。如果在无意中碰到了自己心目中的另一半，我们该如何更好地去靠近他或者她？毕竟，太过冒昧地打招呼会惊吓到她，但是不说话又不忍心就此放弃。在这个两难时刻，幽默搭话是最可行的办法，因为幽默能够帮助你找到可进可退的说话余地。

有很多人，特别是男孩子不敢尝试接近自己喜欢的女孩，因为他们害怕会遭到女孩的拒绝。其实，几乎每一个女孩都会以被众多男士追求而感觉到自豪和骄傲。因此，鼓起勇气，以一颗幽默的平常心走向你心目中的那个漂亮女孩，勇敢地与她攀谈，你将收获意想不到的惊喜。

男生："同学，你应该要赔偿我吧？"

那位女生一惊，面露愠色道："赔偿什么啊？"

男生说："刚才我在那边的时候，被你的眼睛电到了，你应该要赔偿啊，作为一个有责任的大学生，尤其是一个成年人，应该为自己的行为负责任吧。"

于是女生笑了。

后来的结果表明，这样的男孩以幽默俏皮的语言轻而易举地获得了少女的芳心。其实，与异性进行幽默沟通并不难。幽默沟通遵循的原则关键有两条：一是采取肯定的态度和亲切的态度，不要轻易向异性说"不"，因为这样较容易伤害对方的自尊心；二是要显得自信，不要一接触异性就显得紧张而致使不能坦然相处。当然，与异性幽默沟通时的相互尊重是必不可少的，否则将会带来不必要的误解。

曾担任过国务卿的美国五星上将卡特利特·马歇尔在他驻地的一次酒会上，请求一位小姐答应让他送她回家。这位小姐的家就住附近，可是马歇尔开了一个多小时的车才把她送到家门口。"你来这儿不很久吧？"她问，"你好像不太认识路似的。""我不敢那样说，如果我对这个地方不太熟悉，我怎么能够开一个多小时的车，而一次也没经过你家门口呢？"马歇尔回答说。

马歇尔对那位小姐的巧妙回答隐含了"我想和你多待一会儿"的意思，幽默的趣味尽在其中。在制造好感之前应该要有充分的心理准备，让大脑处于活跃状态，以便于随时发挥。如果在与女士的接近中，心理活动不够稳定，总是一副局促不安的状态，难免会产生不必要的窘态，幽默也就无从谈起。

在生活中，如果一个普通人遇上自己心仪的人，该怎么具体运用幽默呢？

首先必须要有勇气，不能被漂亮女孩的傲气弄得手足无措；其次要保持一颗平常心，无论她的脾气怎样，要让自己做好接受的准备，大胆走近她与她搭话；再次，尽可能地利用一切可捕捉到的线索、可见的情景幽默一下，跟她开个小玩笑。但应该注意，异性之间开玩笑不可过分，尤其是不能在异性面前说低俗笑话，这会降低自己的人格，也会让异性认为你思想不健康。

■ 幽默表白，恋爱"撒手锏"

> 如何才能巧妙而委婉地向心仪的人表达自己的感情？又如何才能让自己的爱情之路充满浪漫和温馨呢？答案是幽默的表白。这无疑需要智慧和能力的巧妙结合。

> 幽默的表白让你更轻易地打动异性的心。能够用幽默的语言来表明自己的心迹，不仅能够为你的感情增添很多浪漫，也能够避免有可能遭遇到的尴尬。

自然幽默，滋生爱情火花

　　爱情是心与心的吸引，是情与感的碰撞。爱情是生命中最为温暖的一缕阳光，是人生旅途上最为迷人的一支花朵。爱情的芬芳，让人浮想、惹人追求。在茫茫的人海中，不经意的回眸，或者不小心的擦肩而过，或许都会引起缘分的萌动。开始一种缘分，赢得一份真情，需要真诚，更需要一份自然的幽默感。

　　爱情需要将感情作为基础，但这并不说明爱情与说话能力毫无关系。谈情说爱着重于"谈、说"二字。尽管幽默的力量不一定叫别人对自己一见钟情，但是它却对感情的默契起到了升华的作用。无数事实证明，男女之间从互相怀有好感，到长出感情的幼芽，到它健康地生长，再到它开出花朵、结出果实的过程中，浇灌幽默语言之水是其中一个重要的因素。

　　小伙子："我很害怕你。"

投石问路，含蓄传达爱意

　　生活中有不少青年朋友，当爱情叩响心扉之时，虽然不乏兴趣和激动，但更多的却是不知所措，想让心中的她（他）知道，却又害怕让她（他）知道后与"美好姻缘"失之交臂。学会投石问路，让幽默为自己开口，勇敢追求才能得到真爱。

　　在不敢肯定对方是否也有意于自己时，可以实话虚说，既能摸清楚对方的心理，又能避免在遭受拒绝时的尴尬。当我们有了喜爱的人，一定学会抓住时机，间接不失幽默地表白你的爱意，否则很有可能会与心爱的人失之交臂。

姑娘一听，非常纳闷地问："我有那么可怕吗？"

小伙子："因为我一见到你就魂不守舍，你不在我身边的时候，就把我的灵魂都带走了，让我每分每秒都在想念你。"

姑娘听到小伙子这样说，一下子红了脸，并对小伙子产生了说不出的好感。小伙子用这种幽默的方式，巧妙表达了对姑娘的热烈爱意。

良好的幽默素养有利于感情的表达和交流，有利于帮助人们更好地掌握爱情几个阶段的"火候"。如果我们能充分发挥幽默力量的作用，我们的爱情世界将会妙趣横生。不论是在情感进展顺利时的甜言蜜语，还是在磕磕碰碰时开出的玩笑，幽默总能逗起情感世界里的乐趣，干戈化玉帛。假如幽默素养低下，有"情"不能谈，有"爱"不能表，久而久之，已萌发幼芽的爱情便会枯萎。

小青交上了一位胆怯、寡言的男朋友。他常去找她，很想接近她，但又没有勇气向她求爱。小青喜欢他的诚实，但又清楚地知道他的弱点。一个月亮当空的夜晚，万籁俱寂，他和她在小河边的柳树下坐着。为了打破僵局，小青想法子要给他一个亲近的机会。

小青："有人说，男子手臂的长度等于女子的腰围，你相信不？"

男朋友："你要不要找根绳子来比比看？"

"谁要你找绳子！"小青生气地责怪。

"你不是要量腰围吗？"男朋友突然冒出一句幽默的问话。

谁料想，正是男朋友这句冷不防的幽默让小青一下子没有了生气的欲望。

有趣的幽默口才能够赢得一份真挚的爱情，而拙劣的语言表达与理解思维，可能会断送掉一份难得的爱情。爱情需要幽默的调节，拥有幽默的人是聪明的，拥有幽默浇灌的爱情是亮丽和美好的。

特色幽默，尽显人情魅力

在现代生活节奏中，高层次的魅力品质是更多人的人格追求，无论我们从事哪一个行业，幽默总是会使一个男人或者一个女人在魅力的光环之下受到关注。原因很简单，评价一个人是否具有魅力的重要标准是他或者她有没有男人或者女人的味道。当一个男人充满了敢作敢当、智慧沉稳的男人味，一个女人充满了温婉含蓄、美丽大方的女人味的时候，也就意味着他们已经具备了足够吸引异性的魅力。幽默则让男人与女人在各自的角色中上演着独特的魅力。

女人味与男人味是一种魅力，也是一种发自内心的气质，其中，幽默风趣所占的比重并不小。幽默的谈吐体现的正是一个现代男人或者现代女人的深度和风度。也就是说男性的幽默会让一个男人更加富有男人的味道与魅力，女人的风趣更加体现出一个知性女人的美丽与达观。

一位漂亮的女孩子在约会中总是迟到，她的男朋友一次次地忍受着。这一天，当女孩姗姗来迟的时候，男朋友从背后拿出一束塑料花作为礼物送给了女孩子。

女孩子很惊讶地说："咦？你以前不是送我鲜花的吗？今天为什么要送塑料花，塑料花的寓意不好吧？"

男孩子笑笑说："因为鲜花在我等你的过程中就已经谢了，没办法就换成了塑料花啊。"

女孩子听到男朋友的回答，脸慢慢地羞红，她深表歉意地对男孩子说不要介意她的迟到，她会注意的。

男孩子运用善意的幽默，适度巧妙地表达了自己的不满，并让女孩子轻松接受。而且女孩子对男朋友的幽默提醒深感敬佩，对男朋友的感情又加深了很多。

特色幽默，不仅仅代表着性格上的特色，更具有着一些专业的特色。毕竟每个人的性格不同，所中意的幽默风格会有所不同；所从事的工作不同，表现出来的幽默也会有所不同。以下这些不同学科老师的表白尽显他们的幽默特色。

一位地理老师在给自己心仪的女孩子表白时，这样说道："如果你是东半球，那么我就是西半球，我们需要在一起，因为那样就能够组成一个地球了。"

女孩却更加幽默地回复说："那就孤单了，因为地球上就只有我们一对了。"

数学老师在告白时候这样说："我美丽的小姐，你知道吗？你是正数，我是负数，既然我们都是有理数，就应该组合在一起呢。"

女孩子幽默回复说："可是结婚后，如果我们中有谁做出了非常无理的事情，那还叫有理吗？"

可想而知，拥有特色性的幽默就是根据自身的处境、自己的喜好或者是自己从事的专业，而延伸出的一系列幽默。特色性的幽默来源于自身的特点，是个人魅力的充分展示。

礼貌幽默，距离成就美感

女士大多善于表达，谈话的需要比男性强，但这种需要大多出于感情的满足，所以女性交谈时容易忘记正事、正题，这就需要男性及时将话题转到要谈的事情上。男士要充当"谈话"的引导者，否则会使交谈变得漫无边际。

女性的观察力很强，但他们对具有逻辑推理的幽默语言有时反应要慢一些，她们得慢慢地理解、消化。所以第一次同她讲话，尽量不要用一些夸张语言和说一些俏皮话，否则容易产生误解。如"你今天的发式真漂亮，连白云见了都会躲起来"。这样的话让女士听起来马上会敏感地从"白发""乱发"联想，而不会联想到"秀发如云"。

女士大都喜欢听赞扬的话，但赞扬不可太露骨，要含蓄一些。对于那些年轻貌美、性格开朗的女性，可以赞扬她容貌的靓丽：如"你长得真漂亮，很清纯"。对那些内向性格的女性，不可直言赞扬，而应委婉地说："你很文静，也很漂亮。"否则你会被认为"不正经"、轻佻。对相貌平平的女士，则可以称赞"你很有气质，一看便知是一名知识女性""一看你就能感到你是一个善良纯朴的女性"。这样说对方会感到非常高兴。

所以，男士若要博得女士的好感，在交谈中一定要对她们的心理有一定了解，注意男女有别，一定要保持应有的距离，而不能把男人圈里的东西随便搬过来。

否则，男士或许会因为某些不恰当的话题而被女士的幽默机智搞得很尴尬，这

恋爱绝技，避免说话无趣

一份成功的爱情应该具备两个基本要素：一个是有缘能够相见，另一个则在于恋爱说话技巧的应用。爱情需要适当的喜庆。喜庆有一种神奇的魔力，它能调剂心情，改善关系。没有喜庆，拥有再多，也往往会有空虚和失落的感觉。

在追寻爱情的沟通中，表达并不一定要很直接，有时用些有趣的方法间接表达出来，反而能够触人心弦，营造出很别致的气氛。用点儿心思，不管是含蓄也好，轰轰烈烈也好，生动的表达，绝对会有加倍的效果。不仅如此，多年之后，彼此回想起来，也是别有一番滋味呢。

绝不是个案。

一个男子在火车站候车，看见坐在身边的一位女士风韵照人，穿着一双很好看的丝袜，便凑上前去搭话。

男子："你这双袜子是从哪儿买的？我想给我的妻子也买一双。"

女士："我劝你最好别买，穿这种袜子，会招来不三不四的男人找借口跟你妻子搭话的。"

女士的回答再简练不过，分量却极重，直说得那位男子面部肌肉痉挛。在前后一问一答中，虽然话题同为一个——袜子，但是，这位女士从中寻到一个一词双关的进攻点，即如果你的妻子穿上也会惹来不三不四的男人搭话，让那位或许有点居心不良的男士下不来台。

作为女子不会轻易拒绝别人，而往往用沉默、注意力转移或假装没听见来表示婉转推辞。遇到这种情况，男士应立即结束交谈，或者转到其他话题。

另外，在某些场合，总有一些男士说一些低俗笑话，然后问女士："你一定能了解吧？"或者说："你自己会如何做呢？"然后暧昧地嘲笑女士："假装不懂吧？"

其实，在一些场面说低俗笑话实在是不明智的做法。大多数的人说低俗笑话往往成了下流不堪的话，造成对方的尴尬，弄不好还惹上"性骚扰"的罪名，得不偿失。

因此在与女士交谈，尤其是与自己心爱的女孩子在一起交谈的时候，幽默话语应该要有礼有节，这样才能给对方留下好的印象。

应用幽默，增强恋爱美感

恋爱能够使人的生命焕发出甜蜜的光芒，恋人的微笑就是游荡在甜蜜中的芬芳。如果说爱情是生命中的一股春风，那么幽默的言语就是不断向空气中散发香气的玫瑰花。

幽默话增进爱人间的感情，能让爱情的营养保鲜。

男孩和女孩在同一座城市的两个大学读书。这次正碰上期末考试，两人都在紧张地准备。一天，女孩给男孩打电话说道："我的《大学英语考试指南》急用，你送过来好吗？"狡猾的男孩装作病恹恹地说："我也想给你送过去，可是我生病了，还病得不轻啊。"女孩一听就紧张起来："你怎么了？要不要紧？"

"唉，我得了一种很严重的病，叫相思病。"

女孩的眼泪在眼眶里打起了转，有一点点生气，但更多的是激动。从此，两人的感情更好了。

男孩借助相思病的诙谐式撒娇，让女孩深刻体会到了他的深情厚谊。幽默不仅可以是恋人之间的情趣，也可以是一种感动。

在爱人、夫妻之间，一句表情严肃的"我爱你"固然不可少，用幽默方式表达爱意也是个好方式。喜欢幽默似乎是人天生的，如果爱能时不时地用幽默表达出

控制心理，幽默应心而生

人们都清楚，微妙的男女关系里，有不少玄妙的心理因素支配着，要是你能巧妙地掌握和运用这些因素为自己服务，你将战无不胜。而这里所说的技巧就是幽默。

另外，由于男人有保护、支配女人的愿望，同时对于容易获得的常漠然视之，而对不易到手的却有着憧憬和向往。女性巧妙利用这一心理，在情侣相处中借助实用效果极佳的类比幽默术是再好不过的了，因为这样可以引起对方的兴趣。

恋爱中，操作类比幽默术时，要注意将智慧和超脱精神结合起来，因为我们的智慧能帮我们选择多种类比对象，而我们的超脱精神则能保证我们不受一些不合理或常规思想的束缚。

来，对方感受到的，不仅是有趣，更是一片真情。在李国文的小说《月食》中有这样一段对话：

她甜甜地一笑……"你知道那种花叫什么名字吗？啊？还是个记者呐！连那都不明白，我从大辞典上把它找到了，你猜猜叫什么？一个恰好的名字。"

伊汝望着她那恬静的脸等待着。

"勿望（忘）我！"她轻轻地吐出了这三个字。

"勿望我"即"勿忘我"也！这样的幽默多么高雅，多么令人心醉啊。

有位小伙子抄了一首诗赠送女友："生命诚可贵，自由价更高；若为爱情故，两者皆可抛。"

女友说："这诗抄错了。"

小伙子说："没错，就要这个意思。"

女友问："什么意思？"

小伙子："你若不爱我，我就不要命了——自杀；你若爱我，我就不要自由了——随你管制。"

这样的"曲解"很幽默，表达的爱情也够强烈，女友听了能不心花怒放吗？

沐浴在爱河中的人的字典里，没有老套的字眼，更不会惧怕幽默的洗礼。幽默在爱情的故事中，是一种剧情需要，这种剧情的需要让爱情更加缤纷绚烂、多姿多彩。

莎士比亚说过："你有舌头吗？如果你不能用舌头博取女人的心，你就不配称为男人！"示爱很有可能决定你一生的爱情归宿，是一件十分严肃而又颇为困难的事，因此，你有必要费一番心思和口舌来把这件事做得漂亮成功。

不过需要明确的一点是，莎士比亚也说过："爱情不是轻软的眼泪，更不是死硬的强迫，爱情是建立在共同的基础上的。"可见真正要使"我爱你"三个字得到预期的回应，必须先要找对对象。

爱有阴晴，幽默是和事佬

男女初次接触时，都是花前月下、卿卿我我，互相看到对方的优点。然而爱也有阴晴圆缺，天长日久，恋爱双方开始对对方有所抱怨，甚至出现争吵、冷战。这种时候，我们就应该学习运用幽默化解不愉快。

彤与舟是大学同班同学。在一次大学生辩论会上，舟敏锐的思维、犀利的语言、雄辩的话语俘获了彤的芳心。大学毕业后，他们又被分配在同一座城市工作。

正当彤怀着迫不及待的心情准备与舟共筑爱巢时，彤的同学却告诉她，最近，她经常看到舟与一个很摩登靓丽的女孩子在一起。为此，彤指责舟对爱情不忠贞，见异思迁，舟解释说，那是他表妹，她来到这个城市求我帮她找一份工作。可彤根本不信，还说舟在欺骗她，并闹着要与他分手。深爱着彤的舟当然不愿失去心上人呀。于是，舟对彤说："人们都说你是才貌双全的美女，你怎么不想一想呀，除你之外，我真想不出有第二个愿意与我恋爱的。你瞧，我老气横秋，长相有损市容，写尽了人生的沧桑和苦难；再瞧我这条件，一下子就容易让人们联想到是刚经过洪水洗礼的困难户、重灾户，我现在最向往的是如何尽快脱贫致富，以报小姐的知遇

幽默情话，帮助爱情保鲜

情话或许在别人看来是一种矫情，但是，幽默的情话却是一种情趣。幽默无处不在，谈恋爱也如此。情人间时不时地来点小幽默，不仅能加深彼此之间的感情，还能让二人世界更加五彩斑斓。

去，你给我离远点。既然我是电灯泡，那你小心触电。

认识你是我这一生最大的幸福，你简直是我黑暗中的电灯泡……

问我的心跑到哪里去了，你还真是健忘，你忘了上回我们约会的时候，你已经叫我把心交给你了啊。

亲爱的，听说你最近工作不是很顺利，没什么效率，是不是没用什么心思，心跑哪里去了呢？

这样的甜言蜜语，能不让女孩子更加动心吗？我们总说，恋爱使人的生命焕发出甜美的光芒，而恋人的笑则是恋爱之中甜蜜的芬芳。令恋人如沐春风的不仅仅是玫瑰花，还有你幽默睿智的情话。谈恋爱，偶尔来个幽默就像变魔术一样，总是那么令人心驰神往，令人迷醉。散发着机智的甜言蜜语，令你在恋人面前充满了难得的魅力。

之恩，哪敢花心哟。"

一席话说得彤转怒为喜，忍俊不禁。

舟的这番爱情表白，可谓妙语连珠，谐趣横生。究其原因，其用词的"错误"起着极大作用。两个人发生争执时，男士最好采用这种贬损自己的幽默方法来达到取悦女士的目的，这样她的怨气会立刻消散。

女人对于男人用这些形容词来巧妙道歉，永远不会觉得烦。就像男人听到"谢谢你，很有道理""好主意，感谢你的耐心"这些句子，也永远不嫌烦一样。作为男人，在与心爱女孩的交往中，该道歉时就要及时道歉，开启尊口，智解危机。适当的时候要学会采用幽默的方式来解围。

雅倩非常喜欢跳舞，男友小张偏是个好静的人，正参加自学考试，常被她拉去"看"舞。雅倩有个很不好的习惯，不跳到舞厅关门不尽兴，久而久之小张就受不了了。有一次他们从舞厅出来已是夜里12点多了，小张说："你的慢四跳得很棒，我还没看够。你一路跳回宿舍怎么样？"雅倩撒娇说："你想累死我啊？"小张一副认真的样子："不要紧，我用快三陪你跳。"雅倩扑哧一乐："亏你想得出，丢下我一个人也不怕我碰上流氓。"小张这时言归正传："那你在舞厅丢下我一个人也不怕我打瞌睡被人掏了包儿。"雅倩这时才知道男友压根儿没有兴趣跳舞，以后就有所收敛了。

当我们无意中让恋人生气了，不妨像小张一样运用幽默的战术，可以比较轻松地将对方生气的时间缩短，让他（她）怨气全消。毕竟很少有人不喜欢接受真诚、诙谐、轻松的道歉方式。

人有悲欢离合，爱有阴晴圆缺。在爱情的世界中，并不是一切都是那么和美、甜蜜，当两个人之间出现了小矛盾的时候，巧用幽默可以让你们和好如初，还能升华你们的爱情温度。

第十五章
亲子幽默——家长与孩子笑着说话

幽默教育，触动活泼的天性

家庭教育的方式多种多样，但总的说来，不外乎疾言厉色、心平气和、风趣幽默三种。家庭教育的本质在教育二字，无论哪一种教育方式，都离不开生活理念的灌输，但是不同的灌输形式产生的效果大不相同。疾言厉色的教育可以威慑孩子，但它容易让孩子产生对抗心理，是一种不得要领的教育方式。心平气和式的教育能使孩子体会到自己与父母在人格上的平等。但由于语言平淡，不疼不痒，无法产生持久的效果。

风趣幽默的教育触动的是孩子活泼的天性，因而更能在他们的心灵中留下不灭的印迹，使他们时刻以此警示自己。

当一家人正在吃饭的时候，儿子突然对爸爸妈妈发牢骚地说："人家外国人要比我们中国人强得多了，你看，我们吃饭总是要用两根竹筷子，而外国人都是用金属刀叉来吃饭，单单从分量上来说，外国人用的餐具比我们中国的重多了。"

父亲听到儿子这样说本来非常生气，小小年纪，却长他人的志气灭自己的威风。但是父亲忍住了，他幽默地对自己的儿子说："想要用分量重的餐具吃饭太简单了，来用这个吃吧，这个分量足够重了。"父亲边说边把一个夹炭用的火钳塞给了儿子。儿子顿时红起了小脸。

这位父亲对儿子的崇洋媚外思想没有进行直接的批评，而是通过幽默的曲意批评，让儿子领悟到了自己的错误。

在中国的传统家庭教育观念中，一般倾向于严肃与严厉。在父母的眼睛中，棍棒底下才更容易出孝子。于是好多父母与孩子之间并不会建立良好的沟通关系，殊不知，最好的家教应该略带一些幽默。幽默是父母与孩子沟通的最有效方式。与孩子之间的沟通交流如果是在妙趣横生的前提下进行，那么孩子会更容易接受父母的意见。否则，硬要让孩子接受父母的观点，只能会激发孩子的逆反心理，造成亲子之间的关系不和。

一个5岁的孩子对武侠电视剧非常痴迷，甚至一个人在家天天搞出一种飞来飞去、打打杀杀的情景，对此妈妈非常担心。这天，孩子在商店里又看到了一支新式

友善尊重，幽默是联结桥梁

画在纸上啊，有一匹马在吃草。草被马吃掉了，马吃完草就走了。

你画的画呢？为什么是一张白纸？

若要成为好的父亲母亲，应该学会幽默风趣的教导式风格，它对孩子心理健康地成长非常有好处。作为孩子，在父母的耳濡目染之下，也应该懂得用幽默对待父母的关爱。在亲子关系中，幽默的沟通方式不仅仅体现一种深爱，更是一种平等的尊重。

　　亲子幽默的运用关键是要以平等的态度和观念为前提。平等的幽默能成功地达到寓教于乐的目的，因为一个人在笑的时候是无法同时憎恨或者发怒的。聪明的父母能够在管束孩子的同时传递出爱的温暖。

玩具步枪，于是缠着妈妈要买下来，妈妈不想纵容他，却又不能严厉批评，怕影响孩子的兴趣。于是妈妈心平气和地对孩子说："乖儿子，难道你忘记了现在是和平时期，和平时代是不能够轻易储存军火的噢，否则会让大家对你很生气的，也不会有人再喜欢你了哦。"

　　孩子若有所思地思考着妈妈的话，然后回答妈妈说："那我要乖，我不买手枪了，我要让大家都喜欢我。"

　　面对孩子的要求，这位妈妈没有反对儿子有自己的兴趣，也没有因为孩子的任性而发怒，她通过幽默的教导，得到了儿子的认同与支持。

　　孩子具有纯真的心灵，作为长辈，不要用成人的思想和理念去约束自己的孩子。在与孩子的沟通与相处中，多站在孩子的角度，多运用一些孩子喜欢的沟通方式，才会真正做到寓教于乐。那么再顽皮、再固执的孩子也会转变的。

　　幽默风趣的教育触动的是孩子活泼的天性，所以更能在他们的心灵中留下不可磨灭的印迹，让他们时刻以此警示自己。幽默表面上只是一种教育手段，实际上它贯穿的是一种乐观精神，一种坚信明天会更好的执着。

幽默夸赞，让孩子变"争气"

孩子的教育很重要，因为小时候的教育经历会严重影响孩子的性格、心志，进而影响到孩子的成长与成功。教育孩子，与孩子沟通要讲究语言技巧，要顾虑到孩子的心理感受。因此，从孩子们单纯、善良、自尊的心理出发，应对孩子经常说一些明智的夸奖之词，帮助孩子建立起乐观、幽默、自信的心态，方能够成就孩子们美好的未来。

作为父母、老师、上司，经常会碰到"不争气"的孩子、学生和下属。这时应该怎么样，横眉怒对吗？这只会增加他的叛逆心理。比较好的一种办法是幽默地告诉他：你很优秀。人们多数时候需要的是激励，而不是责骂。

纽约布鲁克林的一位四年级老师鲁丝·霍普斯金太太，在新学期开学的第一天，看过班上的学生名册后，她对本该兴奋和快乐的新学期却心怀忧虑：今年，在她班上有一个全校最顽皮的"坏孩子"——汤姆。他不只是做恶作剧，还跟男生打架、逗女生、对老师无礼、在班上扰乱秩序，而且好像是愈来愈糟。他唯一的优点是：很快就能学会学校的功课。

霍普斯金太太决定直接面对汤姆的问题。当她见到她的新学生时，她讲了些话："罗丝，你穿的衣服很漂亮。爱丽西亚，我听说你画画很不错。"当她念到汤姆的名字时，她直视着汤姆，对他幽默地说："汤姆，我听说你是个天生的领导人才，今年我要靠你帮我把这个班变成四年级最好的一个班。"在头几天，她一直强调这点，夸奖汤姆所做的一切，并评论他的行为表明他是一位很好的学生。

令人惊奇的结果出现了，在霍普斯金太太幽默的夸赞之下，汤姆真的变了，他渐渐地约束了自己的行为，变成了一个好学生。

再看一下美国纽约州第一位黑人州长罗杰·罗尔斯的故事。

罗杰·罗尔斯是美国纽约州历史上第一位黑人州长。他出生在纽约声名狼藉的大沙头贫民窟，这里环境肮脏，充满暴力，是偷渡者和流浪汉的聚集地。在这儿出生的孩子，从小逃学、打架、偷东西甚至吸毒，长大后很少有人从事体面的职业。然而，罗杰·罗尔斯是例外，他不仅考入了大学，而且成了州长。

在就职的记者招待会上，一位记者对他提问：是什么把你推向州长宝座的？面对三百多名记者，罗尔斯对自己的奋斗史只字未提，只谈到了他上小学时的校长——皮尔·保罗。

1961年，皮尔·保罗被聘为诺必塔小学的董事兼校长。当时正值美国嬉皮士流行的时代，他走进大沙头诺必塔小学的时候，发现这儿的穷孩子比"迷惘的一代"还要无所事事。他们不与老师合作，旷课、斗殴，甚至砸烂教室的黑板。皮尔·保罗想了很多办法来引导他们，可是没有一个是奏效的。后来他发现这些孩子都很迷信，于是在他上课的时候就多了一项内容——给学生看手相，他用这个办法来鼓励学生。

当罗尔斯从窗台上跳下，伸着小手走向讲台时，皮尔·保罗幽默而一本正经地说："我一看你修长的小拇指就知道，将来你是纽约州的州长。"

当时，罗尔斯大吃一惊，因为长这么大，只有他奶奶让他振奋过一次，说他可以成为五吨重的小船的船长。这一次，皮尔·保罗先生竟说他可以当纽约州的州长，着实出乎他的预料。他记下了这句话，并相信了它。从那天起，"纽约州州长"就像一面旗帜，"提醒"罗尔斯衣服不再沾满泥土，说话时也不再夹杂污言秽

锁定欲望，用幽默激将行动

人活在这个世界上，满足自己所追求的目标是很重要的一件事。所以，在劝说中竭尽全力满足对方的愿望，是提高成功率的切实方法之一。对于孩子的劝导，利用其对愿望的想法，能更快地引导孩子走上正确的路向。

假如你能把妈妈所给的食物吃下去，终有一天能足够强壮得把偷骑你自行车的大男孩痛揍一顿。

在努力成为说服高手之前，必须清楚了解对方有什么样的愿望，在从事具体的劝说行为前，锁定他心中强烈的愿望，再对症下药，进行幽默劝说。

哈利·欧佛垂在极具启发性的《影响人类行为》一书中写道："行为乃发自我们的基本欲望……不论在商场、家庭、学校或政治上。对那些自认为是'说客'的人，有句话可以算是最好的箴言：要首先激起别人的欲望。凡能这么做的人，世人必与他在一起，这种人永不寂寞。"

语。他开始挺直腰杆走路，在以后的四十多年间，他没有一天不按州长的身份要求自己。51岁那年，他终于成了州长。

孩子的心灵是脆弱的，却更是充满潜能的，简简单单的一句话可以毁掉一个孩子的人生，也可以成全一个孩子的未来。无论自己的孩子有多淘气、有多不听话，请不要总是给予严厉的批评，以免引起孩子的逆反心理。相反，在与孩子的沟通中，多给孩子说一些正面、积极、幽默的激励，会让自己的孩子充满信心，而主动地加强自我约束。

幽默姿态，赢得父母的欢心

现代社会是一个全方位的概念，而人生又是由许多条块集结起来的，因而完美的生活不但包括了要处理好社会上方方面面的关系，还应该处理好家庭内部各种关系，特别是和父母或孩子之间的关系。

在良好的亲子沟通氛围中，幽默是非常有效的方式。世界上有很多人在拒绝悲伤、拒绝痛苦，但却不会有人拒绝幽默的笑声。幽默的沟通让孩子高兴，让大人开怀，幽默沟通的力量在于可以让家庭更加温馨怡人。

父亲责骂女儿太吵："你不是答应我要安静的吗？不是跟你说好了，你不安静的话要挨打的吗？"

"是啊，爸，"女儿表示同意，"但是我没遵守我的诺言，所以你若不遵守你的诺言的话，也没关系。"

女儿的一句幽默话就把父亲给逗乐了。

年轻的时候，自己的想法与父母总是格格不入。出现矛盾冲突的时候，最恰当的办法是避实就虚，以软代硬。像这位姑娘，即使心里老大不痛快，却没有直接顶撞父亲，而是以幽默的方式来化解父亲的怒气，缓和双方的紧张气氛。

想赢得父母的心，就要摆正与父母交流的姿态，彼此以友好、互相支持的姿态进行沟通。

母亲正与儿子谈他的女朋友。

"她喜欢你哪一点？"母亲问。

"很简单，"儿子谦虚地说，"她认为我英俊、风趣、聪明、能干，舞又跳得好。"

"那你喜欢她哪一点呢？"

"喜欢她认为我英俊、风趣、聪明……"

儿子傻乎乎的言辞勾起慈母的多少怜爱！其中的小小机智也避免了母亲的刨根究底，母子之间有一种朋友式的默契。幽默式的沟通，让母亲感受到了儿子是喜欢他的女朋友的，而女朋友对他也是真心的。幽默的沟通，可以打消父母的顾虑，给父母展现一种积极向上的生活态度，用自己的语言行动向父母表明自己很幸福。幽默的沟通，确乎赢得了母亲的心。

除了有恰当的与父母沟通的方式之外，还要拥有运用幽默调和家庭气氛、维护家庭和谐的责任心。幽默并不只是为了表面的欢笑，亲子之间的幽默生活，是为了让家庭在乐趣中充满更多温情与爱意，是为了让家庭成员共同承担家庭责任，让家庭的欢笑共同分享。

看看这位小伙子做得有多棒：

周末，父子两人结伴到森林里露营。

"好了，很有趣吧？"父亲问。

"我想是吧，"儿子说，"只是下次，我们是不是可以带妈妈和番茄酱来。"

当爸爸听到自己的儿子在挂念自己的妈妈，他一定会感到很欣慰。是的，家不是一个人的家，而是由全家人组成的家。真正的一家人既能在困境中相互依附，也能在享受幸福的时候互相惦念。

尽管父母不会料到孩子竟有如此曲折的心意，但是他们会从孩子的话语中看到自己的处境，并能更轻松、理智地面对生活。赢得父母心，幽默功不可没。

美化言辞，孩子才能够听话

家，永远是我们温暖的港湾；家人，永远是我们最值得依赖的存在。然而，在长时间的相处中不免会产生这样那样的矛盾，如果不小心处理将会引发更大的不和甚至家庭的破裂。怎样教育孩子才会让他们乖乖听话？怎样与父母沟通才能有效地让他们接受你的想法？怎样在争吵后使双方尽快和好？

有一种苦味的药丸，外面裹着糖衣，使人先感到甜味，容易一口吞下肚子去。于是，药物进入胃肠，药性发生效用，疾病也就好了。同样的道理，父母要对孩子说规劝的话，在未说之前，先给他一番幽默的赞誉，使孩子尝一些甜头，然后你再说那些规劝的话，孩子也就更容易接受了。

因此，教育孩子的过程中，作为家长不能够总是过分责怪孩子的错误，而很少赞扬他的进步，因为这常常会引起孩子的反感，从而引致他们的逆反心而越来越不听话。明智的家长，懂得"裹着糖衣"教育孩子，对孩子多说一些"甜言蜜语"。

古语云："数子十过，不如奖子一长。"跟孩子讲道理，应充分肯定孩子的长处，在此基础上再对孩子的过错予以纠正，这样孩子就容易接受。如果一味地数落孩子，只会让孩子产生自卑心理和逆反心理。

恰到好处的幽默赞美是父母与孩子沟通的润滑剂。家长对孩子每时每刻的欣赏、赞美、鼓励会增强孩子的自尊、自信。我们要记住：赞美鼓励使孩子进步，批评指责使孩子落后。

南京某厂技术员周宏巧用幽默赞美的办法，经常为自己的女儿营造轻松、乐观、自信的学习环境，把双耳几乎失聪的女儿婷婷，教育成了高才生。周宏第一次看小婷婷做应用题，10道题只做对了一道，按说该发火了，可是他没有。他在对的地方打了一个大大的红钩，并机智地赞扬她："你太了不起了，第一次做应用题10道就对了一道，爸爸像你这么大的时候，碰都不敢碰呢。"8岁的小婷婷听了这些话，自豪极了。

幽默说教，切忌说的话

措辞灵活，说话幽默，则更利于被孩子接受。同时幽默的语言经常刺激孩子的视觉、听觉以及脑部神经的话，会加深孩子对幽默说话形式的印象以及认可，有利于培养孩子的幽默口才与淡定的心态。

父母与孩子幽默对话的忌讳主要有以下几点：
（1）幽默不说损伤话。
（2）幽默不说吓唬孩子的话。
（3）幽默不说命令话。
（4）幽默不说气话。
（5）幽默不说宠爱话。
（6）幽默不说侮辱话。
（7）幽默不说埋怨话。
（8）幽默不说欺骗话。

爸爸，他要到什么时候才能把那个木盒子锯开？

儿子，那个木盒子叫小提琴，小提琴和锯它的人是朋友啊，朋友就是要在一起合作的，锯开了不就成敌人了？

在父母的鼓励下，10岁那年，婷婷就写作出版了6万字的科幻童话。消息见报后，不少残疾儿童被送到周宏门下，都在周宏的"赏识教育法"下得到了很大进步。他说："哪怕天下所有人都看不起你的孩子，你都应该眼含热泪地欣赏他，拥抱他，赞美他。"

周宏巧妙地把赞美运用到了孩子的教育问题上。赞美开发了孩子内在的潜力，激起了他们学习上的热情，唤起了他们强烈的进取心，使得孩子变"要我学"为"我要学"，从而在心理上彻底解放了孩子。

人都是爱听好话，喜欢受到表扬的。美国著名心理学家威廉·詹姆斯研究发现："人类本性中最深刻的渴望就是受到赞美。"孩子更是如此。因为孩子好奇心强但自信心不足，他们对自己的每一点小小的进步都非常在乎，渴望得到大人的肯定。所以，恰当而不失风趣的赞美往往能够帮助孩子更好地成长。

但是需要注意的是，在对孩子的赞美中，不要表现出应付的表情，要让孩子看到你由衷的微笑，同时对孩子说话的时候，要尽量让他们感受到你的快乐与风趣，这对孩子的人格会有很重要的影响，因为你幽默妙趣的语言，将会帮助他们尽早地培养幽默感。具有幽默感的孩子，往往是一个机巧伶俐的好孩子。

接受差异，赢得孩子的服气

孩子是你的开心果——同时也叫你头痛。你常常无法了解他们，也许还会抱怨满腹："我愈看现在的年轻人，就愈相信我从没有经历过他们这个年龄。"

"无怪乎要跟孩子沟通很难。因为现在发生的事情中有半数是前所未闻的，另半数是说不出口的。""现在的孩子真叫人难以了解。不吃菠菜的孩子长得那么大，排着队去买营养药。""我花了一笔钱在孩子的教育上，另外一笔钱在他们的牙齿上。两者唯一的差别是他们到现在还在用牙齿。""我们那十几岁大的女儿告诉我们说：'我已经长大了，可以过我自己的日子，住自己的公寓。现在，我唯一需要的是多一些零用钱。'"

实际上，这些抱怨与怒气是没有用的，它甚至造成两代人心理上更大的沟壑。你要做的是承认这个事实：你和他们的确在种种方面有些有趣的差异，他们就像另一个人类：

一位母亲想让她16岁的女儿高兴高兴，便对她说："明天我想给你买几张唱片，不过我不知道你喜欢什么样的。"

女孩回答说："这很容易，你到唱片商店，叫他们把最新的拿出来试放一下，您把您觉得最难听的买下来就行了。"

看看，孩子比我们更能理所当然地接受彼此的不同，这就比我们要高明了许多。因为，我们常常在看到他们的奇异服装，听到他们的怪异歌曲时大呼小叫、怒

幽默引导，亲子沟通更通畅

父母要让孩子敞开心扉和自己说话，就要首先懂得孩子内心的秘密。而孩子内心最大的秘密是情感，或情感的焦虑。因此，父母必须要掌握情感交流的秘方，多给予孩子思想的引导，用幽默的方式，走进孩子的内心世界，增强彼此之间的信任和感情。

做蘑菇好，蘑菇听不到爸爸、妈妈的吵闹声。做蘑菇好，但是蹲久了又饿又累，我要吃巧克力。

我也要吃巧克力，我去房间取了！

孩子为什么会把自己藏在角落呢？原因就在于，孩子对于友情、亲情的渴望。他们很在意自己的感情需求。然而，成人的世故与冷漠，往往对孩子的这种情感需求很不在乎。这样，就会忽视孩子的感觉，对孩子细小的情感波动表现得很冷漠。这种对待孩子的情感的反应方式显然不利于父母与孩子之间的情感交流。

爸爸，我找了好几个男朋友，都不满意，等我再挑选一下。你就放心吧，爸爸，在人生的大海里，鱼多得很。

孩子，钓饵放久了，就没味了。

父母与孩子之间的关系是属于"双连关系"，一旦"话不投机"，关系就会弄僵。而用幽默沟通的方法则是一种至趣、至情、至理、至智的高级手段，双方都能接受。尽可能多地用幽默的方式来代替僵化、直接、乏味的沟通，让爱接近孩子的心灵，呵护着他们渐渐成长。

和孩子沟通就应该把话语权留给孩子，而家长则需要以一颗童心，幽默地引导孩子的情感需求。童年时期，是一个需要关怀、需要鼓励、需要快乐的时代。幽默的引导，让孩子在快乐与释然中学习到生活的美好。

气冲冲、风度尽失。

成功培育好下一代应该是一个社会的责任，特别是为人父母者的责任。而要完成这个教育过程，首先要与孩子做好沟通，了解他们的心理与身体状况、需求，帮助他们成长。这种沟通不是简单就能达到的，但运用幽默的手段来和下一代进行交往，往往更易于让他们在思想上接受。这是为什么呢？

原因之一：幽默的沟通更易让他们感到坦诚与平等。

有个男孩吵着要爸爸给他买把火炬，爸爸没有马上生硬地训斥孩子，而是温和地说："不行啊，这个月你的军费开支已经超过预算了，再买火炬，你妈妈就要发火了。"

这个答话可比严肃的否定、批驳高明多了。煞有介事的比喻，让孩子觉得大人们是将他的事情作为一项重要事务，讨论、协商过的，与其他家庭事务一样有地位，多么值得自豪！父母以这样的态度与孩子交往，孩子也会以较成熟的姿态代替吵闹。

原因之二：幽默的沟通充满了趣味，丰富和涵养了孩子的心灵。

某女士有四个儿女，来与她同住了一个月。

她告诉朋友说："孩子们来了，带给我双重的快乐！"

"怎么说呢？"

"他们来了，我很快乐；他们走了，我也很快乐。"

真是一位疲惫又快乐的妈妈。

原因之三：幽默的沟通总附带启智的爱意，无形地和对方心灵相融。

美国第27任总统塔夫脱生性豁达，在政界、家庭中都颇得爱戴。1909年，他当选为总统。

有一天晚上，他儿子在餐桌上顶了他一句，场面顿时变得很尴尬，全家鸦雀无声。塔夫脱也不说话。

他太太问："您不惩罚他吗？"

塔夫脱幽默地说："他对我说的话，如果是对父亲说的，当然要受罚；如果是对美国总统说的，那是他的公民权利。"

包含着爱意的谅解最能促使孩子反躬自身。惩罚难道会比幽默的爱意更有力度吗？不论是有意或无心，孩子发现了如何将幽默力量对准我们的兴趣，而且达到他的目的。我们有什么理由不回赠他一份爱呢？

当孩子从认为父母无所不知、无所不能，到他能以幽默的方式与父母交流，这是一个可喜的变化，这说明他们成长了。这时，幽默语言就成了父母和子女之间一种新的共同语言。

亲情挚爱，幽默感是传送带

要营造两代人之间融洽和谐的关系，首先需要加强彼此之间情感的沟通和交流。有些父母想要在子女面前保持威严的形象，在生活中他们总是不苟言笑，更不用说向子女表达自己的爱了，事实上，父母应该常常利用诙谐的方式来表达对子女的爱。

苏联著名诗人米哈伊尔·斯维特洛夫是一个善用幽默方法来教育孩子的高手。

有一次，斯维特洛夫刚进家门，就发现家人慌作一团，斯维特洛夫的母亲正在打电话给医院请求急救。原来，斯维特洛夫的小儿子舒拉别出心裁地喝了半瓶墨水。斯维特洛夫明白，墨水是不至于使人中毒的，所以用不着慌张，而这会儿正是教育舒拉的大好时机。于是，他轻松地问：你真的喝了墨水？舒拉得意地坐在那里，伸出被墨水染色的舌头，做了个鬼脸。

诗人并没有发火，他从屋里拿出一些吸纸来，对儿子说：现在没有别的办法了，你只有把这些吸墨纸使劲地嚼碎吞下去了。一场虚惊就这样被斯维特洛夫的一句幽默的话给冲淡了。舒拉原想以此成为家人的中心，但是未能如愿。此后，他再也没有犯过类似出风头的错误了。

长辈对晚辈除了运用平和的幽默方式，还能够运用一种"打是亲、骂是爱"的幽默方式，这里的"打是亲、骂是爱"并不是真打也不是真骂，而是在笑骂中向孩子传达出自己的满足。

在里海大学读书时，美国企业家艾科卡在八百多个毕业生中的名次是第11名，凭借优异的成绩，他在毕业后就被保送攻读了硕士，在硕士毕业后又成功地进入了福特公司。艾科卡的学业以及事业之路可谓一路绿灯。他的父亲尽管已经对他非常自豪了，但是每每在见到他时，还总是会打趣地说："瞧，当初念书总考不上第一名的小笨蛋，现在感觉如何啊？"

父亲幽默的一句"小笨蛋"，体现了父亲与他深厚的父子情。父母对子女运用幽默的方式很多，运用幽默体现的感情色彩也很多。但无论是出于赞美还是出于批评，幽默的本质还是为了凸显对子女的爱。

著名剧作家沙叶新幽默感极强，他的女儿也天生具有幽默细胞，还在童年时她就对"女大不中留"有过一番妙论：我认为女大不中留的意思就是……嗯……就是女儿大了，不留在中国上学，要到外国去留学。

后来她果然去美国留学了。沙叶新的女儿一次回国探亲，她和父母谈起同在美国留学的弟弟，说弟弟想娶个黑人姑娘。母亲不由大吃一惊。妈妈怎么还有种族歧视？黑人女孩是黑珍珠，身材好极了，长得也漂亮。"我倒没有种族歧视，"沙叶新插话说，"我就担心他们以后给我养个黑孙子，送到上海来让我们带。万一晚上断电，全是黑的，找不到孙子那不急死我们。"女儿连忙说：那没关系，断电的时

尊重想象，激发孩子创造力

每个人都天生有着丰富的想象力，但是只有很少数的人敢于利用自己的想象力，敢于实践自己的想象力。多数人不愿意去触碰自己想要的东西，是因为他们把想象的东西当作了一种不会实现的"白日梦"。

所谓想象力，即在掌握一定的知识面的基础上，在自己头脑中创造一个念头或思想画面的能力。想象力最大的魅力在于，它能够将人们带入一个完全虚拟的世界，感受现实中不能够实现的想法。想象力是创造力的能量来源。

我惩罚你画的 100 条鱼怎么只有一条？

我画的是一条母鱼，它会产出 99 条小鱼。

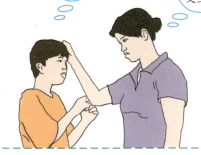

老师，第一页、第二页是一个字也没有，第三页上我写着"这样就是懒惰"！

我布置的作业题目是"什么是懒惰"，你怎么什么都没写就交上来了？

作为大人应该明白，想象力是伟大的魔术师，它让未来的世界进入我们的大脑，让我们突破生活格局。想象力是不跟随，不从众，让我们甩开"不可能"的机制一路前行。

尊重想象就是帮助孩子们想那些不敢想的，做那些不敢做的事情，也就是让他们自由、任意地发挥自己的想象力。一个缺乏丰富想象力的孩子，他的思想内容是贫乏、平淡无奇的，往往只能从单一的方面去展开想象，而想象力丰富的孩子，对于同一问题总能够从不同的角度发挥自己的想象力，从多方面去思考。

候你就叫孙子赶快张开嘴巴，那不是就找到了。

在父女之间这场温情脉脉的唇枪舌剑中，父亲显示了他开阔的胸襟、年轻的心态和幽默的天性，而女儿更是青出于蓝而胜于蓝，她机灵的回答、狡黠的反击为久别重逢的父女增添了一份额外的喜悦。

应该说，懂得用幽默来管束孩子的父母才堪称成功的教育家，才能以这种幽默轻松的口气对孩子讲话，多创造一些其乐融融的气氛，使孩子从学校那种刻板的生活中解放出来。当然，无论通过什么样的方式，长辈对晚辈的幽默都能表达出他们深切的爱。

第十六章

婚姻幽默——笑到白头，婚姻长青

巧设"圈套"，达到目的

夫妻之间吵吵闹闹是常有的事，有的小打小闹就过去了，可有的严重到要分家，这种时候，只要你能把对方逗笑，僵局自然就被打破了。

家庭不是讲理的地方，也是个讲理讲不清楚的地方，夫妻之间不应该对生活中的摩擦过分较真，因此，和谐家庭中嘻嘻哈哈处理矛盾的"歪理"幽默，自然就成为缓解夫妻矛盾、加深感情的功臣。这位妻子就是一位巧设圈套的人，她通过呼啦圈设计让自己的老公明白婚姻需要在包容中，尽快忽略掉不高兴的事情。

萨拉拿出一个一直放在衣橱上面的旧呼啦圈，一次当弗兰克又为他们的婚姻提条件时，她说："请你拿着这个呼啦圈，我从中间跳过去。"

"这是干吗？"他问。

"噢，亲爱的，"她说，"我似乎注意到你是多么愿意让我跳进你设的圈套以证明我爱你。你觉得我们可以谈谈这个问题吗？"

"你在说什么呢？我没那么做过。"弗兰克说。

"我相信你没有意识到你那么做了。我知道你爱我，但是这一切感觉就像一系列没完没了的考验。"

"圈套，嗯？"他说，"好吧，我们谈谈。"

然后弗兰克一笑，那是萨拉最喜欢的笑容。弗兰克说："在我们谈正事之前，你觉得你能先跳过这个呼啦圈吗？"

这句话一下子冲淡了家庭中的紧张气氛。从此之后，两人的关系不再那么紧张。妻子是多么明智且富有生活的情趣啊，面对夫妻之间的紧张关系不是只想到抱怨，也没有装作视而不见，而是借助了幽默的方式，让紧张的气氛变得充满了喜剧效果。

还有一次，妻子在厨房做饭，忙得满头大汗。丈夫却坐在餐桌边悠闲他说："讲到吃，我最有研究。譬如吃猪脑补头脑，吃猪脚补脚筋，吃……"

这时，妻子端来一盘炒猪心，放在餐桌上，丈夫夹一块放进嘴里，边吃边问妻子："你知道这猪肝、猪心补的是什么？"

"是补那些没心肝的人。"妻子不耐烦地答道。

从妻子的表达中，我们可以发现她的丈夫是个很自私，不愿意为家庭、为爱人付出的人。他只管自己一个人的舒服而看不到妻子的忙碌，妻子则巧妙地通过对吃的看法，借机委婉表达了自己的意见，让丈夫能够听出言外之意。

虽说家庭是个应该以真诚与坦诚相待的地方，但是给对方巧妙设"圈套"实际上是经营婚姻的智慧之法。通过圈套，让另一半了解自己的想法，委婉表达出自己的不满，这样可以避免双方因为意见不合而大动肝火。

幽默良剂，升华夫妻感情

在柴米油盐酱醋茶的平凡生活中，婚姻生活如果没有了幽默的乐趣，那是家庭中一种可怕的"冷暴力"，让人觉察不到家庭的温暖。在许多幸福的家庭中，幽默是感情伤害的止痛剂，因为夫妻双方懂得让幽默成为一种调剂对方心理的有效工具。

俗话说得好，平平淡淡才是真，婚后的生活就像是一杯白开水，你放点盐它就咸，放点糖它就甜，放点幽默它就是温暖的。当看到你的另一半悲伤的时候，要适当地给他补充一下幽默的笑料，这将会是最好的心情安慰剂。

夫妻争吵，需要适度幽默感

俗话说："谁家的烟囱都冒烟。"即使最恩爱的夫妻，也难免发生争吵。一般口角，吵过之后也就完了，但是，如果争吵起来不加控制就可能激化矛盾，引出意想不到的坏结果。所以，夫妻争吵有必要控制好"度"，最好是要掌握一点技巧性的幽默度。

有的夫妻争吵时，喜欢把过去的事情扯出来，翻旧账，历数对方的"不是"和"罪过"。这种方式很愚蠢。夫妻之间的旧账很难说得清。如果大家都翻对自己有利的那一页，不但无助于解决眼下的矛盾，而且还容易把问题复杂化，让新账旧账纠缠在一起，加深怨恨。夫妻争吵最好"打破盆说盆，打破罐说罐"，就事论事，不前挂后连，这样处理问题，才容易化解眼前的矛盾。

如果在夫妻争吵到一定程度的时候，一方能投之以幽默，则另一方也会还之以幽默，这样才能够将矛盾化解，让争吵平息。

一次，丈夫陪妻子上街买衣服，从早上逛到了晚上也没有买到合适的衣服。因为无论妻子试穿哪一件衣服，丈夫总显出一副心不在焉的样子，附和着说好看。疲惫不堪的妻子最后质问道："你这个人怎么能这么随随便便？"

丈夫看到妻子发火了，赶忙补救说："当初我也是这么随随便便就把你选上了，可是你挑中我却是经过精挑细选的啊。"

妻子听到这话，一下子笑出声来，怨气消退了一大截。丈夫巧妙地把自己的"随随便便"说成是妻子的"精挑细选"的结果。不仅指出了挑中自己对妻子来说是件不容易的事情，也将妻子"精挑细选"的结果幽默了一把。

如果夫妻在争吵中，由于激烈程度过高，确实没有时间幽默的话，也要注意吵架时候的语言应该有尺度，不能对另一半的缺陷进行恶语攻击。

俗话说小吵宜情，适当的争吵可以让婚姻别具风味，没有争吵的家庭则是因为缺乏个性的拼合。但是，夫妻争吵应建立在适度的幽默基础之上，应该建立在相互尊重的层面上，如果让争吵演化成为人身攻击，只会让婚姻逐渐走向崩溃的边缘。

一般说来，夫妻双方十分清楚对方的毛病和短处。比如，对方存在生理缺陷，个子小，不生育，或有过失足等。在平时，彼此顾及对方的面子而不轻易指出。可是一旦发生争吵，当自己理屈词穷、处于不利态势时，就可能把矛头对准对方的短处，挖苦揭短，以期制服对方。有道是"打人莫打脸，骂人不揭短"，任何人都最讨厌别人恶意揭短，这样做只会激怒对方，扩大矛盾，伤及夫妻感情。

会说嘲语，拨动伴侣心弦

自嘲运用得好，可以使交谈平添许多乐趣，如果用不好，则会使对方反感，造成交谈障碍。自嘲要审时度势，相机而用，不宜到处乱用，比如对话、辩论、座谈讨论、调查访问等就不宜使用自嘲。此外，自嘲要避免采取玩世不恭的态度。具有积极意义的自嘲，包含着自嘲者强烈的自尊、自爱。自嘲不过是当事者采取的一种貌似消极，实为积极的、促使交谈向好的方向转化的手段而已。

恰当的自嘲，在夫妻生活中同样具有十分重要的调节意义。

一位丈夫要出国深造，妻子半开玩笑地对他说："你到那个花花世界，说不定会看上别的女人呢。"丈夫笑了，调皮地说："问题是谁看得上我呀。你瞧瞧我这副尊容，瓦刀脸，罗圈腿，大眼泡，招风耳，站在大街上怕是人家看都不看呢。"说得妻子开怀一笑。

丈夫的自嘲，隐含让妻子放心的意思。这比一本正经地发誓，更富有诗意和情趣。敢于自嘲的人往往不失大家风范，这是幽默的最高境界。自嘲运用得当，能够增添夫妻交往的情趣，促进夫妻之间和谐相处目的的实现。但是运用自嘲，绝不能

会说笑语，找回爱的热情

有人说"婚姻是爱情的坟墓"，夫妻之间很可能因为每日按部就班的生活而失去新鲜感。这时创造一点恰当的幽默，也准能拨动伴侣的心弦，在笑声中找回已淡化的热情。

> 你昨天开会的讲话稿还在吗？你快拿来给我念念。昨天开会时，我发现你念稿的时候大家在下面都睡着了。现在你也念给我试试嘛。

从幽默的角度来说，夫妻之间没有什么事说不开的，无论是对对方提意见还是对对方的某些缺点不认同，不要憋在心里，幽默地提出来，不仅能够释放自己压抑的心理，同时还能够拯救婚姻生活中的危机。

两个人相处时间长了，新鲜感就会逐渐减弱，这时就需要一些"催化剂"来让感情再次发酵。而幽默这种人人喜欢的方式，正好可以充当这个光荣的角色。一句看似不经意的幽默语言，却能触动爱人的心弦，反过来又影响到你的心情，相互间的感情自然可以得到增进。

> 哈哈，普通书看完了可得换新的。我看你还是作本新华大字典吧。

> 我看以后我还是变作一本书。这样你就可以整天把我捧在手上。

消极沉落，更不能玩世不恭。

有一对老夫妻吵架后，彼此都不愿意先开口说话。在冷战了几天之后，先生已经忘记了两个人之间的不愉快，想找机会与老太太说上几句话，可老太太的记性还是太好，对老头子的不是依然记得清楚，依旧不愿意搭理他。

先生正在不知道如何是好的时候，就在屋里到处乱翻了起来，看到老头子晕头转向地翻找，老太太终于忍不住了，她对老头子喊道："你找什么呢？至于把家里翻成这样吗？"

先生这才一拍脑门，说道："我已经是老糊涂了吗？没有老太太的记性好，要是没有老太太在身边督促着我，我就是这样一个没头没脑的样子啊，什么东西都找不到。"

老太太听到自己的先生这么夸赞自己，着实高兴了一番。既然先生已经道歉了，自己也就没理由一直摆谱下去。最后，老太太与先生重新和好。在整个和好过程中，老先生对自己的幽默嘲讽，以及对老伴的巧妙奉迎起到了不可替代的作用。

对于已经结婚的人，都应当学会用幽默来保护自己的家庭。只要不是涉及原则性问题的重大分歧，善用幽默的豁达来应对另一半的喜怒哀乐，就能使家庭生活在最佳状态中一直运行下去。

谐趣甜言，爱你爱到入骨

夫妻相处的时候，有时甜言蜜语非常受用，尽管两个人已经很熟悉了，但是感情的经营需要甜言蜜语，于是不妨大胆些，在言语间多放点"蜜"。沐浴在爱河中的人不会经常用到客套的字眼。任何海誓山盟，"爱你爱到入骨"的话也可以说，不必怕肉麻，除非你并不爱他，除非你对婚姻生活的冷淡视而不见。

甜言蜜语，不能一味是大话、空话，要在符合实际的情况下说出来才足够分量。另外，甜言蜜语需要有情趣作为衬托，幽默情话才能让爱意无限，让婚姻保鲜。

情人节那天，老公和妻子商量："送你什么礼物呢？你现在正在减肥，出去吃一顿不合适，送一大块儿巧克力更不合适！"妻子说："那就送花！"他挠了挠头："好吧，那就送你玫瑰，你要9朵？19朵？还是39朵？"

妻子想了想，决定给他出一个难题："咱们都老夫老妻了，玫瑰花就免了，你能不能有点儿创意，送一种能给我带来惊奇的花呢？"老公眼巴巴地望着妻子，若有所思……

那天晚上，妻子早早打扮了一下，在家里等着他。门开了，老公两眼含笑，双手捧着一个盒子站在那儿，那是——妻子喜欢吃的麻花！说："老婆，你最爱的花，我已经买到了，我爱你！"

女人之幸，家有幽默老公

离家前我俩发生了小小的争吵，现在他正在向我承认他的过错，那两个弯曲的手指表示他正跪着双膝向我道歉呢。

您弯曲着手指来回移动又是什么意思？

两个人走到一起，相爱并结为夫妻，只是漫漫长路刚刚走完了一小段。幸福的婚姻更需要两个人精心呵护，每对夫妻都应当使幽默趣味在自己创造的形式里流动，让家庭的土壤开出趣味之花，才会拥有让人更加羡慕的幸福生活。

人们常说，一个成功男人的背后一定有一个能干的女人。伟人之所以能取得很大的成就，很多时候都是因为有和睦的家庭作为坚实的后盾。做一对幽默的夫妻，家庭就能禁得起狂风暴雨的袭击。充满幽默气氛的家庭里，家庭成员之间一般不会出现关系紧张的情况。

你为什么总对我这么好？

不能批评你的缺点或怪你做错事。要知道，你就是因为有缺点，有时会做错事，才没有找到更理想的丈夫。

大概只有我一个人罢？

我和你结婚，你猜有几个男人在失望呢？

妻子本来的意思是对丈夫说：你娶到我是你的福气，有好多人都因为没有得到我而失望呢。丈夫却故意幽默地反对妻子的意思，让妻子在一笑中明白丈夫对她的爱。与年轻夫妻不同，老夫老妻之间的幽默更加老道，更加含有韵味。试着做一对幽默夫妻，家庭里就会少一些不愉快，家庭生活将会变得富有乐趣。

　　妻子看到最爱的麻花，听到老公说的贴心话，幸福地掉下了眼泪，扑到了老公的怀里。当爱情归于平淡之后，实在的浪漫往往才是最能让人感到幸福的东西。但是切不可因为爱情的平淡，就不把甜言蜜语放在心上，平淡的婚姻更需要用心经营。如果因为平淡就懒得再说好听的话语给自己的伴侣，那么你绝对是一个不称职的老公或者妻子。

　　在日常生活中，不要感觉到羞怯，对自己的爱人说甜言蜜语是一种很光荣的事情，不要以为甜言蜜语说出来就是为了一时的气氛，仅仅是为了逗对方开心。事实上，甜言蜜语对整个爱情的加固都起着重大作用，它是爱情运转的润滑剂。

　　从心理上讲，男人与女人对甜言蜜语有不同的理解。对女性来讲，语言比行动更为重要。因为女性要求被承认的欲望很强，恋爱中的更不用说了，就是在结婚后，女人也爱问："亲爱的，你爱我吗？"她时常要求确认"爱"，而对此退却的大多是丈夫。在男人看来，不管如何爱她，"我爱你"这三个字只要讲过，就不想说第二次。男人总是这样认为，我是否爱你，可以在实际行动中表现出来。

　　所以，做丈夫的要把你的爱通过趣味十足的甜言蜜语幽默自然地表现出来，让她时刻体会到你深爱着她，并时时创造一种美妙的生活环境取悦于她，那样夫妻的感情会一天比一天深厚，妻子对丈夫的爱也会一天比一天深。

中和醋意，幽默是秘密武器

　　爱情是自私的，爱情一般要求对方的眼睛里只有自己。因此在爱情的世界里常常会出现闹情绪的状况，闹情绪的大多数原因是吃醋。不管是男人还是女人，"醋意"是人之常情。毕竟一个男人不会乐意自己的女朋友或者妻子跟别的男人亲密地走在一起，一个女人更是反感自己的另一半与别的女人有什么眉目传情。

　　一对新婚不久的夫妇在街上手牵手地走着，突然迎面过来了一位时尚的漂亮女孩，做老公的或许只是下意识地多看了那女孩几眼，结果被老婆发现了。老婆的脸色顿时变得难看了起来，质问道："整天就知道看美女，也不怕把眼睛看歪了。"

　　老公看到老婆生气了，连忙解释说："老婆不要生气啊，我可不是在看美女，我是在帮你打探时尚流行风。看看你今年穿什么衣服最漂亮啦。"

　　尽管老婆还在生气，但是听着老公这么幽默的解释，也就不再追究。在婚姻世界中，两个人难免出现吃醋与生气的事情。这个时候不要当作什么都没有发生，也不要一味地放纵对方，要将自己的意见幽默地表达出来。双方的沟通与爱情的甜蜜和幸福有重要的联系。

　　这里还有一对闹情绪的夫妻，他们本来是高高兴兴地去参观一家美术展览，可是当他们走到一幅女像油画边的时候，丈夫却久久不愿意离开，甚至对着油画发呆。妻子看到丈夫的"魂不守舍"，已经气得不得了。

但是这位妻子比较聪慧，她怕直接发脾气会给老公带来自尊上的伤害，于是打趣地对老公说道："嗨，亲爱的，难道你要站在这里等着秋天掉落叶吗？"

妻子的幽默提醒让丈夫雲时间从看画的思绪中走了出来，并对妻子抱有歉意地笑了笑。因此，幽默不仅仅可以用来中和对方醋意，也可以用来表达自己的醋意。如果一方醋意萌生，另一方却又装作视而不见，只会加重自己的苦闷与烦恼。所

改善气氛，幽默不是软弱

你就是皇后，老婆，你是"垂帘听政"的皇后！

你是家里的"皇上"啊？家务什么都不干！

恋爱的时候人们需要的往往是感觉，婚姻则需要经受得住平淡的蹉跎，也就是说婚姻更需要用心经营。多数夫妻在成家之后，整天忙于一日三餐，日日奏响着锅碗瓢盆交响曲，不和谐与烦躁代替了享受生活的浪漫情怀。

如果双方都互不相让，针尖对麦芒，那么距离家庭破裂的日子就为时不远了。为了避免这种家庭悲剧的发生，我们平时就要学会想方设法使家里充满更多的笑声，营造家庭的欢乐气氛。

虽说是紧了点，但充分突出了线条之美。弹性衣服就这样，只要自己不觉得难受就行。

就是看着难受也得怪裁缝，这水平也太低了点。

那你看着难受吗？

家庭虽然是一个可以让自己自由放松甚至是放纵的世界，但更是一个可以享受宁静与和谐的地方。如果处理不好夫妻之间的相处关系，只能让家庭失去了原本的意义。家庭生活本来就是平淡的，但平淡不是错，因为我们每个人都可以让平淡的生活变得充满色彩与愉悦。

以，聪明的幽默者总是能够运用幽默的智慧周旋于吃醋与被吃醋之间。

有一位妻子对自己的老公非常不满，因为她总感觉自己的老公没有正形，见到漂亮的女孩就总是啰唆个没完。终于有一次，妻子忍不住了，她对老公抱怨道："你怎么这么没有责任心，明明知道自己结婚了，还对漂亮女孩那么恋恋不舍啊？"老公却幽默地回答说："你说的正好相反，因为我每次见到漂亮女孩的时候，最时刻谨记的就是我已经结婚这个事实。"

妻子听到老公的辩解后也没有再说什么，但是心里已经感到安慰了许多。

总之，在夫妻生活中，对待喜欢吃醋的一方，应该学会借用幽默的口才力量来避其锋芒，巧妙退步，将对方的醋意消解，维护双方的感情。

笑出婚姻，幽默赢得幸福

硕士美女李芊要结婚了，一向交友广泛的她，在身边众多男子中选择了王旭作为交换婚戒的对象。得知这个消息后，她的几个死党大感诧异，因为王旭既不是最帅，也不是最有钱的男友。

"为什么是他？"

李芊的嘴角向上扬起："简单，因为他最能让我笑。"

那些在女人面前很"吃得开"的男人，不管长相如何，都有一套逗人发笑的本领。只要一与这种人接近，就可以立即感受到一股快乐的气息，使人喜欢与他为友。一个整天板着面孔，不苟言笑的"老古板"，是绝对不会受到女孩子们欢迎的。不少情感心理学研究者认为，男人由于平时比女人话少，所以，男人的语言的分量就更被女人所注意。不少男人也正是利用幽默的手段来填补自己语言的匮乏，所以，他的魅力便永驻于人们对他的幽默的回味之中。

家庭之中夫妻争吵是一种普遍现象，不论是伟人还是普通人莫不如此，怨怒之中如果即兴来一两句幽默，往往会使形势急转而下。人们常说"夫妻没有隔夜的仇"，更多的时候都是这种豁达的幽默消除了隔阂。

男女朝夕相处，天天锅碗瓢盆，举案齐眉、相敬如宾反而是一种难以产生的现象，有人戏称之为"冷暴力"。小吵小闹有时反会拉近夫妻间的距离，同时也使内心的不满得以宣泄，如果再佐之以幽默、机智的调侃，无疑使夫妻双方得到一次心灵的调剂，保证了家庭生活的正常运行，请看下面这几对夫妻的幽默故事。

驾车外出途中，一对夫妻吵了一架，谁都不愿先开口说话。最后丈夫指着远处农庄中的一头驴说："你和它有亲属关系吗？"妻子答道："是的，夫妻关系。"

妻子："每次我唱歌的时候，你为什么总要到阳台上去？"

丈夫："我是想让大家都知道，不是我在打你。"

在新婚之夜，新郎问道："亲爱的，告诉我，在我之前，你有几个男朋友？"

沉默。"生气了？"新郎想，过了片刻又问，"你还在生气？""没有，我还正在数呢！"

结婚多年，丈夫却时时需要提醒才能记起某些特殊的日子。在结婚35周年纪念日的早上，坐在桌前吃早餐的妻子暗示："亲爱的，你意识到我们每天坐的这

婚姻经营，互相"幽对方一默"

婚姻是两个人的事，无论双方对生活的看法如何不同，美好的婚姻还是需要夫妻双方用心经营，幽默则自然而然地成为经营婚姻的得力助手。

我们喜欢的东西一点也不一样，完全没有共同爱好。

你爱你自己，我也爱你，这也算是共同爱好吧！

夫妻两个人在结合之前都各自保有自己的习惯和特点，然而婚姻却要让截然不同的两个人生活在同一个屋檐下，夫与妻需要各司其职，互相理解和支持，彼此给予情趣的调节，互相"幽对方一默"。毕竟婚姻生活已经渐渐在熟悉中失去了恋爱的甜蜜。

夫妻并不能因为熟悉就忽略了日常生活中的情趣与快乐。尽管现实会让夫妻为一些生活琐事而吵闹，甚至会让他们中的许多人对婚姻失去了信心。但是，请不要苛求平静的幸福，在许多时候，幽默的言谈会使我们增强对婚姻和家庭的信心。

你怒了之后呢？

又没有烧水！你要再如此懒惰，我怒了！

我敢怒不敢言！

家庭像社会一样，也是人生的舞台。世界给人创造的条件和环境是一样的，然而你可能演悲剧，也可能演喜剧。无论如何你不应当板着脸做严肃状，而应当露出幽默的面孔，用玩笑的方式化解复杂的纠葛，开辟家庭娱乐的自由氛围，使人人都喜欢自己，愿意亲近自己。

两把椅子已经用了35年了吗？"丈夫放下报纸盯着妻子说："哦，你想换一把椅子吗？"

亨利的妻子临睡前絮絮叨叨的谈话令他十分不快。一天夜里，妻子又絮叨了一阵后，吻别亨利说："家里的门窗都关上了吗？"亨利回答："亲爱的，除了你的话匣子外，该关的都关了。"

以上五则故事中的夫妻幽默均恰到好处地表达了自己怨而不怒的情绪。有丈夫对妻子缺点的抗议，也有妻子对丈夫多疑的抗议，但其幽默的答辩均不至于使对方恼羞成怒，妻子用夫妻关系回敬丈夫也是一头驴，用数不完的情人来指责新郎的无端猜忌，丈夫用巧言指出妻子的絮叨，这幽默的话语听上去自然天成，又诙谐动听。这些矛盾同样有可能发生在我们每一个家庭之中，有时却往往因为两三句出言不逊的气话而使矛盾激化。许多夫妻都有过类似的经历，无谓的争吵随时都会发生，一旦发生又会因愤怒很快失去理智，直至闹得不可开交，甚至拳脚相加。生活中，我们常看到这种情景，在公共场合彬彬有礼的谦谦男子或女士，在家人面前同样也会为一些小事而大动肝火，有时即使是恩爱夫妻也不可避免，双方似乎都失去了理智，哪壶不开偏提哪壶，专揭对方的痛处、短处解气，唇枪舌剑，互不相让；及至冷静下来，才发觉争吵的内容竟是那样愚蠢、无聊。殊不知忍一时风平浪静，退一步海阔天空，多用幽默少动气不是一样也可占尽心理上的优势吗？作为一家之主的男人应该以幽默博大的胸怀包容妻子的一切不满，这是上帝在亚当夏娃时代便定下的规矩。

总的来说，在两个人的世界里，幽默可以发挥令人意想不到的效果，它可以增进恋人之间的感情，调节气氛，制造亲切感，它还可以消除疲劳和紧张感，使两个人都能够轻松、快乐地面对生活。

下面是判断一件事是否真正有趣的几个原则：

（1）如果你确定它不是一件令他（她）敏感的事；

（2）如果你不是在取笑他（她）的弱点；

（3）如果不至于令他（她）感到痛苦；

（4）如果你不是在泄露一件他（她）告诉你的秘密；

（5）如果不至于侮辱他（她）。

幽默贤妻，让婚姻长久温馨

萝丝在下班回家路上遇到一个许久未见的闺蜜，二人相谈甚欢。她临时决定与闺蜜一同去吃饭，想好好与她聊聊。结果直到午夜，方才心满意足地回家。进了家门她才发现，老公准备了满满一桌的丰盛饭菜，等着她一同庆祝二人的结婚纪念日。

这样一个重要的日子还回来得那么晚，老公自然怒不可遏。一番唇枪舌剑，吵得不可开交。谁都认为自己有充分的理由，一时之间闹成了僵局。

萝丝突然感到，这样只会让夫妻关系变得恶化，而对已经发生了的事情来说毫无益处。于是她率先做出了让步，小声道歉："对不起，是我错了，因为我觉得我跟你相处的每一天都是快乐的节日，以至于把今天给忽略了。"

听到刚才还像头河东狮的妻子说出了这种话，老公愣了一下，满腔怒火顿时烟消云散，一把将萝丝揽进怀里："亲爱的，我做的也不对，不该冲你发火。这不过是一时的情绪而已，并没什么大不了。"

一场剑拔弩张的家庭战争，就这样完美地化作了云烟。

在这件事上，萝丝不一定就认为自己做错了。但是她很快便认识到，夫妻间日常的拌嘴没有谁对谁错，就像是一场辩论，公说公有理，婆说婆有理，谁也没有办

心怀意见，用幽默委婉表达

生活中，我们对亲人会有各种各样的看法，有时候是好的看法，有时候则是不好的。当我们对亲人有不好的看法时，如果直言不讳，言辞激烈，则难免伤害对方。如果能将话语制成"糖衣炮弹"，对有缺点的一方进行善意的揶揄和有节制的讽劝，以幽默的方式送给对方，那么就既达到了批评对方的目的，又增加了趣味的成分，即使对方心甘情愿地改正错误，也不会伤害感情。

我生了女孩，你妈妈说什么了吗？

没有，她还夸你呢。夸你有福气，将来用不着担心看儿媳妇的脸色行事了。

日常生活中许多生活琐事往往会引发大的干戈，其原因之一是双方的话语中都缺少一种幽默的成分。如果在批评亲人的过错时能采用幽默的方式，那么你的批评就已经成功一半了。

幽默是一种灵活的表达方式，它可以明确而又温和地表达出我们对亲人的看法。让亲人平和地了解到我们的想法，重新审视他们自身，改正他们的错误，弥补他们的不足。

法说服对方。只有一方先找个巧妙的台阶，在口头上做出让步，才能在不伤害感情的情况下化干戈为玉帛，才能让夫妻关系变得更加和美。

一个聪明的妻子，懂得如何解决夫妻间的矛盾，懂得如何珍惜这前世的缘分。她明白，在夫妻之间争一口气并不会获得什么利益，女强人的形象应该表现在工作中而不是在家庭里。一个小小的幽默，对于老公来说，要远比连篇累牍的大道理具有力量。女性的温柔是一块糖，每个男人都喜欢，但总是给老公吃糖，也会让他患上糖尿病。而幽默则是一味调料，它能在家里调出别样的温馨，赋予家庭生活以与众不同的滋味。

《诗经·郑风·囊裳》中，一位女子轻轻吟唱："子不我思，岂无他人。"这就是古代女子含蓄的幽默：你不想着我，还有别人惦记着我呢。潜台词就是：你要是再不赶紧回来，我可就跟别人走了。多少亲切熟悉的牢骚和嗔怒蕴含其中。而今天，有多少性情中的女性发过如此的牢骚和詈骂，对不守时、甚至有些变心的男士发出这样的警告？可惜，现在的我们往往只是把潜台词说了出去，效果自然差了很远。不回家的男人还是"三过家门而不入"。如果换成这句含蓄而又不失幽默的话，女子的丈夫听到之后，恐怕会扔下一切，快马加鞭地往她的身边飞奔吧。

因此，一个聪明的女性会使用幽默的方式，将丈夫的心拴在自己的身上。

为什么我们总说幽默的妻子会受到命运女神的格外青睐？因为幽默的妻子是睿智、快乐、知足的，她们拥有一颗博大的包容心。拥有这样的性格，那么她身边的人无论如何也不愿意放弃这份幸福，与她厮守一生也不再是神话。

理性互补，幽默婚姻才和谐

现实生活中，不少人把分手和离婚的理由归结为"性格不合"。其实所谓的"性格不合"完全可以巧妙地转化为配合默契的"互补式爱情（婚姻）"。正如人们常说的"该相似的地方相似，该互补的地方互补"。

通常，互补可分为两种情况，一种是交往中的一方能满足另一方的某种需要，或者弥补某种短处，那么前者就会对后者产生吸引力。比如，依赖性强的人愿意和独立的人在一起生活等。另一种是因为别人的某一特点满足了你的理想，而增加了你对他/她的喜欢程度。比如，一个看重学历的人，自己又没有拿高学历的机会，往往希望对方能拿到高学历等。

英国著名作家梅瑞狄斯曾经说过："虽然接吻是不能永久持续下去的，可饭却是要天天吃的。"进入夫妻生活以后，油盐酱醋的细琐已经取代花前月下的浪漫，实现性格上的磨合需要幽默的加入。

丈夫下班回到家后，发现妻子还没有回家，但是这个时候的他已经很饿了。当妻子进门的时候，还没有喝口水休息一下，丈夫就急切地催促说："快点做饭啊，我的肚子都已经扁了好几个轮回了。"

妻子："好的啊，你来帮我一起做吧，这样还能早点吃饭。"

丈夫沉下脸来说："我已经饿得连走路的力气都没有了，如果再不做饭，我可要去饭馆吃了。"

妻子："好吧，等我10分钟。"

丈夫以为妻子已经向自己妥协了，正要高兴呢，妻子突然说："10分钟的时间容我打扮打扮，下馆子去吧。"

丈夫无奈，只好帮助下厨。但是在下厨的过程中，夫妻俩依旧有说有笑，他们在锅碗瓢盆的平实中，感受到了快乐的情趣。

正是因为妻子的幽默，让丈夫的"不情愿"发生了转变。幽默能够让夫妻一方扭转形势的乾坤，能够给对方一个不得不去转变的理由。

妻子在很想出去购物买衣服的时候，向丈夫暗示说："今年春天，不知又流行些什么时装，好想再出去逛逛。"

丈夫幽默地回答说："还不是和往常一样，只有两种衣服，一种是你不满意的，另一种是我买不起的。"

妻子听到丈夫这么说，笑容满面了起来，原来改变一个人的看法，只需要幽默的提示就可以更加轻松地让对方认同自己的观点。

琐碎幽默，让夫妻生活幸福

对于一个家庭、一对夫妻来说，生活已经充满了琐碎，我们所要做的是不要被这些琐碎的事情困扰，是要懂得给平淡生活放点幽默的调味料，既可以抚平烦琐的家务事带来的烦恼，还可以平添一些意想不到的情趣，而这样的生活，是不是更加有韵味？

我觉得做男人真好，我要是个男人就好了。这个手镯真是特别好看。我要是男人，一定会买下来送给自己的老婆，她带上一定会非常好看，一定很适合她。

平凡的生活可以有不平凡的人生，琐碎的家事可以有不琐碎的快乐，普通的夫妻也可以有不普通的幸福，幽默可以让普通的生活更幸福。

因为我们每个人都与生俱来地有一些缺点，所以为了弥补自己的不足，我们在寻求生活伴侣的时候，往往注意寻找能弥补自己缺点的人，从而实现所谓的"强强联合"。

幽默则是达到这种夫妻性格互补的重要因素。幽默可以帮助夫妻化解双方不相符的性格冲突，让两个人在互相欣赏中体会婚姻的幸福与家庭的温馨。

面对讥讽，用幽默进行反击

爱人之间经常会在不经意间互相调侃，调侃本来是一件很有意思的事情，却又经常被人们将有趣的问题扩大化，因为调侃不当会引起不必要的冷嘲热讽。那么，面对爱人的冷嘲热讽，我们该如何应对呢？

李德现在是某市的市长，有一次和妻子卓丹去一个建筑工地视察。这时迎面向他们走来一个建筑工人，就对着卓丹打招呼："这不是老同学卓丹吗？我是张达，你还认识我吗？高中时，我们还常常约会呢。"

离开建筑工地后，李德就嘲弄卓丹道："如果你当时嫁给了张达，现在你还是个建筑工人的妻子。"卓丹听他这么一说，知道这是有意刺激自己，也不甘示弱地反驳他："应该庆幸的人是你，要不然现在这个市的市长就不会是你了。"

家庭生活里有很多这样的斗嘴和相互"嘲讽"的现象，如果你要刺激你的爱人，那可要注意分寸了，因为刺激一旦过火，他（她）也会适时对你的进攻发起"反击"。这个时候，如果用幽默的方式进行调侃，火药味就会变得不再浓重。

男孩和女孩逛街，累了就坐在广场的椅子上休息。这时，女孩看到有一个很漂亮的女孩坐在对面的长椅上，东张西望。

女孩就对男孩叫道："快看，那个漂亮女孩正在看着你呢。"

男孩没有理会她，继续闭目养神。

"难道你真的不想看看吗？"女孩对男孩的表现充满了疑惑。

"她要是真那么漂亮，首先你就不会让我看的啊。"男孩若无其事地回答。

男孩并没有用直接的方式回敬女孩的嘲讽，而只是幽默作答。这样一来，既批评了女孩爱吃醋的心态，又表达了自己对她的浓浓爱意。在幽默的存在下，他人的嘲讽已经变得非常渺小。

在生活中，夫妻双方只有学会用幽默回击对方的讽刺，才可以在磕磕绊绊的生活中相互扶持，走完一生。

有一位小气的妻子总是把家里的财物管得很严，丈夫会觉得很不方便，一直想要声讨，却没有等到合适的机会。

这天，丈夫回家时，装作气喘如牛的样子，却又得意扬扬地对妻子说：

"我一路跟在公共汽车后面跑回来，"他喘着气说，"这一来我省了一元钱，没办法，身上钱不多只能省着过呢。"

没想到妻子笑着说："你何不跟在计程车后面跑，可以省下5元钱。"

在这个幽默故事中，丈夫所说的明显是假的，他要表达的是妻子对他的钱管得太紧了，他不得不省钱跑回家。面对丈夫有意的讥讽，妻子表示理解，在莞尔一笑的同时，以幽默的话回避了丈夫的讽刺。

有错改错，用幽默表达歉意

夫妻之间经常会犯错，俗话说人非圣贤孰能无过，犯错是正常的事，关键是犯了错误要如何去承认、如何表达自己的歉意。如果直接说对不起，不免让人觉得不够诚意，同时还会放不下面子，显得尴尬。这个时候不如试着用一个适当的幽默去表达自己的歉意。

家庭生活中，如果犯了错误，学会用幽默表达自己的歉意，这不仅可以调节家庭的气氛，还可给家人带来更多的欢声笑语，增进彼此的感情。幽默是家庭矛盾的"净化剂"，是家庭生活的"润滑剂"，是感情寒冷期的一件棉袄。

第十七章

生活幽默——调剂生活，柴米油盐有幽默

用幽默调料调出趣味生活

明朝冯梦龙在《古今谭概》中，记了这样一个笑话：

一位内阁大学士的儿子在科举考试中屡次失败，但他儿子的儿子却在一次考试中考上了。

为此，内阁大学士经常骂他儿子不成才。可他的儿子不认账，他强辩道：

"我的老子当了大官，你的老子却没有当大官，可见你的老子不如我的老子。我的儿子中了进士，你的儿子没有中，可见你的儿子不如我的儿子。既然你的老子不如我的老子，你的儿子又不如我的儿子，那就是说，你不如我，你凭什么说我不肖、不成才呢？"

看来这位内阁大学士的儿子虽不成才，却善幽默，理虽歪而言颇巧，所以把他的老子也逗得发笑，不再责备这个不成才的宝贝儿子了。

幽默是生活中的阳光，有光芒的地方就不会出现沉重的阴霾。幽默的生活态度能够让生活与沮丧隔绝，幽默的沟通让你的人生不再寂寞，让你在言语的欢快中充满了淡定的智慧。

国外一著名主持人主持过一场晚会，这场晚会并没有其他项目，只是主持人和协助他主持晚会的几个文艺界著名人士在台上进行幽默机智的问答，而台下的观众始终兴致盎然，笑声、喝彩声不断，气氛十分热烈。下面是主持人与著名影星雷利的一段对答。

鬓发斑白的影坛老将雷利拄着拐杖步履蹒跚地走上台来，很艰难地在台上就座。看到这样一个老人，让人很自然地为他的身体担心。所以主持人开口问道："你还经常去看医生？"

"是的，常去看。"

"为什么？"

"因为病人必须常去看医生，这样医生才能活下去。"

此时台下爆发出热烈的掌声，人们为老人的乐观精神和机智语言喝彩。

主持人接着问："你常去药店买药吗？"

"是的，常去。这是因为药店老板也得活下去。"台下又一阵掌声。

"你常吃药吗？"

"不。我常把药扔掉，因为我也要活下去。"

幽默让你实话巧说，坏话好说

在生活中，人与人之间的交流是避免不了的，同时说话的双方彼此都希望对方能对自己实话实说。但有时实话实说往往会令人尴尬、伤人自尊，因此，实话是要说的，却应该巧说。那么该如何才能巧妙地去表达呢？

你对我向你引荐的那个人也未免太严厉了，嫌他长得不好，"长相"是父母给的，也怨不得他呀！

不，一个人超过40岁就应该对他脸上那副"长相"负责了。

实话巧说，注重沟通的幽默性，幽默是趣味生活的添加剂，因为生活中无处不存在着幽默，关键在于如何去发掘，并且会用幽默的语言来解释它，如果能够做到，那么你的生活就会越加充满趣味。

我对服务员说，我一只手要香草味的，另一只手要奶油味的，等拿到冰淇淋后，再告诉她到我的口袋里拿钱，并让她不要碰到口袋里的小蛇。

儿子，不会是你自己偷来的吧？跟妈妈说实话，冰淇淋到底是哪里来的？

在现实生活中，学会实话要巧说、坏话要好好说的幽默心态，会让你享受更多生活的美丽与恩赐。

穆哈米转而问另一个问题："嫂子最近好吗？"

"啊，还是那一个，没换。"台下大笑。

主持人与演员的对答几乎句句带"彩"，在这样热烈活泼的气氛中，观众是不会疲倦的。最难得是，这位老人没有一句抱怨唠叨的话，这种年轻的心态、乐观的精神令人羡慕、赞叹和感动。试想，如果是一个面容憔悴、表情沮丧的雷利出现在台上，向大伙大谈他近期服用的药的名称、效果，周身哪个骨节酸痛，那将会是多么失败的沟通。

拉布曾经这样感慨过："幽默是生活波涛中的救生圈。"幽默的口才具有惠己悦人的神奇功效，在任何场合，拥有幽默口才的人总会赢得他人的好感，获得众多的支持和理解，总会给生活带来更多的温暖与笑声。

幽默使语言"升温"，赢得人心

语言是"伴随着温度"的东西，而幽默沟通术则是使语言"升温"，赢得人心的绝佳方式。我们的说话幽默、生动、言之有物、令人感动时，就会使人感到"兴奋、快乐或悸动"，我们体内的温度也会随之上升；相反，我们的言语索然无味、毫无生趣，甚至令人厌恶，则听者体内的温度也会随之降低，觉得心冷。

无论我们从事什么性质的工作，无论我们处于何种社会地位，我们都要与人交往，而幽默既能帮助我们与他人进行沟通和交往，还能帮助我们处理一些问题——特别是人际关系问题——并使我们顺利地渡过困难的处境，帮助我们在社会交往中与人建立和谐的关系。

一个男人端坐在理发店的摇椅上，对理发师说："你把我的右边留长一些，左边留短一些，脑门上边剪秃了，接着再留一绺长发，让它可以一直伸到我下巴。""很抱歉，先生。"理发师为难地说，"这我可做不到啊！""做不到？"男人生气地说，"上一次你为什么把我的头发剪成那个模样？"

这位男士够客气、含蓄了，上次理得不满意，今天用幽默算账。理发师如果还算机灵，自然会殷勤周到一些。

在日常生活中，女人往往会因自己受到陌生男士的干扰产生烦恼。假如你是一个有修养的女子，面对这种窘境，哪怕是批评，也要采取幽默的方式，既消除了矛盾，又不伤害感情，还给生活增添了一份情趣。

一个小青年每天夜里在琳娜对面单元的窗口用望远镜看她，这让她非常生气。一天早晨，她打电话给小伙子。"你好！我是你对面楼里的姑娘，你知不知道，昨天夜里我把长筒袜脱在什么地方了？"

在这种对话中，人们会心照不宣，就是因为语言表述含义的不一样，从字面上来看，你是在指白说黑，从深层意思上说你表达了另外一层深意，这层深意尽管没

开小玩笑让友情更加坚固

朋友们在一起相处,不一定就要严阵以待,除了在一起玩乐或是唠唠叨叨地诉说衷肠,也要不时地来点小刺激,试着开点玩笑,或许这更能够增进你们之间的了解与感情。

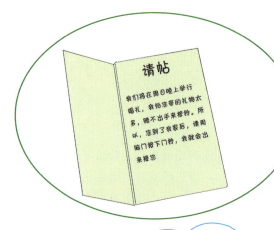

请帖

我们将在周日晚上举行婚礼,我怕您带的礼物太多,赠不出手来掂秤。所以,您到了我家后,请用肘门按下门铃,我就会出来接您

换一种表达方式,便能在平淡的生活中增加几分俏皮色彩。这一小小的玩笑将这份欢乐更增添了几分。

我的第一本书出版了,你看了吗?我不是吹牛,这可是一本很好的书,里面有很多新的和正确的见解。

看过了!对这本书,我和你有同感。遗憾的是,我感觉,书中新的观点都不太正确,而正确的基本上都不新。

朋友之间,没有太多的讲究和计较,坦诚相待,用心交往,所以大可不必谨慎拘束,大大方方,反而会让双方之间更为透明,更好相处。

没有真挚友谊的人,是真正孤独的人。与朋友的相处是最快乐的事情,朋友之间,要以诚相待,这样相处起来可以随意一点,或嬉笑怒骂,或肝胆相照,这都会有助于朋友之间感情的加深。

有明言，不过却已经让对方了然于心了，而其了解的程度比明白说出来还要深，更能表现出你的风趣与诙谐。

幽默作为生活的点缀分布在世界的各个角落，幽默是一种高尚的文明语言，是一种可以不伤害他人，为他人带去欢悦的恩赐。有幽默语言的地方，就有超高人气的追捧。幽默的口才帮助你营造更加和谐的生活氛围。

幽默生活是种优质的圆满

生活就是一个喜欢模仿的孩子，你对着它笑它就对你笑，你对它哭它就回报给你无限的悲伤。生活的本质应该是和谐的，只是有些人扭曲了对生活的追求，让生活的平静偶尔偏离了预定的轨道。

同时拥有高效率与和谐生活的人不多，如果有，你可能会发现：他就是一个幽默着沟通、幽默着生存的伙伴。

有一只老鼠被猫追，追到了洞里。"幸亏我跑得快！"老鼠惊魂甫定，潜伏在洞中不敢再探头，它在洞里等了许久许久，已经听不到猫的叫声了，这时耳畔忽然传来了几声狗叫声，老鼠呼了一口气，心想，狗哥来了，那猫肯定走了。就放心地探出身来，哪知才出洞口就被那猫一张嘴紧紧咬住。

老鼠惊呼："我刚才明明听到的是狗叫，怎么又变成了猫呢？"那猫咯咯地笑道："小兄弟，身为一只现代猫，不会两种语言哪能混呀！"

身为现代人，不会两种语言也"甭想混了"。哪两种语言呢？就是"幽默的语言"和"智慧的语言"。它们能帮你赢得效率与成功，猫儿都清楚，你难道还不明白吗？

生活中只要多多运用幽默、智慧的语言，就能让我们的身心减压、人际顺畅，人生到处充满了喜悦与新鲜。

幽默是可以培养的，快乐是可以传染的，和谐是在互动中产生的。当你每天笑得很开心的时候，身旁的人也会笑得发光发亮，营造出一派祥和、温馨的气氛；如果你整天紧绷着脸，身旁的人就会统统成为"统一面"了——统一成一个个苦兮兮的面孔。

记住，快乐的性灵千万不要被压抑了，我们要用智慧的心找到情绪的出口处，用幽默与笑来缓解压力，用幽默与笑来运动五脏六腑，这样就会成为一个健康又快乐的人，同时，又用这种阳光般的气息烘暖他人，来创造一个其乐融融的世界。其乐融融的生活即使没有特别丰厚的物质财富，也是令人艳羡的优质生活。

幽默群落优质生活的获得离不开幽默、乐观的心态以及出色的沟通水平。一个好的沟通者，生活必定较为圆满，且冲突频率较低，或是易于化解，因此，其工作的情绪也较为平和，有助于在工作中与他人达成良好的沟通，而工作上沟通互动的

怎样培养幽默感

首先要领会幽默的真正含义。

幽默不是油腔滑调，也非嘲笑或讽刺。正如有位名人所言：浮躁难以幽默，装腔作势难以幽默，钻牛角尖难以幽默，捉襟见肘难以幽默，迟钝笨拙难以幽默，只有从容、平等待人、超脱、游刃有余、聪明透彻，才能幽默。

不是妈妈年轻，是我们两个长得太老了。

你妈妈怎么这么年轻呀！

扩大知识面。

幽默是一种智慧的表现，它必须建立在丰富的知识基础上。一个人只有具有审时度势的能力、广博的知识，才能做到谈资丰富，妙言成趣，从而做出恰当的比喻。

一位朋友称我聪明透顶，我含笑地回答："你小看我了，我早就聪明绝顶了。"我今天演讲的题目是"外表美是心灵美的反映"。

陶冶情操。

幽默是一种宽容精神的体现，要使自己学会幽默，就要学会宽容大度，克服斤斤计较，同时还要乐观。乐观与幽默是亲密的朋友，多一份乐观与幽默，那么就没有克服不了的困难。

亲爱的，请问乌龟能活多少年？

你的体质越来越差了，生命在于运动，野猪能活50年，而家猪只有5年寿命！你不要一天到晚像乌龟一样缩着不动！

培养敏锐的洞察力。

提高观察事物的能力，培养机智、敏捷的能力，是提高幽默的一个重要方面。只有迅速地捕捉事物的本质，以诙谐的语言做出恰当的比喻，才能使人们产生轻松的感觉。

成就，也对私人生活有很大帮助。

假想一下：如果是和擅长沟通、幽默可爱的伙伴工作或生活，会是什么样的情形：

——如果他们是工作伙伴，他们的工作环境中必然流动着春风般的气息；

——如果他们是好友，其亲密无间、友谊长存必然惹人羡慕不已；

——如果他们是长辈与晚辈，融融的天伦之乐会教会许多人如何跨越代沟；

——如果他们是夫妻，相互间的爱惜与尊重、情趣与和谐会让人们怀疑围城定律的真谛。……

他们是幽默群落，他们有着目前人间最优质的生活。

生活需用幽默感重新体验

生活，虽然只有简短的两个字，但却蕴含了极为深刻的道理。有的人说，生活就是一个麻烦接着另一个麻烦，人们活着就是为了解决接踵而至的烦恼；有的人说，生活就是一个万花筒，你不停地转，会看到各种不同的缤纷多彩的花花世界。无论是哪一种说法，都有其道理，但无论是为解决麻烦，还是为享受世界的缤纷，对待生活都应该有一个共同点，就是生活要有趣味。没有任何生机与趣味的生活就仿佛将自己置于看不到光明的黑暗中一样，只会感到无助而痛苦。

生活需要趣味，需要幽默的姿态，就应该学会一分为二地看待生活，对待一件事情，你从这个角度看，它是件坏事，换个角度看，就可能成了好事。说话的时候，我们从一定角度，把"坏"事幽默说成好事，听者必定会感到高兴，说不定还会改变一些人旧有的思维呢。

清朝时候，有一个官员家里过年贴福字，因为要贴的地方很多，就叫上所有府里的人一块儿干，官员在旁边边看边捋着胡子点头微笑。突然，官员脸上的笑容没有了，气得直喘粗气——他看到一个老妈子把大红的"福"字倒着贴到了墙上。原来这位老妈子不识字，她把反字当成正字了。

官员喝令老妈子过来，把她臭骂了一顿，府里上上下下也都聚集过来了。新年就出这样不吉利的事情，官员决定要处罚老妈子。这时管家灵机一动，赶快上来作揖道："恭喜老爷，贺喜老爷！这福字贴反了，正好是'福到'啊，这就是大吉大利啊。"

官员听了哈哈大笑，下令今后的福字全都倒着贴。这样一传十十传百，成了倒贴福字的习俗。

原本很尴尬的大洋相，经管家这么一说，反而成了大吉大利，改变了人们多少年来正贴福字的习俗。有时候，打破思维，对一件本来不好的事情进行趣味解说，反而会引起人们的好感，甚至还会引领一种潮流。用全新的角度解释生活，用乐观

委婉言辞化解生活的尴尬

孟子曾经说过："爱人者，人恒爱之；敬人者，人恒敬之。"幽默交流的过程就是情感相互传递的过程，如果你能够在与人相处中给人以友善的态度，那么换来的将是他人对你的尊重和理解。

哈哈，您是说我不应该这样系餐巾吗？好吧，我把它拿下来。

先生，你是刮胡子呢，还是理发？

在日常生活中，人们往往会遇到不便直言之事，这个时候最好能用隐约闪烁之词来暗示。给别人一个善意的幽默提示，让别人在情面上下得了台，也是在向他人传递自己的乐观。

叔叔，爸爸昨晚又和妈妈吵架了。

云云，你爸爸和你妈妈不是在吵架，他们昨晚是在做"老鹰捉小鸡"的游戏呢？你看，是不是这样，嘎，嘎，嘎……

日常生活中，说到对方的缺点错误时，人们也倾向于用含蓄的办法，目的是为了尊重别人，避免刺激大家，以期收到更好的效果。

委婉含蓄的话受青睐，主要因为它能两全其美。当然，使用委婉话语，必须注意避免晦涩难懂的话。社交谈话的目的是要让人听懂，如一味追求奇巧，会使他人摸不着头脑，甚至造成误会，必然影响表达效果。要做到语言含蓄，须善于洞悉谈话的情景和宗旨，还要练就随机应变的本领。

的态度诠释人生，你的命运或许就在此刻转机。

有位举人进京赶考，考试前两天他做了三个梦：第一个梦是梦到自己在墙上种白菜；第二个梦是下雨天，他戴了斗笠还打伞；第三个梦是跟心爱的表妹躺在一起，但是背靠着背。

举人第二天赶紧去找算命的解梦。算命的一听，连拍大腿说："你还是回家吧。你想想，高墙上种菜不是白费劲吗？戴斗笠打雨伞不是多此一举吗？跟表妹都躺在一张床上，却背靠背，不是没戏吗？"

举人一听，心灰意冷，回店收拾包袱跟店老板说不考了。店老板很奇怪，就问为什么。听了秀才说的原因后，店老板乐了："我倒觉得，你这次一定要留下来。你想想，墙上种菜不是高种（中）吗？戴斗笠打伞不是说明你这次有备无患吗？跟你表妹背靠背躺在床上，不是说明你翻身的时候就要到了吗？"

举人一听，更有道理，于是精神振奋参加考试，居然考中了。

吉利与否，全凭人的想象。这么想能让人愁眉苦脸，那么想就能让人满面灿烂。既然如此，就把后者说出来吧。

我们看文学作品，经常有"转怒为喜""转忧为喜"这样的表达，很多就是因为把"坏"事往好里说，让对方心情好了起来，可见这种说话方式的巨大魅力。

更为重要的是，把坏事往好里说，会增强自己的自信心，有了充足的自信心，生活中还有什么困难不能克服呢？所谓"山重水复疑无路，柳暗花明又一村"，给自己多一些积极、幽默的心理暗示，你或许就因此而梦想成真。

让幽默变成一种生活习惯

布袋和尚说："行也布袋，坐也布袋，放下布袋，何等自在。"懂得放下心中的包袱，人生才会轻松和自在。另外，还要多让"幽默"这种智慧的人生语言，成为我们日常生活中的一种习惯，习惯的形成有助于推动一个人思维深度与高度的双向发展，有利于促使一个人快乐地生活。

人的一生中，快乐都来不及，哪有时间烦忧？不要因为经济不景气，整天就对着别人"喷黑烟"。从现在起，不再唉声叹气，每天用快乐的语调、积极的态度，认真做一个幽默沟通高手，只要笑口常开，好运一定来！你将享受到的种种好处，恐怕都不曾预料到！

幽默是一种绝妙的沟通力，它可以使你的笑容和思考能力不断增加。

人是社会的人，处在错综复杂的社会关系网络中，具有很强的社会属性。人的生活中不仅有衣、食、住、行的物质需求，更有爱、慰、尊、乐的精神需求。没有交流和沟通的人生是苦闷的，没有爱情和友谊的人生是荒凉的，没有信任和尊敬的人生是可悲的。

　　善于幽默沟通的人，能够恰当地把自己的想法说给别人，有利于排解心中的迷惑和苦闷；在谈情说爱方面也得心应手，容易找到属于自己的爱情；在化解夫妻矛盾、促进家庭和睦方面游刃有余，容易得到家庭生活的幸福；在各种各样的社交场合，能够落落大方、侃侃而谈，容易得到人们的信任和尊敬，可以在更大的范围内结交更多的朋友。所以，善于利用幽默进行沟通会使你的生活充满欢乐。

　　国外有专家研究指出，一个人经常生气、烦恼、忧郁，会让体内的血液转成酸性，进而容易导致疾病的侵入，而开心多笑则让体内的血液呈现正常的碱性，可以防止疾病的入侵。这么说来，笑还是最佳的"人生维生素"呢！

　　百善"笑"为先，有什么比笑、开心、快乐对我们的身心更有帮助的呢？而且，笑还是幽默沟通的最佳手段。

　　有一次，春娇（妻子）煮了志明（丈夫）最爱吃的猪肝汤，志明下班回家后一看，顿觉食欲大增，就兴冲冲地吃了起来。哪知一咬下去才知道猪肝煮得硬邦邦的，实在咬不下去，心想，提建议也要有艺术，最佳的沟通在幽默风趣。于是笑着对春娇说："宝贝啊，你煮的这碗猪肝汤是蛮好喝的，不过，这只猪好像有点肝硬

■ 面对纠缠时用幽默"挡驾"

　　生活中有幽默，生活才更有味道。王蒙说："幽默是一种酸、甜、苦、咸、辣混合的味道，它的味道似乎没有痛苦和狂欢强烈，但应该比痛苦和狂欢还耐嚼。"

别过来啊！谁要是过来，我就跳下去！

我不是来抓你的，医生要我来问问你，你死后，愿不愿意把尸体捐献给医院？

　　幽默是一个人涵养的重大表现，同时也是对付那些胡搅蛮缠者最好的武器。幽默是生活中的必备调味品，如果没有幽默就仿佛我们在做菜中忘记了加盐一样淡然无味。更重要的是，有幽默存在的地方，可以缓解更多的矛盾与纠结，就可以拥有更多的和平。

化哟！"

幽默风趣，祥和情绪，平安又如意。日常生活里，切记要多多善用幽默这颗快乐笑料随时愉悦别人，也笑笑自己。虽然会在自己脸上多了几条纹路，但那也是开心的笑纹，会让别人羡慕的。

另外，由于沟通是一个非常复杂的思维活动过程，而圆融幽默的境界更高一筹，常常练习，必然会大大促进你对事情的思考分析能力。

良好的沟通需要非凡的智力做后盾，需要观察、记忆，还要预测、分析，然后才能敏捷地应变。如果最终真的建立起了幽默心态、幽默沟通的习惯，你会发现自己比以前头脑更好用，更聪明。

生活幽默需要知识的滋养

生活中一些简单的逗笑，日常朋友间说的俏皮话，这些都不是真正的幽默。幽默是渊博的知识与现实环境互相碰撞而产生的火花，是在没有计划的情况下的妙语连珠。没有强大的内心知识储备就不会有真正的幽默，幽默不会空穴来风，丰富的知识是幽默的根基。

通过学习知识，我们可以提高自己的修养，知识还是一种必要的肥料，有了它，就可以培育出"幽默之花"。"知识就是力量"，在知识的滋养下，幽默之花才会绽放得更加绚丽，生活中的幽默才不会"金玉其表，败絮其中"，幽默才能更有创意，更具趣味。

幽默常常让你开怀一笑，但是这并非幽默的主要功能。幽默不但让你赏心悦目，更会让你受到启发，透彻心扉，甚至会有醍醐灌顶的感受。把幽默和笑话区分开来，让人在笑的同时开启人的心智。

有这样一个例子，是一位讲述别国文化的教授在讲座上说的：

有三个人，分别是英国人、法国人和俄罗斯人，他们在欣赏同样的一幅画，画的是亚当和夏娃在伊甸园中嬉戏的情景。

英国人谨慎地说："看看他们多含蓄，多平静，他们一定是英国人。"

"怎么可能？"法国人不赞同，"他们那么美丽，又那么浪漫，毫无疑问是法国人。"

"你们说的都不对。"俄罗斯人指出，"没有衣服穿，没有地方住，吃的只有一个苹果，还被说是在天堂，只有俄罗斯人才会如此。"

这个幽默故事的妙处在于，依靠自己广博的学识，从讲座的主题出发，利用简单而又形象的比较向听众展示了三个国家人的性格特征、思维方式和生活现状，丝毫没有枯燥文学的影子。特别是讲到俄罗斯人时，从一个侧面讲出了俄罗斯人曾经的处境，寓意了俄罗斯人曾受到沙皇专制和奴隶制度统治的历史事实：生活贫困，利用宗教信仰来桎梏人民的思想，麻痹人民的灵魂，使人们失去了反抗的意识，真是一针见血。

可见，真正的幽默是一门学问。对于知识渊博的人来说，幽默让生活妙趣横

于生活点滴中发现幽默点

智慧总是喜欢隐藏在生活的某些角落，幽默的智慧也是如此，或许在某些最不起眼的地方，你也能发现最美的幽默之花。我们要有一双发现美的眼睛，去搜寻那些无处不在的幽默睿智。而对于那些自己不想涉及、不想提起的事情用幽默就可以避开了。

请你谈谈有关天堂和地狱的话题。

请原谅，我不能谈论这些问题，因为无论是天堂还是地狱，都有一些我的亲朋好友在那儿。

昨天夜里，我听见你家房前发出很大声音，你们出了什么事？

没什么。我的妻子有点儿生气，把我的大衣给扔到窗外去了。而我……我当时恰好在大衣里呢！

生活中少不了误会或小摩擦。其实，错误的酿成并非是我们所愿，没有谁真的故意要和谁过不去，低个头认个错，幽默的借口经常能让大家一笑而过，扭转不利的局面，"化干戈为玉帛"，避免针尖对麦芒的交锋。

幽默源自生活，生活中无处不幽默。幽默的芬芳散发在生活的每个角落，只要你有灵敏的嗅觉，你就不难发现。当然，在琐事中寻找幽默就是要懂得"见缝插针"，让幽默成为一种生活态度和思维方式。如此，才能让幽默无处不在，滋润枯燥的生活。

生；相反，对于知识浅薄、孤陋寡闻的人来说，幽默不会成为他们灵感的源泉。

还有这样一个真实的故事，在嘉庆年间，嘉庆皇帝问刘墉："为什么国库年年进银子，可还是不够用呢？"刘墉答道："银子都进了河里去了。"

皇帝很是诧异，追问道："既然银子掉进了河里，那为何不打捞？"这时，刘墉才微微一笑："河深哪。"原来如此，一语"河深"使皇帝顿悟了，原来银子都进了和珅的腰包了。

在我们五千多年的历史长河中，众多文人墨客用自己的才华创造出了丰富多彩的文字游戏，给我们留下了流传千古的文字幽默，细细品味，各个妙语惊人。作为一个炎黄子孙的后代，我们应该懂得利用自己民族文化的特色，发现并传承我们中国人独有的幽默特质。古代的文人雅士在这方面是很好的典范，充分体现了东方人的智慧。

生活中那些出口成章的幽默达人总是很受欢迎，想要做到这点，不仅需要知识的深度，还需要知识的广度。我们不可能都成为上知天文下知地理的诸葛孔明，但无论什么都了解一点，是非常有好处的。

幽默在先，友好随后

谈判是我们在工作和生活中必不可少的一种洽谈，谈判需要一项高技能的幽默说话艺术，对每一个时机的把握，对每一个用词的力度都会是一次谈判决胜的关键。懂得运用幽默作为谈判基础的人，往往更能轻易取得谈判的成功。

在一家药店里，一位顾客气愤地对经理说："一星期前，我在这里买的润肤膏，我用了一点作用也没起，我要求退款。"

"为什么？"

"你说，它可以与脱发做斗争的，可是不顶用。"

"您再试试看。我是说过，这种润肤膏可用来与脱发做斗争，但并未说，它一定最终能取得胜利，但是我可以保证的是我们的产品都是真品。"

顾客不禁被经理的这句幽默的话逗得咯咯笑了起来，随后，经理同意为该顾客免费提供一瓶润肤膏，顾客心满意足地走了。

经理面对顾客的抱怨，并没有因此而气急败坏，他没有否认自己曾经对顾客许下的承诺，反而对自己的承诺进行了幽默的补充说明。幽默让顾客在笑声中忘记了抱怨，让顾客高高兴兴地接受了经理的最终处理方式。

在谈判中，语言的幽默可以让自己在谈判中轻易取胜，但是语言的丝毫不严谨之处都有可能造成失败，而抓住对方的关键字眼则可以大做文章。因此，对待大局的沉着冷静和关键时刻的幽默谈判技巧都会助你一臂之力。

在谈判的时候，谈判双方都想争取最大利益，这也正是谈判之所以产生的主要原因。但是如何为自己争取最大的利益呢？首先就应该创造出一种友好的气氛。试想一下，谈判双方在心情好的情况下和在情绪很糟糕的情况下，哪一种形式更利于谈判的进行呢？答案可想而知。幽默是谈判气氛的烘托，更是维护良好气氛的调节剂。

但是在友好谈判中，幽默却要有立场，而许多人却因为自己的立场不坚定，时机把握的不及时，对问题考虑的不周全等状况，而使自己的谈判陷入僵局。

随机套用，化怒为趣

随机套用法就是预先熟练地掌握一些与本人工作生活有关的说话范型，然后灵活地套用，最好能根据自己所处的环境特点即兴发挥。

随机套用法是先有了故事，然后再创造一个话头，使二者天衣无缝地结合。在

机智游戏，妙语引趣

机智游戏法主要是诉诸理性智慧和感官的情感结合，使人惊叹你的聪明才智，由于能产生许多特殊的意外，给人某种心理预期的失落，从而产生趣味性。机智游戏法就是利用智力游戏的原理和特点，不受理性局限，多加情感的虚幻和自由想象；不在于反应客观的理性之趣，而在于主观的情感自由之趣，从而产生意想不到的效果。

妙语引趣法，即注重人们由于天真而产生的语言效果，他们以坦诚待人，毫不掩盖地道出真相，使人感到轻松愉快。有的成年人也保持童贞之心，模仿孩子们进行幽默思维，同样会产生很强的幽默效果。

这里，最重要的是提高自己套用这些范型的能力和自由转换这些范型的能力，套用的唯一要求是天衣无缝。

我国古人就很懂得以套用故事说明自己的观点。

惠子做了梁惠王的宰相，庄子想去看看他。有人得到消息后，赶紧跑到惠子那里打小报告："庄子表面上来看你，实际上是想夺你的位子。"

庄子看出惠子有所猜疑，便不动声色，向惠子说了一则故事："南方有一种鸟叫鹓雏，这鸟从南海飞到北海，一路上非梧桐不栖，非竹实不吃，非甘泉不饮。有一天它飞过一只乌鸦的头上，那只乌鸦正在吃腐烂的老鼠。乌鸦唯恐鹓雏抢它的老鼠，便仰头'嘎'地大叫一声。"

庄子说到这儿，笑嘻嘻地问惠子："那么现在你也想'嘎'我一声吗？"

庄子不仅善于灵活套用，而且善于大加发挥，效果也是显而易见的。

可见，只有到了可以大加发挥，而且发挥到很幽默的程度，才能说你的幽默感已经有了提高，使你所掌握的幽默知识成为你生活的一部分，这样幽默也就渗透到你心中了。

化愤怒为趣味就是，在特殊情况下抓住时机把愤怒转化为幽默，使愤怒的情绪能够得到缓和，令人在怒火中烧之余笑出声来的。

有一次，一人与一书生外出赶考，住在一家客店。因忙于赶路，清晨两人就梳洗起来。可是店里只有一把梳子和一面镜子。书生嫌那人脏，便有意戏弄道："梳子你先用左边，我后用右边。"

那人一听很是生气，瞅了瞅镜子，遂道："那这面镜子你先用后面，我再用前面吧！"

书生听后无言以对，自愧不如。

在人际交往中，要使对方化怒为笑不是简单的事，并非只要你荒诞一下，对方的情绪就会轻易转变了，这还得有其他的条件配合才成。懂得幽默说话的人，往往能够在交谈中找到可以让自己反驳的"救命稻草"，让趣味融化他话中的怒气。

现实生活中，并不可能总是一帆风顺，逆境才是生活的常态，顺境是生活的变数，所以在遇到困难时，请放宽心态，懂得用幽默去撷取生活中点滴的幽默乐趣，乐观地看待，并解决生活中的问题，你将会在笑声中得到放松、实现成长。

"耍贫嘴"是种欢娱

前几年有一部叫作《贫嘴张大民的幸福生活》的电视剧，获得了很不错的收视率及市场反响。张大民那种妙语连珠、富有生活原汁原味的"贫嘴"，常常让观众忍俊不禁。什么是"耍贫嘴"？鲁迅先生解释道："耍贫嘴是北方方言，废话唠叨，油腔滑调的意思。"一群人聚在一起，把一些家长里短、鸡毛蒜皮的小事说得妙趣横生，这种现象在北方便称之为"耍贫嘴"。

其实"耍贫嘴"只是亲朋好友之间的一种玩笑方式，摆不上台面，登不了大雅之堂，但要是"耍"得不错，不仅能显示出几分机智和幽默，还能时时锻炼幽默口才。

两个人之间用耍贫嘴的方式进行对话，就如同相声一般，即使不能给旁听者带来笑破肚皮的效果，也能很好地娱乐自己，有益于我们身心健康，能在紧张工作之余，使我们轻松轻松，换换脑子，使自己的精力得到恢复，以便更有效率地进行下阶段的工作。而且耍贫嘴也没有太多的限制，无论幽默感强否，总归图一乐罢了。

某著名演员就是一个爱耍且会耍贫嘴的人，在银幕上，他总是以一个贫嘴的形象出现，在生活中，他也同样有着贫嘴的一面。

某天，他与朋友在饭店吃饭，中途去了一趟厕所，回来时，裤子湿了好大的一块。

朋友奇怪地问："你喝多啦？怎么还把裤子弄湿了？"

他故作无奈地回答道："别提了，自打我成名以后总这样。"

"为什么？"

"我老老实实地在那方便，可旁边总是有人突然转过来大叫：'嘿，这不是××吗！'"

要是这位演员较真地跟朋友解释事实真相，恐怕会越描越黑，干脆，耍个贫嘴，听了之后哈哈一笑，既产生了幽默的效果，也避免了更多的尴尬。

朋友之间偶尔进行一下这样的"耍贫嘴"游戏，不仅能够锻炼反应能力，还可以增加思维的活跃度，对于培养幽默的素质和形成良好的幽默感有很好的帮助。

A："我对吃饭有一些研究，这里面学问不小。"

B："哦？这里面都有些什么学问？"

A："吃饱了不饿。"

两个人就"吃饭的学问"进行探讨，最终的讨论结果竟然是"吃饱了不饿"这样一个三岁小孩都知道的浅显常识，反而显得幽默感十足。

在幽默的范畴里，"耍贫嘴"只是其中的一个低级的表现形式，粗犷、无所顾忌是"耍贫嘴"最大的特点。在生活中，"耍贫嘴"会占用我们不少的宝贵时间，但就如同诙谐滑稽、插科打诨一样，能推动我们幽默能力的进一步形成，给生活带来欢声笑语。值得注意的是，对于其中的低级趣味成分，还是尽量避免为好。

流行语为你添姿着色

"流行语"就是那些在一定时间、一定范围里高频率地运用于人们口头交际中的鲜活新潮的词句。它和着时代的脉搏，折射着生活的灵光，为人们的日常言谈增添着趣味的魅力与色彩。

流行语并不一定是一个国家或民族的共同语、规范语，它有较强的地域特征。

例如，在香港，人把谈恋爱称为"拍拖"；广东人逢人称"阿哥"；北京人谈吃喝用"撮"……有些流行语在传播中扩大了范围，如北京人把闲谈聊天叫"侃"，现在其他不少地方也用开了。不同的流行语都在不同的人群中流行，他们拥有较为相似的职业、年龄和文化水平。比如在商业界，"看好""看涨""看跌""滑

平时应该搜集、学习的幽默语

从电视电影里学。当代影视与人们的生活愈来愈贴近，不少精彩对白、主持人的即兴妙语、广告语的妙趣横生令人赞叹不绝，我们可以从中借鉴。

从流行歌曲中学。许多流行歌曲不但能唱出人们的真情、心声，而且唱词通俗，生活气息浓。如"不是我不小心""我的未来不是梦""你知道我在等你吗"等，结合讲话的场合、语境、心境，信手拈来，适时穿插，一定情趣斐然。

借助健康的富于生命力的"流行语"，你可以在搞好人际关系这方面更加如鱼得水，"流行语"是语言不可或缺的"调味剂"，是为生活增添趣味的色彩魔棒。

坡""走俏"等词语运用得很普遍；在演艺圈，"走红""领衔""性感"很流行。流行语多数是现有词句的一种比喻、替代、延伸，例如，知识分子把从商称为"下海"，把改行叫作"跳槽"，把撰写文章搞创作戏称为"爬格子"。

流行语具有较强、较浓的时代色彩，沉淀着一定时期内的政治色彩、文化特点与生活气息。比如，对别人称自己的妻子，旧时代是"内人""太太"，现代则有"爱人""那口子""另一半"等说法。说一个人样子好、气质佳，以前是"眉清目秀"，后来是"健壮有朝气"，现在是"潇洒风流""有魅力"等。

在日常谈话、交往活动中，恰到好处地使用流行语可以起到多方面的作用。

流行语可丰富、更新自己的谈话色调。一个人的谈话色调既包括话题、语调、声音的选择，也包含词句的筛选与锤炼。现实生活中有些人与别人交谈时老是一种腔调，老运用一些自己重复多遍、陈旧蹩脚的词句、口头禅，毫无新鲜明朗的气息，给人的感觉是迂腐而沉闷的，如鲁迅笔下的孔乙己，"之乎者也"不断，又像《编辑部的故事》中的牛大姐，官腔套话不离口。跟紧时代的步伐，注意吸收运用流行的词句，可以使自己的谈吐变得丰富多彩，永远保持谈话色调的生机、活力，使话语常讲常新。使用流行语可沟通联系他人，赢得别人的好感。愉快顺利的交谈活动，往往离不开时代语的使用。比如称呼别人，以前多是"师傅""同志""××长"，现在多用"女士""先生""小姐""老板"，这样更能增强谈话双方的亲近感、尊敬感，使交谈始终处于轻松自如的状态下，不至于因过于拘谨、正儿八经而影响沟通，引起别人反感。

使用时代语可增添生活情趣。生活是五彩斑斓的万花筒，人们常在一起聊天、谈笑，少不了时代语的点缀。一位男生发现一位女生新穿了一件连衣裙，故意惊呼道："哇！真3.14。"这3.14是圆周率π的近似值，与流行语"派"谐音，因而立刻博得大家一阵会心的大笑。

流行语是怎么来的？其实，流行语不是哪位名人或语言学家创造发明出来的，我们每个人都可以留心于生活，留心于别人的言谈，并借鉴、发挥，推陈出新，启动灵感，随口说出。

下 篇

幽默的提升
——掌握技巧，成为幽默大师

第一章

幽默形式——多元幽默开胃大杂烩

传统幽默与现代幽默

从本质上来说，传统幽默是在美丑对照中，美具有压倒丑的优势，听过之后，让人能够感到轻松、欢快，并且对其深刻的内涵发出会心的微笑。

传统幽默来自民间，是劳动人民智慧的结晶。无论是古代的田间地头还是现今的街头巷陌，也无论是阳春白雪还是下里巴人，无论在哪里，都能听见让人开怀大笑的幽默和风趣。

集我国传统幽默于大成者，当属清代的笑话集《笑林广记》。该书对芸芸众生里常见的贪淫、鄙吝、虚伪、昏昧、失言、惧内等现象嘲讽得入木三分，颇能反映世情，振聋发聩，值得玩味。如这则《比职》：

甲乙两同年初中。甲选馆职，乙授县令。甲一日乃骄语之曰："吾位列清华，身依宸禁，与年兄做有司者，资格悬殊。他不具论，即选拜客用大字帖儿，身份体面，何啻天渊。"乙曰："你帖上能用几字，岂如我告示中的字，不更大许多？晓谕通衢，百姓无不禀遵恪守，年兄却无用处。"甲曰："然则金瓜黄盖，显赫炫耀，兄可有否？"乙曰："弟牌棍清道，列满街衢，何止多兄数倍？"甲曰："太史图章，名标上苑，年兄能无羡慕乎？"乙曰："弟有朝廷印信，生杀之权，惟吾操纵，视年兄身居冷曹，图章私刻，谁来怕你？"甲不觉词遁，乃曰："总之，翰林声价值千金。"乙笑曰："吾坐堂时，百姓口称青天爷爷，岂仅千金而已耶？"

不足300字的篇幅，便将封建官场中的骄奢淫逸表现得淋漓尽致，更让人在笑过之后产生深思与回味。

与传统幽默相对应的则是现代幽默。在现代人眼中，幽默是一种人类的共性，是面对困难而演绎出来的文明和文化。人与人之间的距离在真诚和大方面前缩短，人与人之间的沟壑在心灵的善良面前被填平。从这种意义上来说，现代幽默已经不再具备传统幽默那种针砭时弊的讽刺效果，而是成为人际交往过程中的一种润滑剂。在英美国家，一个男人宁愿承认自己触犯了各种各样的罪名，宁愿承认自己的头上戴的是假发，嘴里装的是假牙，也不愿承认自己缺乏幽默感。原因很简单，没幽默感的人无法在人际交往中得到理想的收获。

森林里，狮子和9条狼商量合作捕猎。一天过去之后，共有10头羚羊成了它们的猎物。狮子说："你们看怎么分配这顿美餐最为公平？"

"每人一只是最公平不过的了。"一条狼不假思索地说出了它的看法。

狮子顿时发起怒来，一巴掌将它拍倒在地，然后环视了一下其余的8条狼，问："谁还有更好的分配方案？"

狮子的淫威把其他的狼都吓坏了，半天不敢吭声。最后，有一条狼壮着胆子对狮子说："对不起，我那个兄弟说错了。如果您拿走9头羚羊，那您和羚羊加起来就是10只，而我们加上一头羚羊也是10只，这样我们双方就都是10只了。"

有声幽默与无声幽默

有声幽默与无声幽默的区别就在于幽默是否使用声音来表达。前者是幽默的主要形式，后者则是把幽默通过表情、肢体语言等无声的方式表达出来。

有声幽默是我们常见的一些可以用语言表达出来的幽默，除了在社交场合见到的幽默说话之外，还有一些艺术类的幽默形式，如相声、小品之类的幽默表演。

无声幽默作为我们生活中不常见的表达形式，则更加受到人们的关注。在电影还处于默片时期，产生了很多喜剧大师，他们用自己的无声表演带给人们无尽的欢乐。

狮子对这个分配方案十分满意，说道："你是怎么想出这个分配妙法的？"

狼回答说："当您把我的兄弟打倒时，我变得聪明一点了。"

这就是一个典型的西方现代幽默。如果我们把这则幽默里的动物们换成人类，那么这就是很出色的一个社交幽默的例子。在这里，我们看不到美压倒丑的讽刺，但却看到了人际关系中的复杂与机智。这也是现代幽默的一个显著特点。

西方人对幽默的重视人尽皆知，而一向以内敛为传统的中国人，在现代幽默上也当仁不让，林语堂、钱钟书等，都是现代幽默的大家。他们这些人，在社交上、在社会地位上的成就，与其幽默的态度息息相关。

在幽默口才的运用中，传统幽默能够给人以深思、回味，现代幽默则能让人在社交中游刃有余。将这两种幽默形式有机地结合起来，行走在人际江湖中，也就没有什么可以成为障碍的了。

健康幽默与不健康幽默

健康幽默和不健康幽默针对幽默的思想内容而区分。一般来说，只要是幽默的内容积极向上，思想健康就可以称之为健康幽默；相反，那些比较下流的、"三俗"的幽默则就可以统归于不健康幽默中去。

在生活、学习、工作、社交等正式、公开场合，我们所运用到的基本上都是健康幽默，因为在这些环境中，只有健康幽默才能产生活跃气氛、避免尴尬的作用。若是不健康的幽默脱口而出，那么只会贻笑大方。这里重点介绍一下不健康幽默的形式。

倒也不是说不健康的幽默就没有任何能起到活跃气氛的作用。在私下、非正式场合中，不健康的幽默有时候反而能起到健康幽默所达不到的效果。

非健康幽默主要有下面两种形式。

1.成人幽默

现代的成人幽默，带有双关语，换个角度去看，味道大不一样。当然，有一些不包含在成人幽默范畴里的段子，把握好尺度，也是一种不错的幽默口才。

一般来说，成人幽默难登大雅之堂。但也并非是一无是处。在某些特定的环境和特殊的场合中，成人幽默所起到的效果反而会更加有趣味性。比如夫妻之间，适当地运用此类幽默，对增进夫妻感情颇有益处；另外，在同性好友（更多为男性）的酒桌上，适当、适度的成人幽默也会使酒桌气氛更加活跃，进而增进朋友之间的感情。

2.病态幽默

病态幽默与健康幽默的区别在于，它不像健康幽默那样把欢笑与快乐带给他人，而是将生活中痛苦、丑陋的一面展现在世人面前，多是以暴死、严重事故悲

■ 健康幽默的形式

用幽默轻松表达人类征服忧愁的能力，令人如沐春风，神清气爽，困顿全消，忘却现实中的不快，这就是健康幽默带来的积极作用。健康幽默感的培养途径主要有以下几个方面：

这个段子不错，可以用在生活中。

注意丰富自己的幽默资料。看得多了，听得多了，占有的幽默资料多了，运用幽默语言的能力自然会得到提高。

注意从别人的幽默语言中体会幽默的要领。仅仅从抽象的概念中学习幽默的要领，往往是不深刻的，只有结合大量的幽默语言实例进行深入体验，才能深刻理解幽默的要领，从而对幽默语言运用自如。

呦，你这个幽默运用得不错啊！值得借鉴！

刚在小王那学的幽默段子，拿来讨好一下女朋友，呵呵！

注意从别人的大量幽默语言实例中启发思路。运用幽默语言，要有独特的思维方式，要有借题发挥、创造幽默语境的技巧，而且要求反应敏捷、思路明快，这些从幽默语言实例中都能体验出来。

剧情节为依据，把幽默主角对生活的绝望心境昭示天下。例如，美国影片《美国美人》之中，就充满了这种病态幽默，人们在笑过之后，难免会感到一丝凄凉。

禅式幽默与孩式幽默

禅式幽默的重点在于一个"悟"字。这是一种充满了智慧的幽默，需要听者仔细回味才能领悟到笑点的所在。因此，这就要求运用禅式幽默的人具有出色的智慧，而听者也需有超强的领悟能力，否则就是对牛弹琴。

西班牙的斗牛运动非常出名，而一个优秀的斗牛士不仅可以名利双收，更能成为世人的偶像。因此，每一名斗牛士都会把斗牛场上所产生的荣耀看得格外重要。

不过斗牛运动也不是总以人的胜利而告终。有一名斗牛士在表演的过程中不幸败于凶猛的公牛，被牛角挑伤的他强忍着疼痛，当着全场观众的面发誓道，一定要给牛一个好看，一定要有一个畅快淋漓的报复。说完，便离开了斗牛场。

现场观众十分好奇，纷纷尾随他而去，都想要知道他是如何对牛展开报复的。但见这位怒气冲天的斗牛士拖着受伤的身子走进一个餐厅坐了下来，点了一道牛排，并狠狠地对餐厅侍者说："我要烤得最焦的那种！"

这则幽默峰回路转，初读之下有种不知所云的云山雾罩，但经过思考之后，"笑果"便跃然纸上：一个胆怯的斗牛士只能用一种阿Q精神去实施他的报复。

一般来说，禅式幽默口才适于应用在高层次的人群聚会中。因为只有富有一定学识、一定阅历的人，方能在最短的时间内领悟到禅式幽默所具备的那种味道。试想，若是施展幽默口才的人说过一个幽默之后无人回应，那么将是何其尴尬的一种局面？

禅式幽默的适用范围有限，但另一种幽默口才的适用范围相对来说就广泛得多，这就是孩式幽默。

孩式幽默具备纯真、真诚、出奇、创新、不隐瞒、不掩饰、不做作等特点，对事物的解释富有独特的创意。而这些，都是出于小孩子的本能，所以被称为孩式幽默。脑筋急转弯就是这种幽默的典型代表。

问："在一条河上有一座独木桥。小明刚走到桥的中间，突然看见前面有一只老虎拦住了去路。他刚想往回走，发现后面又有一条狼。请问，那小明是怎样过去的呢？"

答案很丰富："带上伪装过去的""从桥下面溜过去的""游过去的"，等等，结果都不是正确答案。正确的答案是："昏过去的"。

如果这个问题由成年人来回答，那么他们的思想一般都局限在"过桥"方面，总是去考虑小明是如何过桥的。但孩子的思想没那么复杂，他们只会考虑到一个"过"字，在汉语言中，这个过字的含义很丰富，孩子也只会选择最简单的那种。

于是，正确答案便新鲜出炉了。

孩式幽默体现了一种纯真。在讲给孩子听的时候，能够帮助他们放开思维，纵情于想象的天空；讲给成年人听，也会让人重新回味那个无忧无虑的年龄，激发出埋藏在心底深处的那份纯真，给人以轻松、愉悦的心情。

冷幽默与热幽默

谢谢！谢谢！您太好了，别人看我带了三只狗，都不愿意让我搭车……

快上来！快上来！

冷幽默指的是一种让人初读时并不觉得可笑，但回味之余却让人大笑不止的幽默。平平淡淡的叙述，结局却出人意料，从而带来一种喜感。很多哲理性的冷幽默是指笑话本身冷冷的。

员工给领导送红包时，领导："你这是什么意思？"员工："没什么意思，意思意思。小意思，小意思。"

请解释下每个"意思"的意思。

中文还真的很有趣啊！

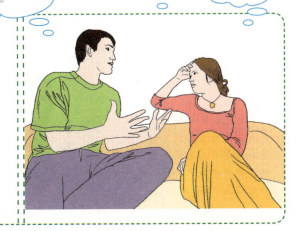

有冷就有热，与冷幽默相对应的自然便是热幽默。热幽默是指一种可以不用庸俗恶搞的方式而能产生让人捧腹大笑，还能余音绕梁效果的幽默。

红色幽默和暖色幽默

在我国，红色幽默最先出现在手机短信段子上，是通过互联网，在电脑、手机等现代媒介、网络平台上进行传播的一种内容积极健康向上的信息。在"成人笑话""黑色笑话"满天飞的形势下，出现这样一种正面、积极的语言及思想，以健康向上的思想为内容，可达到提高思想水平、宣扬社会美德、激发生活激情、启迪美好人生、催人奋进的效果。

袜子决定离开相恋多年的裤子，转投鞋子的怀抱。裤子哭问："鞋有什么好？"袜子答道："你整天晃来晃去，吊儿郎当的，哪有鞋那般脚踏实地，和鞋（和谐）才好。"

做人要脚踏实地，社会发展更需要脚踏实地。简单风趣的话道出了和谐社会的真谛。用幽默的形式来讲出这个意义，更使人过耳难忘，印象深刻。

因此，无论从红色幽默正面引导舆论、消费导向的出发点，还是从其本身积极性、健康性的内容，或其所具有的交流情感、传递信息等作用，我们都应该肯定这种幽默形式。

有的红色幽默言简意赅、发人深省，有的以诙谐幽默的语言引人发笑取胜，更有的深情款款，反思之下，令人寻味，让人不禁击节叫好。

灰色幽默所起到的作用

灰色幽默指的是一种表达人内心郁闷、消极的幽默，又称为灰段子。尤其是在那种社会动荡的岁月，灰色幽默被人们用以抒发或者说是发泄心中的不满情绪，有一种自我解嘲、自我安慰的味道。

灰色幽默一般是以事物的阴暗面或者不健康的现象作为题材，以艺术化的方式来反映，以无奈的嘲讽、抨击来针砭时弊，让人一笑之后引起思考。

在幽默口才的运用中，红色幽默特别适用于公开正式的场合。试想，如果发言人用红色幽默的方式将所要阐述的思想表达出来，那么带来的将是深入人心的效果，这远比干巴巴地照本宣科效果好得多。

在色系里，红色属于暖色调，有红色幽默，相应的也就有了暖色幽默。

如果做一个比喻，灰色幽默、黑色幽默是一方方方正正、棱角分明的金属块，那么暖色幽默就是一枚被削去了棱角的鹅卵石。那种恶搞式的幽默，虽然当时能让人开怀大笑，但笑过之后让人无从回味，转身就忘。而暖色幽默则是一种无声的微笑，给人留下的印象却是极为深刻的。

其他形式的幽默

除了以上介绍的几种幽默口才的形式外，生活中、社交时，还存在很多其他的幽默类型。比如说以下几种：

透明幽默

当幽默的表达没有伪装、没有包袱、没有伏笔，完全呈表面化状态的时候，就叫作透明幽默。这种幽默不需要听者去费心琢磨，亦不会给听者带来消极、低沉的心境。听过笑过即忘，没有任何负担。是社交上最常应用的一种幽默口才。

即使下属对上司开点儿玩笑，上司也会一笑而过，这就是透明幽默的力量，把心底话用幽默的方式直截了当地摆在台面上，不去伪装，不搞云山雾罩，即使话说得不恰当，但仍可以一句"玩笑话"为借口掩饰过去，相信谁也不会介意的。

1.麻辣幽默

麻辣幽默之名源自四川，即四川食物特有的那种麻辣口味，为一种带有强烈讽刺意味的幽默，让人产生一种吃过麻辣火锅后的痛快淋漓之感。

2.地方特色的幽默

地方特色的幽默是指带有浓郁地域色彩式的幽默。最有名的当属东北式幽默和海派清口式幽默。其特点是此类幽默源于富有当地特色的生活，纯真、朴实，让熟悉当地生活的人无论在哪里听到，都能产生浓郁的归属感。

3.方言形式的幽默

方言形式的幽默指的是用地方语言与普通话之间的差异制造笑果的幽默。我国地域宽广，各地方的语言发音各有不同，当两种差异很大的方言相遇的时候，很容易产生误会，这种误会便形成了幽默的源头。即使是善意的玩笑也罢，这种幽默在内心敏感的人的心中也容易产生地域歧视，往往会适得其反。所以在运用此类幽默口才的时候，要以不过度、不过分为基础。

第二章

幽默技巧——三分靠天生，七分靠培养

基础准备——知识是幽默前提

曾任哈佛大学校长30年之久的叶洛特博士，说过这么一句话："我仅承认一件事，受过教育的男女们，在知识上所应得的收获，就是能够正确地、优美地使用本民族语言。"而能够运用好本民族的语言，正是拥有幽默口才的前提条件。因此，我们在培养自己的幽默感时，需要先增进自己的知识。

要增进自己的知识，书就是真正的秘诀所在，多阅读书籍，不断地充实你讲话所用的词句。英国的约翰·伯莱特说，他觉得每逢走进图书馆，就愤恨人生太短促了，使他不能够将心爱而珍贵的书去遍览一次。

对讲话者来说，知识是多方面的。不同的人，有不同的知识要求；不同的人，对知识的把握程度也不尽相同。但作为讲话者，应当掌握的最基本的知识有以下几方面：

1.处世知识

处世就是指处理人情世故、社会活动、与人交往。每个人与社会都有千丝万缕的联系，作为人类社会的一分子，没有基本的为人处世之道，是无法在社会立足的。要想使自己的言语达到彼此交流沟通的目的，要想让自己的幽默口才发挥得恰如其分，就必须掌握交际应酬的起码知识，这样，才能说出与当时的情境适宜的言辞。如果不懂得这些知识，在当众讲话过程中，就会因某一细微疏忽讲错话而造成不良后果，导致讲话失败，甚至闹出笑话。

2.世事知识

世事知识指的是社会生活中方方面面的常识、经验，教训、风土、人情、习俗、掌故等等。这种知识是一种客观存在，一般无须潜心去学，只要不脱离社会生活，在实践中都能逐步体会、感悟得到。人们要想丰富自己的语言修养，锻炼出恰如其分的幽默口才，实现当众讲话的沟通目的，必须具备这类知识。曹雪芹就认为："世事洞明皆学问，人情练达即文章。"一个不谙世事的人，所发言辞要么造成笑话，要么酿成苦酒。

3.文化知识

文化是指大文化，是人类在社会历史发展过程中所制造的物质财富和精神财富的总和。诸如天文、地理、历史、文学、艺术、哲学、经济、法律等等。这些知识往往以成语、典故、佳作、名言、警句为载体，最能陶冶情操、提高修养、开阔视野，从而使表达者的幽默言辞更具感染力、说服力、吸引力。这种知识不能从实践中获得，需要孜孜不倦地学习。在人生路上，不断积累、学习，施展幽默口才之时便会充满活力，如滔滔江水连绵不断。

丰富知识的主要途径

读书看报是充实自己的有效方法。随着社会的进步，各类书刊越来越多，经常阅读书刊，是最低限度的准备工作。

图书馆是一个巨大的信息宝库，要善于利用它。几乎每个图书馆都有定期文献、读者指南。这些资源列出了杂志文章的作者、题目和主题，多年成卷，存于图书馆作为参考资料。

网络是目前发展迅速的电子产物，只要轻轻点击几个著名网站，就可以获得大量资料；也可以随意进入世界著名的图书馆浏览。利用互联网能够更快、更迅速、更便利地获取材料。

4.专业知识

所谓"术业有专攻"，人一生精力有限，不能做一个博学家，就要精于本职工作，熟练掌握专业知识。

专业知识的获得，一是靠学习，二是靠实践。当今社会是信息社会，知识更新迅疾，一个好的专业人员不关注本领域最新进展，就无法发现自身的知识盲点，既不利于工作进行，更不利于说话水平的提高。

除了从这4个大方向上把握知识面的拓展以外，我们应该使自己具备多方面的常识。这里有一个小笑话：

某君以口齿伶俐而见长，有人向他求教有什么诀窍，他说："很简单，看他是什么人，就跟他说什么话。例如同屠夫就谈猪肉，对厨师就谈菜肴。"

那位求教的人又问："如果屠夫和厨师都在座，你谈些什么呢？"他说："我就谈红烧肉。"

由上面的故事中可以看出，要应付社会上形形色色的人，就是要具备多方面的知识。如果能做到这一点，那么运用幽默口才应付各种人物自然就得心应手了。虽然不一定要样样精通，但如何运用全在自己。知识是所有事业的根本，你要使谈吐能适应任何人的兴趣，更要多读一些书刊，把天地间的知识储存在你脑海中，一旦到应用的时候，就可以有选择地打开话匣，与人对答如流了。

克服紧张——幽默需要淡定

真正懂得幽默的人是一个可以轻松驾驭紧张情绪的人。紧张会让一个人的淡定与智慧在瞬间就荡然无存。幽默说话的本事需要雄厚的前提积淀，需要用心地学习、认真地练习，有了足够强的内存，才会坦然应对多种场合中的各种事情。

然而，懂得幽默说话的人不仅能够克服自己的紧张，还能控制场面的紧张情势。

卡普尔任美国电报电话公司负责人，在一次董事会上，众位董事对他的领导方式提出质疑，会议充满了紧张的气氛。人们似乎都已无法控制自己的情绪了。

一位女董事发难："公司去年的福利你支出了多少？"

"九百万。"

"噢，你疯了，我真受不了，我要发昏了。"

听到如此尖刻的发难，卡普尔轻松地回了一句："我看那样倒好。"

就在他说出"我看那样倒好"之后，会场爆发了一阵笑声，就连那位发难的女董事也情不自禁地笑了起来，使得随后的会议进程在一种比较平和的氛围中开展。

卡普尔就是一个从容面对紧张的人。其实，我们每个人都难免遇到自己非常重视的场合，这个时候或许会出现紧张的状况，那么为了保持好自己的风度与气质，

克服紧张的练习法

追蝴蝶练习法。不必刻意呼吸，边叫"呜"边做蹦跳，一共 10 次，尽量用力，"呜"声要短、急、用力。每次做完"呜"，双拳向下猛砸；放松闭嘴，缓慢深呼吸，嘶嘶吸气，微张嘴，弯腰至膝，蹲于地，重复 3 遍，做缓慢深呼吸。紧张感会减轻很多。

劈柴动作练习法。把举起的手摆下来，猛向前屈，吐气。手下来时，大叫一声"哈"（屈膝）；吸气，再举手；重复上述动作，做上 10 次或 20 次。

蒸汽机练习法。双脚与肩齐，站在那里，屈膝，将头抬起，闭嘴，右臂后拉，左臂前伸，尽量用力。同时深呼吸；左右臂换个方向，节奏要平稳；开始要慢，随后要越来越快，持续做 3 至 5 分钟。记住：闭着嘴。

心怀世界练习法。至少坚持一分钟以上，让世界置于怀抱中，手放胸前，双手轻抵；如此做上 4 次，把消极的意念都去除掉。

长期坚持做这样的练习，会让我们在运用幽默口才时，日渐减少紧张的心情，最终达到轻松驾驭情绪的目的，同时，要树立足够的自信心。一个人事业成就的大小往往与自信心的强弱有直接的关系。要想成为一名优秀的幽默者，必须具备良好的心理素质，克服自卑，树立坚定的自信心。

这里将介绍以下几种方法帮我们克服紧张与恐惧：

面对紧张，不退缩，反而会让自己兴奋起来，利用对这种情绪的把握，可以使自己达到最完美状态。

建立自信——幽默演讲的技巧

在前面的内容中已谈到，恐惧是许多人不能较好地进行幽默演讲的主要心理障碍，那么，如何搬掉这块"绊脚石"，充满自信地走上讲台，使我们精彩的演讲才能充分显示出来呢？这就是建立自信的技巧问题，我们不妨试用以下方法：

1.要点记忆法

初学演讲者往往把能够背诵演讲稿认作是充分的准备。熟读记忆，对于初学演讲者来说可能是一种必要的准备手段，但如果只是机械记忆，那么不仅会耗费演讲者大量时间，而且容易形成演讲者的心理疏忽。实际演讲时，如果因怯场、听众情绪波动、设备故障等突发事故打断演讲者的思路，机械记忆的链条就会被截断。于是演讲者便会处于记忆的空白状态，或者思维短路，导致演讲无法继续下去。此外，单纯的背诵，还极易形成机械的"背书"节奏，并且不能灵活运用恰当的手势语，不能根据观众情绪适时调整自己的节奏、情绪，使演讲呆板、乏味，而丧失了演讲应该具有的战斗性和幽默味。

在演讲中，以采用提纲要点记忆法为宜。首先，将有关演讲的主题、论点、事例和数据整理成翻阅方便的卡片，然后针对演讲稿进行比较和适当的补充，整理出一份简略的提纲，并在提纲里注明各段的小标题，最后在各段的小标题下按序补充重要的概念、定义、人名、地名、数据和关键性词语。

至此，一份演讲提纲即算基本完成了。在整理和编排的过程中，演讲者应反复思考和熟悉自己的演讲内容，而演讲时仅仅需要将该演讲提纲作为提示记忆的依据即可。

2.情绪调节法

适度的深呼吸有助于调节紧张、烦闷、焦躁等情绪。当演讲者在临场时出现怯场反应，可以运用深呼吸法进行调节。即：使全身放松，双眼望着远方，做绵长的腹式深呼吸，同时，随呼吸节奏心中默数1、2、3……

3.目光回避法

刚学演讲的人往往害怕与听众进行眼神交流。因为一看到听众的眼神于自己不利，就会心慌意乱，而无法继续演讲下去。于是出现了侧身、仰望、低头等影响演讲效果的不正确姿势。因为，演讲要求演讲者正视听众，这既是出于一种礼貌，又是演讲者与听众全方位交流的需要。拉近演讲者与听众的距离，是演讲成功的必备条件。刚学演讲的人不妨采用虚视方式处理自己的目光，将视线移至演讲场后排上方，以回避听众的目光，让目光在会场上方缓缓流动。这种方式既能避免演讲者与听众目光对视所产生的局促和窘迫，又能给听众留下演讲者稳重大方的印象，使演讲获得成功。

■ 建立自信要做好准备

"我的演讲题材很有吸引力，听众一定会喜欢""我的幽默感很强，口才也很好，我一定会成功""我准备得很充分了"。

自我鼓励法。演讲者应努力做到"放下包袱，轻装上阵"。现代心理学实验表明，若由自我鼓励、暗示产生了学习及工作的动机，那么即使这动机是强装的，也是学习、工作取得良好成绩的有效措施。

各位，我要开始我的演讲了！

试讲练习法。试讲练习可纠正语音，矫正口型，锻炼遣词造句能力，又可训练形体语言。演讲者可以自选一个演讲题，或模仿名家的演讲，在静僻处独自练习。

博学多才——胸中有墨不卡壳

如果我们能和任何人谈上10分钟并使对方发生兴趣，那便是很好的交际人物了。因为人的交往范围很广，也许对方是个工程师，也许是个法学家，或者是个教师，或者是个艺术家，要么是个采矿工人。

总之，无论三教九流，各种阶层的人物，若能和他谈上10分钟使他感兴趣、让他发笑的话，真是不容易。不过不论难易，我们都要设法打通难关，常见许多人因为对于对方的事业毫无认识而相对默然，这是很痛苦的。其实如果肯下功夫，这种不幸情形就可减少，甚至于做个不错的交际家也并非难事。工欲善其事，必先利其器，虽是一句老话，但直到现在仍然适用，所以要充实自己的知识。

一个胸无点墨的人，当然不能希望他在说话中应对如流、妙趣横生。学问是一个利器，有了这利器，一切皆可迎刃而解。我们虽不可对各种专门学问皆作精湛的研究，但是所谓的常识却是必须具有的。有一般的常识，倘若能巧妙地运用起来，那么应付任何人作10分钟的兴趣谈话，应该是不难的。我们须多读书多看报，世界的动向，国内的建设情形，科学界的新发明和新发现，世界各地的地方特点或人物的特性以及艺术新作，时髦服饰，电影戏剧作品的内容等，皆可从每日的报章和每月的杂志中看到。诚能如是，则应付于各种人物，自然轻松愉快。

科学家爱因斯坦乘车到某大学去讲授相对论。他的司机对他说："博士，我听您讲过相对论已经有三十多次了，您说的那些话，我都能背下来了……"

爱因斯坦笑着说："那太好了！今天，我戴上你的帽子充作司机，由你自称是爱因斯坦去讲课吧，反正这个学校的人都不认识我，我正好休息休息。"

于是，司机果然出色地讲了课。正当他要离开时，一位教授请他解答一个复杂的问题，司机想了一下说："这个问题太简单了，连我的司机都会解答，您不妨向他请教吧……"

这个故事不一定确有其事。然而，单纯分析这位司机的表现对我们认识口才与学识的关系很有启发。这位司机的"口才"幽默大概是不错的，所以，他能模仿爱因斯坦的言辞、语气，"出色地"代替爱因斯坦讲课。但是，这位司机并不具有爱因斯坦的学识。所以，当那教授向他请教一个新的问题时，他"卡壳"了。可见，口才是要以学识为基础的。

鲁迅先生在给一位青年的信中说过这样一段名言："先前的文学青年，往往厌恶数学、理化、史地、生物学，以为这些都无足轻重，后来连常识也不懂，研究文学不明白，自己做起文章来也糊涂，所以我希望你们不要放开科学，一味钻在文学里。"有志于提高自己幽默口才的人，读了这段话后应有启示吧。

练在当下——不放过任何机会

幽默口才不是与生俱来的，也不会从天而降，就像庄稼需要施肥、道路需要整修，口才也需要培养。有人曾对丘吉尔的口才进行各种分析，他的儿子却一语中的："我的父亲把自己一生中最宝贵的年华都用在写演讲稿和背诵演讲稿上了。"

世界上没有天生的演说家。毫无疑问，丘吉尔被誉为"世纪的演说家"是当之无愧的，但人们可能忘了，他是完全靠自学成才的演说家，他原先讲话结巴，口齿不清，根本就不是当演说家的材料。他本人身高约1.65米，没有堂堂的仪表和风度，那难听的叫喊声又不像道格拉斯·麦克阿瑟或是马丁·路德·金那样洪亮。丘吉尔没有受过大学教育，他曾经在下院最初的一次演讲中，讲了一半便垮下来了……然而，就是这个丘吉尔，却成了举世皆知的雄辩的演说家。

先天不足后天补，完全是做得到的。丘吉尔的成功，除了刻苦、勤奋、坚持不懈的努力，别无他法。发明大王爱迪生说过，天才是百分之一的灵感和百分之九十九的汗水结晶。先天的天赋固然重要，但后天刻苦的锻炼更为关键。在实践中磨炼幽默口才，以坚强的意志作为通向成功的基石，用汗水浇灌成功的花朵，勤奋的苦练加上技巧，一定会成功。

有的人想练习幽默口才，但苦于找不到机会，其实路就在脚下。练习幽默口才的机会处处都有，不仅很多，而且方便省事。我们每天都要见人，都要说话，所以到处都是练习的机会。我们千万不要以为日常说话不需要什么幽默口才。其实，练习幽默口才的人应该把每一次对话都加入幽默的味道，幽默口才好的人一开口就能说上一句让人忍俊不禁的话。这恰如练习书法的人一样，必须首先练好每一个字。一个书法好的人，一动笔就能把一个字写好。所以，我们绝不能轻视那些日常生活对话。就是这些极简单抽象的日常对话，幽默口才好的人和不好的人，说起来都是截然不同的，即使是"哼"一声也迥然有异。

1.家庭是练习幽默口才的第一个场所

在家的时候，你能够用幽默的语言给自己的孩子讲清楚一个让他听得进去的寓言故事吗？如果不能，就得去找一本儿童文学看看，再来训练，并夹些有用的趣味知识讲给孩子听，使其觉得有趣而想听。这样便会渐渐了解孩子的语言，懂得如何并敢于与他们交谈了。另外，家庭不免会有些经济收支问题、子女教育问题、卫生保健问题、饮食起居问题，能平时就这些问题用幽默而不伤和气的方式与配偶好好谈一谈吗？如果能时常提出一些有益的意见或帮助他（她）解决一些或大或小的困难，那说明幽默口才练习有了明显进步。社会是由男性和女性组成的，男女间的相互交往、夫妻间的良好相处，都是练习幽默口才的极好途径，而且最方便训练说话胆量。

2.广结良友

与朋友频繁往来，是练习幽默口才的又一途径。无疑，我们每个人都多少会有一些朋友，这些朋友可能来自不同的地方，处于不同的年龄，属于不同的阶层，从事不同的工作，因而与他们相处时会遇到各种不同的问题。比如：小张近日要结婚；老李的儿子考取了大学；阿王的小商店近几个月没什么起色；赵某最近被查出有经济问题；某某家中昨晚被盗……每个人都有各自的快乐和苦恼、失败与成功。我们为了练习好自己的幽默口才，训练自己的说话胆量，最好去了解他们的各种情况，好好找他们谈谈，尽量想出如何帮助、开导、启发他们的谈话内容来。这样，无形之中，我们拥有的朋友，了解的谈话内容，都会渐渐地增多起来，说话的胆量也会渐渐大起来。

3.多让自己开口

想让自己能够流利地表达意见，最好的方法就是让自己习惯多开口。做任何事情都需要练习才会进步，说话也是如此。通常我们无法自在地与陌生人交谈，假如

■ 在社会中锻炼幽默口才

多参加社会组织。说话的机会随处皆是，如果有可能，不妨参加一个社会组织，志愿从事需要讲话的职务。

多参加相应的团体活动和各种聚会。我们只要多留心周围的事情，便会发现，没有哪种商业、社交、政治、副业甚至邻里间的活动是不需要开口说话的。

能鼓起勇气和超市店员或不太熟识的邻居说声"你好"，就会发觉自己越来越习惯面对陌生人发言了。所以在任何场合，都要积极把握和别人交谈的机会，试着与他人闲聊、寒暄，从中学习说话技巧，建立自信。

有时陌生的场合反而是练习的最好机会。每个人都免不了要参加一些社交活动，如果我们参加的社交活动是陌生者的聚会，又要我们尽量去寻找与人说话的机会，那可以说是训练说话胆量的很好机会。在这种陌生者聚会的场合，我们想与人说话的机会和方法是很多的。

4.把握主持会议的机会练习

主持会议或在会议上发言也是练习幽默口才的绝好机会。会议语言是一种很好的磨炼形式，能促进你的提高。

成功的推销员、演说家并非一开始就非常出色。一名成功的推销员很可能在历经多次失败之后才明白说话的技巧，著名的演说家也是从无数次演说经验中才掌握了演讲的技巧，才赢得满堂彩。第一次尝试总是比较艰难，但是一回生、二回熟，熟悉之后就能生巧。只要不断尝试，谁都可以成为幽默的健谈者。

练智增智——提高沟通的智慧

幽默的才能不是天生，而是需要后天的练习。当一个人意识到幽默的可贵之处时，就会不自觉地在现实的学习、生活与工作中进行有意识地运用与练习。练习幽默是一件称不上很难的事情，只要有心，只要拥有不错的修养，只要敢于开口，那么幽默的魅力指数就会越来越高。更重要的是，幽默的开口练习还能够提高智商与情商。在生活中力所能及地幽默一把，又何乐而不为呢？

有一个总经理脾气非常暴躁，对部属要求十分严苛。有一天，部属拿了一份公文进去，只听见总经理大发雷霆，骂道："你写的是什么东西，我看只有初中程度！"不久，那位部属快步出来，居然还面带笑容。

他对一脸错愕的同事解释："你们看我进步多快，昨天总经理才骂我只有小学文化程度，今天我就有初中程度了。"

这是一位懂得隐忍的部属，更是一位懂得宽心与快乐的下属，他不会因为批评而怀疑自己的能力，而抱怨上司的严厉，相反，他坦然接受批评，甚至能在批评中找出令人开心的调料。这就是一位懂得幽默的人，懂得幽默可以让自己摆脱不顺心，珍惜幽默带给自己不断提升的智力与能力。在学习和生活中应时不时地来点幽默以作调剂，淡化消极情绪，消除沮丧和痛苦，让我们的身心在沉重的压力下得到松弛和休息。

但是我们仍然不可否认，沟通的环境是错综复杂的，交际对象是多种多样的，交际内容是千变万化的。

提高自己幽默的沟通智慧

要有举重若轻的精神，有技巧地应对。在美国历届总统中，里根被公认为是最富有幽默感的总统。他曾说过："在生活中，幽默促进人体健康；在政治上，幽默有利于自己形象的得分。"

> 对不起，他不知道……不过您不必生气，这也说明以后您一定是一位出色的妈妈，要不他怎么会误会呢？

> 那不是我的孩子，我还没有结婚。

> 您的孩子真可爱！

要对沟通中的信息有敏锐的感知能力，转化情绪的机会是转瞬即逝的，不及时处理会造成更大的尴尬。所以，对沟通的信息的感知要敏锐、迅速，这样，才能抓住消除危机的契机。

要能找到沟通的切入点，破除最关键的沟通障碍，随机应变，有时候幽默一出，非但是扫兴，反而是助兴。切入点要找得颇有智慧，既体现出言者心思的敏捷，又展示了对文化、心理诸因素的驾驭能力。

> 中国有句古语：有朋自远方来，不亦乐乎！你们看，连老天也来为各位"洗尘"。

> 来中国游玩却下起了大雨，真是扫兴。

所以，要想达到幽默沟通内功的高境界，除了敏锐的感知、准确的切入点这两个现场反应的基本要素之外，我们还需要广而又广的知识积累，也许会涉及天文、地理、人心、历史，千万别叫苦。

心理共鸣——演讲与听众对味

精彩的演讲往往能符合听众的口味，因此明智的演讲者会在演讲之前就已经了解到自己的听众对象是什么类型的，欣赏什么样的演讲风格，进而可以选择相对应的幽默语言。

要让听众"看见"你的话，还有一项极为重要的技巧，这就是景象描绘。景象描绘就是使用能造成图画般景象的字眼。让人感到轻松愉快的演讲者，都是能塑造景象于你眼前的高手。

卡耐基总结他的成功之道说："景象！景象！景象！它们如同呼吸空气一般，是免费的呀！把它们撒在演讲里，你就更能欢娱别人，也会更具影响力。"

一个知道怎么把话说到位的人，会使他说的景象浮现在听众的眼前，而那些不

■ 听众的大致类型

针对各种类型的听众，采用有特色的形象化语言。因此在说话时，要注意使用形象性的语言，因为形象性的语言令听众更容易理解和接受。

好喜欢这个啊，能现场见到真人实在是太好了！

我也是！

慕名而来。此类听众的主要目的大多是为了一睹名人风采，他们一般不太计较演讲水平的高低、演讲口才的幽默与否。同时，潜在的崇拜心理，往往使名人们的演讲在听众中激起异乎寻常的热烈反响。

存疑而来和求知而来。为了获取新的知识和能力。学术讲座、技术辅导、国外见闻等演讲能够吸引大批听众的原因正是因为这些演讲满足了听众的求知欲望。此类演讲只要内容充实，条理清晰，听众一般不会过于挑剔演讲技巧。

这个演讲会解答我的疑惑，我一定要好好听。

会讲话的人，只是笨拙地使用平淡无味的语言，结果让听众昏昏欲睡。因此，我们应该把景象幽默地描述于演说中，这样，就更能感染听众，让听众接受自己的观点了。

换句话说，我们应该多用具有视觉效果的语句。具有视觉效果的语句最能唤起人们脑海中的景象，甚至可以牵引出观众的想象，达到一种互动的作用。

法国哲学家艾兰说："抽象的风格总是差的，在你的句子里应该充满了石头、金属、椅子、桌子、动物、男人和女人。"

因此，只有使自己的语言生动、形象、幽默，与听众的口味吻合，在登台演讲时，才能取得更好的效果。

大智若愚——迂回之中显理智

大智若愚的幽默法有两种，一种是装聋作哑，沉默不语；另一种则是答非所问，模糊应对。这两种方式都是一种智慧的体现。

对一些不合理的要求，无法做到的要求，或自己不愿意允诺的要求，本来是应该拒绝的，只是由于人情关系、利害关系等，很难说出一个"不"字。这时就需要我们装聋作哑。

这个时候我们可以用沉默来表示拒绝。狭义的沉默就是徐庶进曹营——一言不发，即缄口不语。广义的沉默则是不通过言语，而是综合运用目光、神态、表情、动作等各种因素，或明或暗地表达自己的思想感情，这是拒绝艺术中一种最常见的手段。

在处理问题时，沉默具有丰富的内涵，作用也十分明显。

其一，沉默可以用来避免冲突升级。当人们被拒绝时难免会产生不良的情绪，甚至会与拒绝人产生激烈冲突。当一方怒火冲天，严厉责备时，另一方应保持沉默，即使有理也暂时不争，以免火上浇油，使冲突进一步升级。这样既维护了对方的颜面，又避免了矛盾激化，还为进一步向对方陈述自己的观点留了余地。保持沉默，不仅可以避免矛盾激化，保全对方面子，同时也可以显示出你的豁达大度和良好修养。有时，面对一些难处理的问题，如果保持沉默，并伴以严厉的目光、严肃的神情，就可能会产生一种威慑作用，使对方迅速警醒，从而很快明白自己的要求不够合理。

其二，沉默可以用来做暗示性表态。沉默有时候是模糊语言，不置可否，但在特定的背景下，其实就是明确表态。如果对方提出一种意见或处理办法，而你却不敢苟同，但出于全面平衡关系考虑，你又不能明示反对，这时的沉默看似不偏不倚，但聪明人却可意会神通，知道自己的要求令你为难，十有八九办不成，其实沉默就是不同意、不支持。此时彼此心照不宣，也不用固执己见，伤了和气。

在某些场合，对对方的提问不管做出怎样的回答，都于己不利，这时不妨佯装没有听见，没有看到，不做任何表示，也是一种行之有效的方法。

装聋作哑式的幽默口才虽然在某些时候颇有良效，但也容易被人所轻视；有的时候采取一种答非所问，话不投机的做法，比光是沉默来得更有效。

一位名叫宫一郎的青年去拜访广源先生，想将一块地卖给他。

广源听完宫一郎陈述后，并没有做出"买"或者"不买"的直接回答，而是在桌子上拿起一些类似纤维的东西给宫一郎看，并说："你知道这是什么东西吗？"

"不知道。"宫一郎回答。

"这是一种新发明的材料，我想用它来做一种汽车的外壳。"广源详详细细地向宫一郎讲述了一遍。谈论了这种新型汽车制造材料的来历和好处，又诚诚恳恳地讲了他明年的汽车生产计划。广源谈的这些内容宫一郎一点也听不懂，摸不着头脑，但广源的情绪感染了宫一郎，他感到十分愉快。在广源送宫一郎出门时，他顺

欲此说彼——含蓄迂回的表达

很简单，你用石头把对面商店的橱窗给砸烂，10分钟后你就到了。

劳驾，请问去警署的路怎么走？

欲此说彼是声东击西幽默法的一种，也就是明骂桑而实骂槐。巧妙运用此法既可达到己方目的，又不授人以柄，避免了正面冲突，可谓是一箭三雕。此法的运用技巧主要表现在应对语的选择上，要让"槐"听明白是骂"槐"，但又抓不住把柄，叫对方"哑巴吃黄连，有苦说不出"。

混账！看你好好的一只清白眼，怎么说没有眼睛？

清白眼吗？老爷看小人是清白，小人看老爷却是糊涂的。

欲此说彼的特点就在于巧妙地利用词语的多义性或双关性等特点来做文章。说话者说出的话语，从字面上的意思看似乎并不是直接针对对方，但话语中却暗含着攻击对方的深意，使对方虽有觉察却又抓不住把柄，只好自认倒霉。

便说了一句：我不想买那块地。

　　广源的高明之处在于他没有一开始就回拒宫一郎。如果那样，宫一郎就一定会滔滔不绝地劝说他买那块地。而广源采取了答非所问的做法，装作没有听见宫一郎的话，把话题引到其他地方，没有给他劝说的时间，在结束谈话时才拒绝，这不失为拒绝他人的好方法。广源的说话看似是一种糊涂的幽默，但正是愚中蕴藏着大智慧。

　　另外，还有一种更为高明的答非所问。它是采用一些与问题有关但是非实质性的答案来应付对方，巧妙避开问者的话锋。

　　使用答非所问的方法能轻松搞定一切，因此我们常会用上它。然而，虽然它用法简单，但如果仔细想想，这招实在不值得推荐。这招容易使对方不悦，甚至会被人认为你是一个"随随便便、马马虎虎"的人。再说，别人会请你帮忙做的事，多半都是非做不可的事，因此在他对你死心，转而去找其他人帮忙之前，要"一直"忘记，似乎也不太容易。不过，不管是真忘还是假忘，在社交场合里，像这种"忘记委托"的人，其实还真不少。

　　总的来说，装傻充愣是最常见的拒绝的办法之一。"傻"所掩盖下的是一种圆融大智，迂回之道，我们在社交中所需要的正是这样一种幽默口才之术。

第三章

幽默修辞——手法精妙，信"口"拈来

以喻晓理——哲理在幽默感中迸发

譬喻，可谓说辩艺术之精华。譬喻是用具体的、浅显的、熟知的事物去说明或描写抽象的、深奥的、生疏的事物的一种手法。

说理中，取喻明显，把精辟的论述与摹形状物的描绘糅合为一体，既能给人以哲理上的启迪，又能给人以艺术上的美感。

古希腊哲学家亚里士多德说过："比喻是天才的标志。"的确，善于譬喻，是驾驭语言能力强的表现。说理时运用贴切、巧妙的譬喻，可以生动地表情达意，增强说理的魅力。

某大工具制造公司所属的工厂，安排召开一次预算与标准成本的研讨会。开会时，成本设计部门的负责人应邀说几句话。

他手里拿着该公司生产的一件产品："我想大家都知道这是什么。"席间立即传来一片"当然，自然，那还用说……是温度计"的回答。

成本部门的主管说："我看得出来你们非常了解自己所置身的企业，现在你们再看看这是什么？"他又拿起公司所生产的另一件"名产"。

"调温器。"底下又是一片叫声。

"大家又说对了。"这位主管说，"现在你们已经知道什么是会计，什么是预算。这种售价数百元的温度计是一种'测量'的工具，它告诉我们测知的温度，和会计的功用完全一样。"

"而调温器——我拿的这种产品在外面只卖几块钱，是专门用来'控制'的工具。它不但告诉我们现在的温度，还可将温度控制在一特定的范围内，而预算的功用也是如此。"

"这次研讨会的目的就是告诉大家有关测量与控制的细节。"

这位主管巧妙地引用员工自己最为熟悉的产品来比作"预算"和"控制"，使枯燥无味的研讨会变得生动有趣，大大增强了说服的效力。

以喻晓理，只需取喻明显得当，把精辟的说理与形象生动地结合在一起，就能让人们在耳目一新中学习到鞭辟的哲理。

抗日战争期间，中央警卫团由叶剑英同志分管。

当时警卫团的多数同志是从战斗部队抽调的老同志，他们都希望到前方去，不愿在后方。甚至有许多战士为此闹情绪，觉得不能上前线杀敌，"窝"在后方不算真正的八路军战士。

叶剑英了解到这一情况后，就在离枣园三四里路的警卫团驻地——侯家沟召开了一次全团大会。

在讲话中，叶剑英谈到大家都想到前方去，不安心工作时，提高了嗓门，大声说道："中央警卫团应该改名，不叫警卫团，叫'钢盔团'。"

大家一听，全都懵了，怎么叫这么难听的名字？

叶剑英解释道："钢盔是干什么的？"

"当然是保护脑袋的！"战士们异口同声地回答道。

生动比喻——借题发挥，妙吐心声

人总有难言之隐，不便说道，然而偏偏有人要苦苦相逼。在这种时候，巧用幽默的比喻来道明心机，就能轻松化解尴尬的局面。有些比喻通俗易懂而又思想深刻，表情达意，恰到好处。幽默的比喻除了在社交口才中具有很强的用武之地外，在生活中也具有出色的趣味性。

亲爱的，我觉得咱俩的婚姻就是品牌鞋，是郎才女貌的婚姻。高贵、典雅、舒适、大方，但价格昂贵，没法走泥泞坎坷的路，唯有精心保养、时时珍惜，才能让鞋子的寿命长久。

比喻式幽默的优势就在于生动鲜明，让听者在轻松愉悦中获得真谛，而且更能显示出幽默口才表达者的深刻内涵，时常用之，定会成为广受欢迎的幽默口才大师。

"对！钢盔是保护脑袋的，中央警卫团是保护全党的脑袋——党中央的，所以应该叫它'钢盔团'，你们说对不对？"

大家都笑了，一齐回答："对！"

"人没有脑袋行不行呀？"

"不行！"

"你们都是英雄好汉，到前方去可以杀千百个鬼子，但是没有党中央来领导抗战，能不能把鬼子打出去？"

"不能！"

于是，叶剑英大声宣布："以后，谁再不安心警卫团工作，叫他来找我，我们来谈这个道理。"

战士们听完叶帅的这番讲话后，思想豁然开朗，都深刻理解到自己的"钢盔"作用，会后再没有人闹着要求离开中央警卫团了。

类比也是设喻中的一种，类比喻理之所以能够有较强的说服力，在于"类"是启发人的"思路导体"，通过它人们可以对原本抽象的东西有一个感性、直观的认识。类比可开阔视野，说理能启发心智。

运用类比喻理时，必须是两类事物具备同类属性，其"理"也必须是相通的，这样才能启发人，说服人。

比喻说理，轻松幽默，浅显易懂，感人至深，但是比喻要恰当方能说理精辟，设喻类比则要以能旁征博引，举一反三为佳。

比拟修辞——幽默将讽刺进行到底

比拟是把物拟作人或把人拟作物的一种修辞方法。运用比拟可以使事物色彩鲜明，表意丰富，应用到说话中，可以起到幽默讽刺的效果。

1.形象物拟人式

形象物拟人式就是把物比作人。即为了论点的需要，选用较形象的物体，将其赋予人的动作、行为或思想感情。在说话中恰当地运用以物拟人的方式，可以表现出强烈的爱憎感情，取得幽默的效果。

一次，意大利诗人但丁出席威尼斯执政官举行的宴会。席间，听差们捧给意大利各城邦使节的是一条条肥大的煎鱼，而给但丁的却是几条很小的鱼。

面对这种公然的歧视行为，但丁深为气愤，但没有因此而发作。他若有所思后，用手把盘里的小鱼逐条拿起，靠近耳朵，然后又一一放回盘中，循环往复多次。执政官见状，甚感莫名其妙，便走上前来和他搭话。

执政官："先生，您好像是听鱼说话？"

但丁："几年前，我的一位挚友在海上旅行时不幸逝世，举行了海葬。从那以后，

比拟的应用

比拟的妙用，往往在人们轻松的掌声、愉快的笑声中显示出其难以匹敌的魅力。用这种方法不但可以起到良好的雄辩效果，同时也大大增强了说话者的信心。运用比拟法进行辩论应注意如下三个要点。

这里有苍蝇！

没关系，我身边每时每刻都有一只喋喋不休的苍蝇。

第一，拟物与被拟物之间要有相关的逻辑联系，这样才能让听者由此产生联想。

你自己照镜子看看你的脸长得像不像只鞋垫？哈哈！

第二，要注意适度，不能出格，以免造成人身攻击的不良后果。

看这大海，多像妈妈煮的一锅粥！

你是想把海比作母亲吧，可是怎么看也不像粥啊！

第三，要扣紧说话的目的，不要只凭想当然去刻意渲染气氛或卖弄自己的幽默。

我一直不知道他的遗体是否已安然葬入海底。因此，我就挨个问这些小鱼儿，也许它们多少知道一些情况。"

执政官："那么，它们对你都说了些什么呢？"

但丁："它们对我说，它们都很幼小，对过去的事情了解很少，不过，如果我向同桌的大鱼们打听一下，肯定会了解到想要知道的情况。"

这位执政官听了但丁的话，很快明白了他的言外之意，连忙向但丁道歉并命令听差马上端上来一条又肥又大的煎鱼。

2.形象人拟物式

形象人拟物实质上就是物拟人的翻版，亦即将原来有生命有人性的类似成无生命无人性的。形象人拟物平常很少被人使用，即使在针锋相对时，能找到以人拟物者也是凤毛麟角。不过，人拟物确实不失为一种很有风趣意味的修辞，能起到很好的渲染效果。尤其是在驳论中，可以达到一语而制敌的效果。

3.形象物物相拟式

形象比拟还有一种方法，就是物物相拟式。这种方法通常也叫类比。在说话交谈中，物与物的类比经常被人使用，由此物比及彼物。用形象的类比取代抽象的说理，寓意深远，能让人产生联想，同样也可以将对手逼入困境。

形象比拟离不开幽默。幽默感的物物相拟，可以调节气氛，同时又能使对手因此而气馁并失去战斗力。在不同场合中巧妙地运用比拟法，可以鲜明地表达说话者的观点和立场，使交谈有一种令人荡气回肠的感觉。

拟人运用——别具特色，幽默动人

小王的家里有一只鹦鹉，非常聪明，说起话来特别流利，惹人喜爱。

谁知时隔不久，小王的好友小张发现小王家的鹦鹉不见了，很是奇怪，便问道："你家那只鹦鹉哪去了？"

小王长叹一声，无限惆怅地说："别提了，死了。"

小张大吃一惊："那么聪明的鹦鹉你怎么把它给养死了？"

小王无奈地说："还不是我太太？她一无聊就跟鹦鹉比说话，结果把鹦鹉给活活累死了。"

鹦鹉只是学舌，这则笑话则把鹦鹉当作一个喋喋不休的"人"来看待。虽然表面上是在说鹦鹉如何如何，其实讽刺的是王太太过于啰唆。这就是拟人手法在幽默口才实际应用中的典型例子。

在幽默口才的表达中，拟人这种手段具有非常广阔的使用空间，也是一种被广泛运用的修辞手法。把拟人运用于幽默中的时候，与在一般情况下的运用也有了非常大的差别。在平时的生活中，我们为了让语言显得更为生动活泼，就特意把没有人类特征的植物和动物当作人来看待，赋予它们人类才有的感情和思想，来更好地表达我们所要说的意思。

　　某地动物园的长颈鹿园总是发生长颈鹿"越狱"事件，饲养员经常看到第二天早上几只长颈鹿在笼子外面的草地上悠闲地散步。园领导很是诧异，经过开会研究，认为是笼子的栅栏过低所导致的，于是一致决定把栅栏由两米加高到五米。

　　次日清早，饲养员又发现了长颈鹿们漫步在栅栏之外，于是动物园决定加到10米高。

巧用重复——异曲中谱写同工之妙

　　大四的时候，我差一点儿就录用了你。

　　大一的时候，我差一点儿就考了第一名。大二的时候，我差一点儿当选学生会主席。大三的时候，我差一点儿提前毕业……

　　一百多年前，伯格森就提出"重复也是一种幽默手段"的说法。我们这里说的重复，指的主要是语言的重复，而不存在于思想和行动中。重复可以有文字的重复、语音的重复和句型、句式的重复。这种重复方式在幽默中的运用，能够让我们的幽默锦上添花。

　　这布买到您家里就做被里去吧，它是经洗又经晒，经铺又经盖，经拉又经拽，经蹬又经踹。

　　纯粹的重复不足以制造幽默，只有多重技巧的共同运用，才可以构造幽默。重复意味着"同"，不同意味着"异"；重复之所以能构造幽默，根本原因是这"同""异"的不一致。它之所以能构成幽默，其原因在于它的重复是多重的；而这多重本身，其实就是一种"不同"。

第三天，动物园把栅栏加到了15米……

栅栏外散步的长颈鹿们看到工人们忙得不亦乐乎，便问一头年长的长颈鹿："您说，什么时候他们才不会继续增高栅栏呢？"

老长颈鹿不紧不慢地说："那就要看什么时候他们不会忘了把门锁上了。"

人类的自以为是、认为自己是世界主宰的沙文主义总是会被当作笑话来进行讽刺。上面一则笑话使用了拟人的手法，让人类的愚蠢从动物口中说出来，更使得这种讽刺入木三分。

在文学创作中，作家们常用拟人的修辞手法把事物人格化，在他们的生花妙笔下，世间万物都具有灵性，拥有智慧，让人读之，仿佛可悟到那份大自然本身就具有的亲切、和谐之感，童趣与幽默跃然而出。

著名作家欧·亨利在《警察与赞美诗》这篇小说中写有这样一段话："枯叶是杰克·弗洛斯特（霜冻的意思）的名片，杰克对麦迪广场的老住户非常客气，总要在每年光临之前，先打个招呼，在十字街头把名片递给住在'露天公寓'的门公佬——北风，好让房客们有所准备。"

如果用一般的手法来对冬天的景色进行描写，恐怕就是"寒风刺骨""霜降雪飞"之类的词了。不能说这种描写是错误的，但总是缺少一种灵性，而且是被人们惯用的，读之似曾相识，产生不了浓厚的兴趣。而欧·亨利运用拟人的手法写作之后，既显得格外生动、贴切，又产生了一份幽默感。

灵活运用好拟人这种修辞手段，对于幽默口才的艺术来说是一个更重要的环节。掌握了这门技巧，相信能够让我们拥有一种别具特色的幽默感，从而为自己的社交之路开拓出更平坦的通天大道。

类比幽默——违反常规，耐人寻味

生活是和谐统一的，但在内容与形式、愿望与结果、理论与实际等方面会产生强烈的不协调，于是形成了不和谐的对比，这种强烈的反差必然产生幽默、可笑的情趣。类比是根据两种事物在某些属性上的相同，而且已知其中一种事物还有其他属性，从而推知另一种事物也可能具有相同的其他属性。在口语表达中恰当运用类比，可以起到扭转逆境、轻巧取胜且不失幽默感的效果。

类比幽默法是指把两种或两种以上互不相干甚至是完全相反的、彼此之间没有历史的或约定俗成的联系的事物放在一起对照比较，显得不伦不类，以揭示其差异之处，即不协调因素。

在类比幽默中，对比双方的差异越明显，对比的时机和媒介选择越恰当，所造成的不协调程度就越强烈，对方对类比双方差异性的领会就越深刻，所造成的幽默意境也就越耐人寻味。

　　人们的日常生活和科学研究一样，凡分类都是约定俗成，得用同一标准，否则，必然造成概念的混乱，导致思维无法深入进行。人们从小就训练掌握这种最起码的思维技巧。如：猪、牛、羊、桃就不能并列在一起，人们会把桃删去，这是科学道理，但并不幽默。

　　在类比分类时要产生幽默的趣味恰恰要破坏这种科学的逻辑规律，对事物加以不伦不类的并列。

　　赵阿婆的女儿吵着要买嫁妆，赵阿婆气恼地说："死丫头，你的婚事也不和我商量，东西我不买。"

■ 双关运用——明里说一，暗里说二

喂，老头，到王庄怎么走？

我没有时间回答你，我要去李庄看看稀奇事。李庄有头牛下了匹马。

双关是指在一定的语言环境中，利用词的意义或同音条件，有意识地使语句具有双重意义，起到言在此而意在彼的效果。

真的？牛怎么会下马呢？

世上的稀奇事多着哩，我怎么知道那畜生不下马呢。

　　在针锋相对、气氛热烈甚至略带一点火药味的情况下，面对对方凌厉的语言攻势，可以采用"明里说一，暗里说二"的方法，把深刻的道理寓于发人深省的比喻、回味无穷的幽默当中。这样发挥既能保持风度，又可以置对方于无可挽回的败地。

母女大吵起来，引得许多邻居来看。

邻居陈伯站出来说："你不能怪她没和你商量啊！"

赵阿婆问："为什么？"

"你当年成亲时不是也没和女儿商量吗？"陈伯反问道。

赵阿婆一时语塞。女儿却高兴起来，陈伯又转身对姑娘说："你妈不给你买是不对，可你妈出嫁时，你给她买了吗？人要彼此一样才好呀。"

母亲成亲和女儿商量与母亲成亲女儿买嫁妆并列一起，都是不可能的事，意思完全相反，差异巨大，但说明了母女二人争吵的理由，是都没有为对方着想，因此，经陈伯如此点化，母女二人不得不心服口服。

类比幽默术是个反常规的"坏孩子"，它是借着一丝灵气，将事物不伦不类地加以归类。因其具有简便的特征，常为人们所使用。

星期六，一位年轻人照例进城卖鸡蛋。他问城里常打交道的中间商："今天鸡蛋你们给多少钱一个？"

中间商简单地回答："两美分。"

"一个才两美分！这真是太便宜了！"

"是啊，我们中间商昨天开了个会，决定一个鸡蛋的价格不能高于两美分。"年轻人无奈地摇摇头，但也只好将蛋给卖掉，回去了。

第二个星期六，这个年轻人照例进城，见的还是上次那个中间商。中间商看了看鸡蛋，说："这个星期你的鸡蛋太小了。"

"是啊，"年轻人说："我们的母鸡昨天开了一个大会，它们做出决定，因为两美分实在太少，所以不能使劲下大蛋了。"

一个是"人会"，一个是"鸡会"，并列一比，绝妙横生。

类比幽默的幽默感是"比"出来的，其情趣也是"比"出来的。这样就有利于对方心理接受。

类比幽默是把风马牛不相及的一些概念，或彼此之间没有历史的或约定俗成的联系的事物放在一起对照比较，它能使人在会心的微笑或难堪的境况中开启心智，受到教育。

转换幽默——由此转彼，趣味调节

转换是打破特定语言情境的一致性，故意将不同语境中的词语转移套用，由此转彼，造成语言表达上的严重不谐调，从而产生诙谐的幽默感。

总之，口语表达中构成幽默的表现手法很多。幽默表现手法的技巧和智慧直接体现着口语表达水平的高低。越富有幽默感，口语表达的效果也就越理想。不论用哪种形式和方法都要注意自然，注意幽默产生的客观效果。

　　一味地说俏皮话，无限制地幽默，其结果反而会不幽默。譬如，把一个笑话反复地讲了三遍、五遍，起初人家还以为你很风趣，到后来听厌了之后，便不会感到有什么兴趣了。说笑也要注意，有时也会使人不高兴的，理由是说得不是恰得其时其地。譬如大家聚精会神在研究一个问题，某人忽然在这里插进一句全无关系的笑话进去，则不但人们不会发笑，也许还会给予白眼。

　　最危险的幽默是取笑他人的幽默，如果幽默含着批评意味、带着恶意的攻击，挖苦别人丑陋的事情，这些话还是不说为妙。请一定避免下面的话题：宗教、人种、身体缺陷、种族、外表……这样的笑话很可能会让人脸上开花，即使它们真的很滑稽。例：一个人问："为什么人们会在我只说了两三句话之后便不喜欢我呢？"另一个回答说："因为这样节约时间。"这样很滑稽，但是却充满恶意，而恶意通常起不到效果。

　　幽默是生活的调料，是人类智慧的火花，是属于艺术性的口语。它能用生动形象、鲜明活泼、委婉、含蓄、风趣、机敏、确切的口头语言，每个人都可以友善地提出自己对现实问题的见解，让人们在愉快的情境中、欢乐的笑声中接受表达者的观点。

转换幽默的调节方法

　　幽默语言调节法。幽默语言对情绪有重要的影响，当你悲伤、愤怒、焦虑不安时，可以朗读幽默的诗句，或颇有哲理性的格言，如"留得青山在，不怕没柴烧""比上不足，比下有余"。

　　变通思维转换。若想消除负面情绪，最根本的方法就是思维方式的调整，即变通思维方式，也就是我们平时所说的换一个角度看问题。人世间的好事与坏事都不是绝对的，在一定的条件下，坏事可以引出好的结果，好事也可能会引出坏的结果。

夸张技巧——夸大的幽默真给力

夸张是为了达到某种表达需要，对事物的形象、特征、作用、程度等方面有意夸大或缩小的修辞方法。

"霜皮溜雨四十围，黛色参天二千尺。"这是唐代大诗人杜甫《古柏行》里形容古柏高大的诗句。这两句诗曾引起一场笔墨官司。《梦溪笔谈》的作者沈括说："四十围直径只有七尺，此树高达二千尺，不是显得太细长了吗？"《沼溪渔隐丛话》的作者引黄朝英的话："古制圆周与直径的关系是三比一，四十围就是一百二十尺，直径即四十尺，此树虽然高达二千尺，也不算细长了。"

这两个人说的似乎都很有道理，但是这样计算似乎过于拘泥了。杜甫是在进行文学创作，是运用夸张手法写古柏的气势。"四十围""二千尺"都是虚数，并非实指。夸张是为了表情达意的需要，故意言过其实，对客观的人、事、物作夸大或缩小的描述。它的内核是表情达意，它的外貌是言过其实。只要内核把握好了，对外貌不必斤斤计较。和比喻一样，一般的夸张说法已为人们普遍接受，逐渐化入人们的日常言谈之中，再也没有最初的刺激力了。

我们平时说的"烦死人了"就是典型的夸张。是程度上的夸张，因为烦人要到"死"的地步，岂不是夸张地形容烦得厉害？再如"忙了一天""干了一辈子""笑得喘不过气来""尾巴翘到天上去了"，以及"天翻地覆""绕梁三日"等，都运用了夸张的手法。可正由于用得多了，人们便不觉得那是夸张了。

又正如比喻要求创新，夸张也要求创新。比喻创新的路子是拉大本体与喻体的距离；夸张，尤其是作为幽默机智的方法的夸张，就是推向极度，所以这里称为极度夸张。

一群人围住一个小男孩，只见他蜷缩在地，痛苦地呻吟着。原来他吞了一枚10英镑的金币到肚子里。围观的人眼看孩子痛得不行了，都急得不知如何处置。这时，从人群中走出一位先生，来到小孩的身边，抓住小孩的腿，把他倒提起来，猛力地摇晃几下，只听"呼"的一声，那枚金币从孩子的嘴里喷了出来，围观的人舒了一口气。

一位旁观者问那位先生："你是医生吗？"

"不！"那人回答，"我在税务局工作。"

此幽默令人捧腹，把税务局抠钱的本领夸张得无以复加。夸张不仅应用于较和平的场合，在剑拔弩张的场合同样不可缺少。

比如那些毫无根据，又极具挑衅的提问总是会激起人们的反感，这个时候我们就应该善用夸大的幽默来回驳他人的挑衅。

夸张应用到说话中往往起到讽刺的效果。正因为其有夸大的成分也就制造了幽默。所以应用夸张手法往往能起到一般语言起不到的作用。

巧用反语——将错就错，以讹反讹

无论是在日常生活还是工作中，我们都离不开幽默的谈吐，它在人际交往中可以发挥很大的作用。

幽默的语言，具有愉悦作用。幽默大师萧伯纳在街上被一骑自行车的人撞倒了，肇事者吓得不得了，连忙向萧翁道歉，萧翁却对他说："先生，你比我更不幸，要是你再加点劲，那就成为撞死萧伯纳的好汉而名垂史册啦！"

幽默的语言还可以借机反讽，是讥讽对方的有力武器。幽默地用反语温和地讥讽对方的蠢话，其中蕴含着说话者善良的气度和高超的语言艺术。

反语是指所说的道理或所举的事例全是和真理明显相违背的。这种手法贵在故意送明显的悖谬给对方，使对方在明显的悖谬中省悟到自己也同样错了，因此而改变主意。

清朝的康熙是一个颇有文化素养的皇帝。据说他在一次出游中，因一翰林学士把路旁一尊名曰"翁仲"的石人像，说成"仲翁"，回宫之后，就此写了一首反语打油诗："翁仲如何读仲翁，想必当年少夫功。从今不得为林翰，贬尔江南做判通。"此诗妙在将错就错，以讹反讹。翰林学士把"翁仲"读作"仲翁"，他就在诗中故意把"功夫""翰林""通判"三词统统来个颠倒，用这一连串的反语冷嘲热讽，奚落戏弄，十分辛辣，而且机智俏皮，幽默风趣，读来可笑而又感到有一种含蓄之美。

反问运用——只问不答，反诘进攻

反问是一种用问号做武器的修辞方法，就是用疑问的形式表达某种确定的意思，只问不答，因为答案很明显，不需要回答。它能够把确定的意思表达得更鲜明更强烈。

你们家有人生病了吧？刚才，我见有医生从你家出来。

有军人从你家出来，你家爆发战争了吗？

反诘进攻，往往能比正面提问更有力量，更能表达爱憎之情，更具有强烈的批判和讽刺的作用。很多时候，还可以用反诘转守为攻，造成心理上的优势和咄咄逼人的气势，置对方于被动的地位。

除此之外，幽默还具有批评、教益的作用。

反语批评在特殊的场合或特殊的人物面前若运用得好，常常能收到意想不到的效果。这种手法无论对什么样性格的人都适用。

古代君王都好玩乐，而他们身边总是有那些懂得以"赞"促"改"的贤臣才子对其加以劝谏。

景公爱喝酒，连喝七天七夜不停止。

大臣弦章上谏说："君王已经连喝七天七夜了，请您以国事为重，赶快戒酒，否则就请先赐我死。"

晏子后来觐见齐景公，齐景公便向他诉苦说："弦章劝我戒酒，要不然就赐死他。我如果听他的话，以后恐怕就尝不到喝酒的乐趣了；不听的话，他又不想活，这可怎么办才好？"

晏子听了便说："弦章遇到您这样宽厚的国君，真是幸运啊！如果遇到夏桀、殷纣王，不是早就没命了吗？"

于是齐景公果真戒酒了。

吃喝玩乐似乎乃君王的天性，倘若直言劝谏，告诉他那是大错特错，有多少的坏处，恐怕他很难听进去，反而会大发雷霆。把话的角度调转180度，效果也会相应调整180度。

对于一些有自知之明的人来说，根本用不着太严厉的批评，采用这种正话反说的批评方式最好不过了。

反语的幽默修辞主要在以下几种情况运用：

（1）遭遇尴尬，用反语可以为他人解围，达到气氛的和谐状态。

（2）遭遇刁难与讽刺的时候，反语可以顺势而为，将错就错，对对方的讥讽给予粉碎性的反击。

（3）当想要顺利实现劝谏的时候，直言或许会有损于对方的面子，反语则以最有力的说服给予对方深刻的批评与教益。

第四章

幽默分寸——把握幽默的"投放量"

把握幽默分寸，打造活力社交

在生活中和在工作中，幽默都要有所禁忌，尤其是在办公室，就更要注意开玩笑的尺度，即使是最轻松、最简单的幽默，都要把握住分寸。当然，这并不是说办公室就是一个不苟言笑、死气沉沉的地方，在某些时候，办公室里的玩笑可以起到调节紧张工作、减轻工作压力的作用。但切记这个时候的玩笑绝不能过分，最重要的是绝不能在异性面前说那些低级趣味的笑话。否则，必将为人所不齿。

在办公室的幽默口才一定要注意到以下几方面：

（1）人们很少像他们自己认为的那样大度宽容。

（2）玩笑是主观和伤人的，没有人人都喜欢的笑话，几乎每个笑话都会有一个受害者。在制造任何恶作剧之前，应该问问自己：我的受害者能否承受得住？

（3）玩笑完全在于时机的选择。玩笑对象不是太忙的时候，可能认为这个玩笑有趣；当他或她正在赶工时，玩笑可能就变得没那么有趣了。如果你开玩笑的次数过多，那么你就有问题了：你是个制造麻烦者。

（4）制造一个影响整个公司或一个大部门的恶作剧不是件好事。每个人的幽默感不同，总有一部分人认为做这种事的人是愚蠢的。

（5）记住玩笑对象的忌讳，不要触犯他们心中的伤疤。

（6）记住你的职业。在医药行业，在某人抽屉里放一只人手模型不算可笑，而在法律行业，在其屁股底下放一个吱吱作响的坐垫，就已经是开玩笑的极限了。

总之，把握分寸、学会察言观色，才是使用幽默口才最重要的环节。

幽默口才要把握住分寸

　　想要把幽默表达得合理，便要分清场合，把握好幽默的"度"。在表现幽默口才时，若不把握好幽默的尺度，单纯为幽默而说笑，那就必将对自己的形象和自己在别人心目中的分量产生不利的影响，甚至对两人之间关系也有直接的影响。

　　讲述幽默切不可挖苦和嘲笑对方，也不能用模仿别人的动作和说话语气来取笑。如果可以把气氛调动得愉悦欢快，就应该毫不犹豫地继续下去。反之，马上闭嘴是正道。

　　表现幽默口才时还应注意到听者的特征。那些关系比较密切的熟人之间可以开玩笑。但如果你所面对的是那些半生不熟或内向的女性，那么随便开玩笑就是很不适宜的了。

把握地域禁忌，避开别人的忌讳

　　我国地域广阔，方言习俗各异。一个规模较大的单位，不可能只由本地人组成，一定还会有各地的同事，要特别注意这点。不同的地方，语言习惯不同，自己认为很合适的语言，在其他不与你同乡的同事听来，可能很刺耳，甚至认为你是在侮辱他。

小齐是西北某地区人，而小秦是北京人。一次两人在业余时间闲聊，谈得正起劲，小齐看见小秦头发有点长了，就随口说："你头上毛长了，该理一理了。"不料小秦听后勃然大怒："你的毛才长了呢！"结果两人不欢而散。

无疑，问题就出在小齐的一个"毛"字。小齐那个地方的人都管头发叫作"头毛"，小齐刚来北京时间不长，言语之中还带着方言，因此不自觉地说了出来。而北京却把"毛"看作是一种侮辱性的骂人的话，无怪乎小秦要勃然大怒了。

还有许多其他的语言习惯，如北方称老年男子叫老先生，但如果上海嘉定人听来，会当是侮辱。安徽人称朋友的母亲为老太婆，尊敬她，而在浙江，称朋友的母亲为老太婆那简直就是骂人了。各地的风俗不同，说话上的忌讳各异。在与同事交往的过程中，必须留心对方的忌讳话。一不留心，脱口而出，最易伤同事间的感情。即使对方知道你不懂得他的忌讳，情有可原，但至少你还是冒犯了他，双方的友谊是不会有所增进的，因此应该特别留心。

各地的风俗习惯不同，形形色色，五花八门。因此，当我们在和外地人交谈时，首先就要了解一下该地域的文化背景，尤其是当地的禁忌，以免在洽谈中使用了不恰当的语言，触犯了他们的忌讳，从而引起不必要的误会，甚至妨碍了有效的人际交流。

比如，到内地来投资的香港商家很多，他们说话时都爱讨个吉利，所以，我们在与港商进行洽谈时，他们认为不吉利的话就不要说。像"四"与"死"谐音，在他们面前说"四"就会犯忌讳。

他们对六、八、九这三个数字颇有好感，因为听起来很像大吉大利的"禄发久"。掌握了这一点，在你讨价还价时，不妨向他们讨个吉利。

"金利来，男人的世界"——这句广告词可谓家喻户晓，令"金利来"领带风靡神州。殊不知，它也曾有过被消费者拒之门外的经历呢。

"金利来"，原名是意大利文的意译——"金狮"。

有一天，"金狮"有限公司董事长曾宪梓先生将两条"金狮"领带送给一个亲戚，亲戚一脸不高兴地说道："我才不戴你的领带呢。金输金输，什么就都输掉了。"

原来，粤语中，"狮"与"输"读音相近。为了避免犯这个忌讳，曾先生当晚一夜未眠。冥思苦想，绞尽脑汁，终于想出了万全之策。

他将GOLD依然意译为"金"，却将LION音译为"利来"，即"金利来"。这个名字体现了曾先生对消费者的文化传统、风俗习惯以及消费心理的尊重。"金利来"这个名字一叫即响，人见人爱。可见，只有"入乡随俗"的商业活动，才能真正抓住顾客的消费心理。

注意幽默尺度，避免踏入雷区

在人际交往的过程中，幽默是一种润滑剂。它对我们人际关系的和谐、我们的沟通活动有着巨大的促进作用，幽默是两颗甚至更多心灵之间的碰撞，是拥有爱和友谊的催化剂。幽默的人所到之处，都会给沉闷的气氛带来一份欢笑和融洽。所以说，如果把生活比作菜肴，那么幽默就是一味给菜肴增加色香味的调料。

但要知道，即使再有味道的调料也不能任意使用，就如同菜里放盐，适当地调入会让菜肴美味可口，但要是放得太多，便会成为一种苦涩。同理，适度的幽默会让生活变得多姿多彩，但要用得过度，同样会对别人造成伤害，不仅想要达到的目的实现不了，反而会让事情的发展进一步恶化。

聊天中开玩笑的人大多数都没有恶意，但若不把握好尺度和分寸，也会产生非常不好的后果，正所谓"说者无心、听者有意"。有的时候，即便是称赞他人，也

幽默不可建立在别人的痛苦之上

一定程度的玩笑可以为大多数人所接受，但某种特定类型的幽默却总会让一些人无法容忍。每个人都有自己不愿提及的往事，如果某个玩笑刺痛到了对方的内心创伤，就可能会激怒对方。

人之所以会发胖其实是没有管住自己的嘴，我们每天摄入的营养要比身体所需要的多得多呢。

没错，这篇文章的标题是不是叫作"活该你胖"呢？你吃那么多才那么胖，都是自找的。

在运用幽默口才时，万不可把自己的快乐建立在别人的痛苦上。痛苦的幽默不但成不了沟通中的"润滑剂"，甚至还有增加沟通"摩擦系数"的可能。

可能不小心冲撞了对方，引起对方的反感，甚至有时可能还会招来怨恨。所以，社交幽默中掌握一些分寸还是非常有必要的。

律师这个职业是最需要口才表达能力的。只有拥有一副好口才的律师，方能在其岗位上做出一番业绩。虽然我们不能要求律师像一台毫无感情的机器，也不能说律师口中的幽默就是不合时宜，但身为一名律师，在谈话过程中一定要注意，切不可开过分的玩笑，否则，吃亏的就是自己。

有一位律师总是带着满身的伤痕回家。妻子很纳闷，问："你究竟是律师还是黑社会打手？怎么总是这么狼狈？"

律师回答道："别提了，那帮当事人真是太难伺候了，一句话说不对就动拳头揍我。"

妻子奇怪地问："你都说什么了？"

"今天有一个当事人要起诉他的同事。因为那个同事总是在单位辱骂他的妻子，说他妻子尖嘴猴腮的一看就不是好人，还说她没有进化好，过早从树上下来生活。我说：'嗯，没问题，可以起诉她侵犯名誉权，让她赔礼道歉、赔偿损失。对了，你带妻子的身份证了吗？我需要一张复印件和委托书。'他很痛快地把东西给了我，结果我随口的一句话，就挨揍了。"

"你说什么了？"

"我说：'咦，奇怪，现在怎么连猴子也需要办身份证了？'"

这种律师确实欠揍。无论是谁听到这样的话，哪怕是再幽默，恐怕也笑不出来，挥动拳头或许都是轻的了。

说话要看对象，幽默应恰到好处

说话看对象，文化程度是很重要的一项。

人口普查员填写人口登记表，问一个没有文化的老太太："您有配偶吗？"老太太说："你问我有没有买藕吗？"结果闹了个笑话。

说话看对象还要看对方的身份职务。身份职务不同并不妨碍人际交流，下级对上级、晚辈对长辈、学生对老师、普通人对于有名气地位的人等，不应当也不必要表现得屈从、逢迎。但在言谈举止上则不要过于随便，有必要时也应当表现得更加尊重对方一些。如学生与老师之间发生了矛盾，可以像同学之间发生矛盾一样平等地交流、沟通，但在说话上应当注意方式和讲究措辞。

谈话对象还要分性格和心理状态。

性格外向的人易于和人交谈，性格内向的人多半"沉默寡言"，不善于主动与人交谈。同性格开朗的人谈话，你可以侃侃而谈；同性格内向的人谈话，就应注意分寸，循循善诱。

不同的人在不同的情况下有不同的心态，有时候甚至不会从外部表现上明显地表露出来，这时作为表达者就应当洞察对方的心理，以便进行有效的交流。

从前有个人在家里大宴宾客，眼看着约定的时间已经过了，还有一大半的客人没来。主人心里很焦急，便说："怎么搞的，该来的还不来？"一些敏感的客人听到了，心想："该来的没来，那我们是不该来的。"于是悄悄地走了。主人一看又走掉好几位客人，越发着急了，便说："怎么这些不该走的客人，反倒走了呢？"剩下的客人一听，又想："走了的是不该走的，那我们这些没走的倒是该走的了！"于是又都走了。最后只剩下一个跟主人较亲近的朋友，看了这种尴尬的场面，就劝他说："你说话前应该先考虑一下，否则说错了，就不容易收回来了。"主人大叫冤枉，急忙解释说："我并不是叫他们走哇！"朋友听了大为光火，说："哦，不是叫他们走，那就是叫我走了。"说完，头也不回地离开了。

一定要看清对象说话

对不同性别的人讲话，应当选择不同的方式。面对不同的交谈对象，也应该使用恰如其分的幽默话。

说话看对象，文化程度是很重要的一项，说话看对象还要看对方的身份职务。不然很容易闹出笑话的。

谈话对象还要分性格和心理状态，性格外向的人易于和人交谈，性格内向的人多半"沉默寡言"，不善于主动与人交谈。同性格开朗的人谈话，你可以侃侃而谈；同性格内向的人谈话，就应注意分寸，循循善诱。

以上这个事例告诉我们：幽默说话一定要看对象，注意对方的心理状态，观察对方的性格特点，尽量避免说话时无意之间伤了人。

谈话还应注意的是，跟与自己关系不同的人说话，也要区别对待。

（1）许多人结婚后，认为对方成了"自己人"，在语言和行为上开始毫不在乎分寸，无所顾忌，想说什么就说什么，想怎么说就怎么说。这种在夫妻之间任其自然的做法积极的方面，是可以使夫妻双方推心置腹；消极的方面，就是有时不加考虑的言行会伤害对方的感情。

（2）如果是朋友惹恼了你，你可以在一段时间内与其拉开距离，直到气消后再去找他。但不管妻子对丈夫或丈夫对妻子多么生气，却无论如何回避不了的。因此，体谅就显得非常重要，理解也成了把握分寸的基础。

① 跟朋友幽默说话，要真诚、实在、和气，但这样不等于不讲究说话技巧，不需要分寸。幽默话说得好，可以加深朋友之间的感情；幽默话说得差，不讲究方式，迟早会使朋友疏远，甚至得罪朋友。

②多说对朋友有好处的幽默话。在中国，中庸之道是一种至高的做人法则，掌握了这一法则，便会在生活中游刃有余。交友也讲中庸，除了"谈而不厌"外，还要"简而文"、"温而理"，简略却文雅，温和且合情理。

在幽默说话过程中知己知彼，才能"百说百灵"。

同样的幽默话，可能这个人说，你很愿意接受，而换了另外一个人说，不但不接受，而且还产生了反感，因此，说话要分对象，要有针对性。

说笑一旦过火，笑果变成恶果

开玩笑要有轻有重，"重"的玩笑多半是开不得的，它只能在比较特殊的场合才能开。若在一般场合开比较"重"的玩笑，可能就不再可笑了，甚至会变成悲剧。朋友聚会，为了活跃气氛，应该选择一些比较轻松的玩笑开，如果不是特殊需要，切不可开比较"重"的玩笑。

据某报刊载：

张某和几个朋友一起喝酒，几两酒下肚后，张某脑袋就有些昏昏沉沉了。两位朋友边喝边和他开玩笑："瞧你这丑样，你那儿子倒很漂亮，莫不是你媳妇跟别人生的？"张某是个小心眼的人，平时也爱丢三落四，但此时在醉态中却牢牢记住了这句开玩笑的话。

等张某跌跌撞撞回到家，就向妻子找碴："你说！我长得是啥样，为什么这孩子却是那模样？到底是不是和我生的？"他边说边逼近妻子。突然，他冷不防从妻子怀里抓过孩子，拎着小腿，把孩子扔到炕上，又顺手抓起枕头压在了哭叫不止的孩子的脸上，可怜的孩子顿时没有了哭声。见此情景，妻子极力想救孩子，却被丈夫打倒在炉灶前。妻子急恨交加，顺手抓起炉灶旁边的炉钩，死命地甩向张某。只听张某"哎呀"一声，松开了枕头，慢慢地瘫倒在地上。妻子从地上爬起来，不顾一切地向儿子扑了过去。她急忙掀去枕头，儿子的小脸儿憋得青紫，已经奄奄一息了。再看丈夫，他倒伏在地上，一动不动，一股青紫色的液体顺着他的右腮淌下。原来她甩过去的炉钩的尖端，刚好嵌进张某的右边太阳穴，她见状吓得昏了过去。

一边是只剩下一口气的宝贝儿子，一边是一口气也没有的丈夫。顷刻间，好端端的一家人，家破人亡，毁于一旦。

看来，开玩笑之前，务必要考虑这个玩笑带来的后果，不该开的绝不要随便开，有时开玩笑，还要考虑到自己的特殊身份及开玩笑的对象，不然，也可能会发生意外，这是应该引起我们注意的。

开玩笑的注意事项

开玩笑不能过分，尤其要分清场合和对象。开玩笑的忌讳主要有以下几点：

和长辈、晚辈开玩笑忌轻佻放肆，特别应忌谈男女情事。几辈同堂时的玩笑要高雅、机智、幽默、解颐助兴、乐在其中。在这种场合忌谈男女风流韵事。当同辈人开这方面玩笑时，自己以长辈或晚辈身份在场时，最好不要掺言，只若无其事地旁听就是。

朋友陪客时，忌和朋友开玩笑。人家已有共同的话题，已经形成和谐融洽的气氛，如果你突然介入与之开玩笑，转移人家的注意力，打断人家的话题、破坏谈话的雅兴，朋友会认为你扫他面子。

第五章

幽默时机——合适的时间说适合的话

适时开口，幽默在智慧中潜伏

"能行风，就行风，不见兔子不撒鹰。"这是一句民间谚语，很俏皮，但也很深刻——伺机而动，因势而行。如此，才能以最小的损失博取最大的利益。在幽默口才的施展上，我们同样要做到根据时机而开口，把话说得恰到好处，把幽默口才像好钢用在刀刃上那样，运用到最合适的地方。

若想取得这种效果，就需要以我们的智慧为根基，聪明的人，知道什么时候，运用什么样的幽默方式，才会取得对自己最有利的帮助。

9岁这年，纪晓岚到县里参加童子试。入考场前，他手里正拿着一截树枝和几个相识的考生玩耍。这时，担任主考的教谕来了，纪晓岚赶忙把树枝藏在袖筒里，一本正经地向教谕大人问好。

先生看着这个小机灵鬼，心中十分喜欢，便把他叫到身边说道："你这个小顽童，生得倒挺机灵，不知你的书念得如何？"纪晓岚的娃娃脸上，两只大眼晶晶闪亮，看着教谕说道："一会儿入场考试，大人就会晓得了。"他这么一说，把教谕大人逗乐了，说道："现在未入考场，我倒要先试你一试。"说完，教谕给纪晓岚出了一联，要他来对，这句上联是："小童子暗藏春色。"纪晓岚听了，脸上微微一红，便扑哧一下笑出声来，想是先生看到了自己刚才顽皮的样子，便赶忙回答了一句下联："老宗师明察秋毫。"教谕听了含笑点头，没想到这个小顽童对得如此巧妙，拍拍纪晓岚的头顶称赞道："好，好！你真可称得上是个小才子啊。"后来，纪晓岚到河间府参加童生试，他的顽皮又引起了考官的注意。考官是三年前登科的举人，正是踌躇满志的时候，听人讲这个小顽童就是有名的小神童，便要试一试他的才思。

考官给纪晓岚出了一句上联：

"十岁顽童，岂有登科大志。"

哪里想到，纪晓岚人小心大，一点也不胆怯，看考官出联有讥讽之意，竟然反唇相讥，对了一句下联："三年经历，料无报国雄心！"考官听了，苦笑两声却对他奈何不得，突然见门上绘着神荼、郁垒两位门神，就又给纪晓岚出一个上联：

"门上将军，两脚未曾着地。"纪晓岚毫不示弱，略一思索答出了下联："朝中宰相，一手可以托天。"考官看纪晓岚还真有点学识，满意地笑了起来。

半年之后，这位考官已做太守，与纪晓岚再次偶遇，是因为纪晓岚与伙伴玩的球撞到了考官大人那里。于是，纪晓岚施上一礼，口中说着："拜见宗师大人。"太守把球拿在手里，对纪晓岚说道："这球是你的吗？""正是晚生之物。""不在学中读书，跑到官道上恣意戏耍，竟将球打入我的轿中，实在太淘气了！"纪晓岚低头说道："学生知罪，所以不敢跑开，站在这里等着给大人赔罪。"太守被这小顽童的伶牙俐齿说得高兴起来。他把手中的球晃一晃说道："好吧，我给你出一上联，你若能对得出，就把球还给你。"纪晓岚笑着答道："谢大人指教。"太守说道："童子六七人，惟汝狡。"纪晓岚想了想，脱口而出："太守两千石，独公……"说到这里，不往下说了，两颗眼珠盯着太守的脸，滴溜溜乱转。

注意时机

请求别人，要把握恰当的时机，对方时间宽裕，心情舒畅时，请求他做点事得到答应的可能性很大；相反，对方心境不佳时，你的请求可能只会令他心烦，对方正忙于某件事情时，你提出请求一般很难得到确定的答复。

好吧，说吧！

经理，趁着您高兴我想求您点事！

在我们求助于人的时候，要时刻观察领导的心境变化，在他很开心的情况下，再采取"曲折委婉"之法适时地提出来，这样的表述不仅十分诚恳贴切，又可以不使人反感，最重要的是可以达到说服别人的目的。

幽默说话要注意时机，把握说话时机非常重要。这个过程要求我们要在不同的时间、地点、人物面前说合适的话，该说话时才说话，而且要说得体的话。只要我们有充分的耐心，积极进行准备，等待条件成熟，顺理成章地表达自己的观点，不仅能赢得对方的开心，又能令自己舒心。

太守问道："为何不将末字说出来？"

纪晓岚慢吞吞地说道："太守大人如果肯将球还给我，那就是'独公廉'，假如您不肯还给我……""不还给你怎么样呢？""那便是'独公贪'啦！"这下倒把太守逗得笑起来，然后说道："你真是个十足的顽皮鬼！"太守看这孩子聪慧狡黠，胆大过人，将来必成大器，便笑着拍拍纪晓岚的头，把球还给了他。

在适合的场景说话才会带来理想的效果。纪晓岚深知该说话的时候一定要开口，不该说话的时候一定要紧紧闭上自己的嘴，这样才会得到自己想要的东西，也就是那只球。一个人如果掌握了攻心的技巧，加上富有幽默的艺术性语言，那么他在求人办事的时候，往往比别人更容易成功。

一句充满人情味与幽默感的请求话，比通盘大道理更有说服力，因为人还是比较重情义和情趣的。

打破冷场，让幽默及时出手

在日常生活和社会交往中，尤其是在比较正式的场合，如聚会、议事等常会出现冷场现象，彼此都尴尬。冷场，在人际关系中，无疑是一种"冰块"。打破冷场的技巧，就是及时用随意应变的幽默融化妨碍交往的"冰块"。

1.风趣接话转话题

在谈话中善于抓住对方的话题，机智巧接答，可以使我们的谈话变得风趣，从而使谈话气氛活跃起来。有一个典型的例子：当我们夸奖对方取得的成绩时，总能听到这样的回答："一般情况"的说法。倘若我们不接着话茬说下去，就有点赞同对方的"一般情况"说法的意思，达不到接话说的目的。可以这样回答：" '一班'情况尚且如此，那'二班'情况就可想而知了。"言外之意是说："你一班的情况才如此的话，我二班的情况就更不值得一提了。"这类回答，一般是采用谐音、双关的手法，接住对方的话茬，做风趣的转答。

巧妙地接答对方的话茬，可以把原来的话题引向另一个话题，使谈话转变一个角度继续进行下去。

刘某是公司负责某一地区的销售业务员。公司为了加强和客户之间的联系，特举办了一年一度的"工商联谊会"。公司安排刘某在会议期间陪同他的客户顾某。他们路过一家商场，谈起了商场销售情况。末了，顾某深有感触地说："现在，市场竞争够激烈的。"刘某接过他的话茬儿说："就是，在你们单位工作的业务员也不少吧？"

就这样刘某既把话题延伸下去，同时又把话题朝向有利于自己的方向展开。

2.巧妙析姓辨名

在气氛不活跃时，可以针对一些人的姓名进行别致的解释，其效果往往会出人

■ 打破冷场，适时幽默地提问

婉转型提问。为了避免对方拒绝回答出现尴尬局面，可婉转地提出问题，如果对方不愿意，拒绝也不会令人太难堪。

选择型提问。这种提问方式多用于朋友之间，表明双方并不在乎如何选择。成功的谈话是所有的人都积极参与到谈话过程中的心与心的双向沟通。要达到这种沟通，就要利用好选择性提问。

意料，从而活跃了气氛。

　　冷场的出现，往往与"话题"有关。"曲高和寡"会导致冷场；"淡而无味"同样会引起冷场。不希望出现冷场的交谈者，应当事先做些准备，使自己有一点"库存话题"，以备不时之需。

适当使用幽默，不滥用才真有用

　　每年的4月1号是西方的愚人节，在这一天，人们可以相互逗趣，开玩笑，甚至是愚弄别人。比如一个人到澡堂洗澡，衣服不翼而飞；一个学生去上课，教室里却空无一人；一个男孩突然收到不是父母的"父母"寄来的信件，等等。在这样的日子，人们不仅不会因为被愚弄而感到不安或是恼羞成怒，反而在发现上当后会因为被捉弄而发自内心地高兴。如此也不会让大家感到尴尬，而产生不必要的矛盾，因为大家都知道这一天如果被"幽默"一下是适时的，还可以享受不一样的乐趣。再看看下面这个让人捧腹大笑的"愚弄"吧！

　　愚人节，有一个人在街上散步，他突然听到背后传来一声吆喝："让开，让

看准对象，幽默应因人而异

　　俗话说得好："一种米养百样人。"人与人的性格、文化背景、心理都是千差万别的，我们在与他人的交往中，假如你对幽默的参与者知之甚少，那么你苦心经营的幽默不仅得不到想要的效果，反而还会招致对方的误解。对象的不同，幽默的方式就应该有所变通，才能收到好的效果。

　　在社交生活中，我们应根据具体的环境、对象和氛围，采用适当的形式来表达出恰当的幽默。幽默不能作为一种伤害他人的工具，而应该成为为他人设身处地考虑的润滑剂。

　　注意对象，了解对象，才容易找到合适的幽默话题；适应对方的心理需要，才能真正达到沟通的目的。分而治之，是现代幽默的最为完美的战术。罗曼尼·葛瑞说过："幽默乃是尊严的肯定，又是对人类超然物外的胸襟之明证。"

开，便桶来了。"于是他急忙闪到旁边，这时，只看到一个小伙子带着个漂亮姑娘骑着一辆自行车急驰而过。这还真是一个风趣的小伙子，一个玩笑便给人们带去了快乐。

英格兰人有句俗话是这样的：尽管幽默的力量很重要，但它并不是生活的全部。这就告诉我们运用幽默要懂得审时度势，时机恰当，你才去用它。

我们都知道，大多言语交际的不成功往往与滥用幽默有关。如果你为了幽默而不论何时何地都喋喋不休，把幽默当作是一种向别人炫耀的资本，那么，你不光会使自己陷入尴尬和困境，还会导致别人轻视你，使你丧失人格价值。因而，我们运用幽默时，千万要注意时机的选择。

幽默，除了看时机之外，分场合也很重要。只讲究场合而不看时机的幽默，是肤浅的，而光讲究时机却不注重场合的幽默，是不成熟的。只有把两者结合起来，才能把幽默运用得更加恰如其分。

在一些严肃的场合，如纪念重大事件、会议、法庭等，就不要随便显示你的幽默，要不然只会引来他人的误解甚至怨恨。在一个葬礼上，朋友的父亲去世了，他正为此而伤心不已，你对面对着父亲遗体的朋友说："你的父亲生前一定是个个性非常强硬的人，你看，他现在从头到脚都是僵硬的。"你认为说这样的话能够给朋友带去慰藉吗？肯定不会，这番幽默只会让你的朋友讨厌你，即使他不会当面痛斥你，但他肯定不会再信任你。你要分清楚，在某些场合，戏谑的话语只会招来非议，给你带来麻烦。

幽默是一门高雅的语言艺术，时机和场合是它天平的两端，成功的幽默就是能够找准天平的平衡点。幽默并非随时随地都可以向着人们抛洒，随着文明的进步，生活经验的积累，人们越来越清楚地认识到：幽默要讲究时机。

应该节制，该干脆时不啰唆

幽默需要节制，毫无节制的幽默反而失去了幽默带给人们的欢乐光泽，取而代之的是他人的厌恶，导致自己的社交失败。

社交场合一旦出现说话啰唆的人，无论什么人都会感到伤透脑筋。他们大大咧咧、漫不经心，讲起话来啰唆一大堆，看不出他们所说的话中间有什么逻辑联系。他们既不知道自己是在说些什么（没有明确主题），也不知道自己为什么要说这些（没有明确目的），更不知道自己遇到与人谈话的场合应该怎么办（不了解谈话的基本规则）。这样的人往往心地善良，不含恶意，但就是让人受不了。即使拥有幽默的口才，也很难给人们带来真正的乐趣，因为啰唆已经影响到了幽默的美感。

古典小说《镜花缘》中，林之洋、唐敖、多九公三人到了白民国，在一家酒店吃饭，酒保把醋错当成酒给他们送来了。林之洋素日以酒为命，举起杯来，一饮而尽。那酒方才下肚，不觉紧皱双眉，口水直流，捧着下巴喊道："酒保，错了！把醋拿来了！"这时旁边一个驼背的老儒赶忙劝他道：

"先生听者：今以酒醋论之，酒价贱之，醋价贵之。因何贱之？为甚贵之？

■ 在幽默交谈时要注意的技巧

既然是交谈，就要先听清楚别人在说什么，还得用心记住，免得三分钟后又重新发问，或自己说的和别人说的对不上号。聆听有时比说话更重要。心不在焉、漏听字句和记性不佳，都会使谈话变得冗长、拖沓、无聊。试想，如果在说话时，有人时时提问："你刚才在说什么？"那是多么令人扫兴的事。

注意观察他人的反应，包括他人的语调是否热情，是否对说的话感兴趣。谈话就像司机驾车过十字路口一样，要时时注意红绿灯。别人表情冷淡、哈欠连连，仍然滔滔不绝往下说，无异于违反了交通规则，如果别人对话题感兴趣，就会做出积极的反应，鼓励说下去。否则就是遇红灯，要赶紧刹车，适可而止。

另外，不要把"我"当成谈话中最大的字，要引导对话者也积极参与进来。这样即使你要说很多话，也不会让人觉得太冗长。在与人交谈时摆正"我"的位置，是一门大有学问的艺术。

真所分之，在其味之。酒味淡之，故而贱之；醋味厚之，所以贵之。人皆买之，谁不知之。他今错之，必无心之。先生得之，乐何如之！第既饮之，不该言之。不独言之，而谓误之。他若闻之，岂无语之？苟如语之，价必增之。先生增之，乃自讨之；你自增之，谁来管之。但你饮之，即我饮之；饮既类之，增应同之。向你讨之，必我讨之；你既增之，我安免之？苟亦增之，岂非累之？既要累之，你替与之。你不与之，他安肯之？既不肯之，必寻我之。我纵辩之，他岂听之？他不听之，势必闹之。倘闹急之，我唯跑之；跑之，跑之，看你怎么了之！"

唐敖、多九公二人听了，只有发笑。林之洋道："你这几个'之'字，尽是一派酸文，句句犯俺名字，把俺名字也弄酸了。随你讲去，俺也不懂。"

其实老儒无非是要告诉林之洋，醋的价格比酒要贵，酒保既然把醋给你，不要作声就是了，省得他跟你多要钱。如此啰唆地叙述这么简单的意思，也难怪三个人又好气又好笑呢。

要答应别人一件事时，说一句最多两个好字已经够了，但有些人却把"好"字一连说上十几个，这种重叠使用，不仅浪费，而且可笑。譬如说"明天会"，有人就说明天会明天会……其实用叠句的时候，除非是要特别引人注目，或特别要增强语中力量时才使用得着，在平时，这些习惯还是避免为佳。

如果你是个太讲究客气的人，你还是改变一下作风吧。犹豫不决，凡事要适可而止。把客气话说得太多，反而使人讨厌。

同样的名词不可用得太多，有人在解释物质不灭原理时，在几分钟内，把"从科学的观点上说"一语运用了二三十次。

要知道，无论什么新奇可喜的词，多用便会失去它动人的价值，第一个用花来比喻女人的人是聪明的，第二次把它再用的人便是蠢材了。人都喜好新鲜，每说一事，要创造一个新名词。把一个名词在同一时期中重复来用，是会使人厌倦的。

第六章

幽默规则——有规矩方能成幽默之方圆

启迪规则：人以笑话为笑，我以笑话醒人

"幽默是具有智慧、教育和道德上优越的表现。幽默感是人比较高尚的气质，是文明的体现，一个社会不能没有幽默。"恩格斯说。幽默既然是一种智慧的结晶，就应该具备启迪的意义，没有启迪与教育意义的幽默就成为作秀。

如今，如何提高工作以及生活效率成为人们都在不断探索的问题。那么，采取什么途径才能够做到呢？其实，恰当地采用幽默口才的沟通方式就是很好的方式之一。每个人都不喜欢枯燥、乏味的课堂，科学地运用幽默不仅能够活跃人与人之间的交往气氛，而且能够潜移默化地将科学知识融入其中，加深人们对语言的理解，从而有效地提升幽默口才的实效性。有学者经过科学的研究证实，幽默感是成功人士应该具备的品格之一。

庄谐适当是幽默的基本特点之一。这里所谓的"庄"即意味着坚持科学的思想，教授给人们的内容要遵循科学性、系统性的原则；"谐"则指的是采用诙谐、趣味化的表达方式，指人们交流的生动性与积极性。当然，所谓的"庄谐适当"，二者并非是矛盾的、冲突的，而是辩证统一的。采用"谐"的说话方式，最终是要实现"庄"的交流目的。所以"谐"的运用并非是可以天马行空，而要为"庄"的说话内容服务。如果抛开了"庄"的目的，那么所采取的"谐"就没有价值了，当然幽默也就毫无价值可言了。所以，说话幽默必须要把握庄谐适当的原则，才能使得人们在愉悦、放松的氛围中掌握幽默带来的知识。

与普通的语言相比，幽默有着更为深刻的内涵。无论采取何种具体的幽默手段，归根结底都是要最终实现自己的交际目的。幽默的谈笑可以打破沉寂、尴尬的场面，可以调节纷争，可以让自己在工作中表现更出色，可以赢得爱情的甜蜜、人生的精彩。

因此，幽默一定要把启迪作为根本，使人们能够接收到崇高的道德品质，学会分辨出是非曲直。在实际的幽默沟通中，也会有极个别的人不能很好地把握这一原则。例如有的人由于相信刻板印象，往往会对一些感觉不是很好的人进行冷嘲热讽，这样的幽默就失去了它原有的意义。比如，有的同学会对成绩不佳的同学产生

反感的情绪，当考试快要来临的时候，就会冷嘲热讽地对这些学生说："争取给你们家长带个鸭蛋回家过年吧。"其他同学会哄堂大笑，而受到嘲讽的学生往往会对这种方式产生抵触、逆反的心理，愈发不喜欢学习了，不利于进一步的教育。

幽默如果没有了启迪与教育的意义，就等于鸟儿失去了飞翔的翅膀，尽管还是鸟儿，却失掉了最重要的能力。

分寸中可进可退的中庸哲学

在幽默分寸中已经提到过，说话要把握住分寸，幽默更要有分寸。懂得幽默分寸的人，能把一句原本并不十分中听的话，说得让人觉得舒服。

还有什么比一对青年男女更美好的呢？

有，老夫老妻。

当不能对对方的话表示赞同的时候，也没有必要直接进行反驳，而是用一句话恰到好处地表达自己的观点，同时也让对方极力赞同自己的观点。

一句话说对了，可能扶摇直上，平步青云。而一句话说过了，则可能"一着走错，满盘皆输"，毁掉一生前途。因此，要想立足于社会并取得成功，就一定要把握好说话的分寸。

良性规则：友善创造和谐的幽默沟通力

在社会上生存，就少不了与身边的人打交道。再加上每个人都有自己独特的性格特点以及生活方式，如果没有群体意识以及良好的幽默感，实现与他人的和谐共处将是件很困难的事情。拥有幽默感的人都很清楚，幽默最重要的是要与人为善。

"与人为善"的内涵并不是字面上听起来的那样简单，它不仅是一种浅层面上的道德规范，更表现了一个人的精神境界和人格修养。它是智者心灵深处的一种沟通，是仁者内心世界里一片广阔的视野，是一个心理健康有幽默感的人对世间百态的一种发自内心的悲悯和宽容。在这私欲纵横的社会中，这种行为尤其显得高贵而真诚，平凡却独特。

相较于谦让，忍让、幽默大度则是与人为善的更高的境界。尤其是与那些有意挑拨事端、制造矛盾、恶意中伤他者的人，若是报着以牙还牙的心态与其争斗，这样不仅于事无补，最终还会落个两败俱伤的下场。幽默教会我们要和气待人，要以一颗包容的心面对他人的是与非。

其实，没有人不喜欢幽默，幽默感能促进更好的理解和沟通，它是一种智慧的表现，更能让一个人被接受。幽默是一种从容不迫的生活态度，一种开放豁达的心胸。用一种幽默的心态来与他人交往，也就是与人为善了。

其中，在良性沟通中的幽默沟通也是一种理想的沟通，良性沟通情境的创造，一般包括以下11点：

（1）四分钟哲学——开始的前四分钟，在任何情境中都是非常重要的。要给人良好的感觉与印象，无论是电话中，或与人面对面直接接触时，成败的关键就在于最初的四分钟。"四分钟哲学"的掌握，会让你有意想不到的效果。四分钟，传递愉快，传递温情，如：早安！您好！您好棒！好荣幸见到您。都是好词句。若有不满、怒气，且稍慢！你不妨先说好话，四分钟以后再慢慢陈述，这样可将产生冲突的可能性降到最低。

（2）微笑——保持微笑，不仅营造温馨，还可以化解暴戾，是建立良性沟通最简单而又有效的方法。

（3）眼神接触——眼睛直视着对方，表现为真诚、关注，可让对方心神平静，有安全感。

（4）倾听——先做良好的听众，聆听对方发言，有助于化解分歧，还可掌握部分讯息，有助于沟通。

（5）触动力——适度的身体接触，例如握手、轻拍手背、拍肩等，有助于拉近相互距离。

（6）精神力——保持高度精神力，用这种旺盛精神感染沟通对象。

（7）自信——充满自信，由眼、声、气、肢体充分表现，必有慑人之气。

没有乐观的心，就无幽默的情

幽默的人往往能够乐观地生活，没有乐观的生活心态很难说出幽默的话语。幽默不仅仅需要智慧的积淀，更需要拥有幽默的情怀。哈佛学子爱默生说："唯有具有最高尚的和最快乐的性格的人才会有感染周围的人的快乐。"

真正幽默的人，往往就会像乐观的小孩子一样，从任何事情中都能够看到希望。希望来自一颗乐观豁达的心，心怀希望的人，无论自己面临多么恶劣的环境，都能够对未来充满希望，幽默的力量就是能够让人们时刻充满希望。

成功学大师拿破仑·希尔说："没有任何东西能够换取希望对于人的价值。当我们面对失败的时候，当我们面对重大灾难的时候，我们都应该将人生寄托于希望，希望能够使我们淡忘自己的痛苦，为我们汲取继续走向成功的力量。"

每天给自己一个幽默，我们就能够充满勇气地面对自己的生活，而不是将时间花费在无尽的悲哀和苦闷上，生命有限但希望无限，每天给自己一个希望，我们就能够拥有一个丰富多彩的人生。

（8）准备充分——充分准备需要报告或沟通的内容，才会建立完全的自信，也才不会心虚、惧怕；人们往往对不确定、没把握的事，表现摇摆，没信心。若事前充分准备，就有信心进行沟通。

（9）空间情境——颜色轻柔，冷色调有助于安定情绪；浅淡的米、黄，则有温暖感觉，冬夏亦可选择不同色调。而在沟通的小环境中，如在宾客进场时播放轻音乐，则会使人精神放松，有助于之后的沟通。

（10）衣着——以简单保守为宜，以免注意力分散，颜色方面，除男性西装为深色外，女性可穿浅色套装，而洋装的色彩也不可过于强烈缤纷，佩件也以简单为宜。

（11）距离——沟通者相互站、坐的距离不可过远或过近，过远则失去直接效果，太近则有威胁压迫感，站立时以两人相互握手的距离最为适切，坐时中间以一椅之隔，或隔桌相对。

掌握以上情境及原则，你的幽默沟通已成功了一半；沟通力是需要时刻练习的，值得庆幸的是，在我们每日的生活、工作中，分分秒秒都是你实际演练的好机会，另外一半就靠你自己了。

平等规则：平等态度交流，展现美的人格

平等原则正是幽默规则的重要原则，只有在说话时与对方保持在平等的立场上，用平和的口气、真诚的态度来交流彼此间的观点，才能达到思想上的统一，才能说出不带伤害的幽默语言。

平等是建立良好人际关系的前提。但平等是相对的，不平等是绝对的。例如，人的社会地位、社会背景、长相、健康、财富等永远不可能是平等的，而且不同的国家、不同的民族、不同的社会制度、不同的时代，对平等还有不同的理解。所以平等的观念不是固定不变的，平等的类型也是多种多样的，例如，人权的平等，在法律面前人人平等，在真理面前人人平等，在金钱面前人人平等。

我们在此所说的是交往的平等，主要指情感的对等，"野地烤火一边热"是不会获得真正友情的。一个趾高气扬的人，也是不能心悦诚服地说服别人的。

在人际交往过程中，你欲求人家喜欢你，加大被你吸引的力度，就要努力以平等的态度对待别人，如果总用一种居高临下的态度教训别人，与人相处，那就互动不起来了，也叫人难以喜欢你。此外，平等待人必须真诚，叫人一看就知道你是发自内心的，如果虚情假意，人家就会对你敬而远之。

这就是说，不要以为自己的职务比对方高，工龄比对方长，或者认为"真理"在自己这方，因此在与对方交往时，拖腔带调，甚至以势压人。而应把自己摆在与对方同等的位置上，以商讨的口气，温和的语调，用容易被对方接受的言辞与对方

对不同人士有不同的幽默沟通办法

和行事怪异的人沟通，多半属于创作者、艺术家的思考模式。思考逻辑经常变化，随时会推翻原先的思考结果，让人捉摸不定，就不要给予太多限制，让他能自由发挥。只需约定好何时验收成果，沟通起来就愉快得多了。

与老年人的幽默沟通术：与老年人沟通就应先做良好的疏通工作，引发兴趣，去除受挫感。然后再耐心指导，从旁协助，适时赞美鼓励。

这是武夷山对您有情呀。它想拽住您，不让您匆忙地离去，好请您多看几眼！

真是扫兴。

因为雨怕抽税，所以不敢入京城。

外地都下了雨，为什么京师不下？

与高成就者的幽默沟通术：他们处事自成一格，有自己独特的思考模式，对陌生人的言论不太信任，所以接受度较低，借题发挥，非常巧妙，效果也很好。

沟通总会遇到障碍的。最有效的方法是运用反常规思维来思考解决——由看到的阻碍反推回去，来自哪些人？为什么不容易沟通？他们的弱点在哪里？然后逐一突破解决。只要知己知彼，反过来解决，沟通就不是难事了。

交谈。

正如一位有涵养的顾客，即使表达自己的意见，也注重委婉的幽默：

顾客："吃了贵店的元宵，使我想起唐朝一位大诗人的名字。"

服务员："真没想到我店的元宵竟使你产生如此美妙的联想，请问这位诗人是谁啊？"

顾客："李（里）白。"

幽默的讽刺能使顾客的意见得到更好的表达和接受。

平等也意味着尊重，老师对学生，家长对孩子，也需要某种平等，凌驾于别人之上的言行是不会成功的，也许还会得到回击，"代沟"就是表现之一。

对等吸引实际上是人际关系中相当复杂的交换关系，它表现在个体行为体验中。如人际互惠感、来而不往非礼也，这种心理体验恐怕是任何人都在所难免的。在现实生活中人们都在自觉或不自觉地利用这种互酬心理来平衡彼此间的情感，调节人际关系。

微笑规则：善用笑意面对人生

用笑和幽默面对人生，也要注意一些事项，包括不要流于恶俗，不要进行人身攻击，不要恶作剧，不要油腔滑调等。以下是一些建议：

（1）笑谈自己的短处。不要把自己的缺点当优点而顽固坚持。

（2）不论你笑别人怎样，先笑你自己。

（3）讲幽默时，要清楚明确，不要引起误会。

（4）你也不能期望每次讲了一则趣事或笑话，就一定有所收获。

（5）不要拿别人的生理缺陷或隐私开玩笑。

（6）如果与两个以上的人相处，假如你只针对其中一个人说笑话，会使其他人感到被轻视。所以，在人多的场合，最好能说一些让大家都笑的笑话。

（7）即使在拿自己"开涮"时，也不要忘记自己的人格。不可把自己的弱点全部告诉别人。千万不要让别人认为你像小丑般可笑。如果没的说，就不抖机灵，安安静静听别人说笑话，然后和大家一块儿乐。

（8）注意场合。严肃庄重的场合，幽默要谨慎。有的适于在餐桌上说的，拿到办公室就不合适。

（9）不要触到别人的痛处。

（10）不要失掉时机。如果时机已过，就不要再总想那个幽默。对别人的幽默要捧场，即使不那么好笑，你也不妨笑一笑。

（11）如果对方地位比自己高，就必须慎重一些，不能贸然说出失礼的话来。

（12）幽默的目的不是压倒对方，不要逞才恃能。要记住，我们的目的只不过是要轻松，要融洽气氛，要使大家包括我们自己快乐。

开心地笑吧，"不要使冰霜结在你的脸上。"真正有益身心的笑，是发自内心的。它首先是一种乐观开朗的生活态度，是对人对己的宽容大度，是不计较得失的坦然心胸。笑的修养，也是人品的修养。强笑，装笑，皮笑肉不笑，甚至不怀好意的奸笑，得意忘形的狂笑，溜须拍马的谄笑……这些虽也是"笑"，却不是我们所需要的。就是幽默，那些低级下流的低俗幽默，那些幸灾乐祸的"黑色幽默"，那些诽谤他人的"帖子"，也是为"真笑者"所不齿的。

正义规则：真正的幽默绝不嘲笑弱者

就幽默而言，本身具有嘲笑讽刺的意味，但是它嘲笑的对象应该是那些生活中的丑恶现象，而不是弱者。我们都知道，生活中有强者就有弱者，强弱是相对而言的，都是客观存在的。很多东西是我们无法改变的，包括一些先天或后天的原因，有的人生来残疾，先天性的东西我们无法改变，但是当他们失去这些能力之后，我们必须给予他们更多的照顾和帮助。不仅需要物质上的，更多的是精神上的帮助，当然更不能把嘲笑的矛头指向他们。

当然，我们还要认识到，每个人的发展都是不平衡的，人无完人，金无足赤，我们不可能成为在各个行业都精通的全才。或许在某些方面表现得比较优秀，同时在另一些方面相对来说就会显得拙劣，这也是很正常的。正因为此，我们不能因为自己在某些方面占尽优势，而去嘲笑那些不如自己的人。要知道，或许他们身上也有你不如的地方。

在罗斯福任美国总统期间，他才智过人，但是在体力上却很差，明显不如别人。年轻时，他曾与人一起去砍树，整整干了一天，累得腰酸背痛，但是成绩却差了别人一大截。

在收工的时候，领队来统计砍树的成绩。罗斯福的一个同伴用嘲笑的口吻别有用心地喊道："塔尔砍倒了53株，我砍倒了49株，罗斯福使劲咬断了17株。"

他不说砍断，而是说"咬断"，这句话是很有幽默感的，但却有嘲笑的意味，罗斯福面对这样被嘲笑的困窘，心里很不是滋味。但是这确实是事情，他也只好无奈地和其他人一起笑起来。

我们要知道，每个人都有自己的长处和短处，就算是那些给人们制造了很多麻烦的人，在某些方面也会有自己的优势，是别人无法达到的。嘲笑那些处于弱势的人是很不高明的，与此同时，也展现了自己人性中的阴暗面，这种人格是卑劣的，是被人们所不齿的，并不是一个聪明人会采取的做法。

所以，在生活中运用自己的幽默时，一定要懂得一个原则：与人为善。我们可以去讥笑那些不文明不道德的行为或是恶劣的品质，但是绝对不能讥笑弱者，更不能讥笑别人生理上的缺陷。也只有如此，我们的幽默才会给人带来阳光般的笑容。

把欢乐建立在别人的痛苦之上是错误的做法，幽默应该是文明的，只有如此幽默才会像春风化雨，像甘露一样滋润每个人的心田，也才会有更多人真心地和我们一起笑起来共同走向幸福的明天。

宽容规则：以包容的胸襟体现幽默精华

幽默需要大度，大度才能心宽，心宽才能容得下不快，容得下不快才会真正享受到快乐的本质。幽默的人生往往会与包容为伴。

正所谓痴汉不会饶人，饶人不是痴汉。这句话的意思就是讲，在人际交往中，即使是在上风的时候，聪明人也会善用幽默给对方留一些情面。情面是维系社会关

以宽容的胸襟体现幽默精华

> 幽默需要大度，大度才能心宽，心宽才能容得下不快，容得下不快才会真正享受到快乐的本质。幽默的人生往往会与包容为伴。

亲爱的，不要白费力气了。白天你都很难找到什么值钱的东西，何况是现在呢？天黑了就更找不到了。

当一个人懂得了宽以待人、笑面迎人的时候，他的幽默才算是真正达到了一种境界。要做一个以幽默般的心态生活，以豁然的气度快乐的幽默者。

正所谓痴汉不会饶人，饶人不是痴汉。这句话的意思就是讲，在人际交往中，即使是在上风的时候，聪明人也会善用幽默给对方留一些情面。

系的主要工具和最佳手段，但却不是随便就可以做出来的。

当一个人懂得了宽以待人，笑面迎人的时候，他的幽默才算是真正达到了一种境界。巴尔扎克就是这样一个以幽默般的心态生活，以豁然的气度而快乐的幽默者。

巴尔扎克虽然一生写出了很多著名作品，却依旧穷困潦倒。在一个深夜中，有一个窃贼来到了他的家中，在窃贼的慌乱翻找中，巴尔扎克被惊醒了。这时候的巴尔扎克居然异常平静，他怕惊动了窃贼，于是悄悄地爬了起来，平静地对窃贼说："亲爱的，不要白费力气了。白天你都很难找到什么值钱的东西，何况是现在？天黑了就更找不到了。"

巴尔扎克没有对窃贼的行为感觉到生气，相反地，他原谅了窃贼的行为，并对窃贼给予了幽默的提醒。巴尔扎克是个幽默的人，是一个大度的幽默者。

其实，只要留心生活你就会惊奇地发现，能够体验到环境给自己带来欢跃的人非常之少。不管是你身边的朋友、同事，还是亲人，难得碰见有人能够在山冈上面"瞥见黄色的水仙花"。你是不是只埋怨路边的杂草弄脏了鞋子而忽视了草坪中充满青春活力的色彩绚丽的花朵呢？你在雨后是不是两眼盯着道路上的泥泞，而注意不到难得的清新的空气呢？

幽默要求一个人能真正做到宽容环境，首先要学会忍受环境带来的种种不方便，不抱怨，不强迫，不做任何影响自己的事，主动去接受它，适应它，当你可以和周围的环境融为一体、看到生活中好的方面的时候，世界就会变得更加美好。宽容会让你快乐，让你充实，让你成熟，让你稳重，而环境带来的不愉快自然就会在这样的你的面前烟消云散。会宽容的人才真正懂得了幽默。

第七章

幽默逻辑——有逻辑条理方有说服力

以正导反，错位逻辑

幽默的逻辑往往不是遵循常规思维，而是巧妙通过制造错位的思维方式来达到幽默的效果。事物之间的内在联系是错综复杂且相互支配、互相渗透着的。辩证法认为，任何事物的发展均遵循着一定的规律。但事物的发展变化是多种多样的。同样一件事，可以往好的方面发展，也可以往坏的方面发展。诡辩者最爱钻的就是这样的空子。

有人说，拥有幽默口才的人最大的本领就是能够以事物的因果歧说来战胜对方，因此，无论在什么样的对象面前，他总是以"三难不倒"者自居。

正反术，是将两件以上的事物的性质、范围、作用等进行定量或定性的对比分析，从而取得胜利的方法。正反术，运用于语言场合时是迅速摆脱困境、克敌制胜的好方法。

运用正反比较，可以比较同类事物，也可以比较异类事物；可以比较同一对象的不同方面，也可比较不同对象的同一方面；可以是纵向的比较、横向的比较、现状的比较、历史的比较，也可兼而得之。但不管哪种比较，都应该特别注意比较事物的强烈反差，造成鲜明的对比，这样才能取得良好的效果。

齐威王二十四年，魏惠王与齐威王一起在郊外打猎。

魏惠王带着几分夸耀的语气说："你们齐国可有什么奇珍异宝吗？我们魏国虽不算大，尚且有10枚直径一寸的宝珠，这些宝珠晶莹滑润，玲珑剔透，到了夜间，亮光闪闪，光华四射，能够把前后12辆车照得通亮，真是不可多得的稀世珍宝。贵国这样一个堂堂大国，怎么连件像样的国宝都没有？遗憾！遗憾！"

齐威王微微一笑说："我们所说的国宝与你们看重的国宝迥然不同。我有一个名叫檀子的大臣，现在镇守在南城，他恪尽职守，爱兵如子，夜不卸甲，使得强悍的楚国人不敢骚扰我国的南部边疆；我有一个名叫盼子的大臣，带兵在高唐驻防，他办事异常精细，防范特别严密，使得赵国人不敢在我国的河流里撒网捕鱼，为国家赢得了一大笔渔业收入；我有一个名叫黔夫的大臣，被派去治理徐州，他文武并用，恩威并施，使得燕国、赵国的老百姓自愿迁移过来的多达七千余家；我还有一个名叫种首的大臣，负责维护秩序，缉拿盗贼，他向各地发布告示，晓以利害，让老百姓群起监督，结果歹徒绝迹，盗贼自首，形成了夜不闭户、路不拾遗的太平局面。要讲国宝，以上4位出类拔萃的贤才，就是我们的国宝。他们的思想和业绩所反射的光辉，连千里之外的地方都照耀到了，哪里是那些仅仅可以照亮12辆车子的宝珠所能比的。"

魏惠王一听，脸羞得通红。齐威王将自己的"国宝"与魏惠王的国宝做了一番比较，对方只能照亮12辆车子，而他的却可以照耀到千里以外，使得天下太平。能将这两种具有极大反差的"国宝"放在一起，孰优孰劣，一目了然。

因果歧说术

> 所谓因果歧说术，就是抓住事物与事物之间因果联系的可辩性作为突出的辩点，来否定或悖论对方某一个观点的一种说话技巧。

因果歧说术的主要表现方式是由同一种结果引申出相互对立的结论，将其运用到辩驳中也能起到绝佳作用。

瞧，你家的狗多么怕我啊！我一来，它吠也不敢吠一声，就夹着尾巴躲到窝里去了。

不，大人。我的狗不是害怕你，而是讨厌你，所以，才懒得去吠哩。

语言的灵活反应是因果歧说之根本。当你碰到一些爱钻牛角尖的人，如果缺乏这种语言反应能力，你很可能就要吃亏。因为钻牛角尖者的语言和思维往往是不按规律走的。其实，你只要掌握了辩论的因果歧说术，熟读一些名人精彩的范句，你就不至于因此窘迫了。

总之，因果正反的幽默说话术是巧取胜利的论辩之法，它通过事物逻辑的相互比较，让对方百口莫能与之辩。但是，如果论敌用正反比较进行诡辩，要反驳这种诡辩，应当注意对方的材料是否真实、标准是否合理、分析是否全面等。

逻辑严密，环环相扣

幽默逻辑方法要求我们具有缜密的逻辑思维能力，能根据一切有关的参考材料，使所有正面的、反面的论证形成一个整体，尤其不要忽略一些重要的但又是细微的细节。

爱尔兰哲学家伊里杰纳任法国宫廷学校校长时，查理二世时常同他开玩笑。某次查理二世与伊里杰纳共进午餐，两人频频举杯。查理二世突然问他："一个爱尔兰人和一个酒鬼有何区别？"

查理二世的问话是双关语，因为伊里杰纳是爱尔兰人，爱尔兰人的英文发音与酒鬼的发音很相近。查理二世的意思是指伊里杰纳是酒鬼。

伊里杰纳机智地回答说："一张桌子。"意思是说桌子这边是爱尔兰人，那边是酒鬼，反而把查理二世奚落了一顿。

从分析的方式来说，有方面分析、阶段分析、层次分析；从分析的方法说，有特征分析、条件分析、因果分析，有辩证分析、比较分析、趋势分析、系统分析、综合分析，等等。

我们着重讲辩证分析，是从建构逻辑框架，严守逻辑方阵，如何获胜的角度来考虑的。重要的是要灵活而巧妙地将逻辑关系应用到语言中，而这些是建立在严密的全面的思索的基础上的。体系严密，攻守自如，环环相扣，自然会达到事半功倍的效果。

另外，逻辑的严密性需要考虑到辩证中的逻辑对比。逻辑对比法就是把话题与相关问题进行比较，并以之为据进行辩驳的方法。比较的过程就是发挥的过程，它不仅具有反驳的特殊功效，同时也是一种有效的证明手段。

有这样一段话，其含义也是非常深刻的：假如一位银行家写了一首糟糕透顶的诗，有人会赞美他，但是一位诗人要是写了一张假支票，后果将是什么呢？

运用对比进行辩驳，应当注意的问题是，两个对象之间必须具备可比性，具有本质上的相同因素，同时，将两个对象进行多方面的比较发挥，这样说理才能有说服力。

类比则是逻辑方法的运用。它是根据两个对象之间具有某些相同或相似的属性，从而推出它们的其他属性也相同或相似的方法。如果能因势利导，针对对方的话题或本方的观点，做出富有创造性的生动形象的类比，可以使对方心悦诚服，使己方处于主动地位，取得意想不到的效果。

谬误逻辑，绕晕对手

所谓谬误逻辑，就是以看似不合常理的表达方式，来处理各种突发事件，为自己解围，或回击他人的讽刺。幽默口才中的谬误逻辑主要有四种方法：

1.兑现斥谬法

兑现斥谬法就是以绝妙的语言"威逼"对方依其自己的谬误自行现身，然后抓住对方的谬误不放并加以"发挥"，狠狠地反击对方使其无处逃身。这种办法通常用于对付那种善于哗众取宠，而其言语又具有一定的煽动性或欺骗性的对手。他们惯常以貌似有理实则无理的逻辑来蛊惑听众。面对这类对手，逼其自行现身令其当场出丑，无疑是一种妙招。请看下例：

有一个自以为是的青年向别人卖弄他的新观点———一切都是幻觉。有一回，他聚集了几个人，一本正经地"兜售"自己的"说教"。言语中，左一个幻觉，右一个幻觉，甚至说"所有人在所有的事实面前都是幻觉"。听的人有的摇头，有的半信半疑。旁边有两个人耳语了一番，其中一个人跑了出去，不一会儿又跑了回来，对那个青年说：

"快！你的电话！你的妻子被车撞了，现在已送到医院去抢救了。"

那青年一听脸色顿时煞白，慌忙站起来就要往外跑。

另一个人却一把拉住他："急什么？你妻子被车撞不过是幻觉罢了。"

那青年气急败坏地直跺脚："出了这么大的事，你还开什么玩笑？"

制造假消息的那个人接着说："别着急，确实是跟你开玩笑。不过你是被幻觉吓着了吧？"

旁边的人听了，全都心领神会地哈哈大笑，而那青年被人出了"洋相"，又气又恼，却无言以对。

这个玩笑开得虽然有些过分，但不难看出两个开玩笑的人正是针对那个青年对"幻觉"的荒谬观点，用兑现斥谬的现趸现卖法来驳斥那个青年的谬论。兑现斥谬法之所以有强大的逻辑力量，能有效地驳斥谬论，就在于这种方法是以客观事实为武器，使对方在现场现出原形，而一旦现出原形，任何貌似正确的谬论的错误本质也就昭然若揭了。

2.借谬得利法

借谬得利法在逻辑上有些类似钻空子。即利用别人倚仗某种势力或权力而制定的不合理规定或所说的失误的话予以断章取义或别解，然后对其中仅有利于己方利益的部分进行发挥。借谬得利法从理论上讲，似乎比兑现斥谬法更近乎歪门邪道，但在实际运用中，还难说得上究竟谁对谁错。

某单位欲招聘有特长的员工，但是招聘好几次都没有找到比较合适的，这一次发布招聘广告上特意加上一句：有特长方可应聘。这一次前来应聘的又有几十人。

　　这时一个青年来到面试的地方向主考官递交简历，简历上赫然写着："专长——说谎大师，造谣能手。"主考官觉得可笑，就对他说："那你现在就给我表现一下好了。"青年走出门外，对在外排队应聘的人们说："大家都不要等了，这里唯一的招聘名额已经确定是我了。"

　　这个青年这话实在绝妙，也令所有在场的人包括主考官在内大吃一惊。谁错了？谁都错了。谁没错？谁都没错。

归谬制人和谬上加谬

　　谬上加谬是把一种荒谬极端化或者把荒谬性层层演进的说话技巧。它要求不但有幽默感，还要使幽默感的程度加大。这就要求说话高手把微妙的荒谬性扩大为显著的荒谬性，把潜在的荒谬性提高为一目了然的荒谬性，可以说这种方法给我们运用发挥的余地很大。我国古代有个笑话十分精彩。

　　面对荒谬不硬加驳斥，而是谬上加谬，使其荒唐之处极端放大而达到归谬的目的。正是这种绝对的荒谬产生了幽默感。

归谬逻辑，一非百非

东汉哲学家王充，曾和一些有迷信思想的人发生过一场辩论。有人说："人死了，人的灵魂就变成了鬼，鬼的样子和穿戴跟人活着的时候一模一样。"

王充反驳道："你们说一个人死了，他的灵魂能变成鬼，难道他穿的衣服也有灵魂，也变成了鬼吗？照你们的说法，衣服是没有精神的，不会变成鬼，如果真的看见了鬼，那它该是赤身裸体，一丝不挂才对，怎么还穿着衣服呢？并且，从古到今，不知几千年了，死去的人比现在活着的人不知多少。如果人死了就变成鬼，就应该看到几百万、几千万的鬼，满屋子、满院子都是，连大街小巷都挤满了鬼。可是，有几个人见过鬼呢？那些见过的，也说只见过一两个，他们的说法是自相矛盾的。"

有人辩解说："哪有死了都变成鬼的？只有死的时候心里有怨气、精神没散掉的，才能变成鬼。古书上不是记载过，春秋时候，吴王夫差把伍子胥放在锅里煮了，又扔到江里。伍子胥含冤而死，心里有怨气，变成了鬼，所以年年秋天掀起潮水，发泄他的愤怒，可厉害哪，怎么能说没有鬼呢？"

王充说："伍子胥的仇人是吴王夫差。吴国早就灭亡了，吴王夫差也早就死了，伍子胥还跟谁作冤家，生谁的气呢？伍子胥如果真的变成了鬼，有掀起大潮的力量，那么他在大锅里的时候，为什么不把掀起大潮的劲儿使出来，把那一锅滚水泼在吴王夫差的身上呢？"

王充在这里反驳论敌时就是使用了连锁的条件归谬式。他先假设论敌的观点是正确的，由此推出了一系列的荒谬结论，这就给了论敌当头一棒，使他们张口结舌，哑口无言。

这种以谬攻谬的幽默的力量是后发制人的。关键不在于揭露对方的错误，而是在荒谬升级中共享幽默之趣。而要达到这个目标，得有发现对手推理错误的能耐。

19世纪末，伦琴射线发现者收到一封信，写信者说他胸中残留着一颗子弹，须用射线治疗。他请伦琴寄一些伦琴射线和一份说明书给他。

伦琴射线是绝对无法邮寄的，如果伦琴直接指出这个人的错误，并无不可，但多少有一点居高临下的教育的意味，伦琴采用了以谬还谬法。

伦琴提笔写信道："请把你的胸腔寄来吧。"

由于邮寄胸腔比邮寄射线更为荒谬，也就更易传达伦琴的幽默感。

这样的回答是给对方留下了余地，避开了正面交锋的风险。在家庭生活中、社会交际中，针锋相对的争执常引起不良的后果，而以谬还谬的幽默，把一触即发的矛盾缓和了。

在人际交往中，互相幽默地攻击有两种。一种是纯粹戏谑的，主要为了显示亲切的情感引起对方的共鸣，或者为了展示智慧，引发对方欣赏。一种是互相斗智性的，好像进行幽默外的比赛，互相争上风，这时的攻击性更重要。当然有时攻击性是很凶猛的，但表现形式是很轻松的。不管有无攻击性，都以戏谑意味升级为主。将谬就谬乃是使戏谑意味升级的常用办法，即明明知道对方错了，不但不予以否定，反而予以肯定，而肯定的结果是更彻底的否定。

连锁归谬法

我们通常用"连锁反应"一词来表示一事物发展过程中呈现出的严格因果联系，其实在幽默的具体应用中往往也有相同的情况。然而简单的因果推理并不见得就有出其不意的幽默功能，为了强化幽默的效果，还必须将连锁推理与归谬法有机地结合起来。

我这院子四四方方，院中有这么一棵树，正好是个"困"字，我怕不吉利，所以才忍心砍去。

这棵树长得这么好，您为什么要砍掉它呢？

依照您的讲法，砍去这棵树后，院中只留下人，这岂不成了囚犯的"囚"字，不是更不吉利了吗？

　　归谬是就推理的结果而言的，在具体推理过程中用连锁法，在最后结论上用归谬法，这就是连锁归谬法的基本程序。

矛盾逻辑，解难开围

　　在古希腊有一位学者叫欧几里得。他学识渊博，对哲学很有研究。他家境也较富裕，曾雇用了几位工人，一个叫欧布里德的年轻人也在他家里做工。

　　这欧布里德既年轻又聪明，他喜欢与人辩论，而且没理也要狡辩一番。他常常用那诡辩的办法去刁难人，使一些人上了当。

歪解逻辑，笑不可挡

故意对某些词句的意思进行歪曲的解释，以满足一定的语言交际需要，造成幽默风趣的言语特色，叫人忍俊不禁，从而营造轻松愉快的谈话气氛，更好地协调人际关系。

词语有它固定的含义，绝大多数不能按其字面的意思来机械解释，而曲解词语法却偏偏"顾名思义"，突破人们固定的思路或者说跳开常理，从而产生幽默感。

静态的词语大多是多义的，但是在一定的语境之下使用就转为动态了。动态词语一般则是单义，曲解词语法就是利用语言的多义性，即明知是甲义，偏理解为乙义，有意混淆它们，以求产生幽默的效果。

从上面我们可以看出，强烈的幽默效果往往产生在故意曲解某些词语的含义中。所以，当你使用曲解词语法时，一定要让人感到你是故意曲解词语，而不是"无意"，否则，也许会让人以为你是天字第一号的大傻瓜。

有一次，天气突然变化，马上就要下雨了，欧几里得的晒谷场上还有晾晒的稻谷没有搬进粮仓，于是就派欧布里德赶紧去处理一下，免得把稻谷淋湿。

这欧布里德并没按主人的吩咐去做，结果不少谷堆遭到了雨淋。欧几里得知道以后，很生气。他派人找来了欧布里德，为这件事责怪他。可是欧布里德却不服气，狡辩道："先生，情况并不是您想象的那样。一粒稻谷总不能算一个谷堆吧，加上一粒后，也不是谷堆哇！再加上一粒也成不了谷堆。即使继续加上一粒，也仍然不是谷堆呀！可见，每加上一粒，也都成不了谷堆，所以谷堆根本就不存在。既然这样，您还要我去搬、去覆盖什么呢？"

欧几里得看着他那狡黠的笑，心里又好气又好笑。气的是这人自己错了，竟然要无理搅三分，睁眼说瞎话；笑的是他自作聪明，居然班门弄斧。于是只是笑了笑，没有再责备他。欧布里德高兴极了，他觉得他的诡辩又成功了，主人对他无可奈何，所以又以此在同伴中炫耀。没过多久，该发薪金了。主人家的雇员都拿到了自己的薪金，唯独欧布里德一个钱币也没有拿到。他去问管家，管家说不知道，他只好气冲冲地去找欧几里得了。

欧布里德见到主人后就问道："先生，怎么没发给我薪金呢？"

欧几里得听完，笑了笑说："是吗？大概也不是你想象的那样啊！一个钱币该不是你的薪金吧。加上一个，也还不是你的薪金呀，再加上一个，也同样不是你的薪金。这样，每加上一个钱币，也都不是你的薪金。因此，你的薪金根本就不存在，你让我发给你什么呢？"

以其人之道，还治其人之身，充分利用了逻辑的推理论辩，用对方的观点思路去反驳，对方就不能自圆其说了。这不失为开围解难的一大有效武器。

为别人解难，要懂得以其人之道，还治其人之身的幽默技巧，需要锻炼自己明晰的思维逻辑。

现实生活中常常有人由于缺乏必要的语法修辞知识，又不注意逻辑思维的训练，导致说话时前言不搭后语，条理不清，逻辑混乱，因此逻辑思维不强也是语言不流畅的一大原因。这种词不达意的言语，不但使对方听着吃力，而且会阻碍交往的进程和深度，影响良好人际关系的建立，本人也会因此感到烦恼。

总之，要增强自己口头表达的幽默逻辑力量，应注重在实践中不断锻炼，在谈话过程中发现漏洞，可及时采取措施加以补救。

第八章

幽默思维——让创新思维提升智慧幽默

幽默思维：意料之外，情理之中

一个刚退休的老人回到家乡，在小城买了房住下来，想在那儿宁静地打发自己的晚年，写些回忆录。

刚开始的几个星期，一切都很好，安静的环境对老人的精神和写作很有益，但有一天，三个半大不小的男孩子放学后开始来这里玩，他们把几只破垃圾桶踢来踢去，玩得不亦乐乎。

老人受不了这些噪音，于是就出来跟年轻人谈判。"你们玩得真开心。"他说，"我很喜欢看你们踢桶玩，如果你能每天来玩，我就给你们三人每天每人一块钱。"

三个年轻人很高兴，更加起劲地表演他们的足下功夫。过了三天，老人忧愁地说："通货膨胀使我的收入减少了一半，从明天起我只能给你们五毛钱。"

年轻人很不开心，但还是答应了这个条件。每天下午放学后，继续去进行表演。一个星期后，老人愁眉苦脸地对他们说："最近没有收到养老金汇款，对不起，每天只能给两毛了。"

"两毛钱？"一个男孩脸色发青，"我们才不会为了区区两毛钱浪费宝贵时间为你表演呢，不干了。"

从此以后，老人又过上了安静的日子。老人退休前，是一家单位的工会主席。老人运用的是一种幽默的超级思维，一种反常规的幽默思维方法，为了实现不让孩子们踢垃圾桶的目的，而在起初用报酬鼓励他们去踢，并在逐渐递减报酬的情况下，引发了孩子们的拒绝心理。

我们日常的幽默交谈是思维的外化，是思维的一种工具，没有思维就没有语言。语言表达过程，实际上是把思维的结果表述出来的过程，说话交谈就是从内部言语向外部言语转化的过程。

确定说什么是一种思维活动，在说什么与怎么说之间进行着快速的转换过程：思想——句子类型——词汇——语音。这个过程是完整的，任何一个环节出了差错，都会影响表达的进行。因此，从思维到语言的转化过程十分重要，进行这方面的基础训练有利于加强我们对语言的控制能力，从而更好地驾驭语言，发挥幽默语言的魅力。

1.定向思维训练

定向思维是指按常规恒定模式进行的思维。定向思维的训练可培养我们对问题做深入思考的能力，有助于养成深入分析问题，透过现象看本质的良好思维习惯。

可拟定一些比较容易的叙述、说明、介绍方面的题目进行训练。为了使思维有条理，可在表达中插入一些常用的言语链。比如关联词"因为""所以""于是""之所以……因为是……"。可以按时间的先后和位置的移动进行表达；可以采取先总后分，先分后总等方式练习等。

2.逆向思维训练

逆向思维训练是反过来想一想，变肯定为否定，或变否定为肯定；变正面为反面，或变反面为正面。例如，世人一般把"这山望着那山高"喻为贪心不足而赋予贬义，如果化贬为褒，将其含义用于人类勇于向新的科学高峰攀登的赞颂中，岂不又可以肯定它了？例如爱因斯坦敢于取代牛顿的经典物理学说，用运动员一次次刷新纪录等事例说明人就是要有"这山望着那山高"的进取精神，批评那种"无为而顺其自然"的"知足常乐"的消极态度。

进行逆向思维能培养逆向思考问题的能力、独立发表见解的能力。

多向思维：用发散力，造幽默力

幽默思维是一种灵活的趣味思考方式，具有发散性的特征，发散思维正是创造力的来源，创造力则催生着新鲜的幽默方式的出现。

发散思维是整个创造性思维的基础和核心。它追求思维的广阔性，大跨度地进行联想。人们的发散思维对语言的创新和发展是必需的，发散思维的培育需要的不仅是丰富的内容，还需要经常对常规进行洞察与反思，需要的是灵感与智慧。

许多幽默者都是借助于发散思维获得机遇的。可以说，发散思维是创造的发源地。不做毫无个性的跟随者，最重要的就是要有自己的创意。创意就是你的幽默力与生命活力的迸发。

两个学生在读法典与抽烟的问题上争论不休，他们找教授评理。

第一个学生说："教授，读法典时能抽烟吗？"

教授严肃地回答："当然不能！"

第二个学生马上问："那抽烟时读法典行吗？"

教授答道："当然可以！"

为什么同样的问题，不同的提问方式，结果迥然不同呢？其根本原因就在于思维角度的差别。第一个学生的提问方式会让人认为是在亵渎法典，而第二个学生的提问方式则使人认为学习刻苦。可见，一个人的思维视角，反映出这个人的思维深度，角度决定深度，深度决定了说话的幽默度。

在工作和学习中，由于职业和生活习惯使然，人们的思维视角很容易被固化、钝化，从而形成一种思维定式，要提高发散思维能力，就必须改变思维视角。

有一家烟草公司，试制了一种新品牌卷烟，命名为"环球牌"，正准备大张旗鼓推出的时候，却逢全国性的反对吸烟运动。怎么办呢？"宣传香烟"与"禁烟运动"，截然相反的两回事，两者之间又没有共同点，如何进行宣传呢？

为了打响自己的香烟品牌，而又不与当前的戒烟浪潮相冲突，该公司的公关人员经过一番策划，终于打出这样一条广告："禁止吸烟，连环球牌也不例外。"

这种视角是一种同中求异的视角，即找到两种截然不相容的东西的某些共同点，然后强调其中的某一部分不同点，从而达到强调的目的。宣传香烟和禁止吸烟当然不能相融，但相同点都针对的是香烟，从语法上说，"连环球牌也不例外"这是重复，但这种重复对商家而言，却正好达到了其宣传的目的。

"今年过节不收礼，收礼还收脑白金"被很多人评为中国广告中最烂的广告词，但是这个最烂的广告却产生了最大的效益。仔细分析这句广告词，你会发现有严重的语句毛病和逻辑毛病，但是商家就是要达到这样一种求异的效果，这恰恰是刻意创造的。当所有人都要去挖金子时，你就该考虑挖煤还是挖别的了，及时转换思维角度是最关键的。通过类比、联想、换位等方式，可以更进一步开阔人的思维视角，进而助力于口才的创新与进步。

生物老师正兴致勃勃地在讲台上描述非洲野猪的长相，偶尔眼光一扫台下，竟发现多数学生在打瞌睡。于是老师大为恼火，喝道："你们要看着我啊！不看我，你们怎么知道非洲野猪长什么样子？"

上述案例可以看成是视角迁移，即从一个物体的认识拓展到另一个物体的认识上去，往往会产生非常诙谐幽默的效果。幽默家应该不断地更新自身的思维结构，不断地改换思维视角，从而丰富自己认识事物的方法，提高认识事物的能力。

思维角度决定深度，一个人怎么看待事物，就会得出什么样的结论，只有不断地改变自己的思路，不断地变换思维视角，才能多样化地认识事物，才能促使自身思维的发散，才能将自己幽默口才独创到无人能及的状态。有创意的幽默口才是最吸引人的语言。因此，不妨在考虑问题的时候多多转换视角，用发散性的想象力捕捉到更多的幽默灵感。

其中，幽默思维中的多向思维训练方式主要可以通过以下3点来实现：

（1）注重发散思维的培养。所谓的发散思维，是指在创造和解决问题的思考过程中，根据已有的信息所进行的无定向、无约束的探索未知世界的思维模式。按照美国心理学家吉尔福德的看法，当发散思维表现为外部行为时，就代表了个人的创造能力。当进行创新的发散思维的时候，特别是在设想阶段的时候，应该尽最大可

发散思维训练

发散思维是使表达者朝各种可能的方向扩散并引出更多的新的信息，从而达到创新的一种思维方式。这里介绍三种训练方法。

前几天我正驾着直升机，突然注意到一大帮飞碟正朝我靠近。于是我开始下降，可最靠近的飞碟里却有个小人开始向我开火，我……

接下来由我来说。

链接法。承接上一位表达者的话茬继续往下说的训练方法。最早采用这种教学方法的是戴尔·卡耐基，他训练学员即兴演讲就常用此法。

置身各位青年朋友之中，我似乎感到春天的气息扑面而来。大家都很年轻，都有花儿样的青春、花儿样的年龄、花样的生活，愿大家做骏马，奔向未来，跑向光辉灿烂的明天。

连点法。将头脑中闪现出的人、事、物和散点按照一定的顺序和结构连缀成篇。能够体现一个美好的景象，从而提高自己的发散思维。

同学们通过联想，讲述我们的生活充满阳光。

联想法。是由一事物想到另一事物的训练方法。其特点是闻一知十，触类旁通，使说话具有流畅性与变通性。

能打破脑中原有的约束，让大脑沉浸在一片空白的空间中，尽情地联想。

（2）在多数人不愿接受以及不愿考虑的事情上，不去循规蹈矩，敢于质疑一切老生常谈的问题。勇于突破限制，在完成任何一件事情的过程中，善于重组规则。

（3）培养急骤性的想象能力，即在集思广益中迸发的创造性观点。万事都要乐于去问一个为什么，乐于去敏锐地观察，以时刻培养着联想出变革的新方法。

趣味思维：有效沟通中的思考法

没有趣味的幽默不是真的幽默，幽默需要在趣味中给自己也给他人带来思考的机会与空间。

有位大法官，他寓所隔壁有个音乐迷，常常把电唱机的音量放大到使人难以忍受的程度。这位法官常常无法休息，忍无可忍的情况下，便拿着一把斧头，来到邻居门口。他说："我来修修你的电唱机。"音乐迷吓了一跳，急忙表示抱歉。法官说："该抱歉的是我，你可别到法庭去告我，瞧我把凶器都带来了。"说完两人像朋友一样笑开了。

这位法官并不是想把邻居的电唱机砸坏。他只是运用了一下趣味思考法，恰当地表达了对邻居的不满——请注意：是对音响而不是对人——他的行为似乎是对音乐迷说："我们是朋友，我希望和你好好相处，至于唱机是唱机，可以修理一下。"当然，所谓"修理"只是把唱机的声音开低些罢了。

有时候，我们确实需要以有趣并有效的方式来进行沟通，以表达人情味，给人们提供某种关怀、情感和温暖。

某大公司的董事长和财税局长有矛盾，双方很难心平气和地坐在一起，可是又必须把他们都请来，参加一个重要的会议。他们不得不来，但是双方都对对方视而不见。这时会议主持人抓住他们的矛盾，进行了趣味思考。他向人们介绍这位董事长时说："下一位演讲的先生不用我介绍，但是他的确需要一个好的税务律师。"听众爆发出一阵大笑。董事长和财税局长也都笑了。

这就是"趣味思考法"——不要正面揭示或回答问题，而是用愉悦的、迂回的方式揭示或回答问题，从而避免了生硬的感觉所产生的无趣、乏味。

著名足球教练罗克尼，也是个善于进行趣味思考的人。有一次球赛，罗克尼的诺特丹足球队在上半场输给威斯康星队7分。

可是他在休息室中一直与队员们开玩笑，直到要上场进行下半场比赛时，他才大喊："听着！"队员们惊惶失措地望着他，以为他要把每一个人都大骂一通，但是罗尼克接下去说，"好吧。小姐们，走吧。"

没有责备，没有放马后炮，也没有指手画脚强调下半场如何踢球。罗克尼的乐观、豁达，克服了队员们心理上的障碍，帮助队员忘掉艰难的处境。他的球队在下半场创造了奇迹，踢出了一连串漂亮的球。后来罗克尼对采访他的人说："不是我赢了。而是我的趣味思考法赢了。因为我知道我们精神上赢了，那么球也就赢了。"幽默处理使他赢得沟通以及比赛。在沟通中自我辩解常显得无趣，它会让你觉得反而不是那么回事。但是，你如果运用"趣味思考法"，给人的感觉可能就不大相同。

可以获取幽默的方式

用"趣味思维方式"捕捉生活中的喜剧因素。"趣味思维"是一种"错位思维"，不按照普通人的思路想，而是"岔"到有趣的一面去。

要在瞬息构思上下功夫，掌握必要技巧。幽默风趣是一种"快语艺术"，它突破惯性思维，遵循反常原则，想得快，说得快，触景即发，涉事成趣，出于意料之外，又在情理之中。

另外，要注意搜集素材。我们的生活丰富多彩，提供了许多有趣的素材，这些素材无意识地进入我们记忆仓库的也很多，我们如果做个"有心人"，就会使自己的语言材料丰富起来。例如谚语、格言、趣闻、笑话等，我们可以提取、改装并加工利用，这样我们的语言就会增加许多趣味性的"调料"了。

幽默作家班奇利，在一篇文章中谦虚地谈到他花了15年时间才发现自己没有写作的才能。结果一位读者来信对他说："你现在改行还来得及。"班奇利回信说："亲爱的，来不及了。我已无法放弃写作了，因为我太有名了。"

这封信后来被刊登在报纸上，人们为之笑了很长时间，事实上是班奇利的幽默作品闻名遐迩。在上述事件中，班奇利并没有指责那位缺乏幽默感的读者，他以令人愉悦的、迂回的方式回答了问题，既保护了读者可爱的自尊心，也保护了自己的荣誉，并且，没有使这个自我辩护成为乏味的争吵。

逆向思维：反其道而"思"之

在幽默的思维逻辑中，逆向思维是重要的一种思维方式，逆向思维也叫求异思维，它是将司空见惯的似乎已成定论的事物或观点反过来思考的一种思维方式。敢于反其道而"思"之，让思维向对立面的方向发展，从问题的相反面深入地进行探索。没有逆向思维的灵活能力，就难以将幽默的口才发挥到最佳的状态。即是说逆向思维的思考方式是幽默口才的思想支撑。

运用逆向思维去思考和处理问题，实际上就是以"出奇"去达到"制胜"。因此，在工作中，逆向思维的结果常常会令人大吃一惊，另有所得。

当我们遇到问题时，不妨"倒过来想一想"，方法总是有的，只要努力去找，就有可能把坏事变好事，又能发现许多创造出来的良机。

一位思想家说："生活中不是缺少美，而是缺少发现。"我们也可以把这句话换一种说法："在我们个人成功的道路上，并不缺乏机遇，而是缺乏能够创造机遇的头脑。"

面对种种机遇和难题，让思维转个弯，我们就会发现处处都藏着创意和机遇。

古往今来的能说会道者，都非常善于运用逆向思维。逆向思维蕴含着人们认识世界的一种独特个性，这种思维，倡导从事物发展的反面、反向去认识事物，从而抛弃常识思维单一的、浅薄的认识事物的方式。

有一个叫哈里逊的小男孩，性格内向，不善言辞，众人便以为他智力有问题。有人在他面前丢下10美分和5美分两个硬币，哈里逊只去拣那个5分的，人们就嘻嘻哈哈地笑他傻。

此事流传甚广，很多人便纷纷来测试，每次哈里逊都拣5美分，大家便大笑不止。有一次，有人问哈里逊："你为什么每次都拣5美分，难道不知道10美分是5美分的两倍吗？"

"当然知道。"哈里逊说，"可如果我拣10分的硬币，那还会有人在我面前扔钱吗？"

这个叫哈里逊的小男孩后来成为美国总统。他从小形成的逆向思维能力，最终

生活、工作中逆向思维的运用方法

那干脆在裙子上多弄些洞，给裙子起名叫凤尾裙，这样既不用补洞，还有特点。

这里坏了一个洞，如果用针织补救的话，也可能会被顾客看出来的。

反转法。这种方法是指从已知事物的相反方向进行思考，产生构思的途径。"事物的相反方向"常常从事物的功能、结构、因果关系等三个方面进行反向思维。

这小王的嘴太快，得罪了那么多人，要不要开除？

不要开除，快人快语的人自有他的有用之处！

缺点逆用法。这是一种利用事物的缺点，将缺点变为可利用的东西，化被动为主动、化不利为有利的思维方法。这种方法并不以克服事物的缺点为目的，相反，它是将缺点化弊为利，找到解决方法。

孩子，既然水深过不去，为何不绕道过去呢？

爸爸，我过不去了，水太深了！

转换法。这是指在研究一问题时，由于解决这一问题的手段受阻，而转换成另一种手段，或转换角度思考，以使问题得到顺利解决的思维方法。

助他走向了成功，美国总统就是这样炼成的。

人们的思维活动存在正向和逆向两种方式。正向思维是沿着人们习惯性的、由因到果的思路思考问题的一种思维方式。在通常情况下，这种思维方式比较有效，能解决大部分常规问题，但在一些特定条件下，这种常规思维方法不仅不能解决问题，而且还会束缚人们的思路，影响人们的创造性。这时，如果善于转换视角，从逆向去探求，从相反的方向去思考，往往会引起新的思索，产生超常的构思和不同凡响的新观念。

其实，在社会生活的各个层面，运用逆向思维都可以产生非常强大的思维能量。在竞争中运用逆向思维，可以使企业获得竞争的主动权；在交流沟通中运用逆向思维，可以增强沟通的有效性和趣味性；在战略决策中运用逆向思维，可以发现市场空白，从而找到属于企业自身的蓝海商机。逆向思维，也是企业家迈向成功的基石。

从广义上讲，凡是在进行思维活动时，颠倒了事物的顺序，改变了认识问题的方向的思维方式都可以认为是逆向思维；从狭义上讲，逆向思维主要指人们认识问题和解决问题的思维方向发生改变的一种思维方法。

逆向思维要求人们看问题不只是从一个角度、一个方向出发，而要从不同的角度，探讨事物存在和发展的多种可能性。运用逆向思维，有利于改变人们直线式的认知模式，能迅速激发人们的思维热情，从而大大提高幽默语言的表达能力。

联想思维：举一反三，自由想象

联想思维就是打破一切束缚和框框，给想象力插上了自由的翅膀。联想是创意产生的基础，在创意设计中起催化剂和导火索的作用，联想越广阔、越丰富，就越富有创造能力，语言也一样。越是富有丰富的联想力，幽默的效果就越有张力和情趣。

在与人交流中，如果要使联想创新获得成功，思维过程必定不是那种随心所欲的自由联想，而是一种定向的联想。那么，这种联想靠什么来定方向呢？研究表明，决定联想的方向并且使它转变成思维的动力是目的。对于创新思维来说，其目的就是解决问题的新创意、新思路，即使是大胆的离奇联想思维也是围绕着目的来展开的。

联想是人与生俱来的天赋。不过，它有赖于我们经验和知识的积累。一般而言，联想思维有下列几种类型：相似联想、启发联想、离奇联想、质疑联想、审美联想、飞跃联想等。奇想不问对错，要点在于敢思善想，激发创造性联想。只要持之以恒，一日多思，一定可以到达创造的彼岸。

但是要注意的是，幽默的口才是为了点缀生活、乐化人生，并不是为了让自己无理取闹、荒诞地无中生有。鼓励联想思维不断开拓的根本，还是为了改变人们生活的现状，同理，在幽默语言沟通中鼓励联想思维的发挥，是为了改善人们的交谈环境，提升人们的说话能力与水平。

联想思维方法

联想思维与一个人的形象思维能力密切相关，它能最大限度地激发人的创造性思维能力，唤醒人们沉睡的记忆，从而产生创造性的设想。企业家要培养自身的联想思维能力，应该重视各种联想思维方法的学习和训练。

类比联想法。类比联想就是运用已有的知识、经验将之与其他相似事物进行类比，从而解决问题。类比联想使人能触类旁通地解决问题，有利于人们充分开拓自己的思路，创造性地解决问题。

相似联想法。相似联想就是在性质上或形式上相似的事物之间所形成的联想。相似联想要求思考者要善于灵活思考，并积极运用到其他相类似的东西上，进而举一反三，触类旁通。